国家社科基金项目“历史移民与武陵民族地区社会变迁研究”（项目编号：12CMZ005）结题成果

LISHI YIMIN YU WULING MINZU DIQU
SHEHUI BIANQIAN YANJIU

历史移民与武陵民族地区
社会变迁研究

杨洪林◎著

人民出版社

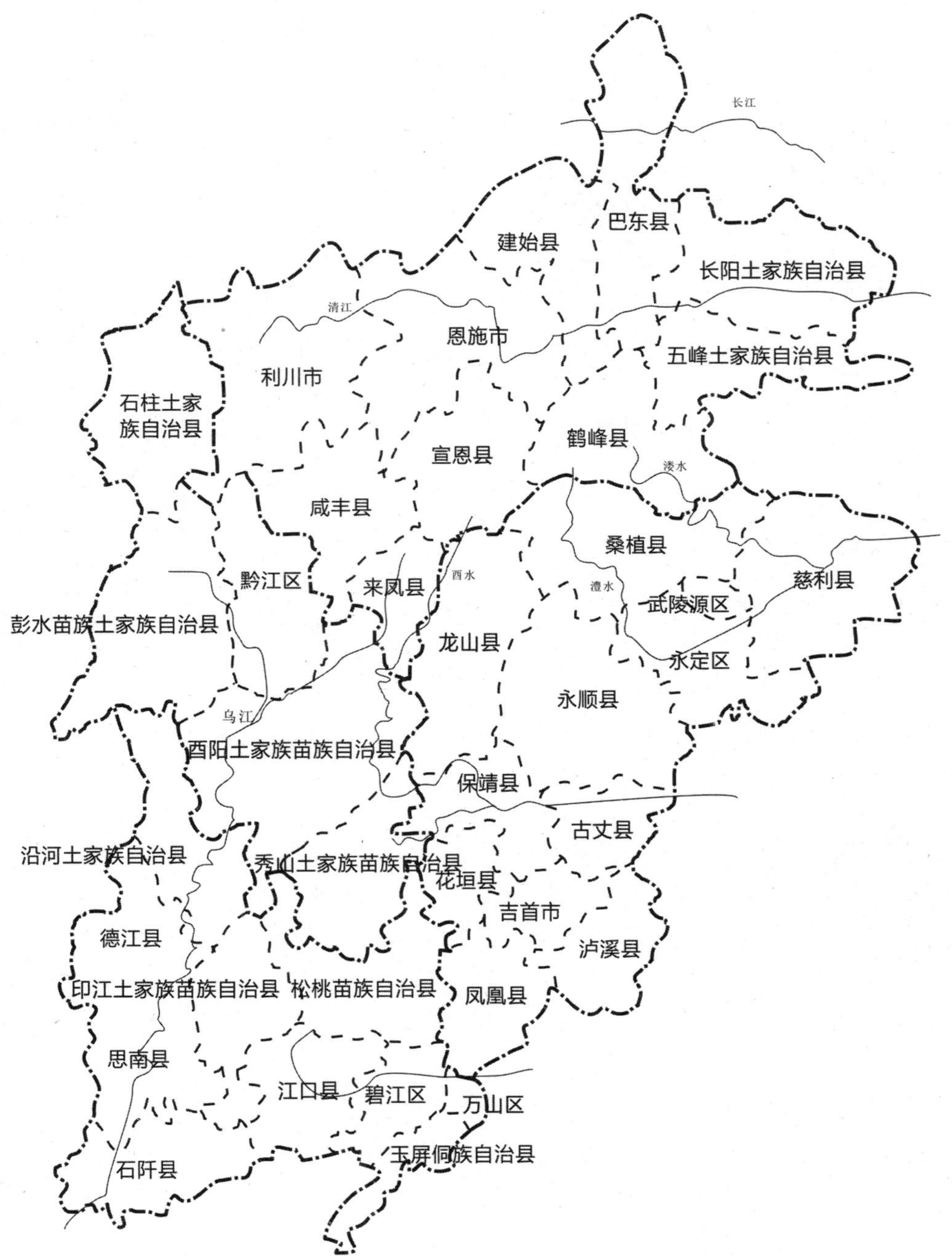

图一　武陵民族地区示意图

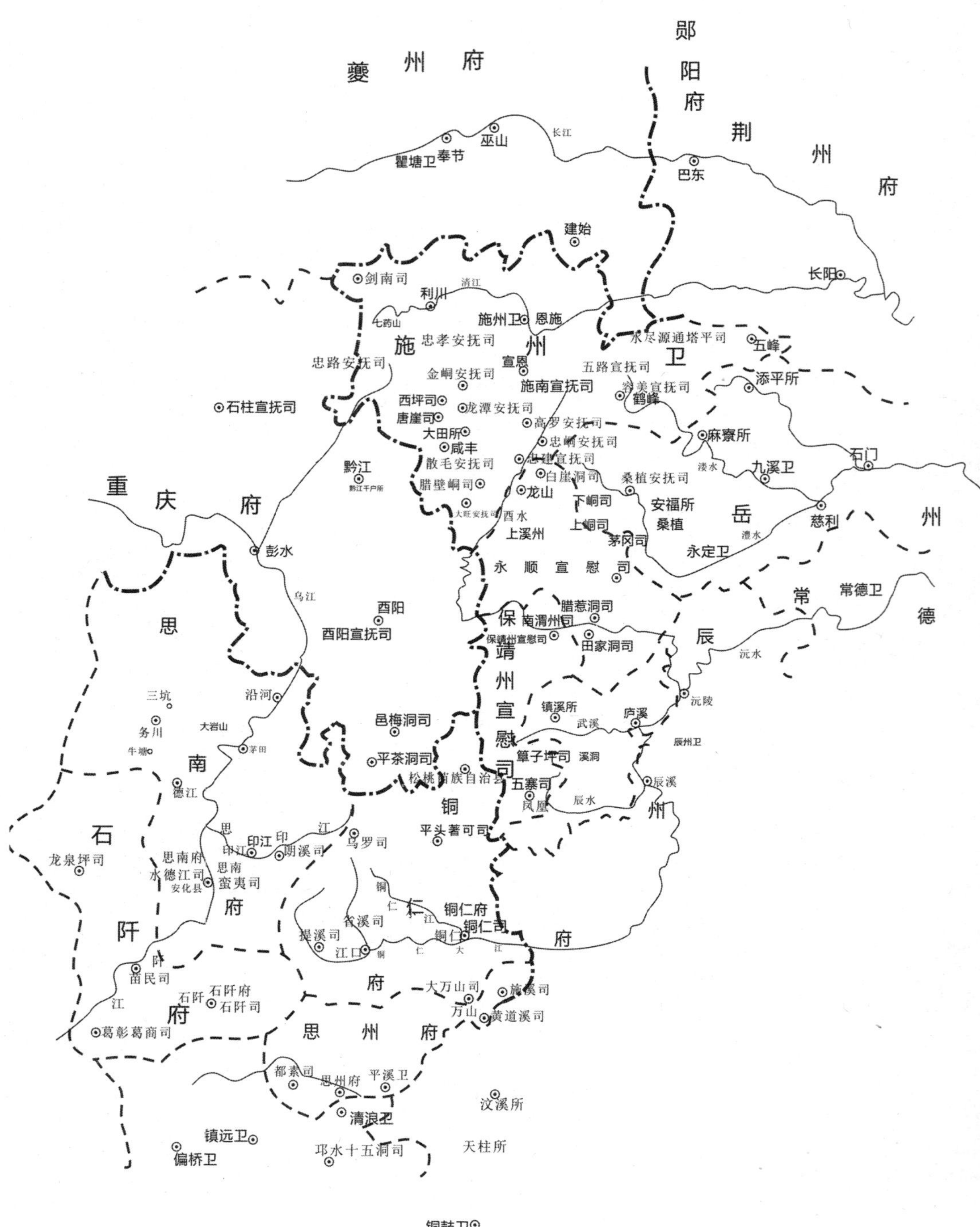

图二　改土归流前武陵民族地区及其周边的土司、卫所分布示意图

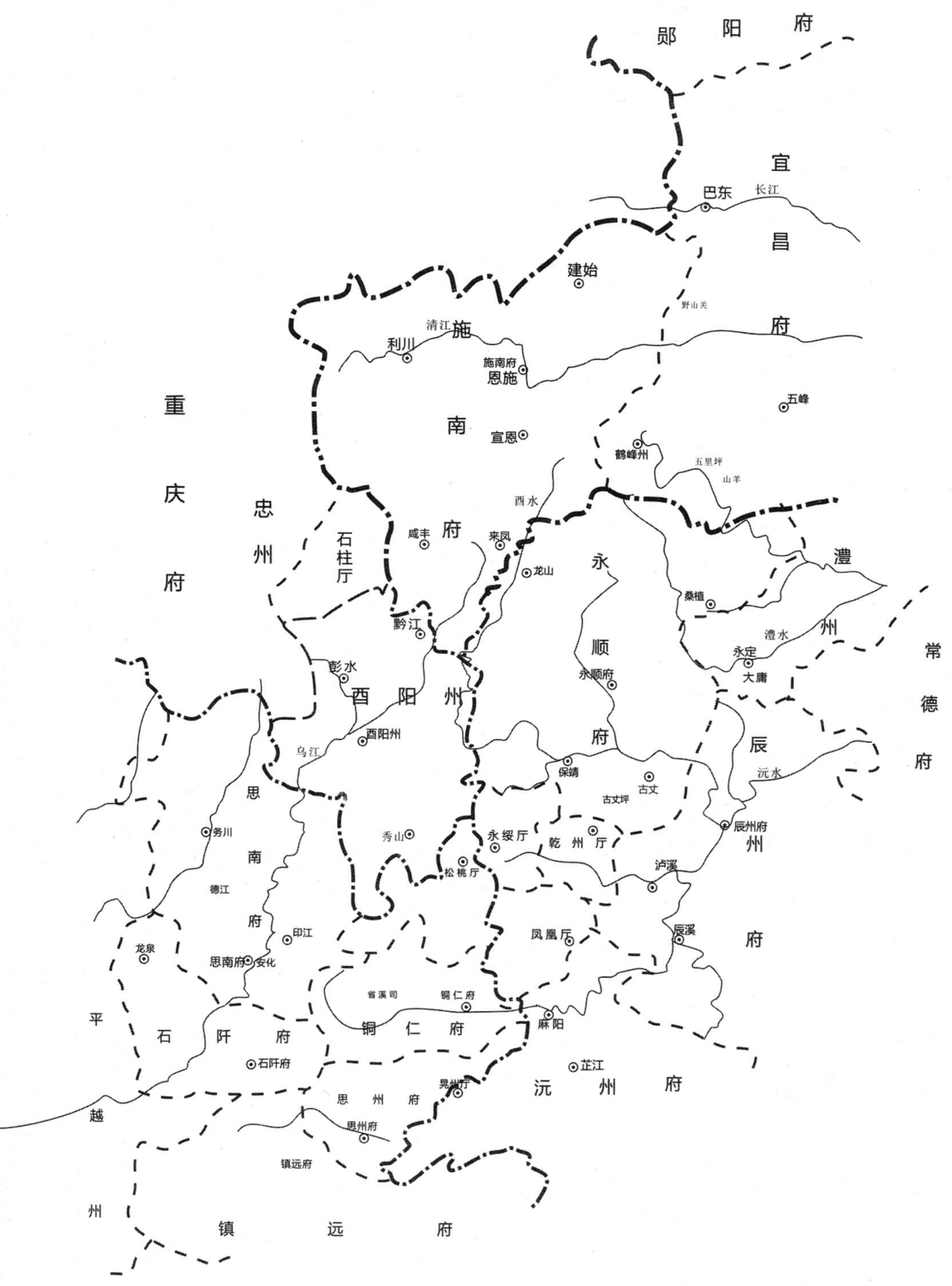

图三　改土归流后武陵民族地区及其周边的行政机构分布示意图

目　录

绪　论

区域移民史的研究主要围绕区域因素和人的因素展开。不管是西方还是中国的人类学界都有很强的区域研究传统，通常把区域研究视为对民族志的超越，[①] 能够从更宏观的层面来分析和把握社会发展的规律。以中国为田野的超越村庄的人类学研究，在区域的形成规律探索方面形成了富有解释力的理论，如施坚雅围绕经济因素建构起的市场体系理论，张光直、林美容等围绕信仰因素建构起来的祭祀圈模式等。然而，武陵作为一个区域的形成和变迁，既不能与典范的市场体系理论对应，也与祭祀圈模式有一定偏差。这个地区既缺乏覆盖面较大的区域性城市，也缺乏信仰共同神祇的祭祀圈，鄂西土家族崇尚白虎、湘西土家族赶白虎是被学界不断讨论的话题。因此，武陵民族地区究竟是历史的建构，还是由某些客观因素所形成的区域，究竟是一个固定的空间还是动态的空间范围，移民与区域空间存在怎样的互动关系，都是需要深入考察的问题。

名词性的“移民”主要指的是具有特殊意义的人。当具有内在关联和特点的人达到一定数量后就形成了群体。这些群体可以是因地缘、业缘、血缘等关系结合起来的同乡、同行、宗族、民族等。以往的研究比较关注移民以民族群体出现的民族关系研究。1991 年 9 月至 10 月，费孝通先生来武陵民族地区考察的学术目的之一，就是考察历史上是否有汉族进入武陵民族地

① 参见周大鸣、詹虚致：《人类学区域研究的脉络与反思》，《民族研究》2015 年第 1 期。

区，以及汉族怎样进入武陵民族地区，他们与土家族、苗族的关系如何。[①]实质上，他希望解决的学术命题是武陵民族地区的少数民族如何通过中华民族的凝聚核心——汉族——凝聚进来的问题。在日常生活领域，一个人属于多重群体，具有多重身份认同，每一种群体结合和分离的“分合机制”以及多重身份认同中的层次逻辑都应当被关注。

笔者在武陵民族地区从事民族学调查的过程中，为了弄清访谈对象的背景，会对他们的家族历史、亲属关系进行一些梳理。报告人在介绍情况时，几乎都介绍自己的先辈是从外地迁来的，并且迁来的时间集中在明清以后。这种情况与笔者在书本上学到的民族史形成了巨大反差。根据考古学家的研究，武陵民族地区有多个旧石器时代和新石器时代的古人类活动遗址，能够证明这一区域是人类的发祥地之一。民族学家也论证了武陵民族地区的主体民族之一——土家族至迟在宋代就已经形成民族实体。并且，这一地区的“蛮族”早在两汉时期就已经形成能与中央朝廷对抗的势力，魏晋、隋唐以后，向氏、田氏、谭氏等巨族大姓就因或服或叛，不断被史籍所记载。为了求证田野资料和文献材料的真实性，追寻田野资料和文献材料产生差异的原因及意义，笔者展开了区域移民史研究。

一、移民及区域移民史研究

早在先秦时期，中国就有对移民现象的关注，并把移民作为社会治理的一种手段。如《尚书》中就有盘庚迁殷的记载。《周礼·秋官·士师》已经将“移民”作为一个词组来使用，其记载：“若邦凶荒，则以荒辩之法治之。令移民通财，纠守缓刑。”[②]这里的“移民”的词义已经接近现代汉语中动词性“移民”的词义。具有现代学术意义的移民史研究始于20世纪30年

① 参见潘乃谷：《费先生讲“武陵行”的研究思路》，《北京大学学报》2008年第5期。

② （汉）郑玄注：《周礼》卷九，四部丛刊本。

代，其开创者谭其骧先生相继发表《湖南人由来考》①、《晋永嘉丧乱后之民族迁徙》②、《近代湖南人中之蛮族血统》③ 等文章，形成了移民史研究的基本范式。其后，他的高足葛剑雄、曹树基、吴松弟等相继著成《简明中国移民史》④、《移民与中国》⑤、《中国人口发展史》⑥、《中国移民史》⑦ 等贯通古今的专史性著作，将中国移民史的基本脉络呈现了出来。石方的《中国人口迁移史稿》也对历代移民的原因、类型和作用等问题进行了考察。⑧ 葛剑雄、安介生合著的《四海同根：移民与中国传统文化》⑨，范玉春的《移民与中国文化》⑩，都以历史移民为观察视角，探讨中国的文化变迁与移民的关系。目前，对移民问题关注度比较高的学者主要来自历史地理学、社会史、社会学、民族学、人口学等学科。历史地理学家们主要利用文献进行移民原因、移民规模、迁移时间、迁出地、迁入地、迁移路线等史实的考证和过程的梳理；社会史学者主要在历史移民研究中来洞察社会的结构和秩序；社会学家主要关注当代移民问题，研究移民与社会协调发展的机制；民族学家主要研究移民对民族关系和文化变迁的影响；人口学者主要研究移民与人口数量、人口结构的关系。

除全国整体性的移民史研究之外，更为丰富的学术成果立足于对移民迁入地区进行区域历史移民的研究。巴蜀、西北、东北、云贵、两湖、港台

---

① 谭其骧：《湖南人由来考》，见《长水集》，人民出版社 1987 年版，第 300—360 页。该文 1932 年曾以《中国内地移民史 · 湖南篇》刊载于燕京大学历史系主办的《史学年报》上，1933 年又以《湖南人由来考》之名转载于南京中央大学主办的《方志月刊》上。

② 谭其骧：《晋永嘉丧乱后之民族迁徙》，见《长水集》，人民出版社 1987 年版，第 199—223 页。原载于《燕京大学学报》1934 年第 15 期。

③ 谭其骧：《近代湖南人中之蛮族血统》，见《长水集》，人民出版社 1987 年版，第 361—392 页。原载于《史学年报》1939 年第 2 卷第 5 期。

④ 葛剑雄、曹树基、吴松弟：《简明中国移民史》，福建人民出版社 1993 年版。

⑤ 葛剑雄、曹树基、吴松弟：《移民与中国》，中华书局香港有限公司 1992 年版。

⑥ 葛剑雄：《中国人口发展史》，福建人民出版社 1991 年版。

⑦ 葛剑雄、曹树基、吴松弟：《中国移民史》，福建人民出版社 1997 年版。

⑧ 石方：《中国人口迁移史稿》，黑龙江人民出版社 1990 年版。

⑨ 葛剑雄、安介生：《四海同根：移民与中国传统文化》，山西人民出版社 2004 年版。

⑩ 范玉春：《移民与中国文化》，广西师范大学出版社 2005 年版。

等地区是不同历史时期移民迁入的重点区域，也是学界研究的重点地区。很多学术作品不仅对这些区域的移民史进行了翔实的考证，还论证了移民与文化变迁、移民与社会变迁等方面的关系。特别是近年来借助大众媒体的传播，“走西口”、“闯关东”、“下南洋”等历史移民活动成为公众话题，促进了公众对移民史研究学术成果的关注；同时，也促进了学界对移民史的研究走向深入。

武陵民族地区是湘鄂渝黔四省市毗邻的一块区域，历史上是多民族文化交流互动的“民族走廊”，移民活动比较频繁。学界对这一区域的历史移民关注较早，但具有专题性的深入研究还比较缺乏。已有成果中，既有对武陵民族地区的历史移民进行整体性研究的成果，也有在其内部分版块、分流域研究的成果。

1. 武陵民族地区整体性的历史移民研究

武陵民族地区整体性的历史移民研究指的是研究对象覆盖全部区域，将分属湖南、湖北、重庆、贵州四省市管辖的各个部分视为一个整体，从整体上研究历史移民现象。目前，对武陵民族地区的历史移民进行整体性研究的成果散见于土家族研究和文化互动研究、民族关系研究的成果中。土家族是武陵民族地区的主体民族之一。潘光旦先生在进行土家族识别的过程中，对土家族的先民巴人的迁徙过程和土家族聚居区的主要大姓家族进行了翔实的考证，确定了土家族的族源是古代巴人，并辨析了哪些大姓家族是历史上的移民，哪些是土著，为土家族确认为一个单一的少数民族提供了学理依据。①

段超先生在研究土家族文化史的过程中，特别关注土家族文化与其他民族文化的互动，认为移民是文化互动的重要因素。例如：他认为元至清初大批汉族人口迁入土家族聚居的武陵民族地区，也有不少土家族人口进入汉族地区，促进了汉族文化与土家族文化的互动；② 他认为改土归流后汉族人

① 潘光旦：《湘西北的“土家”与古代的巴人》，原载于中央民族学院研究部1955年编印的《中国民族问题研究辑刊》第四辑，此处所引见彭继宽选编：《湖南土家族社会历史调查资料精选》，岳麓书社2002年版，第44—211页。

② 段超：《元至清初汉族与土家族文化互动探析》，《民族研究》2004年第6期。

口大量进入土家族地区，促进了汉文化在土家族地区的传播；[①] 他还认为土家族文化发展的主要动因是以汉族人口进入土家族地区、土家族人口进入汉族地区等为表现形式的人口互动及中央政府的政策。[②] 李绍明先生在论述武陵民族地区族群互动和文化多样的过程中回顾了土家族、苗族、侗族先民的迁徙活动和改土归流后汉族移民对少数民族文化的影响。[③] 陈心林教授在研究武陵民族地区的历代民族关系时，特别关注汉族移民对区域民族关系的影响，认为自汉代起，就有相当数量的汉族人进入该区域，[④] 元明清三代，持续的人口流动奠定了现今民族分布格局，人口流动是影响武陵民族地区民族关系的主要因素之一。[⑤] 韦东超认为东汉武陵郡的“蛮变”有深刻的移民背景，是中原汉族的大量移民迁入引发的族际冲突。[⑥]

近年来，黄柏权先生提出“武陵民族走廊”的学术概念，并致力于民族走廊的学理论证和不同历史时期武陵民族走廊民族格局的研究。民族走廊形成的条件除了廊道式的自然地理条件外，还必须有民族人口比较频繁的迁徙活动。黄柏权先生认为，先秦时期，三苗、濮人、巴人、楚人就在武陵民族地区活动；[⑦] 秦汉至唐宋时期，该地区已经出现世居民族在区域内迁徙，显现各民族交错杂居的格局，是武陵民族走廊民族格局的初步形成期；[⑧] 元明清时期是武陵民族走廊民族格局的最后形成时期，区域内的土家族、

① 段超：《改土归流后汉文化在土家族地区的传播及其影响》，《中南民族大学学报》（人文社会科学版）2004 年第 6 期。

② 参见段超：《土家族文化史》，民族出版社 2000 年版。

③ 李绍明：《论武陵民族区与民族走廊研究》，《湖北民族学院学报》（哲学社会科学版）2007 年第 3 期。

④ 陈心林：《先秦至唐宋时期武陵民族地区民族关系简论》，《贵州民族研究》2012 年第 3 期。

⑤ 陈心林：《元明清时期武陵民族地区民族关系简论》，《湖北民族学院学报》（哲学社会科学版）2013 年第 4 期。

⑥ 韦东超：《移民与族际冲突——东汉时期武陵、长沙、零陵三郡“蛮变”动因浅论》，《中南民族大学学报》（人文社会科学版）2003 年第 1 期。

⑦ 黄柏权：《先秦时期“武陵民族走廊”的民族格局》，《思想战线》2008 年第 3 期。

⑧ 黄柏权：《秦汉至唐宋时期“武陵民族走廊”的民族格局》，《中南民族大学学报》（人文社会科学版）2008 年第 2 期。

苗族、侗族不断迁徙流动，外界有大量汉族迁入，也有世居民族被强制外迁。①

此外，还有罗秋雨利用家谱、方志等资料分析了江西移民在现代土家形成过程中的作用。② 郗玉松研究过移民在玉米引种中的作用以及移民与玉米种植之间的关系。他认为改土归流后移民将玉米引种到土家族地区，提高了该地区的粮食产量，从而吸引了更多移民进入。他还认为移民引种的玉米在促进了土家族地区开发的同时也带来了生态破坏。③

武陵民族地区既是一个地理单元，也是一个文化板块。从现有研究成果来看，仅有谭清宣对改土归流后土家族地区的移民方式、移民来源和移民的社会影响进行过初步研究，④ 还缺乏厚重的研究成果，还没有厘清武陵民族地区历史移民的基本历史过程，对其历史意义和社会影响更缺少深刻的历史发现。

2. 分板块的历史移民研究

武陵民族地区分板块的历史移民研究主要根据现行的省级行政区划进行板块划分，一般分为湘西、鄂西南、渝东南、黔东北四个板块。分流域的历史移民研究是以武陵民族地区的酉水、清江、乌江、澧水等流域为研究对象的。

（1）湘西

谭其骧先生在研究湖南人的由来时，依据的主要史料是氏族志，而湘西地区的方志缺少氏族志的相关内容，因此在他的《湖南人由来考》中几乎没有涉足今湘西的移民问题。后来，他的《近代湖南人中之蛮族血统》将主要精力转向湘西地区的研究，辨析了哪些家族是土著蛮族，哪些是移民，弥

① 黄柏权：《元明清时期武陵民族走廊的民族格局》，《三峡大学学报》（人文社会科学版）2009 年第 1 期。

② 罗秋雨：《关于土家族形成源流的再思考——论古代江西移民对土家族形成的影响》，《江西教育学院学报》2014 年第 2 期。

③ 郗玉松：《清代土家族地区的移民与玉米引种》，《农业考古》2014 年第 4 期。

④ 谭清宣：《清代改土归流后土家族地区的移民及其社会影响》，《重庆社会科学》2009 年第 5 期。

补了《湖南人由来考》对湘西地区关注不够的缺憾。不过，对于湘西彭氏是移民还是土著，谭其骧先生和潘光旦先生有不同观点。谭其骧先生认为，湘西永顺、保靖之彭氏为土著蛮族，① 而潘光旦先生却认为湘西彭氏为汉族移民，在《湘西北的“土家”与古代的巴人》后附上《补论彭氏的由来》②，对湘西彭氏的家族历史进行了论证。对于谭其骧先生考证湖南人由来的结论，何炳棣先生认为不太可靠，原因是谭先生的考证没有包括清代迁入的移民。③ 谭其骧先生的高足曹树基先生为了弥补他的缺失，对湖南人的由来进行了补充考证，其考证的范围较谭先生广，并对湘西的历史移民也进行了分析。④

还有一批学者在研究湖南移民史的过程中对湘西的历史移民有所涉足。张国雄的《明清时期的两湖移民》虽然对湘西及鄂西南的移民都有所关注，但由于材料有限，难以对这两个区域的移民问题进行深入研究。⑤ 薛政超的《湖南移民史研究（618—1279）》对湘西的历史移民也有所涉及，但着墨不多。⑥ 周上海对明清时期的湘西移民进行过较为深入的研究，移民过程、移民数量、移民原因等是其研究的重点，对移民引发的社会变迁也有初步研究。⑦ 李怀荪对湘西古代移民进行了梳理，认为移民大规模进入湘西是五代、宋以后，移民的主要来源是江西。⑧ 薛政超认为唐宋时期就有湖南西部的溪峒少数民族首领迁往内地安置，也有人数较多的溪峒之民侵占省地，向省地

---

① 谭其骧：《近代湖南人中之蛮族血统》，见《长水集》，人民出版社 1987 年版，第 369—371 页。

② 潘光旦：《补论彭氏的由来》，引自彭继宽选编：《湖南土家族社会历史调查资料精选》，岳麓书社 2002 年版，第 194—196 页。

③ ［美］何炳棣著，葛剑雄译：《明初以降人口及其相关问题（1368—1953）》，三联书店 2000 年版。

④ 参见曹树基：《湖南人由来新考》，《历史地理》第九辑，上海人民出版社 1991 年版，第 114—129 页。

⑤ 参见张国雄：《明清时期的两湖移民》，陕西人民教育出版社 1995 年版。

⑥ 薛政超：《湖南移民史研究（618—1279）》，南京大学博士学位论文，2006 年。

⑦ 周上海：《明清时期湘西的移民与社会变迁》，浙江大学硕士学位论文，2014 年。

⑧ 李怀荪：《古代移民与湘西开发》，《民族论坛》1995 年第 1 期。

迁移。[①] 吴正东在研究明清时期湖南人口变迁的过程中也关注到了移民对湘西人口数量变化的影响。[②] 罗运胜对沅水上游明清时期的人口增长过程进行研究后，认为移民是促进人口增长的重要因素，移民一方面缩小了该区域与湖南东部人口数量的差距，但另一方面又加大了区域内部人口的不平衡。[③] 这些学者主要依据相关史料来还原历史真相，但由于湘西地区欠发达，文教滞后，能够利用的史料较少，难以全面还原移民的历史图景。

也有一批学者根据文化现象来探究历史真相和历史意义。钟江华对桑植白族"民家腔"进行实地调查研究后，认为湖南桑植白族汉语方言"民家腔"没有保留白语的地层，而与赣语有较高的一致性，进而认为"民家人"在入湘之前在江西生活过。[④] 瞿州莲以永顺县青龙村林氏家族为例，分析了改土归流后移民家族构建家族组织的过程及其社会和文化意义。[⑤] 龙仕平、王嘉荣考察了江西移民在凤凰由传统农业社会向商业社会转型中的作用，并对江西移民在商业文化构建方面的作用进行了研究。[⑥]

（2）鄂西南

卫所移民是较早被纳入学界研究视野的鄂西南移民群体。20 世纪 90 年代初，范植清教授就发表了系列论文论述卫所移民的基本史实和卫所移民的影响。他认为明代施州卫的卫所移民促进了鄂西南经济文化发展，并推动了土家族与汉族的民族融合，为改土归流奠定了基础。[⑦] 近年来，湖北民族学

---

① 薛政超：《唐宋时期湖南的少数民族移民及其影响》，《邵阳学院学报》（社会科学版）2009 年第 2 期。

② 吴正东：《明清时期湖南人口与社会变迁》，华中师范大学博士学位论文，2012 年。

③ 罗运胜：《明清移民对湖南沅水中上游人口发展的影响》，《船山学刊》2008 年第 4 期。

④ 钟江华：《湖南白族汉语方言的语音底层问题》，《湘潭大学学报》（哲学社会科学版）2014 年第 2 期。

⑤ 瞿州莲：《改土归流后移民家族的建构及其意义——以湖南永顺县青龙村林氏为例》，《广西民族大学学报》（哲学社会科学版）2011 年第 2 期。

⑥ 龙仕平、王嘉荣：《江西移民的经商之道及对凤凰早期民族经济文化的影响》，《吉首大学学报》（社会科学版）2011 年第 6 期。

⑦ 范植清：《明代施州卫的设立与汉族、土家族的融合》，《华中师范大学学报》（哲学社会科学版）1991 年第 5 期。

院的一批学者又重拾卫所移民研究，先后有敖慧敏[①]、李滨利[②]基于不同的田野点研究了卫所移民的本土化过程。杨国安是较早专题研究鄂西山区移民的学者，他认为明清时期平原地区人口膨胀，人均耕地不足，迫使人们大量涌入山区，鄂西山区是代表性的区域。他还对鄂西人口增长和土地垦殖情况进行了统计。[③]但是杨先生对鄂西移民研究的重点是鄂西北，对鄂西南关注不够。王平从族群流动的视角对鄂西南的历史移民展开过研究，他根据族群流动的频度将鄂西南的族群流动分为先秦、秦汉至唐宋、元明至清初、改土归流至清末、民国、社会主义六个时期，并对每个时期的族群流动特点和影响进行了归纳。[④]龚义龙将川东（今渝东南）鄂西分为交通要道地区、原土司管辖的深山地区、非土司管辖的深山地区三种类型的区域。他认为第一类地区的移民从 17 世纪中后期开始，至 20 世纪初经历了三次人口增长高潮；第二、第三类地区在 18 世纪中期才开始持续移民，高潮在 18 世纪后期和 19 世纪初，19 世纪下半叶形成了人口增长高潮。[⑤]曹大明博士从民族关系的视角研究了长阳土家族自治县历史上的移民与土著的互动，认为长阳的民族关系存在一个从“蛮左 / 夏人”、“土家 / 客家”到“土家族 / 汉族”的结构性变迁过程。[⑥]笔者曾对明清时期鄂西南少数民族地区的移民过程进行过比较详细的考证，对移民与乡村社会变迁的逻辑关系和变迁的表现也进行了初步论证。[⑦]

---

① 敖慧敏：《一个移民社区的土家化过程及其影响——对湖北恩施市盛家坝乡安乐屯村的研究》，湖北民族学院硕士学位论文，2009 年。

② 李滨利：《卫所移民群体本土化过程研究——以鄂西南朱砂屯为例》，湖北民族学院硕士学位论文，2010 年。

③ 杨国安：《明清鄂西山区的移民与土地垦殖》，《中国农史》1999 年第 1 期。

④ 王平：《鄂西南族群流动研究》，《中南民族大学学报》（人文社会科学版）2004 年第 1 期。

⑤ 龚义龙：《人口迁入与经济变迁——以近代川东鄂西山区为中心的考察》，四川大学硕士学位论文，2007 年。

⑥ 曹大明：《从“蛮左 / 夏人”、“土家 / 客家”到“土家族 / 汉族”——长阳族群关系变迁研究》（上），《铜仁学院学报》2015 年第 5 期；《从“蛮左 / 夏人”、“土家 / 客家”到“土家族 / 汉族”——长阳族群关系变迁研究》（下），《铜仁学院学报》2015 年第 6 期。

⑦ 参见杨洪林：《明清移民与鄂西南少数民族地区乡村社会变迁研究》，中国社会科学出版社 2013 年版。

现今鄂西南少数民族地区的苗族、侗族、白族、蒙古族都是元明清以来的移民后裔，因此在研究这些民族的过程中，诸位学者都不免对这些民族的移民史进行了梳理。龙子建、田万振等对现代湖北苗族进行了非常深入的田野调查，对每个县市苗族的来源有翔实的考证，奠定了湖北苗族研究的基础。① 王希辉从历史记忆角度对湖北苗族的历史文化现象进行了分析，认为湖北苗族具有较强的移民特征。② 陈湘锋认为现今的湖北苗族是乾嘉前后湘黔等地迁来的移民，其族属意识比较强烈，风俗习惯也有所保留，民族心理经历了三个阶段的嬗变。③ 谭志满在对咸丰官坝苗族移民的族群性表述方式研究过程中，认为他们在落业初期呈现集体失忆状态，在扎根移入地后，历史记忆以现代表述方式被重新表述。④ 陈文元认为咸丰官坝苗族陆氏移民在伏波信仰地方化的过程中强化了家族观念，促进了家族社会的构建。⑤

侗族是鄂西南少数民族地区人口数量仅次于土家族和苗族的少数民族，但是学界对其研究还非常不够。黄柏权、葛政委是关注鄂西南侗族较多的学者，他们曾在宣恩县晓关侗族乡、恩施市芭蕉侗族乡进行过实地调查，认为宣恩县晓关侗族乡的侗族移民人口和生计变迁是生态适应的结果，⑥ 恩施市芭蕉乡侗族移民的民族认同还很强烈。⑦ 他们还对鄂西南侗族的移民过程和

---

① 参见龙子建、田万振等：《湖北苗族》，民族出版社 1999 年版。

② 王希辉：《承传与遗忘——湖北苗族移民特征的文化人类学分析》，《铜仁职业技术学院学报》（社会科学版）2007 年第 2 期。

③ 陈湘锋：《湖北苗族移民族群的心理嬗变》，《中南民族学院学报》（人文社会科学版）2002 年第 1 期。

④ 谭志满：《苗族历史移民族群性表述方式的变迁——以鄂西南官坝苗寨为例》，《中南民族大学学报》（人文社会科学版）2015 年第 3 期。

⑤ 陈文元：《民间信仰的地方化与苗族移民家族社会构建的关系——基于鄂西南官坝苗寨的历史人类学考察》，《黔南民族师范学院学报》2015 年第 6 期。

⑥ 葛政委、黄柏权：《鄂西南侗族社会人口和生计的人类学考察》，《怀化学院学报》2009 年第 7 期。

⑦ 黄柏权、葛政委：《散杂居民族的文化适应和文化变迁——湖北恩施市芭蕉乡侗族调查》，《贵州民族研究》2008 年第 6 期。

生计变迁历程进行了研究。[①] 白族和蒙古族在鄂西南的分布较为集中，设有民族乡或民族村。张丽剑通过家谱和碑刻的研究，认为鹤峰白族是从湖南桑植迁来的移民，迁徙的时间主要是改土归流、贺龙闹革命、抗日战争、新中国成立后几个阶段。[②] 邓和平依据家谱和方志对鄂西南蒙古族移民的迁移史进行过梳理。[③] 王希辉对武陵民族地区的蒙古族分布情况进行整体考察后认为，武陵民族地区的蒙古族主要分布在贵州思南、石阡，重庆彭水，湖北鹤峰等地，这些蒙古族都是元代以来逐步南迁的蒙古族后裔。[④] 黄词运用历史人类学研究方法，通过历史记忆分析了湖北鹤峰三家台村蒙古族的族群起源，通过清明会活动分析了他们的族群意识表达方式。[⑤]

（3）渝东南

渝东南在重庆直辖之前属于传统的川东地区，但是其所处的地理位置偏离长江沿线，不在“湖广填四川”移民的主要通道上，因此以往的历史移民研究对这一区域关注不多。近年来，李禹阶教授领衔的重庆移民史研究团队对上古至当代的重庆移民及其影响进行了研究，其研究重点是从总体上论述重庆移民史，对渝东南的历史移民有所涉及，但还不能全面反映该区域的移民情况。[⑥] 李绍明先生是关注渝东南历史移民较早的学者，他对古代巴人的迁徙史进行过研究，认为巴人在清江流域壮大后，由两条路线入川：一条从鄂西沿长江上溯，经云阳、奉节、忠县、丰都到涪陵；一条从恩施南下，经宣恩、咸丰进入渝东南，沿阿蓬江到黔江，再至酉阳顺乌江经彭水到涪陵。[⑦]

---

① 葛政委、黄柏权：《清代迁鄂侗族的生计变迁与文化适应》，《三峡大学学报》（人文社会科学版）2009 年第 4 期。

② 张丽剑：《鄂西鹤峰白族的来源及其文化》，《湖北民族学院学报》（哲学社会科学版）2007 年第 4 期。

③ 邓和平：《湘鄂边一支蒙古族人的来源与迁徙》，《内蒙古大学学报》（人文社会科学版）1999 年第 5 期。

④ 王希辉：《武陵民族地区散杂居蒙古族的分布及来源》，《黑龙江民族丛刊》2012 年第 1 期。

⑤ 黄词：《历史记忆与族群认同：以湖北鹤峰三家台蒙古族村为例》，《民族论坛》2012 年第 2 期。

⑥ 参见李禹阶：《重庆移民史》，中国社会科学出版社 2013 年版。

⑦ 李绍明：《川东南土家与巴国南境问题》，《思想战线》1985 年第 6 期。

他还考证过渝东南酉阳、秀山和黔东北江口等县土家族中杨氏家族的来源，他认为这些杨氏是南宋时期迁入的侗族移民，他们迁入这些地区后，融入当地的土家族中，成为土家族，但他们仍然保留了一些与侗族相似的习俗。[①]李伟通过家族史的考察，认为酉阳冉氏土官土司并非土著，而是中原迁夔州、万州再迁酉阳的移民，他们在执掌酉阳期间，参与了大姓家族纷争和“赶苗拓业”等活动，使民族关系变得复杂。[②]

曾超依据墓志对黔江区的移民来源、分布和家族文化进行了研究。[③]他还对卫所孙氏移民进入黔江的原因、世系、分布及其对黔江经济文化发展的贡献进行了研究。[④]白俊奎、毛远明通过对墓葬葬式的研究，认为渝东南酉水流域“螺丝（蛳）揭顶”墓葬，是水乡稻作葬俗在山区的遗留，是历史移民文化的遗存。[⑤]张萧尹以历史移民为线索，对重庆民居的变迁历程进行了研究，认为移民的文化传播造成了民居空间观念变化和民居结构变化。[⑥]何智亚对重庆酉阳龚滩、龙潭等地的会馆进行过研究，认为移民会馆的建筑特色不仅反映了移民原籍的文化和传统，也吸收了迁入地的地理特征和地域文化。[⑦]黄权生通过对包含渝东南在内的地名研究，认为重庆地名对明清之际的“湖广填四川”移民历史有较强反映，可以从移民地名的空间分布规律探寻移民的分布规律和经济文化整合、社会变迁。[⑧]罗秋雨通过对重庆方言调

---

① 李绍明：《从川黔边杨氏来源看侗族与土家族的历史关系》，《贵州民族研究》1990 年第 4 期。

② 李伟：《冉氏土官土司移民与酉阳民族关系》，《中南民族大学学报》（人文社会科学版）2009 年第 2 期。

③ 曾超：《黔江墓志所见移民姓族录考》，《长江师范学院学报》2012 年第 1 期。

④ 曾超：《黔江移民姓族孙氏考略》，《三峡大学学报》（人文社会科学版）2012 年第 3 期。

⑤ 白俊奎、毛远明：《“螺丝揭顶”坟墓葬俗的民俗研究——以武陵文化区渝东南酉水流域瓦乡话、土家语、苗语地区为例》，《重庆大学学报》（社会科学版）2011 年第 3 期。

⑥ 张萧尹：《基于移民影响的巴渝传统民居形态演进研究》，重庆大学硕士学位论文，2015 年。

⑦ 何智亚：《重庆清代移民会馆、移民宗族祠堂建筑历史与形态述论》，《中国名城》2010 年第 3 期。

⑧ 黄权生：《重庆移民地名与“湖广填四川”》，《重庆师范大学学报》（哲学社会科学版）2004 年第 6 期。

查，认为重庆话不同于西南官话区其他方言，其形成原因主要是受“湖广填四川”移民的影响。① 王希辉认为聚居于重庆彭水等地的蒙古族是蒙元时期蒙古族移民的后裔，他们长期与汉、土家、苗等民族交错杂居，形成民族混居、文化交融的民族格局，在与其他民族文化接触、交流和借取过程中形成了有别于游牧文化的南方山地农耕文化。②

（4）黔东北

贵州是开发比较晚近的地区，直至元末都还是“夷多汉少”，明清时期有大规模的汉族移民迁往贵州，改变了人口格局。因此，明清汉族移民是贵州移民史研究的重点，古治康、吕善长、蒋德学、黄艳等都曾发表专论，论述过移民的类型、数量、影响等问题。在论述贵州整体移民史的过程中，罗康隆、翁家烈、史继忠、唐庆红、李储林等将黔东北的铜仁市辖区作为一个重要的观察视点。罗康隆认为明清两代开发贵州的目的不同，其汉族移民的特点也有所差异：明代主要是护路的军户移民，清代则以开发贵州的民户移民为主；明代移民大多居住在卫所及交通沿线，清代移民则深入少数民族聚居区，形成土著民族和汉族交错杂居的局面。③ 翁家烈对明代黔东北地区汉族移民的移民过程及移民与改土归流、行政建制变迁的关系进行过研究。④ 史继忠在考证贵州汉族移民的过程中对铜仁、思南、松桃等地的商贸移民有所研究。⑤ 唐庆红、张玉莲认为铜仁、思南等地的萧公、宴公信仰是明清时期的江西移民移植的家乡信仰，并且认为这些移民也是萧公、宴公信仰走向兴盛的主要推动力量。⑥ 李储林对铜仁市辖区的江西会馆分布情况进行了研究，认为其分布特点是靠近水路交通要道，并与江西移民的商业活动地域一

① 罗秋雨：《移民与现代重庆方言的形成》，《重庆文理学院学报》（社会科学版）2014 年第 4 期。

② 王希辉：《重庆蒙古族来源及其社会文化》，《西南民族大学学报》（人文社会科学版）2011 年第 3 期。

③ 罗康隆：《明清两代贵州汉族移民特点的对比研究》，《贵州社会科学》1993 年第 3 期。

④ 翁家烈：《明代汉民族对贵州社会历史发展的贡献》，《贵州民族研究》1993 年第 4 期。

⑤ 史继忠：《贵州汉族移民考》，《贵州文史丛刊》1990 年第 1 期。

⑥ 唐庆红、张玉莲：《明清江西萧公、宴公信仰入黔考》，《宗教学研究》2013 年第 4 期。

致。① 袁铁峰对清代贵州客民数量和分布范围做过研究，认为客民分布最少的是思南府和铜仁府。②

武陵民族地区有清江、酉水、乌江、澧水等几大河流能够连通大江大河。这些河流部分航段在古代可以通航，是武陵民族地区物资运输、人口流动、文化传播的主要通道。因此，也有学者分流域来研究武陵民族地区的历史移民问题。黄柏权先生在研究武陵民族走廊的主要通道时，认为河流是主要通道，并认为武陵民族走廊有沅水、酉水、澧水、清江、乌江五条主要通道。③ 张世友曾对乌江流域的历代移民进行过研究，其专著《变迁与交融：乌江流域历代移民与民族关系研究》是按流域来研究武陵民族地区历史移民的重要著作。④

纵观武陵民族地区历史移民的研究成果，其研究视角主要集中在三个方面：一是对史实的考证，很多学者利用文献对武陵民族地区不同区域的移民史进行了详细考证；二是对移民与民族关系的研究，武陵民族地区是土家族、苗族等少数民族聚居区，汉族及其他少数民族在不同历史时期迁入这一区域，民族关系也随之发生变迁；三是移民与区域历史开发、文化变迁的关系研究。由于武陵民族地区发展比较滞后，不同板块在各自省（市）内也属于边缘地区，因此学者在进行省（市）移民史研究的过程中，不太重视这些地方的历史移民。武陵民族地区移民史研究虽然已经有较多前期研究成果，但是成果非常分散，还不足以清晰呈现历史移民的整体面貌，更难对历史移民的社会文化意义有足够认识，还需要深入研究。

---

① 李储林：《明清贵州江西会馆地域分布及形成机制探析》，《晋中学院学报》2015 年第 2 期。

② 袁铁峰：《清代贵州的客民研究》，《西南民族大学学报》（人文社会科学版）2012 年第 7 期。

③ 黄柏权：《武陵民族走廊及其主要通道》，《三峡大学学报》（人文社会科学版）2007 年第 6 期。

④ 张世友：《变迁与交融：乌江流域历代移民与民族关系研究》，中国社会科学出版社 2012 年版。

二、作为学术概念的武陵民族地区及移民

1. 武陵民族地区

武陵民族地区是以武陵山脉为中心，湘鄂渝黔四省市毗邻的一块地域。历史上，武陵是一个行政区划概念。西汉高帝五年（前202年）改黔中郡为武陵郡，首次将“武陵”作为一个郡治名称。在历史发展过程中，虽然武陵郡的治理范围有所变动，“武陵”的名称也时用时弃，但作为一个大的行政区域是在元代建立行省制度之后才彻底分离。“武陵应先有郡名，后有山名。”① 武陵是取“止戈为武，高平曰陵”之意。②《汉书》卷二八上《地理志》第八上载，武陵郡属荆州，领县十三，索、孱陵、临沅、沅陵、镡成、无阳、迁陵、辰阳、酉阳、义陵、佷山、零阳、充。③《后汉书·志》第二二《郡国四》载，武陵郡辖十二县，临沅、汉寿（由索改名）、孱陵、零阳、充、沅陵、辰阳、酉阳、迁陵、镡成、沅南、作唐。④ 武陵郡在两汉时

---

① 李绍明：《武陵民族地区与民族走廊研究》，《湖北民族学院学报》（哲学社会科学版）2007年第3期。

② （唐）房玄龄等：《晋书》卷九〇《列传》第六〇《良吏传·潘京传》载，太守赵廞问潘京：“贵郡何以名武陵?”京曰：“鄙郡本名义陵，在辰阳县界，与夷相接，数为所攻，光武时移东出，遂得全完，共议易号。传曰止戈为武，《诗》称高平曰陵，于是名焉。”（第2335页）（刘宋）范晔撰，（唐）李贤等注：《后汉书》卷一一二《郡国四》也载，《先贤传》曰：“晋代太守赵廞问主簿潘京曰：‘贵郡何以名武陵?’京曰：‘鄙郡本名义陵，在辰阳县界，与夷相接，为所攻破，光武时移东出，遂得见全，先识易号。《传》曰“止戈为武，高平曰陵”，于是改名焉。’”（第3483页）两者的文字记录虽然有细微差别，但记载的事情大致相同。但记载的内容是否属实，《后汉书》的校注者也提出过疑问，添加按语“《前书》本名武陵，不知此对何据而出。”或许潘京与太守对话的真伪已经无从考证，但武陵的取义是明确的。

③ （汉）班固撰：《汉书》卷二八上《地理志》第八上，中华书局1962年版，第1594—1595页。

④ （刘宋）范晔撰，（唐）李贤等注：《后汉书》卷一一二《志》第二二《郡国四》，中华书局1965年版，第3484页。

期所领县名和数量有一定变化，但所辖地域范围变化不大。据（乾隆）《湖南通志》卷二《沿革》记载，两汉以后，“晋武陵郡领县十，梁置武州，后废。陈复置武州，后改为沅州，隋平陈，改为朗州，大业初复置武陵郡，领县二，曰武陵、龙阳。唐为朗州武陵郡，仍领二县，属于山南东道，宋祥符五年改为鼎州”①。(光绪)《湖南通志》还对西汉武陵郡的郡治范围和县治范围进行了考证。该著卷三《地理志》记载，武陵郡辖地包括“今（湖南）常德、澧州、辰州、沅州、靖州、永顺，贵州省之铜仁、镇远、黎平、思州、思南、石阡、都匀，四川酉阳各府州，湖北宣恩、来凤、长阳、长乐（今五峰)、公安各县地”②。并认为孱陵的治理范围在光绪时的公安县、安乡县、华容县辖境，佷山在长阳县、长乐县辖境，酉阳在黔江县、彭水县、安化县辖境，索在武陵县、龙阳县、沅江县辖境，又错入永顺县、龙山县辖境，临沅在武陵县、桃源县辖境，沅陵在沅陵县、泸溪县辖境，镡成在黔阳县、会同县、绥宁县、通道县、天柱县及黎平府辖境，无阳在芷江县、晃州厅及贵州思州、镇远县、施秉县辖境，迁陵在保靖县辖境，又错入酉阳州及秀山县辖境，辰阳在辰溪县、麻阳县及贵州铜仁县辖境，义陵在溆浦县辖境，零阳在慈利县、石门县、安福县辖境，又错入永顺县、龙山县辖境，充在永定县、桑植县、宣恩县、来凤县辖境。这一考证不管从历史地理的角度看是否准确，但从历史建构论的角度来看，至迟在光绪年间人们已经把以武陵山为中心的湘鄂渝黔毗邻地区看作是一个有特殊历史联系的区域。

武陵山处在雪峰山和大娄山之间，主脉发源于贵州东北部铜仁市的梵净山，由西南向东北穿行，经渝东南、鄂西南、湘西北，余脉止于洞庭湖西。在以武陵山为中心的这块区域内，有沅水、澧水、清江、乌江四大水系。西汉武陵郡所领十三县主要分布在这四大水系的干流及其支流附近。宋代以后，这一区域虽然分属不同省份管辖，但元明清时期这里的大部分地域由土司治理，民间的经济文化交流非常频繁。第二次国内革命战争时期，贺

---

① （清）陈宏谋修：《湖南通志》卷二《沿革》，乾隆二十二年刻本。

② （清）翁元圻修：《湖南通志》卷三《地理志》，光绪十一年刻本。

龙、周逸群、任弼时等老一辈革命家相继依托武陵山区建立湘鄂西革命根据地、湘鄂川黔革命根据地。抗日战争期间，宜昌沦陷后，为了拱卫陪都重庆，国民政府将湘鄂渝黔边划为第六战区，指挥中心设在恩施。新中国成立以来，先后两次将武陵山区划入集中连片特困区，作为加强区域协作，推进扶贫攻坚的试点区域。目前，武陵山片区的扶贫攻坚规划将湘鄂渝黔交界地区的 71 个县（市、区）都纳入片区的范围，在传统武陵民族地区的范围上有所扩充。

目前，学术界比较公认的武陵民族地区包括湖南省湘西土家族苗族自治州所辖的吉首市、凤凰县、泸溪县、古丈县、花垣县、保靖县、永顺县、龙山县，张家界市的永定区、武陵源区、桑植县、慈利县，湖北省恩施土家族苗族自治州所辖的恩施市、利川市、巴东县、建始县、来凤县、咸丰县、鹤峰县、宣恩县，宜昌市的长阳土家族自治县、五峰土家族自治县，重庆市的黔江区、秀山土家族苗族自治县、酉阳土家族苗族自治县、彭水苗族土家族自治县、石柱土家族自治县，贵州省铜仁市的碧江区、万山区、石阡县、江口县、沿河土家族自治县、德江县、思南县、印江土家族苗族自治县、玉屏侗族自治县、松桃苗族自治县，共计 37 个县（市、区）。还有学者主张把湖南省怀化市所辖区域和常德市的桃源县、石门县也纳入武陵民族地区的范围。本书以上述 37 个县（市、区）为中心，兼及湖南省怀化市和常德市的部分县市。

武陵民族地区由于具备独特的地理特征和文化积淀，形成了具有鲜明特点的“武陵文化”① 和多民族文化互相碰撞融合的“武陵民族走廊”②，很多学者把它当作一个文化区域来进行研究。

2. 移民

“移民”有名词和动词两种词性，“用作动词时指的是一部分人从原居住地迁移到其他地方定居的这种行动或者社会现象；用作名词时指的是有迁

---

① 黄柏权：《论武陵文化》，《广西民族研究》2002 年第 4 期。

② 黄柏权、葛政委：《论文化互动的类型——兼论“武陵民族走廊”多元文化互动》，《中南民族大学学报》（人文社会科学版）2009 年第 2 期。

移行为的人或者人群”[①]。学术研究中，对“移民”概念界定也基本围绕这两个词性展开。如从动词性来解释移民的有：《新编韦氏大辞典》将“移民”界定为“出于定居的目的而从一个国家或者州迁往另外的国家或者州”[②]；1980年版《美国百科全书》认为“移民”是“个人或者团体有相当长的距离及经常性的迁移行动”[③]；《中国大百科全书》地理学卷认为，人口迁徙的形式是移民，是“一定时期内人口在地区之间永久或半永久的居住地的变动。”[④] 这些文献在进行动词性的“移民”界定时主要关注人口居住地的变动和迁移行动。从名词性来解释移民的有：《不列颠百科全书》中的定义“移民通常是指居住地发生了经常性变动的个人或者团体”。[⑤]《中国大百科全书·社会学》卷移民条的解释是，人们离开原居住地，超过一定行政界限，到另一地居住而实行迁移的人口；[⑥]《中国移民史》对移民的界定是“移民是指具有一定数量、一定距离、在迁入地居住了一定时间的迁徙人口”。[⑦] 从名词性来解释移民的成果主要关注人口及人口的居住状态两个方面。

本书主要使用名词性的移民概念，并且主要考察迁入武陵民族地区的历史移民。“对于历史移民来说，移民主要指的是经过较长距离迁徙后定居下来的人口。”[⑧]“较长距离”既指迁出地和迁入地之间的空间距离，也指人们感知的心理距离，一般来说跨县、跨地市、跨省都符合较长距离条件。“定居”一方面是指迁徙人口在迁入地居住的时间比较长，另一方面指迁徙

---

① 杨洪林：《明清移民与鄂西南少数民族地区乡村社会变迁研究》，中国社会科学出版社2013年版，第10页。

② Noah Webster，*Webester's New Universal Unabridged Dictionary*，New York：Dorset & Baber，1983，p.593.

③ *Encyclopedia American*（第19册），New York：Grolier，1980，p.97.

④ 《中国大百科全书·地理学》，中国大百科全书出版社1990年版，第358页。

⑤ *Encyclopedia Britannica*，Chicago：Encyclopedia Britannica Educational Corp，1984，p.185.

⑥ 《中国大百科全书·社会学》，中国大百科全书出版社1999年版，第240页。

⑦ 葛剑雄等：《中国移民史》第1卷，福建人民出版社1997年版，第10页。

⑧ 杨洪林：《明清移民与鄂西南少数民族地区乡村社会变迁研究》，中国社会科学出版社2013年版，第11页。

的目的是定居。很多学者在研究历史移民时都强调“一定数量”，对“一定数量”的理解，张世友认为“只要是稍成规模或稍具典型性”的移居人口即可，[①] 范玉春认为“既指迁移人口本身的数量，在某些时候也指移民后裔的数量”[②]。从社会史的视角，数量并非移民产生社会影响的决定性条件，并且目前也没有科学的数量标准，因此对移民的概念界定没有必要强调数量条件。

三、民族地区历史移民研究的当代意义

一是促进民族学研究，丰富中华民族多元一体格局理论。费孝通先生在提出中华民族多元一体格局理论时，点出了汉族在中华民族形成过程中有着重要的作用，是他首先形成了凝聚和联系的网络，然后把其他民族融合到中华民族中。费先生虽然提出了这一著名的理论论断，但具体到汉族将少数民族凝聚到中华民族的微观机制问题则留给了后学。从民族地区的历史移民入手，尤其是从汉族移民与少数民族的互动过程入手，能够发现凝聚核心与边缘群体互动机理，丰富中华民族多元一体格局理论。

二是继承区域研究的传统，发掘社会变迁的规律。民族地区既是文化多样性和生物多样性都非常突出的地区，也是蕴藏着深厚学术理论的研究领域。近年来，相关学者以西部及北部民族地区为研究对象，形成了影响深远的学术成果，开掘了华夏边缘研究领域。武陵民族地区是华夏文明向西南拓展的重要过渡地带，以其为研究对象，不仅继承了人类学的区域研究传统，也能够丰富区域研究的类型，发掘社会变迁的规律。

三是探索多民族互嵌式居住格局形成的历史经验，促进民族工作深入开展。移民在迁入地从聚居到嵌入土著社会居住是一个不断发展的过程，涉

① 张世友：《变迁与交融：乌江流域历代移民与民族关系研究》，中国社会科学出版社 2012 年版，第 8 页。

② 范玉春：《移民与中国文化》，广西师范大学出版社 2005 年版，第 11 页。

及社区内部权力结构的演化和利益的重新分配，在此消彼长的过程中既有冲突，也有整合。从这些历史过程中能够探索到多民族互嵌式居住格局建设的历史经验，对民族工作中创建“各民族互相嵌入式社会结构和社区环境”具有一定参考价值。

第一章　先秦至两宋时期的移民

一系列考古成果表明，武陵民族地区在旧石器时代和新石器时代就已经有早期智人和智人生活的痕迹。先秦时期，三苗、盘瓠蛮和巴人等古代民族相继迁入这一区域，并成为这个区域的主体民族，奠定了后世民族的基本格局。秦汉至唐宋时期，经过魏晋南北朝的民族大融合，虽然武陵民族地区有零星的北方及南方少数民族移民，但迁入移民的主体是汉族移民。在朝廷的征派和镇压过程中，也有一些当地的土著居民被徙置他乡，成为迁出移民。

第一节　先秦时期的移民

武陵民族地区处在亚热带，总体上气候温暖湿润，冬无严寒、夏无酷暑，生物多样性和文化多样性都非常突出。自 20 世纪 50 年代以来，考古工作者先后在这一区域发现了直立猿人和早期智人化石以及旧石器时代和新石器时代人类生活的遗迹。这些情况表明早就有生活在武陵民族地区的土著居民。1968 年以来，考古工作者在湖北省建始县高坪镇巨猿洞的十余次发掘工作中，发现了 5 枚早期直立人下臼齿化石。中国科学院古脊椎动物与古人类研究所测定这些化石是生活在距今 215 万年至 195 万年的直立猿人化石。[①]

① 参见朱世学：《三峡考古与巴文化研究》，科学出版社 2009 年版，第 169 页。

考古界把这些直立猿人叫作“建始直立人”。1986 年 10 月，中国科学院古脊椎动物与古人类研究所在与建始县毗邻的重庆市巫山县大庙镇龙坪村龙骨坡一洞穴中发掘出“巫山人”右上侧门齿化石 1 枚，并在同一层获得一段带有两颗臼齿的下颌骨。经科学测定“巫山人”化石层位处在更新世早期，古地磁年代距今在 200 万年以上。①1957 年，贾兰坡教授领衔的考古队在湖北省长阳土家族自治县大堰乡钟家湾村关老山南坡发掘出土“长阳人”牙化石 1 枚。北京大学考古系实验室用铀系法对化石进行测定，表明“长阳人”是生活在距今 20 万年左右的早期智人。② 此外，考古工作者还在长阳县鲢鱼山发现距今 12 万年至 9 万年前古人类用火的痕迹，在长阳县枝柘坪乡桅杆坪发现距今 1 万年左右延续至 5000 年左右人类使用的打制石器、骨器、陶器等物品，在湖南省泸溪县白沙村田溪口发现生活在旧石器时代晚期的人们使用过的石器，还在湖北省巴东县楠木园、高桅子等地发现新石器时代人们使用的遗物。这些考古成果表明武陵民族地区的古人类活动从直立猿人、早期智人到新石器时代的智人一直持续下来。这些古人类的生息繁衍，是先秦时期历史移民的基本社会背景。

先秦时期是中华文明的开端，主要经历了夏、商、西周、春秋和战国几个阶段。这一时期也是民族大迁徙、大融合以及文化大繁荣的时期。武陵民族地区除了原始土著人群之外，其周边还生活有氐羌系族群、百濮系族群、百越系族群以及苗蛮族群。这些族群在流动的过程中就有一部分人口迁徙到了武陵民族地区。从现有文献分析，先秦时期武陵民族地区主要有三苗、盘瓠蛮和巴人移民。

一、三苗的迁徙

先秦时期，生活在靠近武陵民族地区东北方向的三苗，受到华夏的挤压，不断向北、向南迁徙，向南迁徙的一支有一部分迁到了武陵民族地区。

---

① 参见邓辉：《土家族区域的考古文化》，中央民族大学出版社 1999 年版，第 10—11 页。

② 参见李天元：《古人类研究》，武汉大学出版社 1990 年版，第 279 页。

三苗既是国名，也是古代民族的族称，其分布区域据《战国策》卷二十二《魏一》记载："昔者三苗之居，左彭蠡之波，右洞庭之水，文山在其南，而衡山在其北。"① 然《史记》卷六五《孙子吴起列传第五》记载："昔三苗氏左洞庭，右彭蠡，德义不修，禹灭之。"② 其左右之别或许是观察方位不一，居北观之洞庭在右，居南观之洞庭在左。《史记·五帝本纪》集解对此也有解释："洞庭，湖名，在岳州巴陵西南一里，南与青草湖连。彭蠡，湖名，在江浔县东南五十二里。以天子在北，故洞庭在西为左，彭蠡在东为右。"③ 但是，"文山在其南，而衡山在其北"却难以找到对应的地望，所以司马迁不录。《韩诗外传》将三苗分布区域的方位完全倒换过来，其卷三记载："当舜之时，有苗氏不服。其不服者，衡山在南，岐山在北，左洞庭之波，右彭泽之水，由此险也。"④"彭蠡"、"彭泽"都是鄱阳湖的古称，"洞庭"指洞庭湖，"文山"、"衡山"的具体位置，目前在学界的争议比较大。"文山"有的文献作"汶山"、"岐山"或者"岐山"。据《韩诗外传集释》的考证，"文山"、"岐山"均为误写，"汶"、"岐"、"嶓"皆同"岷"，即为岷山。俞伟超认为"文山"应在洞庭湖和鄱阳湖的南部，⑤ 徐旭生认为衡山应该是长江北岸东西走向的"横"山，或许是大别山或安徽霍山。⑥ 这些观点似有削足适履之感。钱穆先生通过细致考证，认为"彭蠡"、"洞庭"均非今日之鄱阳湖和洞庭湖，进而认为三苗的疆域在"今河南鲁山嵩县卢氏一带山脉之北，今山西南部诸山，自蒲阪安邑以至析城王屋一带山脉之南，夹黄河为居，西起蒲潼，东达荥郑，不出今河南北部山西南部广运数百里间也"⑦。钱先生考证

---

① （汉）刘向：《战国策》卷二二《魏一·魏武侯与诸大夫浮于西河》，上海古籍出版社 1978 年版，第 782 页。

② （汉）司马迁：《史记》卷六五《孙子吴起列传第五》，中华书局 1959 年版，第 2166 页。

③ （汉）司马迁：《史记》卷一《五帝本纪第一》，中华书局 1959 年版，第 29 页。

④ （汉）韩婴撰，许维遹校释：《韩诗外传集释》，中华书局 1980 年版，第 108 页。

⑤ 俞伟超：《先楚与三苗文化的考古学推测》，《文物》1980 年第 10 期。

⑥ 徐旭生：《中国古史的传说时代》，文物出版社 1985 年版，第 58 页。

⑦ 钱穆：《古三苗疆域考》，《燕京学报》1932 年第 12 期；钱穆：《古史地理论丛》，台北东大图书有限公司 1982 年版，第 91 页。

虽详，但夹黄河而居的河南北部、山西南部早已被华夏所据，似乎难以给三苗留下生存空间。《史记》卷一《五帝本纪》记载，“三苗在江淮、荆州，数为乱”①，说明三苗的活动中心在湖北、湖南一带，靠近武陵民族地区的东北部，西汉时期武陵郡的北部区域就处在三苗的活动范围内。

三苗的来源，考古学的证据偏向于他们是长江中游地区的土著，文献的证据偏向于他们是今山东、河北等地迁来的移民。考古学界和民族学界一般认为屈家岭—石家河文化是三苗文化的代表。②屈家岭—石家河文化是以江汉地区为中心的一种独特文化类型，因此认为三苗是长江中游地区的土著。从文献得来的证据分析，一般认为三苗来自九黎。东汉高诱注《淮南子》第十九卷《修务训》记载：“三苗，盖谓帝鸿氏之裔子浑敦，少昊氏之裔子穷奇，缙云氏之裔子饕餮，三族之苗裔，亦谓之三苗。”③如果按照道家的思想“一生二、二生三、三生万物”，或许“三苗”的“三”是众多之意。高诱将“三苗”理解为“三族之苗裔”，一方面或许是为了让数据对应，将《史记》卷一《五帝本纪》所叙之“三凶”嫁接过来；但另一方面也表明，至迟在东汉时期，人们就已认为三苗是由多个民族集团融合而来。成书更早的《国语》卷十八《楚语下》记载：“及少皞之衰也，九黎乱德，民神杂糅，不可方物”，“其后，三苗复九黎之德，尧复育重、黎之后，不忘旧者，使复典之。以至于夏、商，故重、黎氏世叙天地，而别其分主者也”。④这条文献表明九黎是继少昊而起，三苗和九黎具有文化上的渊源关系。孔颖达在《尚书正义》中引郑玄的观点，“郑玄以为苗民即九黎之后”⑤，梁启超也认为“三苗与九黎同族”⑥。这些观点均认可三苗来源于九黎。九黎是炎黄时代东

---

① （汉）司马迁：《史记》卷一《五帝本纪第一》，中华书局1959年版，第28页。

② 王钟翰：《中国民族史》，中国社会科学出版社1994年版，第40页。

③ （西汉）刘安等编著，（东汉）高诱注：《淮南子》第一九卷《修务训》，上海古籍出版社1989年版，第208页。

④ 《国语》卷一八《楚语下》，上海古籍出版社1978年版，第562—563页。

⑤ （汉）孔安国传，（唐）孔颖达正义：《尚书正义》，上海古籍出版社2007年版，第773页。

⑥ 梁启超：《饮冰室合集》专集之四十三《太古及三代载记》，中华书局有限公司民国二十五年版，第15页。

夷氏族或部落联盟集团的统称。[①] 孔颖达还认为“蚩尤为九黎……盖以蚩尤是九黎之君”[②]，而非专一之人。《逸周书》卷六《尝麦解》载“蚩尤于宇少昊”[③]。“宇”是地域、疆土之意，说明蚩尤生活在少昊生活过的地方。《史记》卷三十三《鲁周公世家》记载，周武王“封周公于少昊之虚曲阜”。[④] 据梁启超考证，“少昊国于穷桑，迁于曲阜”。[⑤] 由此观之，九黎、少昊主要活动在今山东一带。《逸周书》卷六又载：“蚩尤乃逐帝，争于涿鹿之河。”[⑥] 涿鹿在今河北张家口一带。蚩尤逐帝，表明蚩尤在向西迁徙发展过程中曾与炎帝争夺地盘。《史记》卷一《五帝本纪》亦载：“蚩尤作乱，不用帝命。于是黄帝乃征师诸侯，与蚩尤战于涿鹿之野，遂禽杀蚩尤。”[⑦]《逸周书》还载，蚩尤被杀于“中冀”。“中冀”即冀州。这些材料表明，生活在今山东一带的蚩尤在向西及向南的发展过程中与华夏的炎黄产生矛盾，最终被黄帝所杀。当然，黄帝杀的蚩尤仅是作为“九黎之君”的蚩尤，其统治之下的人民还是存在的。《拾遗记》卷一《高辛》记载：“轩辕去蚩尤之凶，迁其民善者于邹屠之地，迁恶者于有北之乡。”[⑧] 邹屠氏之女后来还成为帝喾之妃。表明蚩尤之民有一部分顺服于黄帝集团，并被黄帝集团同化，也有一部分被迁往北方。当然，还有一部分不顺服者向南迁徙。向南迁徙者经河南抵江汉，并与当地的土著融合，形成三苗集团。梁启超也认为“三苗亦称九黎，其族盖起于湖

---

① 闫德亮：《从九黎到三苗再到苗族——兼论蚩尤神话与文化》，《贵州社会科学》2015 年第 5 期。

② （汉）孔安国传，（唐）孔颖达正义：《尚书正义》，上海古籍出版社 2007 年版，第 773 页。

③ 黄怀信、张懋镕、田旭东撰，李学勤审订：《逸周书汇校集注》卷六《尝麦解》，上海古籍出版社 1995 年版，第 781 页。

④ （汉）司马迁：《史记》卷三三《鲁周公世家第三》，中华书局 1959 年版，第 2166 页。

⑤ 梁启超：《饮冰室合集》专集之四十三《太古及三代载记》，中华书局有限公司民国二十五年版，第 15 页。

⑥ 黄怀信、张懋镕、田旭东撰，李学勤审订：《逸周书汇校集注》卷六《尝麦解》，上海古籍出版社 1995 年版，第 782 页。

⑦ （汉）司马迁：《史记》卷一《五帝本纪第一》，中华书局 1959 年版，第 3 页。

⑧ （晋）王嘉撰，（梁）萧绮录，齐治平校注：《拾遗记》卷一《高辛》，中华书局 1981 年版，第 18 页。

湘之间。”① 综合来看，三苗是以长江中游的土著为主体，融合了被黄帝战败的九黎蚩尤民族形成的新的古代民族，或许九黎蚩尤后裔获得了三苗集团的领导权，成为三苗的核心。

生活在江淮、荆州一带的三苗“数为乱”，因此被华夏集团追杀。《史记》卷一《五帝本纪》记载：“舜归而言于帝，请流共工于幽陵，以变北狄；放驩兜于崇山，以变南蛮；迁三苗于三危，以变西戎；殛鲧于羽山，以变东夷。四罪而天下咸服。”②《史记》正义引《括地志》：“三危山有三峰，故曰三危，俗亦名卑羽山，在沙州敦煌县东南三十里。”③ 郑玄也引《地记》的记载：“三危之山，在鸟鼠之西，南当岷山。”④ 孔颖达在对《尚书》的注疏过程中认为《地记》是“妄书”，未必可信，而认为“三危”当在河之南，但后世文献基本都采信“三危”在西北敦煌一带。⑤《元和郡县图志》也载：“禹贡梁州之域，古西羌地也。羌人本出三苗，盖姜姓之别也。其国近南岳。及舜流四凶，徙之三危，滨于赐支，至于河首，绵地千里。赐支者，禹贡所谓析支者也。”⑥ 又载：“燉煌县……三危山，在县南三十里。山有三峰，故曰三危。《尚书》窜三苗于三危，即此山也。”⑦ 迁三危的三苗成了汉文文献中羌人的先祖。《后汉书》卷八十七《西羌传》载：“西羌之本，出自三苗，姜姓之别也。其国近南岳。及舜流四凶，徙之三危，河关之西南羌地是也。”⑧

---

① 梁启超：《饮冰室合集》饮冰室专集之四十三《太古及三代载记》，中华书局有限公司民国二十五年版，第 14 页。

② （汉）司马迁：《史记》卷一《五帝本纪第一》，中华书局 1959 年版，第 28 页。

③ （汉）司马迁：《史记》卷一《五帝本纪第一》，中华书局 1959 年版，第 29 页。

④ （汉）孔安国传，（唐）孔颖达正义：《尚书正义》，上海古籍出版社 2007 年版，第 224 页。

⑤ 马少桥认为，“三危”并非地名，而是指洞庭、彭蠡之间的山地。参见马少桥：《“窜三苗于三危”新释》，胡启望、李廷贵编：《苗族研究论丛》，贵州民族出版社 1988 年版，第 60—67 页。

⑥ （唐）李吉甫撰，贺次君点校：《元和郡县图志》卷三二《剑南道中》，中华书局 1983 年版，第 809 页。

⑦ （唐）李吉甫撰，贺次君点校：《元和郡县图志》卷四〇《陇右道下》，中华书局 1983 年版，第 1026 页。

⑧ （刘宋）范晔撰，（唐）李贤等注：《后汉书》卷八七《西羌传》，中华书局 1965 年版，第 2869 页。

据《山海经》的记载：驩兜也是三苗的一部分，并且这部分苗民有的向北迁徙，有的向南迁徙。向北迁徙的三苗有《山海经》卷一二《大荒北经》记载："西北海外，黑水之北，有人有翼，名曰苗民。颛顼生驩头，驩头生苗民，苗民釐姓，食肉。"① "驩头"即"驩兜"。南迁的驩兜有《山海经》卷一《海外南经》载："驩头国在其南。其为人，人面有翼，鸟喙，方捕鱼……或曰讙朱国。"② 东晋郭璞注："驩兜，尧臣，有罪自投南海而死。帝怜之，使其子居南海而祠之。"③ 在南海与三苗有关的除了驩头国还有三苗国，《山海经》亦载："三苗国在赤水东，其为人相随，一曰三毛国。"④ 郭璞亦注："昔尧以天下让舜，三苗之君非之，帝杀之。有苗之民叛入南海，为三苗国。"⑤ 三苗被华夏集团挤压，不断向北和向南迁徙，向南迁徙的三苗有很多进入武陵民族地区及更南边的贵州、云南等省市，成为今世苗族等民族的祖先。

二、盘瓠蛮的迁徙

现今生活在我国南方的苗族、瑶族等少数民族有比较广泛的盘瓠信仰，有的地方把盘瓠（也有作"槃瓠"）看作是司掌雨水的神灵，在求雨仪式中加以祭祀；有的地方把盘瓠当作祖先神进行供奉。关于盘瓠的文字记载主要见于汉魏以后的典籍中。东汉时应劭的《风俗通义》、曹魏时鱼豢的《魏略》以及晋代干宝的《搜神记》、《晋纪》等史籍是较早系统记录盘瓠的文献。《风俗通义》和《魏略》早已散失，但《后汉书》卷八六《南蛮西南夷列传》关于盘瓠来源的一段记述就出自《风俗通义》，李贤在为《后汉书》作注的时候又引了《魏略》的文字。李贤注引说："高辛氏有老妇，居（正）（王）室，得耳疾，挑之，乃得物大如茧。妇人盛瓠中，覆之以盘，俄顷化为犬，其文五

① 袁珂校注：《山海经校注》卷一二《大荒北经》，上海古籍出版社1980年版，第436—437页。

② 袁珂校注：《山海经校注》卷一二《大荒北经》，上海古籍出版社1980年版，第189页。

③ 袁珂校注：《山海经校注》卷一二《大荒北经》，上海古籍出版社1980年版，第190页。

④ 袁珂校注：《山海经校注》卷一二《大荒北经》，上海古籍出版社1980年版，第193页。

⑤ 袁珂校注：《山海经校注》卷一二《大荒北经》，上海古籍出版社1980年版，第193页。

色，因名盘瓠。”[1] 由于注引文字有限，只说到了盘瓠是怎么出世的，盘瓠出世以后的活动见于《后汉书》所引《风俗通义》的文字：“昔高辛氏有犬戎之寇，帝患其侵暴，而征伐不克。乃访募天下，有能得犬戎之将吴将军头者，购黄金千镒，邑万家，又妻以少女。时帝有畜狗，其毛五采，名曰槃瓠。下令之后，槃瓠遂衔人头造阙下，群臣怪而诊之，乃吴将军首也。帝大喜，而计槃瓠不可妻之以女，又无封爵之道，议欲有报而未知所宜。女闻之，以为帝皇下令，不可违信，因请行。帝不得已，乃以女配槃瓠。槃瓠得女，负而走入南山，止石室中。所处险绝，人迹不至。于是女解去衣裳，为仆鉴之结，着独力之衣。帝悲思之，遣使寻求，辄遇风雨震晦，使者不得进。经三年，生子一十二人，六男六女。槃瓠死后，因自相夫妻。织绩木皮，染以草实，好五色衣服。制裁皆有尾形。其母后归，以状白帝，于是使迎致诸子。衣裳班兰，语言侏离，好入山壑，不乐平旷。帝顺其意，赐以名山广泽。其后滋蔓，号曰蛮夷。外痴内黠，安土重旧。以先父有功，母帝之女，田作贾贩，无关梁符传，租税之赋。有邑君长，皆赐印绶，冠用獭皮。名渠帅曰精夫，相呼为姎徒。”[2] 干宝的《搜神记》卷十四基本上是将这两段话连接起来，构成一个完整的神话故事。干宝还说：“用糁杂鱼肉，叩槽而号，以祭盘瓠，其俗至今。故世称‘赤髀横裙，盘瓠子孙’。”[3] 可见，史家是将祭祀盘瓠的人视为盘瓠子孙，即盘瓠蛮。

关于盘瓠蛮的分布范围，《后汉书》说“长沙武陵蛮是也”。李贤注引干宝《晋纪》曰：“武陵、长沙、卢江郡夷，盘瓠之后也，杂处五溪之内。”[4]《搜神记》载：“今梁、汉、巴、蜀、武陵、长沙、庐江郡夷是也。”[5] 可见，

---

① （刘宋）范晔撰，（唐）李贤等注：《后汉书》卷八六《南蛮西南夷列传》，中华书局 1965 年版，第 2830 页。

② （刘宋）范晔撰，（唐）李贤等注：《后汉书》卷八六《南蛮西南夷列传》，中华书局 1965 年版，第 2829—2830 页。

③ （晋）干宝撰，汪绍楹校注：《搜神记》，中华书局 1985 年版，第 169 页。

④ （刘宋）范晔撰，（唐）李贤等注：《后汉书》卷八六《南蛮西南夷列传》，中华书局 1965 年版，第 2830 页。

⑤ （晋）干宝撰，汪绍楹校注：《搜神记》，中华书局 1985 年版，第 169 页。

魏晋时期盘瓠信仰不仅覆盖了几乎整个武陵民族地区，并且在西南很大一片区域都存在。李贤在注引过程中认为“槃瓠得女，负而走入南山，止石室中”的南山是辰州泸溪县的武山，山上有盘瓠“石室”。《荆州记》也载：“沅陵县居西口，有上就、武阳二乡，唯此是盘瓠子孙，狗种也。”① 这些文献表明，武陵民族地区是盘瓠信仰的中心。

一个地方的文化既可能是生活在这个地域的人的“发明”，也可能是从别的地方传播而来。吴永章先生认为盘瓠传说只流行于南方，也只有南方的一些民族尊他为祖先，并且盘瓠的故事完全是以“南蛮”为社会背景编织出来的。② 意即盘瓠信仰是“南蛮”的“本土发明”，那么信仰盘瓠的人也不可能是外地迁来的移民。尤中先生也认为，以盘瓠为始祖，以犬为图腾的苗族、瑶族的祖先部落是从“三苗”中分化出来的。③ 神话故事虽然有许多虚构成分，不是真实的历史，但它是一个民族的历史记忆，蕴含了一些历史信息，并反映了一个民族的认同倾向。盘瓠信仰以神犬为中心，至今，武陵民族地区的部分苗族在求雨时还把狗当作主要的象征物。人们在举行相关仪式时，不仅有复杂的祭祀活动，建构独特的场域，还要抬着狗浩浩荡荡地四处巡游。一些盘瓠庙也供奉神犬画像或雕塑。狗是人类最早驯化的家畜之一。中国考古工作者也曾在河北徐水县南庄头遗址发现距今 1 万年左右的新石器早期可能是经人类驯化的狗骨头化石。④ 那么，盘瓠信仰的缘起也应该与狗有关。先秦时期，曾出现过以狗为国名的情况。以狗为国名的国家在文献中或记为狗国，或记为犬封国、狗封国等。《逸周书・王会》载：“正西昆仑、狗国、鬼亲……”王肃注：“狗国，犬戎也。”⑤ 可见，狗国在先秦华夏的正

---

① （刘宋）范晔撰，（唐）李贤等注：《后汉书》卷八六《南蛮西南夷列传》，中华书局 1965 年版，第 2830 页。

② 吴永章：《盘瓠考述》，《思想战线》1986 年第 2 期。

③ 尤中：《苗、瑶族古代史叙略》，《云南社会科学》1988 年第 5 期。

④ 参见保定地区文物管理所等：《河北徐水县南庄头遗址试掘简报》，《考古》1992 年第 11 期。

⑤ 黄怀信、张懋镕、田旭东撰，李学勤审订：《逸周书汇校集注》卷七《王会解》，上海古籍出版社 1995 年版，第 976 页。

西方，并与昆仑、鬼亲等为邻。这些地区在先秦时期也是氐羌系民族生活的区域。《山海经·海内北经》也载："犬封国曰犬戎国，状如犬"①，其方位在大行伯的东面。"状如犬"当然不是指生活在这里的人"状如犬"，而是人们祭祀的神灵"状如犬"。《山海经·大荒北经》载："有犬戎国。有神，人面兽身，名曰犬戎。"②犬戎国的名称也是因其信仰的"人面兽身"之神而来。又据《山海经》的郭璞注，盘瓠"浮之会稽东海（也有的版本作桂林南海）中……是为狗封之国"③。《山海经》是先秦古籍，郭璞为两晋人士，经历时代变迁，狗封国的地望也从西北转移到东南。我们可以据此认为，东南及西南地区的盘瓠信仰是从西北氐羌民族中传播过来的。古代民族文化传播的路径比较单一，一般都是通过人群的迁移即移民来实现。所以，先秦至两汉时期有一定数量的西北氐羌民族迁徙到武陵等具有盘瓠信仰的地区。

三、巴人的迁徙

先秦时期的巴人在鄂西、川东建立过多个方国，是对武陵民族地区历史文化影响最大的古代族群之一。由于巴人内部支系的复杂性和文化的多样性，至今对巴人的来源尚无学术定论。本书无意对巴人的来源作更加深入的探讨，只是在前人研究的基础上，通过对巴人来源的梳理，发现先秦时期武陵民族地区的移民历史。学术界研究巴人的来源一般以文献、考古、民俗为据，以文献为据者又主要以《山海经》、《后汉书》、《华阳国志》、《路史》等记载有巴人世系的文献为主。在这些文献中，学者们引用较多、对巴人世系记载较为清晰的有两条文献，一是《山海经》，二是《路史》。《山海经》卷一六《海内经》载："西南有巴国，太皞生咸鸟，咸鸟生乘釐，乘釐生后照，后照是始为巴人。"④《路史》卷一〇《后纪一》记载："伏羲生咸鸟，咸鸟生

---

① 袁珂校注：《山海经校注》卷一二《海内北经》，上海古籍出版 1980 年版，第 309 页。
② 袁珂校注：《山海经校注》卷一二《大荒北经》，上海古籍出版社 1980 年版，第 436 页。
③ 袁珂校注：《山海经校注》卷一二《海内北经》，上海古籍出版社 1980 年版，第 307 页。
④ 袁珂校注：《山海经校注》卷一六《海内北经》，上海古籍出版社 1980 年版，第 453 页。

乘釐，是司水土，生后炤，后炤生顾相，降处于巴，是生巴人。"①"后照"即"后炤"，"顾相"即"务相"。两条文献中对巴人的起源记载有重大差异，太皞和伏羲在上古时期是不同的族群。据《左传》等文献的记载，太皞生活在山东济宁、东平、费县及河南淮阳等地，属于东夷部落。伏羲是上古华夏集团的一部分，主要生活在甘肃天水一带。李绍明先生就据此认为巴人在形成过程中有两个来源，即东方太皞系的濮越部落融合了西方的氐羌部落，最后在清江流域形成。②如果如李先生所说，先秦时期，那将分别有来自东方和西北方的移民在武陵民族地区的西北部即鄂西南清江流域融合发展。但是，杨铭认为《路史》的记载是受到齐鲁学者的影响，将太皞和伏羲合二为一了，研究巴人的起源应该以《山海经》的记载为主，并据此认为巴人源出东夷，核心是源出东夷中徐夷的一支。③但是，田敏先生认为，在战国末期以后，太昊（即太皞）与伏羲就可以相互更替了，因此《山海经》所叙之太昊本义是指西方的伏羲，因此巴人来源于西方。④最早提出巴人西源说的应当是潘光旦先生。1955年，他在主持土家族民族识别工作的过程中所撰写的《湘西北的"土家"与古代的巴人》一文中就提出此说。他在文中注意到了太昊伏羲互换和连用的情况，据太昊伏羲氏生于成纪，即今甘肃省天水秦安一带，而认为巴人发源于西北，后来发展到西南。⑤但是潘先生未展开论证，其后来者张正明、董珞、蔡靖泉都从文献、考古、民俗等方面进行了论证。张正明先生认为："早期巴人是西部民族，起源于汉水上游与嘉陵江上游，并于春秋中期以后推进至峡江地区，于春秋、战国之际到达清江流域。"⑥董珞

① （宋）罗泌：《路史》卷一〇《后纪一》，四库全书本。

② 参见李绍明：《川东南土家与巴国南境问题》，《思想战线》1985年第5期。

③ 参见杨铭：《巴人源出东夷考》，《历史研究》1999年第6期。

④ 参见田敏：《〈山海经〉巴人世系考》，《四川文物》1998年第5期。但是，赵炳清认为，太皞与伏羲合用是在秦汉时期"大一统"政治思想指导下，将上古各部族编入华夏谱系时才开始的。见赵炳清：《"巴人起源"问题的检讨》，《江汉考古》2012年第4期。

⑤ 参见潘光旦：《湘西北的"土家"与古代的巴人》，原载于中央民族学院研究部1955年编印的《中国民族问题研究辑刊》第四辑，此处所引见彭继宽选编：《湖南土家族社会历史调查资料精选》，岳麓书社2002年版，第67页。

⑥ 张正明：《巴人起源地综考》，《华中师范大学学报》（哲学社会科学版）2004年第6期。

认为，渭河上游、汉江上游以及嘉陵江上游是巴人的摇篮。①蔡靖泉认为，巴人西北邻氐羌、东南靠蛮荆，处在商周之际的汉江上游。②三位学者的观点没有本质的区别，都认为巴人来自西北地区，只是所据材料不同，对巴人生活的具体地方有不同理解。

然而，持巴人迁来说者似乎又与《后汉书》、《世本》等文献关于巴人来源的记载相抵触。《后汉书》卷八六《南蛮西南夷列传》记载："巴郡南郡蛮，本有五姓：巴氏、樊氏、瞫氏、相氏、郑氏，皆出于武落钟离山。其山有赤黑二穴，巴氏之子生于赤穴，四姓之子皆生黑穴。未有君长，俱事鬼神，乃共掷剑于石穴，约能中者，奉以为君。巴氏子务相乃独中之，众皆叹。又令各乘土船，约能浮者，当以为君。余姓悉沈（沉），唯务相独浮。因共立之，是为廪君。"③李贤还注明此段文字非刘宋时期的范晔首创，而是出自更早的《世本》，并说《世本》还有"廪君之先，故出巫诞也"。据相关地理志记载，武落钟离山在长阳县以西、恩施市以东的鄂西南清江流域。巫指楚国的巫郡辖地，包括川东鄂西的峡江地区和清江流域，巫诞即巫蜑，即巫地的蜑人。④据此，有的学者认为清江流域的巴人与汉水上游的巴人没有渊源关系，仅是名称相同而已。如果按此推论，那就不存在汉水上游的巴人移民到武陵民族地区的问题。虽然汉水上游的巴人与清江流域的巴人从文献中难以发现有直接关联的证据，但从考古发现的证据来看，文化渊源关系是非常明显的。田敏先生也从两地巴人在历史上活动的时间先后承接关系、地理空间分布的临近关系以及清江巴人的活动范围等方面考证，得出清江流域巴人是由汉水上游巴人迁徙而来、是汉水上游巴人后

---

① 参见董珞：《巴人族源辨——人类学与考古学的审视》，《中南民族学院学报》（哲学社会科学版）1997 年第 2 期。

② 参见蔡靖泉：《巴人的流徙与文明的传播》，《华中师范大学学报》（人文社会科学版）2005 年第 4 期。

③ （刘宋）范晔撰，（唐）李贤等注：《后汉书》卷八六《南蛮西南夷列传》，中华书局 1965 年版，第 2840 页。

④ 参见田敏：《廪君巴与汉上巴之关系探略》，《中南民族学院学报》（哲学社会科学版）1995 年第 2 期。

裔的结论。①

汉水上游的巴人迁到清江流域以后，曾经建立过城池，但后来在楚的挤压下被迫向西迁徙。上述《后汉书》同卷还有如下记载："乃乘土船，从夷水至盐阳。盐水有神女，谓廪君曰：'此地广大，鱼盐所出，愿留共居。'廪君不许。盐神暮辄来取宿，旦即化为虫，与诸虫群飞，掩蔽日光，天地晦暝。积十余日，廪君伺其便，因射杀之，天乃开明。廪君于是君乎夷城，四姓皆臣之。廪君死，魂魄世为白虎。巴氏以虎饮人血，遂以人祠焉。"②"夷水"今名清江。《水经注》卷三七载："夷水，即佷山清江也。水色清照十丈，分沙石。蜀人见其澄清，因名清江也。昔廪君浮土舟于夷水，据捍关而王巴。"③夷城在清江岸边，具体地址文献无载，据地方文化专家考察或许在今巴东县水布垭镇。清江流域的巴人地接楚人，楚人在向外拓展的过程中对其构成了直接威胁。《太平御览》卷一七一引《十道志》载："故老云，楚子灭巴，巴子兄弟五人流入黔中，汉有天下，名曰酉、辰、巫、武、沅等五溪，为一溪之长，故号五溪。"④"楚子灭巴"当为灭清江流域廪君建立的廪君巴，"灭"当为灭其政权。楚将廪君巴赶走之后必定有一部分楚人迁入武陵民族地区的廪君巴地。《元和郡县图志》卷三〇"江南道六·施州"条载："春秋巴国之界，七国为楚巫郡之地。"⑤可见，楚灭廪君巴后在巴地建立了郡县，将其纳入楚的统一治理之下，从而今鄂西清江流域一带也和楚的经济文化交流增多。

楚灭巴以后，虽然文献有载"巴子兄弟五人流入黔中"，并将黔中与五溪联系起来，意指此黔中即秦所设的黔中郡所辖范围，但是，文献对"巴子

---

① 参见田敏：《廪君巴与汉上巴之关系探略》，《中南民族学院学报》（哲学社会科学版）1995年第2期。

② （刘宋）范晔撰，（唐）李贤等注：《后汉书》卷八六《南蛮西南夷列传》，中华书局1965年版，第2840页。

③ （北魏）郦道元著，陈桥驿校证：《水经注校证》，中华书局2007年版，第862—863页。

④ （宋）李昉等撰，夏剑钦等点校：《太平御览》（第二册）卷一七一《江南道下》，河北教育出版社2000年版，第629页。

⑤ （唐）李吉甫撰，贺次君点校：《元和郡县图志》，中华书局1983年版，第752页。

兄弟五人流入黔中”的叙述仿佛又不确定，如前述《太平御览》在引用时就有“故老云”。《元和郡县图志》也有按语：“辰州戎蛮所居也，其人皆槃瓠子孙，或曰巴子兄弟立为五溪之长。”①那廪君巴是否流入了五溪即秦时的黔中郡辖地呢？如果是，那将是武陵民族地区北部的廪君巴人向南迁徙。田敏先生认为，“黔中”是指乌江流域，“巴子兄弟五人流入黔中”指的是流入川东南的古黔中，而非秦黔中，进而认为廪君巴没有迁入五溪。田先生在论证过程中的主要证据是“黚通黔”，乌江古有黚水之名，黔中指的是黚水流域。②但是，潘光旦先生在《湘西北的“土家”与古代的巴人》一文中论证巴人从鄂西迁湘西是用功最多、论证最详细的，并明确提出“鄂西的巴人有南进到湘西北的，也有西进到川东的”③。李绍明先生也根据史料和地理环境论证，“古黔中”即“巴黔中”，其地域包括今渝东南和湘西部分地区，并认为巴在清江流域壮大以后，沿两条路线到达涪陵，一条是沿长江西进，一条是自恩施南下宣恩、来凤再进入黔江，顺乌江而下都涪陵。④陈心林先生也认为，“巴人进入湘西北亦有两途，一是沿忠建河经来凤达于龙山，二是由澧水自鹤峰进入桑植”⑤。现今的鄂西南、湘西、川东、黔东北地缘关系紧密，很多地方犬牙交错，先秦时期的疆域不会有今天这么清晰的界线，廪君巴人流入川东和湘西都是有可能的，只是在流动的过程中有主流和支流问题。廪君巴人在楚的攻打之下应该主要流向了川东，后来在涪陵建立政权，流向湘西及黔东北的次之。

巴人在川东的活动情况，晋人常璩的《华阳国志》卷一《巴志》有

---

① （唐）李吉甫撰，贺次君点校：《元和郡县图志》，中华书局1983年版，第746页。

② 参见田敏：《“楚子灭巴，巴子五人流入黔中”考——楚巴关系及廪君巴迁徙走向新认识》，《湖北民族学院学报》（社会科学版）1997年第1期。

③ 潘光旦：《湘西北的“土家”与古代的巴人》，原载于中央民族学院研究部1955年编印的《中国民族问题研究辑刊》第四辑，此处所引见彭继宽选编：《湖南土家族社会历史调查资料精选》，岳麓书社2002年版，第67页。

④ 参见李绍明：《川东南土家与巴国南境问题》，《思想战线》1985年第5期。

⑤ 陈心林：《南部方言区土家族族群性研究——武水流域一个土家族社会的实证研究》，民族出版社2010年版，第56页。

较为详细的记载。巴地的范围“东至鱼复，西至僰道，北接汉中，南极黔涪”[①]。鱼复今为奉节，僰道今为宜宾，黔涪指巴黔中。据李绍明先生考证，巴黔中为今渝东南黔江、彭水、酉阳、秀山数县及黔东、湘西部分地区。[②]这个范围应该是川东巴兴盛时期的疆域范围，其后期在楚、蜀的双重挤压之下，疆域范围有所缩小。巴人生活的区域不仅有巴人，还有“濮、賨、苴、奴、獽、夷、蜒之蛮”[③]。他们当中既有源于濮越系的族群，也有源于氐羌和华夏的族群。[④]公元前316年（周慎王五年），因蜀王之弟苴私自亲巴，蜀王伐苴。“苴侯奔巴，巴为求救于秦。秦惠文王遣张仪、司马错救苴、巴，遂伐蜀，灭之。仪贪巴、苴之富，因取巴，执王以归。置巴、蜀及汉中郡。分其地为三十一县。仪城江州。司马错自巴涪水取楚商于地为黔中郡。”[⑤]秦灭巴以后占领了巴地，川东鄂西一带成为秦楚争夺的前沿阵地，在此展开拉锯战，黔中郡地时而属秦时而属楚，直至秦灭楚，统一中国之后，重置黔中郡才稳定下来。巴与楚、蜀交往期间，以及秦灭巴以后不断地有楚人、蜀人、秦人迁到武陵民族地区的巴地。如巴在“战国时，尝与楚婚”[⑥]；“秦惠王并巴中，以巴氏为蛮夷君长，世尚秦女”[⑦]。郑樵的《通志略》还记载：“建平信陵县有税氏。昔蜀王乐军王巴蜀，王见廪君兵强，结好饮宴，以税氏五十人遗巴蜀廪君。”[⑧]信陵县即今湖北巴东县，处在长江边，靠近渝东南巫山、奉节等县。乡镇合并以前，该县有税家乡，乡镇府驻地距县城30公里左右。税家乡就因税氏居民较多而得名，是巴东县长江南岸税氏家族的主要聚居地。巴东县在长江北岸也还有几个税氏家族

---

① （晋）常璩撰，刘琳校注：《华阳国志校注》卷一《巴志》，巴蜀书社1984年版，第21页。

② 参见李绍明：《川东南土家与巴国南境问题》，《思想战线》1985年第5期。

③ （晋）常璩撰，刘琳校注：《华阳国志校注》卷一《巴志》，巴蜀书社1984年版，第28页。

④ 参见段渝：《巴人来源的传说与史实》，《历史研究》2006年第6期。

⑤ （晋）常璩撰，刘琳校注：《华阳国志校注》卷一《巴志》，巴蜀书社1984年版，第32—33页。

⑥ （晋）常璩撰，刘琳校注：《华阳国志校注》卷一《巴志》，巴蜀书社1984年版，第32页。

⑦ （刘宋）范晔撰，（唐）李贤等注：《后汉书》卷八六《南蛮西南夷列传》，中华书局1965年版，第2841页。

⑧ （宋）郑樵：《通志二十略·氏族略第五》，中华书局1995年版，第197页。

聚居点。

一些学者认为巴人分布地区的板楯蛮是今世湘西土家族的先民，因此比较关注板楯蛮的历史和迁徙活动。据《华阳国志》和《晋书》关于李特家世的记载推断，板楯蛮为廪君蛮后裔，但板楯蛮射虎，廪君蛮崇虎，两者在文化上又有较大差异。因此，有学者提出廪君蛮与板楯蛮同为巴地之人，而不是族群意义上的巴人。①《后汉书》卷八六《南蛮西南夷列传》载："板楯蛮夷者，秦昭襄王时有一白虎，常从群虎数游秦、蜀、巴、汉之境，伤害千余人。昭王乃重募国中有能杀虎者，赏邑万家，金百镒。时有巴郡阆中夷人，能作白竹之弩，乃登楼射杀白虎。昭王嘉之，而以其夷人，不欲加封，乃刻石盟要，复夷人顷田不租，十妻不算，伤人者论，杀人者得以倓钱赎死。盟曰：秦犯夷，输黄龙一双；夷犯秦，输清酒一钟。夷人安之。"②"廪君死，魂魄世为白虎"，白虎是廪君蛮的后裔崇拜的对象，而板楯蛮杀的是群虎中最凶猛的"白虎"，两者在白虎文化上是一种对立关系。"顷田不租"主要是针对当头的"渠帅"，"余户"仍要"岁入賨钱"，因此板楯蛮又被呼为賨人。板楯蛮生活的"巴郡阆中"即今四川省阆中市，处在嘉陵江中游。上述《后汉书》同卷在介绍板楯蛮时还有载："阆中有渝水，其民多居水左右。"③渝水即今嘉陵江。《通志》还载："板楯蛮，始居巴中，其后世僭称王，屯聚三峡。"④可见，板楯蛮主要分布在嘉陵江流域，其后随着外迁移民增多，分布范围逐步扩大。特别是在巴受到秦、楚、蜀攻打的过程中，板楯蛮一部分向西北统治力量薄弱的氐羌民族分布区迁徙，一部分向武陵民族地区的渝东南、黔东北和湘西迁徙。

先秦时期迁入武陵民族地区的移民除了主要的三苗、盘瓠蛮、巴人等

---

① 参见王晓天、黎小龙：《板楯蛮（賨人）源流考略——廪君之后还是"百濮"先民?》，《中国历史地理论丛》2012 年第 2 期。

② （刘宋）范晔撰，（唐）李贤等注：《后汉书》卷八六《南蛮西南夷列传》，中华书局 1965 年版，第 2842 页。

③ （刘宋）范晔撰，（唐）李贤等注：《后汉书》卷八六《南蛮西南夷列传》，中华书局 1965 年版，第 2842 页。

④ （宋）郑樵：《通志二十略 · 都邑略》，中华书局 1995 年版，第 577 页。

族群外，还有一些楚人、蜀人、秦人、夜郎人也迁入了这一区域。这些族群迁入武陵民族地区主要是受战争的影响。如三苗、巴人等是遭受外族的攻打，战败以后向武陵民族地区撤退，依靠山地地形构成的天然屏障躲避外族继续攻打；楚人、秦人等是在战争中取胜以后建立地方政权的过程中迁入的。当然，也有一部分移民是在民间自发交往的过程中迁来的，但是这些移民的数量有限，难以形成历史影响，所以文献无载。先秦时期的移民，基本奠定了武陵民族地区后世的民族格局。

第二节　秦汉至南北朝时期的移民

秦汉时期，中央王朝为了加强边疆和京畿重地的治理，推行过移民实边和移民实京政策，导致了国内人口多向流动。晋室南迁以后，北方少数民族不断地向中原渗透，中原汉族在他们的挤压下大规模南迁，形成人口由北向南迁徙的移民潮。武陵民族地区虽然僻处中南一隅，但也受到这些移民政策和移民活动的影响，两汉之际成为“蛮乱”的中心，并且这种社会急剧动荡的“蛮乱”状态时断时续地延续到南北朝中后期。

一、迁入移民

秦灭巴蜀之后，继续向东南方向拓展，相继克楚之汉北、上庸、西陵、郢及巫郡和黔中郡，并在公元前277年左右在楚之巫郡和黔中郡地设黔中郡。① 秦黔中郡在西汉时改为武陵郡，其管辖范围与当今学术意义上的武陵

① 《华阳国志》卷三《蜀志》载，周赧王七年（前308年），司马错率巴蜀十万众伐楚，“取商于之地为黔中郡”，似乎黔中郡为秦所设，但据《史记》卷六九《苏秦列传第九》载，楚“西有黔中、巫郡”，《史记正义》也载，“楚黔中郡，其故城在辰州西二十里，皆盘瓠后也”。可见，黔中郡实为楚国最先设立的行政机构。又据《史记》卷五《秦本纪第五》记载，秦昭襄王三十年（前277年），蜀守张若伐楚，“取巫郡及江南为黔中郡”，秦黔中郡比楚黔中郡的管辖范围更大，秦将楚巫郡和江南管辖的区域并入了黔中郡管辖。秦取楚黔中郡的时间，《史记》除有上述记载外，在卷一五《六国年表第三》、卷四〇《楚世

民族地区的范围相当。秦黔中郡与巴郡相邻，并有很多插花地，因此其移民活动有很多相似之处。秦并巴蜀之后，视巴蜀之地为边地，官方组织移民实边以及将罪犯流放到这些地区，这是移民的主要方式。这些移民既有秦灭六国时获得的俘虏，也有秦国之民，还有违反秦制的各地罪犯。如云梦睡虎地秦墓竹简就有载：

> 爰书：某里士伍甲告曰："谒鋈亲子同里士伍丙足，迁蜀边县，令终身不得去迁所，敢告。"告废丘主：士伍咸阳才某里曰丙，坐父甲谒鋈其足，迁蜀边县，令终身不得去迁所论之。迁丙如甲告，以律包。今鋈丙足，令吏徒将传及恒书一封诣令史，可受代吏徒，以县次传诣成都。成都上恒书太守处，以律食。废丘已传，为报，敢告主。①

这是一个罪犯受罚被流放到蜀郡边县的事例。从这个事例中我们也可以发现秦代官方组织的移民有严格的管理措施和复杂的手续，在移民的过程中，官方要以公文的形式通知迁入地的各级行政机构。2002 年，在武陵民族地区腹地湖南省龙山县里耶镇出土的秦简中，也有相当数量的户籍档案和移民档案，其与移民相关的有：

> [16] 9 正：廿六年五月辛巳朔庚子，启陵乡□敢言之：都乡守嘉言：渚里□□劾等十七户徙都乡，皆不移年籍。令白移言，今问之劾等徙□书告都乡，曰：启陵乡未有枼（牒），毋以智（知）劾等初产至今年数□□□□谒令，都乡具问劾等年数。敢言之。

家第一〇》也有记载，其时间均为公元前 277 年，即秦昭襄王三十年和楚顷襄王二十二年，《蜀鉴》卷一引《华阳国志》的时间也为秦昭襄王三十年，疑今本《华阳国志》有脱落，公元前277年是比较可靠的。秦取楚黔中郡的人物，史籍记载较为混乱，除上述《华阳国志》记载的司马错，《史记》卷五记载的蜀守张若之外，还有《史记》卷七三《白起王翦列传第一三》及卷七八《春申君列传第一八》记载的白起，难以分辨清楚。

① 睡虎地秦墓竹简整理小组：《睡虎地秦墓竹简》，文物出版社 1978 年版，第 261 页。

[16] 19 背：□迁陵守丞敦狐告都乡主，以律令从事。/建手。□[①]

这是一件劾问移民年籍的文书。年籍应该是相当于户籍档案的官方凭证，移民在迁徙过程中年籍也必须转移。上述事例讲述的就是17户移民迁移到都乡，在官方查验的时候还没有年籍，引起官方的重视。这一方面说明秦代有较为严格的移民管理制度，但另一方面也说明在官方的管控之外，武陵民族地区还有很多自发移民。

秦代还将移民作为治理民族问题的手段，官方组织秦民迁徙到蛮夷戎狄势力强大的郡县，通过这些人口去融合当地的人口，防止他们合纵连横做大做强，威胁朝廷的统治。如《华阳国志》卷三《蜀志》记载，周赧王元年（前314年），“戎伯尚强，乃移秦民万家实之”[②]。戎伯应该是蜀西北方的氐羌族群，“戎伯尚强”表明戎伯的经济文化比较发达和先进，移秦民万家的主要目的显然不是去建设这些地方，而是防止戎伯反叛。武陵民族地区也是秦汉时期活跃于巴蜀地区的廪君蛮、板楯蛮等蛮夷的世居地，秦王朝也必定加强对这些区域的统治，虽然还没有发现直接的文献证据证明他们向这一区域大规模移民控蛮，但是，从里耶秦简的内容可以发现，秦代已经在武陵民族地区建立了比较完备的行政体制，其官僚机构中就有很多外来移民。还有《后汉书》卷八六《南蛮西南夷列传》记载，“秦惠王并巴中，以巴氏为蛮夷君长，世尚秦女”[③]，通过政治婚姻的形式将人口迁徙到巴人居住的地区。

西汉时期，中央朝廷加强西南蛮夷地区的开发。汉武帝时，派唐蒙、司马相如“始开西南夷，凿山通道千余里，以广巴蜀，巴蜀之民罢焉”[④]。但

---

① 湖南省文物考古研究所、湘西土家族苗族自治州文物处：《湘西里耶秦代简牍选释》，《中国历史文物》2003年第1期。

② （晋）常璩撰，刘琳校注：《华阳国志校注》卷三《蜀志》，巴蜀书社1984年版，第194页。

③ （刘宋）范晔撰，（唐）李贤等注：《后汉书》卷八六《南蛮西南夷列传》，中华书局1965年版，第2841页。

④ （汉）班固撰，（唐）颜师古注：《汉书》卷二四下《食货志第四下》，中华书局1962年版，第1157页。

是，开西南夷道的成本是巨大的，“作者数万人，千里负担馈饷，率十余钟致一石”，以致“数岁而道不通”①，蛮夷也反叛，不得不调集官兵来平定。道路开通以后，西南蛮夷地区人烟稀少，经济落后，“悉巴蜀租赋不足以更之”，因此官方“乃募豪民田南夷”②，把移民作为促进区域开发、扩大税源的重要手段。东汉以后，官方向武陵民族地区的移民有《后汉书》卷一八《吴汉传》的记载。建武十八年（42 年），蜀郡守将史歆在成都反叛，赶走太守张穆，随后“宕渠杨伟、朐肕徐容等起兵各数千人以应之”，光武帝派吴汉“率刘尚及太中大夫臧宫将万余人讨之。汉入武都，乃发广汉、巴、蜀三郡兵围成都，百余日城破，诛歆等。汉乃乘桴沿江下巴郡，杨伟、徐容等惶恐解散，汉诛其渠帅二百余人，徙其党羽数百家于南郡、长沙而还”③。吴汉将杨伟、徐容的同党“数百家”从宕渠、朐肕迁徙到南郡和长沙郡。南郡在武陵民族地区的北部，长沙郡在南部，并且东汉时期南郡的佷山（今长阳县）等县如今包含在武陵民族地区的范围内。因此，这次移民活动也有一定数量的人口迁徙到武陵民族地区。此外，根据西汉到东汉时期的人口数据分析，在这期间全国整体上有一个从西北到东南的移民潮，武陵郡及其周边的长沙郡、零陵郡、巴郡都是移民的主要迁入地。在这期间迁入武陵民族地区的移民主要是流民。

魏晋南北朝时期由于政局的持续动荡，武陵民族地区的喀斯特地貌沟壑纵横，易守难攻，成为理想的避难场所，于是很多移民迁徙到这一区域。《三国志》卷一《武帝纪》引《逸士传》载，汝南王儁，“避地居武陵，归儁者一百余家”，直至儁 64 岁“寿终于武陵”。④同书卷二三《和洽传》也载，

---

① （汉）班固撰，（唐）颜师古注：《汉书》卷二四下《食货志第四下》，中华书局 1962 年版，第 1158 页。

② （汉）班固撰，（唐）颜师古注：《汉书》卷二四下《食货志第四下》，中华书局 1962 年版，第 1158 页。

③ （刘宋）范晔撰，（唐）李贤等注：《后汉书》卷一八《吴汉》，中华书局 1965 年版，第 683 页。

④ （晋）陈寿撰，（宋）裴松之注：《三国志》卷一《魏书》第一《武帝纪》，中华书局 1959 年版，第 31 页。

汝南西平人和洽，“举孝廉，大将军辟，皆不就”，“遂南度武陵”。[①]这些都是逃避官场归隐田园的显贵之家，他们迁居武陵不是一家一人单独迁徙，而是有庞大的追随者和佣人队伍，如与汝南王儁一道迁居武陵的就有一百余家。《三国志》卷四八《孙休传》引《襄阳记》也载，丹阳太守李衡，本是襄阳卒家子弟，“每欲治家，妻辄不听”，于是他“密遣客十人于武陵龙阳汜洲上作宅，种甘橘千株”[②]。李衡虽然没有迁居武陵，但是受他指派来种柑橘的人就有十人之多，这十人还有可能是十个家庭。晋永嘉之后，大批北人南迁，官府为了安顿这些移民，在迁入地设置侨郡侨县。参考谭其骧教授的研究，在武陵民族地区内部尚无侨郡侨县，但是紧邻武陵北部地区的松滋、江陵是安置山西、陕西、安徽等地移民的侨地。[③]这是否能够说明永嘉之后没有移民迁入这一地区呢？答案显然是否定的。侨郡侨县的地理位置大都在平原或丘陵地带，这些地带是官府控制力量较强的区域，也是主要的税源地，因此官府通过设置侨郡侨县来加强这些区域的控制。在更为偏远的山区，处于动荡中的中央朝廷是很难有效治理的，因此没有设置侨郡侨县。逃避战乱的移民和发展性移民对迁徙目的地的选择是不一样的，逃避战乱的移民一般是迁徙到更为隐蔽的地区，山区往往是理想的避乱场所；发展性移民才会向条件更好的平原地区迁徙。因此，永嘉之后，迁来武陵民族地区的人口不会少于周边的丘陵地带。

魏晋南北朝时期，还有很多脱籍入蛮的移民迁徙到武陵民族地区。如《宋书》卷九七《夷蛮传》载：“蛮民顺附者，一户输谷数斛，其余无杂调，而宋民赋役严苦，贫者不复堪命，多逃亡入蛮。”[④]这些逃亡入蛮的移民，既

---

① （晋）陈寿撰，（宋）裴松之注：《三国志》卷二三《魏书》第二三《和洽传》，中华书局1959年版，第655页。

② （晋）陈寿撰，（宋）裴松之注：《三国志》卷四八《吴书》第三《孙休传》，中华书局1959年版，第1156页。

③ 参见谭其骧：《晋永嘉丧乱后之民族迁徙》，参见《长水集》，人民出版社1987年版，第199—223页，原载《燕京学报》1934年第15期。

④ （梁）沈约撰：《宋书》卷九七《列传》第五七《夷蛮传》，中华书局1974年版，第2396页。

有来自武陵民族地区周边郡县的移民，也有武陵民族地区内部逃亡脱籍，迁到统治力量更为薄弱的偏远山区的移民。这些移民脱离官府的统治之后，纠集队伍“结党连郡”、“起为盗贼”，拦路抢劫，攻击郡县，“屡为人患”。《宋书》卷一百《自序》记载，义熙十一年（415 年），“贼党郭亮之招集蛮众，屯据武陵，武陵太守王镇恶出奔，林子率军讨之”①。《南齐书》卷二二《豫章文献王传》也载：“义阳劫帅张群亡命积年，鼓行为贼，义阳、武陵、天门、南平四郡界，被其残破”，其党羽有“数百人”。② 这些盗贼的主要目的是谋财，或许他们就是从外地迁来的移民，在进入这地区之后不能迅速适应当地的自然生态环境，没有找到很好的生存之道而走上这条道路。两汉至南北朝时期，武陵民族地区的蛮众也屡屡反叛。他们反叛时纠集的队伍规模更大，往往需要中央朝廷调集大军才能镇压，攻击的目标主要选择郡县，表明蛮众已经有了一定的政权意识。

二、迁出移民

秦汉至南北朝时期，武陵民族地区的人口向外迁徙主要有以下几个方面的原因：一是区域内部动荡，特别是遇到蛮乱的时候，人们为了躲避战乱而向外迁徙；二是官府讨蛮之后，将反叛的蛮族迁出平土或移到京师，充为编民或者奴婢；三是官府的征调，这些征调或为徭役或为充军，特别是征用蛮兵，将蛮兵派到外地征战和屯戍在这一时期经常发生；四是遇到自然灾害，人们自发向外迁徙。

秦汉时期，蛮族主要在武陵、巴蜀等地活动，魏晋至北周时扩大到江沔江淮地区，隋以后又退缩到武陵巴建地区。《魏书·蛮传》、《北史·蛮传》皆载，蛮族生活在“江、淮之间，部落滋蔓，布于数州，东连寿春，西通巴、蜀，北接汝、颍，往往有焉。其于魏氏，不甚为患，至晋之末，稍以繁

① （梁）沈约撰：《宋书》卷一〇〇《列传》第六〇《自序》，中华书局 1974 年版，第 2455 页。

② （梁）萧子显撰：《南齐书》卷二二《列传》第三《豫章文献王传》，中华书局 1974 年版，第 408 页。

昌，渐为寇暴矣。自刘、石乱后，诸蛮无所忌惮，故其族渐得北迁，陆浑以南，满于山谷，宛、洛萧条，略为丘墟矣”①。寿春处在淮河中游，今安徽寿县境内，巴、蜀即今四川重庆一带，汝、颍即汝水和颍水，陆浑、宛、洛均在今河南境内。这个地理范围其实并不具体，根据史籍记载分析，两晋至南北朝时期，蛮族分布在“北至幽、并六镇，南到南岭，东及齐鲁，西含巴汉”②的广大区域内。“蛮”是统治者对南方不服朝命的人群的统称，“种类繁多，言语不一，咸依山谷”③，或“衣布徒跣，或椎髻，或剪发。兵器以金银为饰，虎皮衣楯，便弩射，皆暴悍好寇贼焉”④。

武陵民族地区的蛮乱见于正史记载的起于东汉建武年间，止于南齐永明时期，初步统计有29次之多（见表1–1），每一次蛮乱必然带来人口的流动。如《南史》卷七九《荆雍州蛮传》记载：“孝武大明中，建平蛮向光侯寇暴峡川，巴东太守王济、荆州刺史朱修之遣军讨之。光侯走清江，清江去巴东千余里。时巴东、建平、宜都、天门四郡蛮为寇，诸郡人户流散，百不存一。”⑤大明是南朝宋孝武帝刘骏使用过的年号，从457年到464年共使用8年。建平郡为三国时吴所立，辖沙渠、秭归、信陵、巫、兴山等县，即今恩施、利川、建始、巴东、咸丰、宣恩、秭归、巫山、兴山等地。建平蛮向光侯就应该出自这一地区。巴东、宜都、天门都是长江沿线的郡，巴东郡治在今奉节一带，宜都郡治在今宜都附近，辖今五峰、长阳等地，天门郡为分武陵郡而立，郡治在今张家界市。这四郡的郡治范围覆盖了武陵民族地区的西北部地区，当四郡蛮为寇时，“人户流散，百不存一”可见其人口损耗

① （唐）李延寿撰：《北史》卷九五《列传》第八三《蛮传》，中华书局1974年版，第3149页。

② 雷翔：《南北朝蛮民问题》，华中师范大学硕士学位论文，1989年，第1页。

③ （梁）萧子显撰：《南齐书》卷五八《列传》第三九《蛮传》，中华书局1974年版，第1007页。

④ （梁）萧子显撰：《南齐书》卷五八《列传》第三九《蛮传》，中华书局1974年版，第1009页。

⑤ （唐）李延寿撰：《南史》卷七九《列传》第六九《荆雍州蛮传》，中华书局1975年版，第1981页。

之大。这些“不存”之人，并非就此消失，而是迁移到了其他地方。《宋书》卷七四《沈攸之传》也载：“初元嘉中，巴东、建平二郡，军府富实，与江夏、竟陵、武陵并为名郡。世祖于江夏置郢州，郡罢军府，竟陵、武陵亦并残坏，巴东、建平为峡中蛮所破，至是民人流散，存者无几。”① 元嘉是南朝宋文帝刘义使用的年号，其子孝武帝刘骏即宋世祖。可见，这次蛮乱的时间与《南史》卷七九《荆雍州蛮传》记载的蛮乱时间相隔不远，均发生在孝武帝刘骏在位时期，但这两次蛮乱发生时巴东太守不同，一次为王济，另一次为刘攘兵，或许并非同一事件，经历这两次蛮乱后，民人“存者无几”。

表 1–1　秦汉至魏晋南北朝时期武陵民族地区的“蛮乱”统计情况

时间	地点	反叛人物	经过	结果	资料来源
建武二十三年（47年）春正月	南郡	潳山蛮雷迁等	遣武威将军刘尚万余人讨破之	徙其种人七千余口置江夏界中（在云梦县东南）	《后汉书》卷一下《光武帝纪》第一下
建武二十三年（47年）十二月	武陵郡	武陵蛮精夫相单程	寇掠郡县，遣武威将军刘尚发南郡、长沙、武陵兵万余人，乘船溯沅水入武溪击之	尚军大败，悉为所没	《后汉书》卷一下《光武帝纪》第一下；《后汉书》卷八六《南蛮西南夷列传》第七十六
建武二十四年（48年）七月	武陵郡临沅县	武陵蛮精夫相单程	寇临沅，遣谒者李嵩、中山太守马成讨蛮，不克，于是伏波将军马援率四将军讨之	伏波将军马援等破武陵蛮于临沅；（建武二十五年）冬十月，叛蛮悉降	《后汉书》卷一下《光武帝纪》第一下
建武二十五年（49年）	武陵郡	武陵蛮	马武以中郎将将兵击武陵蛮夷	马武还，上印绶	《后汉书》卷二二《马武列传》

① （梁）沈约撰：《宋书》卷七四《列传》第三四《沈攸之传》，中华书局1974年版，第1932页。

时间	地点	反叛人物	经过	结果	资料来源
建初元年(76年)	武陵郡	澧中蛮陈从等	入零阳蛮界；冬十月，武陵郡兵讨叛蛮		《后汉书》卷三《肃宗孝章帝纪》第三
建初三年(78年)十二月	武陵郡	溇中蛮覃兒健等	攻烧零阳、作唐、孱陵界中；建初五年（80年）三月，荆、豫诸郡兵讨破武陵溇中叛蛮	讨破	《后汉书》卷三《肃宗孝章帝纪》第三
永元四年(92年)冬	武陵郡、零陵郡	溇中、澧中蛮潭戎等	燔烧邮亭，杀掠吏民；永元五年(93年)，武陵郡兵破叛蛮	降之	《后汉书》卷四《孝和孝殇帝纪》第四
永元六年(94年)	武陵郡	溇中蛮	郡兵讨平之	平之	《后汉书》卷四《孝和孝殇帝纪》第四
元初二年(115年)十二月	武陵郡	溇中蛮、澧中蛮	结充中诸种二千余人，攻城杀长吏；州郡击破之（《后汉书》引《东观记》曰：“蛮田山、高少等攻城，杀长吏。州郡募五里蛮夷、六亭兵追击，山等皆降。”）	击破；皆散降	《后汉书》卷五《孝安帝纪》第五
元初三年(116年)五月	武陵郡	武陵蛮	州郡讨破之	破之	《后汉书》卷五《孝安帝纪》第五
元初三年(116年)秋	武陵郡	溇中、澧中蛮四千人	溇中、澧中蛮四千人并为盗贼	州郡募善蛮讨平之	《后汉书》卷八六《南蛮西南夷列传》第七十六
元初三年(116年)七月	武陵郡	武陵蛮	州郡讨平之	平之	《后汉书》卷五《孝安帝纪》第五

时间	地点	反叛人物	经过	结果	资料来源
永和元年(136年)冬至永和二年(137年)春	武陵郡充县南郡夷道	澧中、溇中蛮	永和元年冬杀乡吏，举种反叛；永和二年二万人围充城，八千人寇夷道；武陵太守李进击叛蛮	斩首数百级，余皆降服	《后汉书》卷六《孝顺孝冲孝质帝纪》第六
元嘉元年(151年)七月	武陵郡	武陵蛮詹山等四千余人反叛	执县令，屯结连年；永兴元年(153年)，武陵太守应奉招诱叛蛮；山等皆悉降散	降散	《后汉书》卷七《孝桓帝纪》第七；《后汉书》卷四八《列传》第三十八
延熹三年(160年)	江陵	武陵蛮六千余人	武陵蛮寇江陵，荆州刺史刘度、谒者马睦、南郡太守李肃皆奔走；车骑将军冯绲讨	皆降散	《后汉书》卷七《孝桓帝纪》第七
延熹五年(162年)十月	江陵	武陵蛮	武陵蛮寇江陵，南郡太守李肃坐奔北弃市；辛丑，以太常冯绲为车骑将军，讨之；假公卿以下奉；又换王侯租以助军粮，出濯龙中藏钱还之；十一月，冯绲大破叛蛮于武陵	破蛮于武陵	《后汉书》卷七《孝桓帝纪》第七
延熹六年(163年)七月	武陵郡	武陵蛮	太守陈奉与战	斩首三千余级，降者二千余人	《后汉书》卷七《孝桓帝纪》第七
中平三年(186年)十月	武陵郡	武陵蛮	武陵蛮寇郡界，郡兵讨破之	讨破之	《后汉书》卷八《孝灵帝纪》第八
建安中(约210年前后)	武陵郡	武陵蛮	武陵蛮夷反乱，攻守城邑	斩首数百，余皆奔走，尽归邑落。诛讨魁帅，附从者赦之	《三国志》卷五五《吴书》第一〇《黄盖传》

时间	地点	反叛人物	经过	结果	资料来源
延康元年(220年)	武陵郡	武陵蛮	武陵蛮夷蠢动	权遂命骘上益阳	《三国志》卷五二《吴书》第七《步骘传》
黄龙三年(231年)二月	武陵郡	武陵蛮	武陵蛮夷蠢动，遣太常潘濬率众五万讨武陵蛮夷	嘉禾三年（234年）冬十一月，太常潘濬平武陵蛮夷，事毕，还武昌	《三国志》卷四七《吴书》第二《吴主传》
永安六年(263年)	武陵郡		蜀并于魏，武陵五溪夷与蜀接界，时论惧其叛乱	魏遣汉葭县长郭纯试守武陵太守，率涪陵民入蜀迁陵界，屯于赤沙，诱致诸夷邑君，或起应纯，又进攻酉阳县，郡中震惧。……斩恶民怀异心者魁帅百余人及其支党凡千余级，纯等散，五溪平	《三国志》卷六〇《吴书》第一五《钟离牧传》
约在东晋初，具体年代不详	天门郡、武陵郡	天门、武陵溪蛮	天门、武陵溪蛮并反	应詹讨降之	《晋书》卷七〇《列传》第四〇《应詹传》
元嘉十八年(441年)	天门溇中	蛮田向求	蛮田向求等为寇，破溇中，掳掠百姓	荆州刺史衡阳王义季遣行参军曾孙念讨破之，免（溇中令宋）矫之官	《南史》卷七九《列传》第六九《荆雍州蛮传》
元嘉二十年(443年)	南郡	南郡临沮、当阳蛮	缚临沮令傅僧骥	荆州刺史南谯王义宣遣中兵参军王谌讨破之	《南史》卷七九《列传》第六九《荆雍州蛮传》

时间	地点	反叛人物	经过	结果	资料来源
孝武大明中（460年左右）	建平郡	建平蛮向光侯	寇暴峡川	巴东太守王济、荆州刺史朱修之遣军讨之；光侯走清江	《南史》卷七九《列传》第六九《荆雍州蛮传》
宋泰始以来（泰始元年为465年）		巴建蛮向宗头	刺史沈攸之断其盐米	连讨不克	《南齐书》卷五八《列传》第三九《蛮传》
约泰始至永明年间（465—483年）	武陵西溪	田思飘	内史王文和讨之，引军深入，蛮自后断其粮；豫章王遣中兵参军庄明五百人将湘州镇兵合千人救之，思飘与文和拒战，中弩矢死	蛮众以城降	《南齐书》卷五八《列传》第三九《蛮传》
永明初（约483年）		巴建蛮向宗头和黔阳蛮田豆渠	五千人为寇，巴东太守王图南遣府司马刘僧寿等斩山开道，攻其砦	向宗头夜烧砦退走	《南齐书》卷五八《列传》第三九《蛮传》

当时，官府处置反叛的蛮民通常是迁出原籍，或充军，或屯田，或为奴婢。如《后汉书》卷八六《南蛮西南夷列传》记载，建武二十三年（47年）南郡潳山蛮雷迁反叛，武威将军刘尚率军讨破，“徙其种人七千余口置江夏界中”①。东汉时期的南郡不仅包括三峡地区，还包括汉水中游的荆山地区，总体上在沔水即汉江的西部，江夏郡在沔水东部。由此可见，这些叛蛮迁徙的距离并不远。该书同卷还记载，永元十三年（101年）南郡巫蛮许圣，“以郡税收不均”起事叛乱；永元十四年（102年）被郡兵攻破之后，“悉徙置江夏”。这次迁徙的人口具体数字不详，但从荆州诸郡兵万余人久讨不破，被迫从巴郡、鱼复等地分道并进等情况来看，叛蛮的数量或许在万人以上。这两次蛮乱都发生在靠近武陵民族地区的峡江地区，平定以后，他们均

① （刘宋）范晔撰，（唐）李贤等注：《后汉书》卷八六《南蛮西南夷列传》，中华书局1965年版，第2841页。

被迁到了江夏郡。虽然没有武陵民族地区的乱蛮远徙京师的文献记载，但在当时有移叛蛮于京师的惯例。如《宋书》卷五《文帝纪》记载，元嘉二十二年（445 年）七月，雍州刺史武陵王刘骏讨缘沔蛮，“移一万四千余口于京师”。① 东汉以后的多次蛮乱中，也一定有迁徙到京师的人口。此外，据《魏书》卷八〇《樊子鹄传》记载，樊子鹄为代郡平城（今山西大同）人，“其先荆州蛮酋，被迁于代”。② 樊子鹄先祖具体出自荆州哪里文献无载，不过根据其姓氏判断，或许出自廪君蛮的樊氏。

史籍所见，朝廷征用的蛮兵多为板楯蛮。仅《后汉书》卷八六《南蛮西南夷列传》记载，征用板楯蛮就有 5 次。第一次为汉高祖“发夷人还伐三秦”。“夷人”指的是“罗、朴、督、鄂、度、夕、龚七姓”板楯蛮夷，因其租赋为賨钱，又称为賨民；第二次为安帝永初中，羌人入汉州，破坏郡县，板楯蛮救之；第三次为建和二年（148 年），羌人入侵，又依靠板楯蛮讨破；第四次为板楯蛮随车骑将军冯绲征武陵；第五次为益州郡乱，太守李颙也依靠板楯蛮讨平。板楯蛮助汉高祖灭秦，在《华阳国志》中也有记载。“阆中人范目有恩信方略，知帝必定天下，说帝，为募发賨民，要与共定秦。秦地既定，封目为长安建章乡侯。帝将讨关东，賨民思归。帝嘉其功而难伤其意，遂听还巴。”③ 此外，随冯绲征武陵的还有“丹阳精兵”。丹阳在今鄂西秭归、巴东一带，“丹阳精兵”也应该是当地英勇善战的土著士兵。

到了三国时期，武陵及峡江地区是魏蜀吴三国争夺的前沿阵地，蛮夷成为影响战略平衡的重要力量，因此各方都把争取蛮夷支持作为努力的方向。如建安二十四年（219 年）十一月，孙吴政权在夺得公安、南郡地之后，“诸城长吏及蛮夷君长皆降。（陆）逊请金银铜印，以假授初附”④。吴黄

---

① （梁）沈约撰：《宋书》卷五《本纪》第五《文帝纪》，中华书局 1974 年版，第 93 页。

② （北齐）魏收撰：《魏书》卷八〇《列传》第六八《樊子鹄传》，中华书局 1974 年版，第 1777 页。

③ （晋）常璩撰，刘琳校注：《华阳国志校注》卷一《巴志》，巴蜀书社 1984 年版，第 37 页。

④ （晋）陈寿撰，（宋）裴松之注：《三国志》卷五八《吴书》第一三《陆逊传》，中华书局 1959 年版，第 1345 页。

武元年（222年），刘备大军在夷陵“立数十屯，以金、锦、爵赏诱诸夷”①。章武二年（222年）二月，刘备“自秭归率诸将进军，缘山截岭，于夷城猇亭驻营，自佷山通武陵，遣侍中马良安慰五溪蛮夷，咸相率响应”②。《资治通鉴》也记载，“汉人自佷山通武陵，使侍襄阳中马良以金、锦赐五溪诸蛮夷，授以官爵”③，后来，“诸县及五溪民皆反为蜀”④。这些都是各个政权为了笼络蛮夷，给其赏赐金银和官爵的事例。他们笼络蛮夷的目的有二：一是防止蛮夷生变，成为敌对力量；二是拉拢蛮夷，使其成为己方力量。蛮夷成为己方力量时必定有一定数量的蛮兵汇入军队里面随军参战。作为蛮夷的一方也会审时度势，投靠对自己有利的势力。如章武元年（221年）七月，刘备率军伐吴，“军次秭归，武陵五溪蛮遣使请兵”⑤。各方势力中蛮兵（或称夷兵）的编制情况，文献没有明确记载，但从吴将陆抗的讲话中可以略知一二。吴凤凰元年（272年），晋荆州刺史杨肇带兵攻打西陵，陆抗率军抵抗，他说：“赞军中旧吏，知吾虚实，吾常虑夷兵素不简练，若敌围攻，必先此处”，于是他“夜易夷民，皆旧将充之。明日，肇果功故夷兵处，抗命旋军击之，矢石雨下，肇众伤死者相属”。⑥ 由此可见，夷兵在吴国的军队中有单独建制，训练的方式和战法与普通士兵有别。这些受官府征调的蛮兵或夷兵，长期在外戍守，有的也因此成为移民。如《隋书》卷三〇《地理志》记载：“上洛、弘农，本与三辅同俗。自汉高（祖）发巴、蜀之人定三秦，迁巴之渠率（帅）七姓居于商、洛之地，由是风俗不改其壤。其人

---

① （晋）陈寿撰，（宋）裴松之注：《三国志》卷五八《吴书》第一三《陆逊传》，中华书局1959年版，第1346页。

② （晋）陈寿撰，（宋）裴松之注：《三国志》卷三二《蜀书》第二《先主传》，中华书局1959年版，第890页。

③ （宋）司马光：《资治通鉴》卷六九《魏记》，中华书局1956年版，第2201页。

④ （晋）陈寿撰，（宋）裴松之注：《三国志》卷四七《吴书》第二《吴主传》，中华书局1959年版，第1122页。

⑤ （晋）陈寿撰，（宋）裴松之注：《三国志》卷三二《蜀书》第二《先主传》，中华书局1959年版，第890页。

⑥ （晋）陈寿撰，（宋）裴松之注：《三国志》卷五八《吴书》第一三《陆抗传》，中华书局1959年版，第1357页。

自巴来者，风俗犹同巴郡。”[①]《太平寰宇记》卷一四一《金州》也载，金州风俗“汉高祖发巴蜀伐三秦，迁巴中渠帅七姓居商洛，其俗至今尤多猎山伐木。”[②] 虽然《后汉书》早已说过“秦地既定，乃遣还巴中”[③],《华阳国志》也说“賨民思归”，帝“遂听还巴”，但后世文献还说这一代的风俗与巴地相同，可见这些征调而去的蛮民人数不少，或许只是部分领头的渠帅迁回了巴地。另外，由于魏晋南北朝时期，武陵民族地区的持续动荡，也有一部分人口为了躲避战乱而迁出。如《南齐书》卷三三《王僧虔传》记载，刘宋时期，“巴峡流民多在湘土，僧虔表割益阳、罗、湘西三县缘江民立湘阴县”[④]，表明处于武陵民族地区北部的巴峡一带有较多人口迁移到了湘东北。

武陵民族地区是山区，通常遭受的自然灾害是水灾和旱灾，水灾较旱灾对这一区域的影响更大，当地的民谚说“天干三年吃饱饭，水瀚三年饿死人”。水灾不仅会带来滑坡、泥石流、大水等次生灾害，还会带来伤苗绝收等波及面更广的灾害。生活在山地中的人们常能找到一些抗击旱灾的方法。秦汉至魏晋南北朝时期，在正史中明确提到武陵民族地区水灾和旱灾的仅有两次，分别是：太康六年（285 年）六月，“武陵旱，伤麦”[⑤]；咸康元年（335 年）八月，长沙郡、武陵郡大水，武陵龙阳“浮漂屋室，杀人，损害秋稼”[⑥]。但是，并不是说武陵民族地区在这么长的时段内仅发生了两次自然灾害，可能是这两次自然灾害波及面广、影响面大才见于正史记载。此外，这一区域还曾遭受过虎患，如《华阳国志》卷一《巴志》记载：“秦昭襄王

---

① （唐）魏徵等撰：《隋书》卷三〇《志》第二五《地理中》，中华书局 1973 年版，第 843 页。

② （宋）乐史撰：《太平寰宇记》卷一四一《金州》，中华书局 2000 年影印本，第 259 页。

③ （刘宋）范晔撰，（唐）李贤等注：《后汉书》卷八六《南蛮西南夷列传》，中华书局 1965 年版，第 2842 页。

④ （梁）萧子显撰：《南齐书》卷三三《列传》第一四《王僧虔传》，中华书局 1974 年版，第 593 页。

⑤ （梁）沈约撰：《宋书》卷三一《列传》第二一《五行志中》，中华书局 1974 年版，第 906 页。

⑥ （唐）房玄龄等撰：《晋书》卷二七《志》第一七《五行志上》，中华书局 1974 年版，第 822 页。

时，白虎为害，自秦、蜀、巴、汉患之。”① 一个地区遭受严重自然灾害的时期，人们为了生存必然外迁。武陵民族地区的人们在面对自然灾害时，也会选择迁徙移动，但是山区的人们居住在不同的生态位，受灾害影响的程度不一，因此不会形成太大规模的流民潮。

此外，武陵民族地区还有一些到外地做官的移民。如三国时蜀国长沙太守武陵临沅人廖立、吴国重臣武陵汉寿人潘濬以及晋时武陵汉寿人潘京等。还有一些政权在征战的过程中，将新近占领的地方的居民迁徙到内地。如《三国志》卷四《陈留王奂纪》记载，司马昭灭蜀以后，“劝募蜀人能内移者，给廪二年，复除二十岁”②。这一阶段，武陵民族地区被各个政权反复争夺，也应该有内移者。

三、移民与“蛮乱”的关系

秦汉至南北朝时期的蛮乱主要集中在两个阶段：第一个阶段是东汉至三国时期，第二个阶段是南北朝时期。第一阶段，武陵民族地区是全国蛮乱的中心，这期间，见于正史记载的与这一区域有关的蛮乱有22次之多。第二阶段，武陵民族地区虽然在40多年的时间内发生6次蛮乱（见表1–1），但是相较于同期的蛮乱中心——江沔江淮地区——少了很多。根据史料分析发现，这两个阶段的蛮乱都与移民有关，在第一阶段，大量移民迁入武陵民族地区，与当地的土著蛮民在同样的生态位展开资源竞争，因此带来生存压力，蛮民出山为寇并反抗官府的统治；第二阶段江沔江淮地区的蛮乱，有武陵民族地区蛮民迁入的影响因素，但更多的是脱离官府统治的汉人流民和东南方的越人在其中起作用。

第一阶段蛮乱产生的原因史家多认为是赋税徭役过重，“蛮不堪命”。如《后汉书》卷八六《南蛮西南夷列传》记载，和帝永元十三年（101年），巫

① （晋）常璩撰，刘琳校注：《华阳国志校注》卷一《巴志》，巴蜀书社1984年版，第34页。

② （晋）陈寿撰，（宋）裴松之注：《三国志》卷四《魏书》第四《陈留王奂纪》，中华书局1959年版，第153页。

蛮许圣“以郡收税不均，怀怨恨，遂屯聚反叛”①；顺帝永和元年（136年），澧中蛮、溇中蛮“争贡布非旧约，遂杀乡吏，举种反叛”②。这是历史文献明确记载的两次蛮乱产生的原因，但如果将所有的蛮乱都归结为官府的压迫和剥削也是有违历史事实的。从地域环境来说，武陵民族地区历来不是国家的主粮主产区和矿产资源开采的主要地区，人口居住也相当分散，因此不是主要的税源地，税收监管并不十分严格。从居住的人群来说，秦汉至南北朝的历代统治者都将他们视为蛮夷，治蛮的主要措施是羁縻笼络，而不太可能课以重税。永和元年（136年）武陵太守上书朝廷，认为蛮夷率服，与汉人的差距很小，应当“征其租税”，但尚书令虞诩建言：“自古圣王不臣异俗，非德不能及，威不能加，知其兽心贪婪，难率以礼。是故羁縻而绥抚之，附则受而不逆，叛则弃而不追。先帝旧典，贡税多少，所由来久矣。今猥增之，必有怨叛。计其所得，不偿所费，必有后悔。”③顺帝听闻也决定不采纳武陵太守的建议。可见，虽然当时郡县的地方官吏有增加赋税的想法，可能在实际的治理过程中也有增加赋税的行为，但是这些行为并没有获得中央朝廷的认可和支持，因此也不可能大规模、长时段地增加赋税。武陵民族地区的蛮乱除了赋税的因素之外，应该还有其他更为深刻的原因。

西汉元始二年（2年）武陵郡辖13县，有34177户，185758口④；历经138年后，东汉永和五年（140年）武陵郡辖12县，有46672户，250913口⑤。如果按照东汉永和五年武陵郡的辖境，西汉元始二年相同地域的人口数大致为157180口，⑥在138年的时间内人口增加93733人，增长率为

---

① （刘宋）范晔撰，（唐）李贤等注：《后汉书》卷八六《南蛮西南夷列传》，中华书局1965年版，第2841页。

② （刘宋）范晔撰，（唐）李贤等注：《后汉书》卷八六《南蛮西南夷列传》，中华书局1965年版，第2833页。

③ （刘宋）范晔撰，（唐）李贤等注：《后汉书》卷八六《南蛮西南夷列传》，中华书局1965年版，第2833页。

④ 梁方仲：《中国历代户口、田地、田赋统计》，上海人民出版社1980年版，第15页。

⑤ 梁方仲：《中国历代户口、田地、田赋统计》，上海人民出版社1980年版，第24页。

⑥ 梁方仲：《中国历代户口、田地、田赋统计》，上海人民出版社1980年版，第35页。

59.6%，年均增长率为3.4‰。同期，西北各郡国的人口都有大幅减少，永和五年人口数不足元始二年10%的有四个郡，最少者西河郡仅有3%；而淮汉以南的各郡国人口都有所增加，武陵郡周边的长沙郡、零陵郡、巴郡等都是人口增长速度较快的郡县。并且，从全国的人口统计数据来看，同期大多数郡县的人口数是下降的。葛剑雄先生认为，出现全国人口整体下降的原因是“户口的隐漏，而不是实际人口的下降。由于隐漏户口是全国普遍的，所以我们可以认为，凡是户口与西汉持平的，实际人口已有一定程度的增加；而户口数大于西汉的，实际人口肯定已经有了很大程度的增加”①。这些情况表明，西汉元始二年到东汉永和五年之间，有大规模的人口从西北向东南迁徙，武陵郡及其周边的长沙郡、零陵郡、巴郡都是人口迁入地。人口迁入后，武陵郡的人口密度从1.6人每平方千米增长到2.2人每平方千米。当然，这个数据不包含隐漏的户口和蛮民，实际的人口密度可能大得多，从蛮民反叛的时候能够聚集成千上万乃至上十万的队伍就可以发现，蛮民人口数并不是一个小的数目。西北是旱地农耕区，武陵民族地区虽然较早就有种植水稻的历史，但直至民国时期，绝大部分区域的主要粮食作物仍是旱地作物，因此当时迁来的人口与土著的蛮族都主要从事旱地农耕，开发同样的生态位（Ecologic Niches），这必然带来两者的资源竞争，土著的蛮族因此感受到生存的压力，进而将矛头对准移民和官府，发生反叛。这也是东汉以前蛮族虽然“屡为寇盗，而不足为郡国患”，但是光武中兴以后，“武陵蛮夷特盛”②的原因。“武陵蛮夷特盛”主要指的是蛮族结合形成了与官府对抗的反叛势力，经常出现反叛活动，并不是指蛮族人口的规模增长。

第二阶段江沔江淮地区的蛮乱，史家多认为是武陵民族地区的蛮民迁徙到了这些地区，蛮民生性“猾夏”。如《宋书》卷九七《夷蛮传》记载，

---

① 葛剑雄：《中国移民史》（第二卷），福建人民出版社1997年版，第270—271页。

② （刘宋）范晔撰，（唐）李贤等注：《后汉书》卷八六《南蛮西南夷列传》，中华书局1965年版，第2831页。

“荆、雍州蛮，盘瓠之后也”①，“豫州蛮，廪君后也”②。《魏书》卷一〇一《蛮传》也载：“蛮之种类，盖盘瓠之后。”③《周书》卷四九《蛮传》载：“蛮者，盘瓠之后。族类蕃衍，散处江、淮之间，汝、豫之郡。凭险作梗，世为寇乱。”④《北史》卷九五《蛮传》载：“蛮之种类，盖盘瓠之后。在江、淮之间，部落滋蔓，布于数州。”⑤《隋书》卷三一《地理志》载：“诸蛮本其所出，承盘瓠之后，故服章多以班布为饰。”⑥后世史家也多以此为据，认为江沔江淮诸蛮是武陵民族地区的盘瓠蛮、廪君蛮迁徙过去的。如翦伯赞说：“东晋十六国以来，蛮人从长江中下游地区向东向北发展。”⑦潘光旦先生也认为雍州蛮、豫州蛮、司州蛮，都是廪君种。⑧葛剑雄也认为，巴人主体由湖北西部迁入四川东部，一部分又北迁至汉中盆地，留在阆中和汉中一带的巴人被称为“板楯蛮”。没有西迁的巴人，一部分南迁湘西，称为“武陵蛮”；另一部分东移鄂东，到东汉时被称为“江夏蛮”。⑨

如果我们将历史文献中的“蛮”看成是一个固定不变的群体，并且能够证明江沔江淮等地的蛮民与两汉及隋唐的蛮民是一致的，那就能得出与这些史家相同的结论，即“武陵至巴山地带的蛮族，晋时迁移到江沔江淮之

① （梁）沈约撰：《宋书》卷九七《列传》第五七《夷蛮传》，中华书局1974年版，第2396页。

② （梁）沈约撰：《宋书》卷九七《列传》第五七《夷蛮传》，中华书局1974年版，第2398页。

③ （北齐）魏收撰：《魏书》卷一〇一《列传》第八八《蛮传》，中华书局1974年版，第2245页。

④ （唐）令狐德棻等撰：《周书》卷四九《列传》第四一《蛮传》，中华书局1971年版，第887页。

⑤ （唐）李延寿撰：《北史》卷九五《列传》第八三《蛮传》，中华书局1974年版，第3149页。

⑥ （唐）魏徵、令狐德棻撰：《隋书》卷三一《志》第二六《地理下》，中华书局1973年版，第897页。

⑦ 翦伯赞：《中国史纲要》，人民出版社1979年版，第109页。

⑧ 潘光旦：《湘西北的“土家”与古代的巴人》，原载于中央民族学院研究部1955年编印的《中国民族问题研究辑刊》第四辑，此处所引见彭继宽选编：《湖南土家族社会历史调查资料精选》，岳麓书社2002年版，第75页。

⑨ 葛剑雄：《中国移民史》（第二卷），福建人民出版社1997年版，第26页。

间，北周以后又退回到武陵民族地区”①。但是，更深入地分析史料，会发现这些结论是难以成立的，至少蛮民迁入江沔江淮地区的人数很少，不足以改变这些地区的人口结构。

史籍明确记载蛮族东迁的仅有两次：一次是建武二十三年（47年），刘尚将南郡潳山蛮七千余口置江夏郡；另一次是永元十四年（102年），巫蛮许圣的队伍被“悉置江夏”，具体人口数不详，但不会超过万人。西汉元始二年（2年），江夏郡人口是219218口，东汉永和五年（140年）人口达到265464口，即使按照两次迁徙17000口计算，人口比重仅占6.4%，况且两次迁徙的时间间隔超过50年，因此他们造成的历史影响是有限的。其他时间迁出的蛮族，文献无载迁入的具体地望。官府将蛮族迁出其聚居区，目的是将其分而治之，不太可能让他们在迁入地聚居在一起，而是分散居住，再难以形成反叛的势力。雷翔先生也通过对蛮酋首领姓氏的分析，认为江沔江淮地区的蛮姓除田姓以外，来自武陵巴建蛮族的并不多，反而越人的成分更多，因此这些蛮族移民也不可能在这些区域发挥领导作用。江沔江淮地区的“蛮”主要是东汉以后迁来的流民。东汉前期，官府极力驱赶流民归还原籍，但是到了永元十五年（103年），官府已经无法阻挡流民大潮，于是和帝下诏：“流民欲还归本而无粮食者，过所实禀之，疾病加致医药。其不欲还归者，勿强。”② 这些蛮民聚集到江沔江淮地区之后，没有良好的生存资源而起为盗贼。南北朝以后，对抗官府和拦路抢劫的人都被称为“蛮”，这就混淆了“蛮”与“盗贼”的区别，这些“蛮”并不是具有族群意义的蛮族。

四、移民社会的治理

武陵民族地区的移民社会是由土著的蛮民和移民两个部分构成的，官府治理的重点是土著蛮民，其次是对移民无序流动的控制，为移民创造良好的社会发展条件。秦汉至南北朝时期，采取恩威并举的方式治蛮。一方面对

---

① 雷翔：《魏晋南北朝“蛮民”的来源》，《湖北民族学院学报》（社会科学版）1990年第1期。

② （刘宋）范晔撰，（唐）李贤等注：《后汉书》卷四《孝殇帝纪》第四《孝和帝》，中华书局1965年版，第191页。

蛮民实行优待措施，依靠蛮夷君长进行间接统治，减轻蛮夷的赋税负担；另一方面在行政体制中设置专门的机构处理蛮务，对不服朝命和反叛的蛮夷进行强力镇压。

将治理权限交给蛮夷君长，“因其故俗而治之”是各朝统治者治理蛮夷的一个基本原则。如秦惠王并巴中以后，“以巴氏为蛮夷君长，世尚秦女，其民爵比不更，有罪得以爵除”①。《后汉书》卷十七《岑彭传》也载，岑彭“自引兵还屯津乡，当荆州要会，喻告诸蛮夷，降者封其为君长”②。据《水经注》卷三十四载，“津乡”在枝江县西二里。因此，他封的蛮夷君长主要是邻近枝江的武陵民族地区的蛮夷。三国初期，吴蜀在峡江地区展开拉锯战，双方都对蛮夷采取优待政策，以金、银、爵赏赐蛮夷君长。如建安二十四年（219 年）十一月，孙吴政权的宜都太守陆逊给降吴的蛮夷君长请授金银铜印。③ 印鉴是权力的象征，也是蛮夷君长行政合法性的体现。吴武元年（222 年），刘蜀政权的军队驻扎西陵后，“自佷山通武陵”，“以金、锦、爵赏诱诸夷”④，并授其官爵。东晋初年，晋室还打破“夷貊不可假以军号”的惯例，元帝诏特授建平夷向弘为“折冲将军、当平乡侯，并亲晋王，赐以朝服”⑤。此后，朝廷对蛮夷君长赐将封侯基本成为定制。如刘宋时期封西阳蛮梅虫生为高山侯，田治生为威山侯。齐太祖即位以后，也进一步确认了“豪酋世袭”，并封田治生为“辅国将军、虎贲中郎”。⑥ 这种依靠蛮夷君长

① （刘宋）范晔撰，（唐）李贤等注：《后汉书》卷八六《南蛮西南夷列传》，中华书局 1965 年版，第 2841 页。

② （刘宋）范晔撰，（唐）李贤等注：《后汉书》卷一七《岑彭传》，中华书局 1965 年版，第 659 页。

③ （晋）陈寿撰，（宋）裴松之注：《三国志》卷五八《吴书》第一三《陆逊传》，中华书局 1959 年版，第 1345 页。

④ （晋）陈寿撰，（宋）裴松之注：《三国志》卷五八《吴书》第一三《陆逊传》，中华书局 1959 年版，第 1346 页。

⑤ （梁）萧子显撰：《南齐书》卷五八《列传》第三九《蛮传》，中华书局 1974 年版，第 1008 页。

⑥ （梁）萧子显撰：《南齐书》卷五八《列传》第三九《蛮传》，中华书局 1974 年版，第 1007 页。

来治理蛮夷的间接治理方式，能够保证在国家政权集中统一的基础上，兼顾边远地区的区域差异和族群差异，是国家治理方式的一种创举。同时，官府对蛮民也实行了差别化的赋税制度。如秦惠王时，蛮民只需要“户出幏布八丈二尺，鸡羽三十鍭”①。汉兴以后，蛮民输賨布，每年“大人输布一匹，小口二丈”。晋代蛮夷的赋税不及编民的三分之一，“丁男之户，岁输绢三匹，绵三斤……夷人输賨布，户一匹，远者或一丈……远夷不课田者输义米，户三斛，远者五斗，极远者输算钱，人二十八文”②。刘宋时期，“蛮民顺附者，一户输谷数斛，其余无杂调”。③这只是朝廷的一种规制，可能在具体的实践中是难以落实的，不输租税才是蛮民的常态。从统治者给蛮民加官晋爵，赏赐金银的治理方式来看，他们的主要目的是获取蛮夷对政权的认同，并不是增加赋税来源。

在这期间，官府还在常规的行政体制之外，设置专门的机构来处理蛮与夷的相关事务。如秦汉时期，有蛮夷的县称为“道”，与武陵有关的就有南郡“夷道”。嘉庆《清一统志》卷三四四《荆州府》记载：“夷道故城在宜都县西北。汉置县，属南郡，后汉因之。”宜都就是夷道，只是建立城池的具体地址发生了变动。“道”的设置至迟始于秦王朝。云梦睡虎地秦墓竹简中两次提到道官，“属帮律”中有“道官”一词。④《语书》也载：“廿年（前227年）四月丙戌朔丁亥，南郡守腾谓县、道啬夫。”⑤《汉旧仪》、《汉书》和《后汉书》还将道的设置说得更具体。如《汉旧仪》说“内郡为县，三边为道，皇后、太子、公主所食为邑”⑥，《汉书》说“县有蛮夷曰道”⑦，《后汉书》

① （刘宋）范晔撰，（唐）李贤等注：《后汉书》卷八六《南蛮西南夷列传》，中华书局1965年版，第2841页。

② （唐）房玄龄等撰：《晋书》卷二六《志》第一六《食货》，中华书局1974年版，第790页。

③ （梁）沈约撰：《宋书》卷九七《列传》第五七《夷蛮传》，中华书局1974年版，第2396页。

④ 睡虎地秦墓竹简整理小组：《睡虎地秦墓竹简》，文物出版社1978年版，第65页。

⑤ 睡虎地秦墓竹简整理小组：《睡虎地秦墓竹简》，文物出版社1978年版，第14页。

⑥ （汉）卫宏：《汉旧仪》卷下，商务印书馆中华民国二十八年版，第16页。

⑦ （汉）班固撰，（唐）颜师古注：《汉书》卷一九上《百官公卿表上》，中华书局1962年版，第742页。

也说“凡县主蛮夷曰道”①。可见，“道”是秦汉时期设置在边地或蛮夷地区的县级行政机构，至于道的具体管理方式，还难以获知。据《汉书》卷一九上《百官公卿表》的记载，秦王朝时还设置过典客、典属国等掌管“归义蛮夷”或“蛮夷降者”的官职，② 西汉时的苏武、北魏时的卢渊都被封过典属国。到了晋宋之际，“刺史多不领南蛮”，③ 而以南蛮校尉、宁蛮校尉等领之。校尉显然是武官，“皆有长史、司马、参军”④ 等职。用武官领南蛮明显是加强了对蛮夷的控制，对那些不服朝命的叛蛮可以用兵及时处置。

生活在武陵民族地区的人口除了蛮夷之外，还有编民及新近迁入的移民。移民一般在此居住一段时间之后要么入山为蛮，要么归顺官府成为编民。秦汉至南北朝时期，武陵民族地区行政区划的频繁变动主要是受移民活动的影响，移民在一些交通要道聚集之后，形成新的政治经济中心，其次是由军事重镇转而成为政治中心。秦始皇统一六国之后，在巴人分布地区设巴、南、黔中等郡。秦黔中郡治沅陵。汉高祖五年（前 202 年，《水经注》说为高帝二年）更名为武陵郡，领十三县，治义陵（今溆浦），新莽时期改为建平郡，东汉又复称武陵郡，治临沅（今常德），领县十二，将佷山划归南郡管辖。西汉景帝后元二年（前 142 年），将武陵郡、零陵郡、桂阳郡划属长沙定王刘发，⑤ 加强了武陵郡和东部地区的联系，或许郡治从沅陵移至义陵就是此因。不过，东汉以后武陵郡的政治中心总体上是北向发展的，郡治从义陵移至临沅。沅水是进出武陵民族地区的交通要道，也是移民迁移的主要通道，临沅是它的咽喉之地，具有重要的政治、经济和军事意义。

---

① （刘宋）范晔撰，（唐）李贤等注：《后汉书》第二八《百官五》，中华书局 1965 年版，第 2623 页。

② （汉）班固撰，（唐）颜师古注：《汉书》卷一九上《百官公卿表上》，中华书局 1962 年版，第 730、735 页。

③ （梁）萧子显撰：《南齐书》卷二二《列传》第三《豫章文献王传》，中华书局 1974 年版，第 407 页。

④ （梁）沈约撰：《宋书》卷四〇《志》第三〇《百官志下》，中华书局 1974 年版，第 1255 页。

⑤ （汉）班固撰，（唐）颜师古注：《汉书》卷五三《景十三王传》第二三《长沙定王刘发传》，中华书局 1962 年版，第 2426 页。

三国时期，长江峡江段是人口南北向移动的主要通道，也是吴蜀展开拉锯战的地区，因此各方都加强这一区域的治理，行政区划也进一步细分。建安十九年（214 年）五月，长沙、江夏、桂阳以东属孙吴，南郡、零陵、武陵以西属刘蜀，[①] 蜀又分南郡立宜都郡。武陵民族地区又加强了西向的联系。刘备死后，零陵、武陵、宜都、南郡均被孙吴侵占。永安三年（260 年），吴分宜都郡西部地区置建平郡，永安六年（263 年）分武陵郡北部地区立天门郡。建平郡初领兴山、秭归、信陵、沙渠四县，后来晋又设建平都尉，领巫、建始、北井、泰昌四县。晋武帝咸宁元年（275 年），改都尉为郡，形成吴、晋建平郡并立局面。太康元年（280 年）吴平，两建平郡合并，统巫、泰昌、北井、信陵、秭归、兴山、建始、沙渠八县。宜都郡仅领夷陵、夷道、佷山三县。晋武帝还分南郡立南平郡。刘宋以前，武陵郡、南郡等均属荆州，荆州刺史除汉治武陵汉寿以外，后世基本都移至长江沿线的江陵、武昌等地。孝武孝建元年（454 年），“分荆州之江夏、竟陵、随、武陵、天门，湘州之巴陵，江州之武昌，豫州之西阳，又以南郡之州陵、监利二县度属巴陵，立郢州。”[②] 明帝泰始三年（467年）天门又还归荆州。可见，魏晋至南北朝时期，靠近长江沿线的武陵民族地区的北部区域是朝廷治理的重点区域。一般来说，行政机构有管理和服务两个方面的职能。在人口流动的主要通道上不断细分郡县，一方面可以管控人口的无序流动，特别是流民的统计和遣返；另一方面也可以为定居下来的移民提供更好的服务。

从总体上说，秦汉时期武陵民族地区的人口以迁入为主，特别是两汉时期，在西北向东南的移民潮中，武陵民族地区是移民的主要迁入地之一。这些移民迁入的时候并没有带来更为先进的生产技术，与武陵民族地区的土著蛮族在同样的生态位生存，因此两者之间展开资源争夺，导致建武以后武陵民族地区成为全国蛮乱的中心。魏晋至南北朝时期，由于局势的持续动荡，武陵民族地区与其他地区一样，绝大多数编民脱籍。如西晋太康初年，

① （晋）陈寿撰，（宋）裴松之注：《三国志》卷四七《吴书》第二《吴主传》，中华书局 1959 年版，第 1119 页。

② （梁）沈约撰：《宋书》卷三七《志》第二七《郢州》，中华书局 1974 年版，第 1124 页。

武陵郡人口下降到14000户，大明八年（464年）仅有5090户，37555口；如果算上天门郡的人口，西晋太康初年的3100户，大明八年的3195户，太康时武陵郡户数不及东汉时五分之二，大明时不足五分之一。我们不能将这些人口减少的原因理解为都迁出了，因为无论他们迁到哪里总有历史的踪迹。这些减少的人口绝大多数应该只是脱离了官府的统治，不在官方的户籍统计之列，实质仍然是生活在这一区域的。当然，由于局势的动荡也必然有一部分人口外迁。魏晋以后对武陵民族地区北部郡县进一步细分，虽然有军事因素，但在分割郡县的时候也不得不考虑人口因素，因此魏晋至南北朝时期武陵民族地区的实际人口不一定是减少的。

第三节　隋唐至两宋时期的移民

隋唐至两宋时期，全国范围内发生了两次规模较大的移民潮。第一次是从“安史之乱”开始，持续到唐末的战乱时期，这次移民潮导致全国人口大规模的流动和损耗；第二次是北宋“靖康之难”以后，朝廷偏安江南，政治、经济中心南移，北方人口也随之向南迁徙，出现南方人口总量超过北方的局面。武陵民族地区在这两次移民潮中也有一定数量的人口迁入，促进了人口增长和区域经济社会发展。隋大业五年（609年）左右，武陵民族地区的人口数量基本恢复到了西汉时期的水平，从初唐到盛唐期间，人口增长速度非常快，唐代后期虽然迁入的人口比较多，但是受战乱的影响，人口逃亡，户口隐匿比较严重，官方统计口径反映出人口下降比较明显。两宋时期，整个区域的人口总体上在稳定的增长，但人口在域内的分布日益不均，处在接近东部平原和交通要道的东北部边缘地带人口增长速度最快。

隋唐以后，朝廷也加强了对武陵民族地区的治理，在归顺的“蛮地”和移民集中分布的地区设置郡县，至唐代元和年间已达42个之多，使统治政权逐步深入和扎根到武陵民族地区的腹心地带；在尚未归化的地区设置羁縻州，委任地方酋长任知州并赐以封号，实行自治。同时，唐代还进行了行政区划调整，将当今的渝东南、黔东北地区与湘西、鄂西南整合到了一个大的行政区域内，促进了域内人口的流动。唐贞观四年（630 年），设置黔州都督府，治今彭水县，总理施、务、业、辰、智、牂、充、应、庄 9 个州，后又改设黔州观察使，管黔、涪、思、夷、南、费、珍、溱、播、辰、锦、叙、溪、施、奖 15 州。黔州都督府的设置将秦汉时期荆、益两州交界地带原本"隔越峻岭"、炳然有分的州郡划到一个行政区域中，为地域文化的形成奠定了基础。虽然宋代以后这一区域又分属荆湖北路和夔州路管辖，但仍然保持了民间的往来和文化上的联系，整体文化面貌也没有发生变化。

五代十国时期，马楚政权向湘西腹地推进，与溪州土酋彭士愁展开争夺战，彭氏兵败以后，与楚王订立盟约，铸铜柱于湖南永顺县会溪坪，划酉水而治。宋代继续加强对武陵民族地区的开发。熙宁五年（1702 年），宋朝廷委任章惇为荆湖南北察访使，"檄谕开梅山"，将紧邻武陵山的雪峰山以东"东起宁乡县司徒岭，西抵邵阳白沙砦，北界益阳四里河，南止湘乡佛子岭"[①] 的大片区域纳入经制之下。宋崇宁以后，"开边拓土之议复炽"，武陵民族地区的"靖州西道杨再立、辰州覃都管骂等各愿纳土输贡赋"，[②] 并对不服王命的当地土著大开杀戒，如蔡京"募杀一首领者赐之绢三百，官以班行，且不令质究本末"[③]。通过这些措施，将唐末以来"不供王赋，颇恣侵掠，为居民患"[④] 的武陵民族地区的部分溪峒蛮夷纳入王朝的统治之下。但是，这种以暴力方式推进的开发进程，也加剧了族群之间的紧张关系。

在这些历史过程中，武陵民族地区有为了征蛮、御蛮而被派来的屯戍移民；因谪官、犯罪而迁来的流徙移民；有从事商业贸易、矿产资源开发、

① （元）脱脱等撰：《宋史》卷四九四《列传》第二五三《梅山峒》，中华书局 1977 年版，第 14197 页。

② （元）脱脱等撰：《宋史》卷四九三《列传》第二五二《西南溪峒诸蛮》，中华书局 1977 年版，第 14182 页。

③ （元）脱脱等撰：《宋史》卷四七二《列传》第二三一《蔡京传》，中华书局 1977 年版，第 13723 页。

④ （宋）李焘撰：《续资治通鉴长编》卷四《乾德元年八月甲申》，中华书局 1979 年版，第 103 页。

手工业生产迁来的工商移民；有为了开发当地的土地资源而迁来的垦殖移民；有逃避自然灾害或战乱迁徙而来的流民等不同类型的移民，移民的数量已经达到一定规模。如刘禹锡在唐元和年间被贬居朗州时写《武陵书怀五十韵》，诗云："邻里皆迁客，儿童习左言。"① "邻里皆迁客"表明当时迁入朗州的移民并非特例，而是一个相当大的群体。

一、迁入移民的类型

1. 屯戍移民

隋代和唐代的中前期都实行的是府兵制，寓兵于农。隋文帝在开皇十年（590 年）五月乙未颁诏："凡是军人，可悉属州县，垦田籍账，一与民同。"② 从制度上进一步消除了兵、农之间的界线，士兵能够落籍成为编民。唐承隋制，开元以前基本都是执行府兵制，开元以后，由于府兵制的经济基础——均田制受到严重破坏，不得不改为募兵制。据《大唐六典》卷五《兵部尚书》记载，唐开元二十五年（737 年），改府兵为募兵，令诸军在"诸色征行人"和"客户"的"丁壮情愿"者中招募充足数额之健儿，招募的健儿长驻边军，家口可以同往，官府给其分田授室。③ 隋初在武陵民族地区的周边也常用兵，如杨素为信州（治今重庆奉节）总管时，率师沿长江东伐陈南康内史吕仲萧，仲萧先屯岐亭，继据荆门延州，杨素"遣巴蜑卒千人，乘五牙四艘，以柏墙碎贼十余舰，遂大破之，俘甲士二千余人，仲肃仅以身免"。④ 杨素是隋代的权臣和著名军事统帅，其所率的部队除了来自驻地的"巴蜑卒"之外，还有来自外地的正规军，他们在这个区域屯戍，应该有一部分成为当地的编民。隋唐时期，在蛮夷之地都设有领兵的官员和驻军，以

① （唐）刘禹锡：《刘宾客文集》卷二二《武陵书怀五十韵》，文渊阁四库全书本。

② （唐）魏徵、令狐德棻撰：《隋书》卷二《帝纪》第二《高祖下》，中华书局 1973 年版，第 35 页。

③ （唐）李隆基撰，（唐）李林甫注：《大唐六典》卷五《兵部尚书》，明正德十年重刊本。

④ （唐）魏徵、令狐德棻撰：《隋书》卷四八《列传》第一三《杨素传》，中华书局 1973 年版，第 1283 页。

防他们叛乱。如隋代在武陵郡设置了安远护军。据《舆地纪胜》卷七十三《峡州》记载，隋开皇五年（585年）在废佷山县地置峡州巴山县，唐天宝八年（749年）废县置巴山戍。① “东晋、后魏以屯兵守境处为戍”②，隋唐因之。巴山戍就是一个规模较大的驻军点。按照唐代的兵制，这些驻军都将携带家口，成为驻地的迁入移民。

宋代仍然以募兵制为主要的征兵制度，其兵源主要有“或募土人就所在图团立，或取营伍子弟听从本军，或募饿民以补本城，或以有罪配隶给役”③。这些兵源基本上都是没有恒产的客户。宋朝廷不从主户中募兵，一方面可以保证朝廷的税源不流失；另一方面这些人参军以后，给他们分田授室，不仅可以提升军队的战斗力，也能发展生产，促进社会进步。宋代还将戍兵与屯垦很好地结合起来，在屯戍之地广泛设置屯田，发展农业生产。武陵民族地区属于蛮夷地区，是朝廷防控的重点区域，因此有相当数量的驻军。《宋史》卷八十八《地理志》记载：“澧、鼎、辰三州，皆旁通溪峒，置兵戍守。”④《宋会要辑稿·蕃夷五》也载，宋咸平五年（1002年），夔州路转运使丁谓报告“施州蛮人向者侵扰边郡，委逐族首领会兵讨除，已获宁静”，他还建议“自后于州南界要害处，建寨栅，益戍兵，兼置屯田赡给，不烦辇运”⑤，获得朝廷许可。这些屯戍之兵绝大多数是朝廷募来的官军。宋太宗时（976—997年），溪州、锦州、叙州、富州等地蛮夷与朝廷的关系缓和，蛮夷“愿比内郡民输租税”，但朝廷不想把他们纳入直接统治之下，仅设立了溪峒诸州，赐以印绶，羁縻之，并将“故屯戍之兵差减前

① （宋）王象之撰：《舆地纪胜》卷七三《峡州》，中华书局1992年影印本，第2439页。
② （后晋）刘昫等撰：《旧唐书》卷四四《志》第二四《职官三》，中华书局1975年版，第1923页。
③ （元）脱脱等撰：《宋史》卷一九三《志》第一四六《兵制七》，中华书局1977年版，第4799页。
④ （元）脱脱等撰：《宋史》卷八八《志》第四一《地理四》，中华书局1977年版，第2201页。
⑤ （清）徐松辑：《宋会要辑稿》（第一九八册）《蕃夷》五之七五，中华书局1957年版，第7804页。

世”。[①] 到了北宋中后期，军屯松弛，军士逃入蛮界。如《续资治通鉴长编》卷一百七十六记载，仁宗至和元年（1054 年）六月丙午，“诏荆湖北路安抚司，军士遁入蛮界，其防边土丁能捕获二人以上与迁一资。”[②] 元丰前后，陶弼为贺谢麟任职沅守，撰《寄新沅守谢麟诗》，其中有“三千戍卒今无几，十万屯田古未耕”诗句，[③] 表明军屯破坏由来已久。

除了官军之外，武陵民族地区还有相当数量的义军、土丁、壮丁、弓弩手等地方的乡兵，他们是官府依靠的重要补充军事力量。如《武经总要》前集卷九记载，“南方暑湿，溪谷毒疠，不能踰岭，以中国之人戍守则十不当一”，故“以滨塞之民召募为用，辟旷土以食之，厚赏格以激之”，“比用华人其利十倍”。[④]《宋史》卷一九三《兵志》也载，宋徽宗崇宁元年（1102 年），“湖北都钤辖舒亶奉旨相度召募施、黔州土丁，致讨辰、沅山瑶，每州无过七百人。缘瑶贼深在溪洞，险阻不通正军故也。”[⑤] 对于这些地方武装的来源，文献缺乏明确的记载，林文勋认为义军是没有汉化的少数民族，土丁是汉化程度较高的少数民族，有的已经入州县户籍，有的没有入籍。[⑥] 土丁一般与土兵、土民连用。熙宁六年（1073 年），各路在编行保甲的时候，土丁、弩手也与本村土人共行保甲，显然土丁是来自土民，也就是当地的土著少数民族居民，土兵是土丁的别称。义军、土丁、弩手“皆选自户籍，蠲免徭赋，番戍砦栅”。[⑦] 元祐七年（1092 年），邵州等地在扩编土丁时，“以中等以下户充任”；绍圣二年（1095 年）依照元丰六年（1083 年）的规定，“以

---

① （宋）曾公亮撰：《武经总要》前集卷二一《荆湖北路》，文渊阁四库全书本。

② （宋）李焘撰：《续资治通鉴长编》卷一七六《至和元年六月丙午》，中华书局 1995 年版，第 4263 页。

③ 见（宋）祝穆撰：《方舆胜览》卷三一《沅州》，中华书局 2003 年版，第 555 页。

④ （宋）曾公亮撰：《武经总要》前集卷九《杂叙战地》，文渊阁四库全书本。

⑤ （元）脱脱等撰：《宋史》卷一九三《志》第一四六《兵志七》，中华书局 1977 年版，第 4805 页。

⑥ 林文勋：《宋代西南地区的少数民族义军》，《思想战线》1990 年第 1 期。

⑦ （元）脱脱等撰：《宋史》卷一九一《志》第一四四《兵志五》，中华书局 1977 年版，第 4741 页。

五等户输差”。[1] 熙宁五年（1072 年）“开梅山”以后，邵州等地已经纳入朝廷的经制之下，查清了户口，但武陵民族地区很多地方还是羁縻统治，可能具有户籍的土丁并不多。如《宋史》卷四九六《蛮夷传》记载，因泸州等地的战事“募土丁及夷界黔州弩手，以毒矢射贼。”[2] 这些来自“夷界”的弩手肯定是没有户籍的少数民族。历史文献一般将土丁和义军混淆在一起，不分述土丁和义军的具体数量，但壮丁与土丁有不同的统计口径，表明土丁与义军的类型差不多，与壮丁有明显的区别。据《宋史》卷一九一《兵志》记载，政和七年（1117 年），“以辰、沅、澧等州更戍土丁与营田土丁名称重叠，将兵马都钤辖司招填土丁改为鼎澧路营田刀弩手。”[3] 可见，刀弩手就是承担军事职能的土丁。

据《宋史》卷一九一《兵志》的记载，施州有土丁 1281 人，壮丁 669 人，黔州有义军和壮丁 1625 人，思州、洪杜、彭水县有义军和壮丁 1422 人。《武经总要》前集卷二十、二十一也载，夔州兼领施、黔、思三州缘边诸砦将、土丁、义军 4327 人，[4] 澧州、鼎州而下五州领义军 19462 人。黄庭坚在《山谷集》卷十七《黔州黔江县题名记》中说，黔江县“其义军二千九百，诏谕夷自将其众者五百七十。”[5] 这些文献都没有说明统计这些数据的具体时间，实质上，土丁、弩手的数量也是随区域民族关系的变化而改变的。如庆历二年（1042 年），荆湖北路有义军、土丁等总计 19400 人；熙宁元年（1068 年）荆湖南、北路有义军 15000 人；重和元年（1118 年），辰州招到刀弩手 2100 人；宣和四年（1122 年）因靖州通道县有边警，增加刀弩手

---

① （元）脱脱等撰：《宋史》卷一九一《志》第一四四《兵志五》，中华书局 1977 年版，第 4742 页。

② （元）脱脱等撰：《宋史》卷四九六《列传》第二五五《蛮夷传四》，中华书局 1977 年版，第 14244 页。

③ （元）脱脱等撰：《宋史》卷一九一《志》第一四四《兵志五》，中华书局 1977 年版，第 4743 页。

④ 《武经总要》前集卷二十在分述各州时，又记载，施州管义军、土丁、砦将 1200 余人，黔州管土军 3400 人，思州管义军 1422 人，总数达 6022 人，大大超出了总述记载的 4327 人。

⑤ （宋）黄庭坚撰：《山谷集》卷一七《黔州黔江县题名记》，文渊阁四库全书本。

2000人。[①]《宋史》卷四九四《蛮夷传》载，绍兴六年（1136年），鼎州知州张觷报告，鼎州、澧州、辰州、沅州等地弓弩手“皆废阙”，“今虽各出良田，募人以补其额，率皆豪强遣僮奴窜名籍中，乘时射利，无益公家”。荆湖北路帅司在处理此事时，建议将辰州、沅州、澧州、靖州弓弩手由9110人减为3500人，其中辰州置1000人，沅州置1500人，澧州、靖州各置500人。乾道七年（1171年）前知辰州章才邵也报告，靖康前，辰州有厢禁军1400余人，土兵600余人，乾道间仅有禁军210余人，土兵105人，有的砦出现空虚，无一兵一卒戍守。[②] 又据《宋史》卷四一二《孟珙传》记载，嘉熙三年（1239年），朝廷为了阻击元军，加强施州、归州、峡州、澧州等地的布兵，以2000人屯峡州、1000人屯归州、1000人屯施州、2000人驻澧州。[③] 这些屯兵面临紧急战事，有别于和平时期且耕且防的驻军，他们不可能成为携带家口的移民。

按照宋代的兵制，义军、土丁、弩手驻守诸砦，按年度、季节或月份轮换。土丁的驻地一般兼有官军，如黔州黔江县相阳砦，不仅设有砦主，还“以官军兼土丁把守”；澧州、鼎州等地，不仅有“州兵及禁旅更戍”，还“募土丁置砦将与官军杂戍界上”。[④] 义军、土丁的粮饷与官军差不多，由官府量给田土，建立军屯，“相险隘，立堡砦，且守且耕，耕必给费，敛复给粮，依锄田法，余并入官”，[⑤]“无事则耕作自赡，有警则集而用之”[⑥]。土丁主要是当地的土著，也不排除部分移民混迹其中，依据笔者目前所掌握的史料

① （元）脱脱等撰：《宋史》卷一九一《志》第一四四《兵志五》，中华书局1977年版，第4742—4743页。

② （元）脱脱等撰：《宋史》卷四九四《列传》第二五三《蛮夷传》，中华书局1977年版，第14192页。

③ （元）脱脱等撰：《宋史》卷四一二《列传》第一七一《孟珙传》，中华书局1977年版，第12376页。

④ （宋）曾公亮撰：《武经总要》前集卷二一《荆湖北路》，文渊阁四库全书本。

⑤ （元）脱脱等撰：《宋史》卷一七六《志》第一二九《食货上四》，中华书局1977年版，第4271页。

⑥ （宋）李心传撰：《建炎以来系年要录》卷四四《绍兴元年五月戊午》，中华书局1956年版，第803页。

还不能分析义军和壮丁的具体来源，或许他们中的汉族移民成分更多，官军则主要是汉族移民。宋代的官军也可以携带家口到驻地，并且从事农业生产，因此，他们是一个较大的移民群体。

2. 工商移民

工商移民指的是因从事手工业生产和商品贸易活动迁来的人口。隋唐至两宋时期，武陵民族地区的矿产资源开发、盐业生产以及城市建造在技术上有较大进步，在规模上有一定程度扩张。在区域内部技术积淀有限的情况下，这些生产活动的技术进步和规模扩张很大程度上是依靠移民的技术输入来实现的。这一时期，区域的商品经济也有了一定程度的发展，专门从事商品贸易的场所开始出现，频繁的在不同区域间专门从事商品贸易的商人开始出现。

矿产资源开发主要集中在朱砂、铁矿、金矿等矿物的开采和加工方面。武陵民族地区是朱砂的传统产区，较早就有文献记载生活在这一区域的人们上贡朱砂的情况，到了隋唐以后，由贡赋反映出来的朱砂产量成倍增加，并且从朱砂中提炼出来的水银也不断地成为贡赋的物资。朱砂或言光明砂，据《大唐六典》卷三《户部尚书》记载，辰州、锦州、溪州贡赋的物品里面都有朱砂。① 一般情况下，朱砂的产量不是太多，进贡朝廷的数量也仅数斤。如开元年间，辰州贡水银、光明砂、犀角等物，其中光明砂的数量仅有四斤；元和年间，溪州贡的朱砂也仅有十斤。② 但是，地方官吏掠夺的朱砂可能是朝廷贡赋的百倍以上。如贞观十三年（797 年）十月丙辰，黔中观察使奏："溪州人户诉，被前刺史魏从琚于两税外，每年加进朱砂一千斤、水银二百驮，户民疾苦，请停。" ③ 仅刺史一人每年在两税外加收的朱砂就有一千斤，水银二百驮，表明贞观年间，武陵民族地区的朱砂开采和加工已经有较

① （唐）李隆基撰，（唐）李林甫注：《大唐六典》卷三《户部尚书》，明正德十年重刊本。

② （唐）李吉甫撰，贺次君点校：《元和郡县图志》卷三〇《江南道六》，中华书局 1983 年版，第 747、752 页。

③ （后晋）刘昫等撰：《旧唐书》卷一三《本纪》第一三《德宗下》，中华书局 1975 年版，第 386 页。

大规模。由于这一地区是朱砂的传统产区，或许从事朱砂开采和加工的主要是当地的土著居民，而从事铁矿、金矿开采和加工的移民成分更多。

据《新唐书》卷四〇《地理志》的记载，归州巴东县、澧州石门县都有铁，① 表明唐代武陵民族地区已经有铁矿开发和冶铁业。宋代以后，武陵民族地区铁矿开发的规模进一步扩大，并且具备了铸造铁钱的技术。北宋绍圣三年（1096 年）十二月癸酉，朝廷在施州设置广积监铸造铁钱。② 铁钱是一种能够流通的货币，由官方掌控，因此铸造铁钱的人员也应该是由官方选派的移民。铸造铁钱，不但可以带动铁矿开采、冶铁等产业的发展，还能够带动铁炭等周边产业的发展，由此带来较大的移民群体。如绍兴三十年（1160 年），施州广积监因铁炭艰难，将铸造铁钱的额度由万缗减为七千。③ 金矿是被历代统治者严格控制的矿产资源，北宋时期，武陵民族地区辰州、沅州、靖州、鼎州等地均产金，但直至政和年间，官府对这些地区的金矿还没实现有效监管，而由商人淘采。如政和元年（1111 年），张商英言："湖北产金，非止辰、沅、靖溪峒，其峡州夷陵、宜都县，荆南府枝江、江陵县赤湖城至鼎州，皆商人淘采之地。" ④ 因此请求设置专门的机构管理。这些淘金的商人应该是以移民为主体。古代，金矿、铁矿等矿产资源开采属于劳动密集型的产业，需要大量的劳动力，是移民的重要拉力。

此外，还有盐业、城镇建设业也是移民重点聚居的行业。重庆市彭水县在汉代以前就已经有了盐业开发的历史，隋唐以后，生产规模进一步扩大。《隋书·地理志》仅提到彭水产盐，但不具其盐井数量和食盐产量。《新唐书》卷五四《食货志》记载，"唐有盐池十八，井六百四十"，"黔州（治

① （宋）欧阳修、宋祁撰：《新唐书》卷四〇《志》第三〇《地理四》，中华书局 1975 年版，第 1022、1024 页。

② （元）脱脱等撰：《宋史》卷一八《本纪》第一八《哲宗二》，中华书局 1977 年版，第 345 页。

③ （宋）李心传撰，徐规点校：《建炎以来朝野杂记》甲集卷一六《川陕铸钱》，中华书局 2000 年版，第 359 页。

④ （元）脱脱等撰：《宋史》卷一八五《志》第一三八《食货志》，中华书局 1977 年版，第 4527 页。

彭水）有井四十一”。[①] 可见，黔州是唐代重要的食盐产区。食盐生产需要大量的钻井、提卤、煮盐、运输工人，是吸引移民的重要因素。从文献材料来看，唐宋时期，武陵民族地区有了筑城的历史。如《元和郡县图志》卷三十《江南道六》记载，“锦州洛浦县，先天二年（712 年）分大乡县置。县东西各有石城邑，甚险固，仡僚反乱，居人皆保其土。”[②] 淳祐三年（1243年）五月，筑施州郡城及关隘六十余所，[③] 开庆元年（1259年）四月乙酉“知施州谢昌元自备缗钱百万，米麦千石，筑郡城有功。”[④] 淳祐年间参与筑施州城的人员主要是“本州将士及忠州戍卒”执役者，开庆年间知州备缗钱百万，肯定是用这些钱募集的平民筑城。盐业生产和城镇建设，都需要具备一定技艺的技术工人和体格健壮的青壮年劳动力，当生产和建设达到一定规模后，仅仅依靠本地土著居民难以满足用工需求，必然需要移民来补充。

宋代是我国商品经济发展的重要历史时期，武陵民族地区在这一商品经济发展的大潮中也有所发展，并由此带来了较多商业移民。《宋史》卷一八六《食货志》记载熙宁六年（1073 年）夔州路转运使“置市易于黔州”，并且朝廷还准许在荆湖北路的沅州、锦州、黔州等地的江口“皆置博易场”。[⑤] “江口”是江河汇聚的地方，也是古代的交通要道和移民的通道，在这些地方设置交换商品的市场，能够促进移民信息的沟通。往来于市场间的商人，很多是外来的移民。早在唐代，武陵民族地区就出现了专事贸易的商人。如《太平广记》卷三一二《尔朱氏》记载，“咸通（860—873

① （宋）欧阳修、宋祁撰：《新唐书》卷五四《志》第四四《食货志四》，中华书局 1975 年版，第 1377 页。

② （唐）李吉甫撰，贺次君点校：《元和郡县图志》卷三〇《江南道六》，中华书局 1983 年版，第 750 页。

③ （元）脱脱等撰：《宋史》卷四二《本纪》第四二《理宗二》，中华书局 1977 年版，第 826 页。

④ （元）脱脱等撰：《宋史》卷四四《本纪》第四四《理宗四》，中华书局 1977 年版，第 865 页。

⑤ （元）脱脱等撰：《宋史》卷一八六《志》第一三九《食货志下八》，中华书局 1977 年版，第 4549、4564 页。

年）中，有姓尔朱者，家于巫峡，每岁贾于荆益。”① 现今的湖北省巴东县城即坐落在巫峡口，荆益即荆州和益州，分别在长江的下游和上游。尔朱氏是生活在西北地区的胡人姓氏，咸通时“家于巫峡”，应该是从西北迁来的移民。

3. 流徙移民

隋唐至两宋时期，武陵民族地区被朝廷视为边地，一些遭贬谪的官员和罪犯被流徙到这一区域，成为迁入移民。隋代的刑法有死刑、流刑、徒刑、杖刑、笞刑五种。犯流刑者有流一千里、一千五百里、二千里，犯徒刑者有徒一年、一年半、二年、二年半、三年之别。② 又据《隋书》卷二十五《刑法志》载：开皇十三年（593 年），“改徒及流并为配防”，③ 将徒刑和流刑合二为一。唐律是在隋律的基础上发展而来，《唐律疏议》卷三《名例律》载：“诸犯流应配者，三流俱役一年。”《疏议》曰：“犯流，若非官当、收赎、老疾之色，即是应配之人。三流远近虽别，俱役一年为例。”④ 也就是说犯流之人，不但要被流放到边地，还要服役。被流放者的父子妻妾子孙均可与之同往，即使是“移乡人家口，亦准此”⑤。唐律还规定，役满或未满被赦免的人可以在被流放的地点申报户口，与当地百姓一样纳税；在流放地住满三年，愿意还迁家乡的人“听还”，不愿还者“听住”；在流放地住满六年以后，如非反、逆等重罪还可以应选入仕。⑥ 宋代仍然有徒、配等将人口迁出原来居住地的刑法。如《宋史》卷一九九《刑法志》记载，“佃客犯主，加

① （宋）李昉等编：《太平广记》卷三一二《尔朱氏》，中华书局 1961 年版，第 2469 页。
② （唐）魏徵、令狐德棻撰：《隋书》卷二五《志》第二〇《刑法》，中华书局 1973 年版，第 710、711 页。
③ （唐）魏徵、令狐德棻撰：《隋书》卷二五《志》第二〇《刑法》，中华书局 1973 年版，第 714 页。
④ （唐）长孙无忌等撰，刘俊文点校：《唐律疏议》卷三《名例律》，中华书局 1983 年版，第 66 页。
⑤ （唐）长孙无忌等撰，刘俊文点校：《唐律疏议》卷三《名例律》，中华书局 1983 年版，第 67 页。
⑥ （唐）长孙无忌等撰，刘俊文点校：《唐律疏议》卷三《名例律》，中华书局 1983 年版，第 67 页。

凡人一等。主犯之，杖以下勿论，徒以上减凡人一等。谋杀盗诈，有所规求避免而犯者，不减。因殴致死者不刺面，配邻州，情重者奏裁。凡命士死于官或去位，其送徒道亡，则部辖将校、节级与首率众者徒一年，情轻则杖百，虽自首不免。”① 主户相比客户，可以减轻处罚，但犯罪仍然面临徒、配等刑法。

流徙移民是武陵民族地区历史移民的重要组成部分，如柳宗元在《送李渭赴京师序》中说，“过洞庭上湘江，非有罪左迁者罕至”②。洞庭湖的西南部是武陵民族地区的鼎州、澧州，并且连接武陵民族地区腹地的沅水、澧水也是经洞庭湖汇入长江干流，因此，这一区域也是柳宗元所说的“有罪左迁者”的分布地区。从罪犯的数量来说，平民肯定是官员的数倍，流徙之人也更多，但具体有多少平民被流徙到了这个区域，现不可考。据正史文献初步统计，隋唐到两宋时期至少有22位官员贬谪流放到武陵民族地区（见表1–2），其中黔州7人，施州3人，锦州、巫州、溪州、鼎州、澧州、辰州各1人，还有6人没有注明具体的州县。这些迁来的贬官，有的在武陵民族地区继续担任官职，有的被贬为庶民。他们来的时候一般都携带父母妻子，以及家丁和奴婢，一人流徙可能有数十人随迁而来。这些迁来的人，有的后来平反或者有功升迁，又迁出了这个区域，但是也有很多人在这个区域终老，成为这里的永久移民。

表1–2　隋唐至两宋时期武陵民族地区贬谪、流放移民统计表

时代	流放人员	流放地点	资料来源
唐德宗（780—804年）时	郜国公主前生子，驸马都尉裴液	锦州	《新唐书》卷八三《列传》第八《肃宗七女传》
垂拱元年（685年）十一月丙辰	霍王李元轨	黔州	《新唐书》卷六一《表》第一《宰相上》

① （元）脱脱等撰：《宋史》卷一九九《志》第一五二《刑法志一》，中华书局1977年版，第4981页。

② （清）董诰等编：《全唐文》卷五七八，中华书局1983年版，第2587页。

时代	流放人员	流放地点	资料来源
贞观十七年（643年）	常山王李承乾	黔州	《新唐书》卷八〇《列传》第五《常山王承乾传》
唐永隆（680年）中	曹王李明	黔州	《新唐书》卷八〇《列传》第五《曹王明传》
唐上元（760—761年）中	柳登	黔州	《旧唐书》卷一五五《列传》第一〇五《柳登传》
唐上元（760—761年）中	高力士	巫州	《旧唐书》卷一五五《列传》第一〇五《柳登传》
上元前后，具体时间不详	裴升、毕曜	黔中	《旧唐书》卷一八六下《列传》第一三六下《酷吏传下》
天宝十二年（753年）	李林甫之子司储郎中李崿、大常少卿李屿、李岫及奴婢	黔中	《新唐书》卷二二三上《列传》第一四八上《奸臣传上》
元和（806—820年）年间	刘禹锡	武陵	《旧唐书》卷一六〇《列传》第一一〇《刘禹锡传》
贞元（785—804年）中	令狐彰长子令狐建，幼子令狐运	长子建坐事死于施州，幼子运亦无罪流于归州	《旧唐书》卷一二四《列传》第七四《令狐彰传》
元和以前，具体时间不详	李渤之父李钧	以母丧不时举，流于施州	《旧唐书》卷一七一《列传》第一二一《李渤传》
唐代宗（763—779年）时，具体时间不详	裴冕	施州	《新唐书》卷二〇七《列传》第一三二《宦者传上》
显庆五年（660年）七月乙巳	梁王李忠	黔州	《旧唐书》卷五《本纪》第五《高宗上》
显庆四年（659年）	长孙无忌	黔州	《旧唐书》卷六五《列传》第一五《长孙无忌传》
同光二年（924年）	王重师及其族	贬溪州刺史，寻赐自尽，夷其族	《旧五代史》《梁书》卷一九《梁书》一九《王重师传》

时代	流放人员	流放地点	资料来源
宋代	张颉	其先金陵人，徙鼎州桃源	《宋史》卷三三一《列传》第九〇《张颉传》
宋绍圣年元年（1094年）十一月甲午	范祖禹、赵彦若、黄庭	永州、澧州、黔州	《宋史》卷一八《本纪》第一八《哲宗二》
绍兴二十六年（1156年）	王廷珪	辰州	《宋史》卷三七四《列传》第一三三《胡铨传》

4. 垦殖移民

垦殖移民指的是以开荒种地为主要目的的移民。隋唐至两宋时期，武陵民族地区的垦殖移民，既有民间自发迁徙而来的，也有官方组织迁徙而来的。隋初，随着全国逐步走向统一，人民休养生息，户口不断增加，局部地区出现了人多地少的矛盾，朝廷不得不进行移民，以缓解这种矛盾。据《隋书》卷二四《食货志》记载，开皇十二年（592年）“天下户口岁增，京辅及三河，地少而人众，衣食不给，议者咸欲徙就宽乡。”① “宽乡”就是人少地多的地方，即根据均田制规定的授田面积，“受田悉足者为宽乡，不足者为狭乡。”② 唐代推行过乐住之制和移民实边政策，鼓励人口流动。乐住之制就是，“居狭乡者，听其从宽，居远者，听其从近，居轻役之地者，听其从重。”③ 对于愿意到边州府居住的诸州客户，“至彼给良沃田安置，仍给永年复优。宜令所司即与所管客户州计会，召取情愿者，随其所乐，具数奏闻。”④ 唐敬宗宝历元年（825年）五月下令，“黔首如有愿于所在编附籍账者，宜令州县优恤，给予闲地，二周年不得差遣。”⑤ 这些措施为移民创造了宽松

① （唐）魏徵、令狐德棻撰：《隋书》卷二四《志》第一九《食货》，中华书局1973年版，第682页。

② （唐）长孙无忌等撰，刘俊文点校：《唐律疏议》卷一三《户婚律》，中华书局1983年版，第244页。

③ （唐）李隆基撰，（唐）李林甫注：《大唐六典》卷三《户部尚书》，明正德十年重刊本。

④ （宋）王溥撰：《唐会要》卷八四《移户》，中华书局1955年版，第1554页。

⑤ （宋）王溥撰：《唐会要》卷八四《移户》，中华书局1955年版，第1554页。

的政策环境。武陵民族地区的州县历来被统治者视为边地，因此隋唐时期移民到这些地方垦殖也是被朝廷所鼓励的。五代十国时期，由于社会又陷入分裂和动乱，各个政权都将稳定户口、增加税源作为要务。如长兴二年（931年），后唐政权对营田务作出规定，“只许耕无主荒田及召浮客，不得留占属县编户。”①以湖南为中心的马楚政权在治理湘西武陵民族地区的过程中，奖励农商，“招贤纳者，故中州名家士多归之。”②

宋初，朝廷为了防止蛮汉冲突，禁止汉族与少数民族交流沟通和汉族向少数民族地区迁徙。辰州、沅州、靖州等少数民族地区的土地不允许汉族人开垦，“擅鬻者有禁，私易者有罚。”③太平兴国二年（977年），朝廷推行更加严格的封禁政策，蛮夷“不得与汉民交通，其地不得耕牧”。④但是，毕竟官府在少数民族地区的统治力量有限，这些规定难以严格地执行，汉民向少数民族地区迁徙的情况时有发生。如夔州路转运使丁谓在咸平五年（1002年）赎回被武陵民族地区的少数民族掠夺的丁口达万余名。⑤这些被赎回的丁口很多是自发迁徙到武陵民族地区，寄籍在少数民族中的汉民。到了咸平六年（1003年），虽然朝廷仍然在强调不能开发少数民族地区，但是地方官员已经无法阻止汉民向少数民族地区迁徙，并且地方官员也看到了移民对地方发展的促进作用。如咸平六年（1003年）四月壬戌，朝廷规定，“禁蛮人市牛入溪峒”⑥，限制先进的生产工具进入少数民族地区。但仅一个月之后，荆湖路转运使王贽就报告，“近溪峒田，先以蛮人侵扰，禁其垦殖，今边境安静，民复耕莳，已遣官检拨置籍”，请求“依旧输租，诏蠲常赋之

① （宋）薛居正等撰：《旧五代史》卷四二《唐书》一八《明宗纪第八》，中华书局1976年版，第582页。

② （元）欧阳玄：《奎斋文集》卷七，《白石周氏族谱序》，四库全书本。

③ （元）脱脱等：《宋史》卷四九四《列传》第二五三《蛮夷传二》，中华书局1977年版，第14196页。

④ （元）脱脱等：《宋史》卷四九四《列传》第二五三《蛮夷传二》，中华书局1977年版，第14196页。

⑤ （清）毕沅：《续资治通鉴》卷二三《宋纪》二三《真宗咸平五年》，中华书局1958年版，第521页。

⑥ （宋）李焘：《续资治通鉴长编》卷五四，中华书局1980年版，第1187页。

半”。[①] 这些情况说明，汉族人向少数民族地区迁徙耕垦由来已久。

宋真宗景德以后，封禁政策有所松动，武陵民族地区的垦殖移民不断增多。这些垦殖移民一部分是地方官员在设置民屯的过程中募集而来的，另一部分是自发迁徙而来的。景德二年（1005年）九月丁卯，夔州路转运使薛颜向朝廷报告“募民垦施、黔等州荒田”，“岁获粟万余担”。[②] 这些垦荒出来的土地一年获粟万担显然不是一般土地的赋税收入，而是在军屯之外建立的民屯收益。熙宁年间，沅州也设置了屯田。如《续资治通鉴长编》卷二五六，熙宁七年（1074年）九月丁酉条记载，“新置沅州，有屯田之法。”[③]《宋会要辑稿》也记载，高宗绍兴元年（1132年）五月二十三日，沅州地方官员报告，熙宁七年沅州设郡之时，“拘籍地土，拨充屯田，作营田，其余召人请佃，租米约有万计。”[④] 到了北宋末期，由于局势动荡，屯田也受到破坏。至南宋建炎四年（1130年），曾经租米万计的沅州“无颗科应付支遣”，不得不又招人佃种。武陵民族地区的鼎州、澧州、辰州、靖州等地也与沅州相似，靖康年间军屯的军人奉调到河东抗金，不幸全军覆没，军屯、民屯也随之残破。绍兴六年（1136年），地方官员又开始重建军屯，并将军屯“所余闲田募人耕作，岁收其租”[⑤]，扩充民屯。民屯“水田亩赋粳米一斗，陆田豆麦夏秋各五升，满二年无欠，给为永业”。[⑥] 官方岁获租米万计（未载明“万计”的单位，暂且以“万斗计”），粟万担，其民屯的面积也应该是以万亩、十万亩计。如果按照“一夫授田百亩”计算，施州、黔州、沅州建立民

---

① （清）徐松辑：《宋会要辑稿》第一九八册《蕃夷》五之七五，中华书局1957年版，第7804页。

② （宋）李焘：《续资治通鉴长编》卷六一，中华书局1980年版，第1368页。

③ （宋）李焘撰：《续资治通鉴长编》卷二五六《熙宁七年九月丁酉》，中华书局1995年版，第6247页。

④ （清）徐松辑：《宋会要辑稿》第一二一册《食货》二之七，中华书局1957年版，第4828页。

⑤ （元）脱脱等：《宋史》卷四九四《列传》第二五三《蛮夷传二》，中华书局1977年版，第14188页。

⑥ （元）脱脱等撰：《宋史》卷一七六《志》第一二九《食货上四》，中华书局1977年版，第4271页。

屯的过程中迁来的人口至少有一千余“夫”，五千余人。

对于民间自发迁徙的垦殖移民，历来是被官府严格限制的。北宋初提出封禁政策之后，南宋又多次提及。孝宗乾道四年（1168年）二月，“诏禁沿边奸人毋越逸溪峒，诱致蛮僚侵内地，违者论如律，其不能防闲致越逸者亦罪之。”① 嘉定七年（1214年），也强调防禁要“俾循旧制毋废”。淳熙七年（1180年）二月，朝廷重申“禁山不得民间请佃，斫伐贩卖，仍专委县尉躬亲以时巡历”，并将设置在叙、恭、涪、施、黔等州蛮汉边界地区的禁山封堠修葺一新，加强边界地区的管理。② 但是，这些政策并没有从根本上改变垦殖移民迁入的势头。《宋会要辑稿》记载，淳熙七年（1180年）左右，由于山禁不严，施州、黔州、叙州等地的田地“比年居民垦辟采伐，耗蠹无已”。③ 宁宗开禧元年（1205年），夔州路施、黔等州，地广人稀，占田多的人需要雇请劳力耕垦，“富豪之家，争地客，诱说客户，或带领徙众举室搬徙。”④ 《宋史》卷四百九十四《蛮夷传》也记载，嘉定七年（1214年）“比年防禁日弛，山徭、峒丁得私售田。”⑤ 虽然迁来的垦殖移民较多，但武陵民族地区的土地资源开发仍然不十分充分。乾道四年（1168年）曾任鄂州守的李椿说：“巡历诸郡，以目所见，惟常德府已耕垦及九分以上，澧州及七分以上，其余州郡亦五分以上下。”⑥ 《宋史》卷八八《地理志》也载，荆湖南路与袁州、吉州接壤的地区“深耕概种，率致富饶，自是好讼者亦多矣”，

---

① （元）脱脱等撰：《宋史》卷一七六《志》第一二九《食货上四》，中华书局1977年版，第4271页。

② （清）徐松：《宋会要辑稿》第一八六册《兵》二九之四一，中华书局1957年版，第7313页。

③ （清）徐松：《宋会要辑稿》第一八六册《兵》二九之四一，中华书局1957年版，第7313页。

④ （清）徐松：《宋会要辑稿》第一六一册《食》货六九之六八，中华书局1957年版，第6363页。

⑤ （元）脱脱等撰：《宋史》卷四九四《列传》第二五三《蛮夷传二》，中华书局1977年版，第14191页。

⑥ （明）黄淮、杨奇士等编：《历代名臣奏议》卷二五八《赋役》，学生书局1965年影印本，第3398页。

但荆湖北路“农作稍惰，多旷土，俗薄而质。”① 这说明荆湖北路的垦殖移民相比荆湖南路要少，并且垦殖移民所占的人口比重较小，移民文化没有改变当地的文化面貌。曾于南宋乾道年间在夔州任过通判的陆游也说到，“夔虽号大府，而荒绝瘴疠，户口寡少，曾不敌中州一下郡。”②

5. 流民

流民是指因自然灾害或者兵乱流亡外地的人。《明史》卷七七《食货志》说，“年饥或避兵他徙者曰流民”。③ 流民具有区域性和集体性等特征，影响面广，影响人数多，往往容易形成流民潮。然而，并非所有的流民都会成为移民，一些流民可能在灾害和动乱之后又返回家乡，历代统治者也把招抚流民回籍作为地方官员的政绩，因此部分流民只是短期流动。但是，也有一部分流民因为在流入地获得了较好的生存资源，不再返回，成为移民。隋唐至两宋时期，武陵民族地区地广人稀，土地资源丰富，并且山地环境中便于隐蔽，是逃避战乱的理想场所，山地生态的生物多样性突出，不容易爆发区域性的灾荒，因此流民转变成移民的可能性更大。

隋末，萧铣踞江陵控制了荆楚，成为地方割据政权。李渊建立唐朝之后，派夔州总管李孝恭等带兵进剿，在三峡至江陵一带拉开战线，经过多次激烈战斗，于武德四年（621 年）擒获萧铣。江陵等地是人口相对稠密的地区，必然有很多人为了逃避战乱成为流民。这些流民迁徙的主要目的地应该是紧邻战区的武陵山区。据《元和郡县缺卷逸文》卷一《山南道》记载，隋末，澧州等地“陷于群盗”④。“群盗”是大量流民聚集，社会秩序极度混乱的一种典型状态。“安史之乱”是唐代由盛转衰的转折点，也是唐代北方人口大规模南迁的主要原因。《旧唐书》卷三九《地理志》记载：“自至德后，

---

① （元）脱脱等撰：《宋史》卷八八《志》第四一《地理四》，中华书局 1977 年版，第 2201 页。

② （宋）陆游撰：《渭南文集》卷一四《云安集序》，日本京都大学图书馆藏汲古阁刊本。

③ （清）张廷玉等撰：《明史》卷七七《志》第五三《食货志一》，中华书局 1974 年版，第 1878 页。

④ （清）缪荃孙辑：《元和郡县缺卷逸文》卷一《山南道》，清光绪刻本。

中原多故，襄、邓百姓，两京衣冠，尽投江、湘，故荆南井邑，十倍其初，乃置荆南节度使。”① 表明“荆南”是“安史之乱”中流民的主要聚集区之一，迁来的流民数倍于当地的土著居民。荆南节度使治荆州江陵，澧州、朗州等地均在其管辖范围内，流民迁入武陵民族地区不仅有地理上的便利，还有行政力量的支持。大历初年任澧州刺史的崔瓘（大历四年七月乙巳离任），“不为烦苛，人便为之，流亡还归，居二岁，增户数万。”② 唐天宝年间，澧州总计才 19620 户，两年时间内“增户数万”，显然这些“流亡还归”的人主要是逃避“安史之乱”的流民。“增户”也表明这些流民已经在当地定居，获得了户籍。唐末昭宗时期，成汭在归州自称刺史，“讨荆南部将牟权于清江”，后又破其将王建肇，建肇奔黔州并据黔州自守，成汭遣赵武攻建肇，建肇走降于川西节度使王建。天复三年（903 年）成汭兵败以后，施州、夔州等地又被王建所取。战事发生的地方一般是流民流出的地区，成汭“始治州，民版无几”，大部分人口在战争期间流亡外地，局势稍微稳定以后“未再期，自占者万余”，③ 很多人口又流归。

宋代，武陵民族地区除了因零星的水旱灾害产生流民潮以外，主要是在两宋交替之际和南宋末期因兵灾产生。重和元年（1118 年）江、淮、荆、浙、梓等南方地区遭受水灾，粮食作物绝收，导致很多人成为流民，该年闰九月庚申，徽宗诏“江、淮、荆、浙、闽、广监司督责州县还集流民。”④ 这次水灾受灾面积大、程度深，武陵民族地区也受到影响，但由于山地生态的多样性，能够在主粮之外获得更多的食物充饥，成为流民流入地区。重和年间，北宋朝廷的国力尚强，官府展开赈灾工作以后，大部分流民能够

---

① （后晋）刘昫等撰：《旧唐书》卷三九《志》第一九《地理志二》，中华书局 1975 年版，第 1552 页。

② （宋）欧阳修、宋祁撰：《新唐书》卷一四一《列传》第六六《崔瓘传》，中华书局 1975 年版，第 4656 页。

③ （宋）欧阳修、宋祁撰：《新唐书》卷一九〇《列传》第一一五，《成汭传》，中华书局 1975 年版，第 5484 页。

④ （元）脱脱等撰：《宋史》卷二一《本纪》第二一《徽宗二》，中华书局 1977 年版，第 401 页。

“还集”。庆元四年（1198 年）正月，两浙、江淮、荆湖、四川等地也因灾产生流民潮，朝廷责成地方官员“宽恤”流民，为流民就食提供便利的条件。靖康元年（1126 年）十一月二十二日，金兵入侵河北、山西，逼近开封，“士庶携老提幼，适汝、颍、襄、邓逃避者，莫知其数”，① 全国性的流民潮开始形成。直至建炎四年（1130 年）二月，还有“东北流移之人，相率渡江。”② “靖康之难”期间，“中原士民，扶携南渡，不知其几千万人”③ 成为流民。据吴松弟教授测算，“靖康之乱期间，大约有 500 万北方移民迁入南方并在各地定居下来”④，可见其人口之巨。据《鸡肋编》卷上记载，这些“西北流寓之人”主要分布在“江、浙、湖、湘、闽、广”⑤ 等地区。武陵民族地区也是在这次流民潮中流民的主要聚集地之一。洪迈的《夷坚志》记载，“西北士大夫遭靖康之难，多挈家南寓武陵。”⑥ 实质上，迁入武陵民族地区的流民除了普通平民之外，还有溃败下来的官兵等。建炎初年，武经大夫、潍州团练使孔彦舟从淮西收溃兵，“侵据荆南鼎、澧诸郡”⑦，他们在鼎、澧等州烧杀劫掠，遭到当地居民的反抗，并直接导致了澧州钟相、杨幺揭竿起义。南宋末期，蒙古军攻入四川，并在四川大开杀戒，人民死伤、逃亡殆尽。据《道园学古录》卷一六《史氏程夫人墓志铭》记载，蒙古军进入四川以后“蜀人受祸惨甚，死伤殆尽，千百不存一二。”⑧ 蒙古军人进入四川以后展开杀戮，带来人口减少是历史事实，但也不至于减少到“千百不存一二”的程度，应该还有很多人逃到了偏远山区隐蔽起来。武陵民族地区的很大一片区域在重庆成为直辖市以前属于川东地区，邻近蒙古军攻占的区域，应是

① （宋）徐梦莘撰：《三朝北盟会编》卷六四，《靖康中帙三十九》，上海古籍出版社 1987 年影印本，第 482 页。

② （宋）李心传撰：《建炎以来系年要录》卷三一，中华书局 1956 年版，第 613 页。

③ （宋）李心传撰：《建炎以来系年要录》卷八六，中华书局 1956 年版，第 1422 页。

④ 吴松弟：《南宋人口的发展过程》，《中国史研究》2001 年第 4 期。

⑤ （宋）庄绰撰：《鸡肋编》卷上，中华书局 1983 年版，第 36 页。

⑥ （宋）洪迈：《夷坚志》三志辛卷第四，《武陵布龙帐》，中华书局 1981 年版，第 1412 页。

⑦ （宋）李心传撰：《建炎以来系年要录》卷三一，中华书局 1956 年版，第 613 页。

⑧ （元）虞集：《道园学古录》卷一六，《史氏程夫人墓志铭》，台湾华文书局影印民国元年刻本，第 1262 页。

避乱的蜀人迁徙的目的地之一。

二、迁出移民

隋唐至两宋时期，武陵民族地区人口向外迁出的主要原因是朝廷的征伐及当地的土著少数民族反叛以后，被强制迁出。隋炀帝时，征派天下役丁营建东京洛阳，并徙诸州富商大贾实之。其征派役丁的数量，据《资治通鉴》卷一百八十隋炀帝大业元年（605 年）三月丁未条记载，每月有“二百万人”,① 迁徙富商大贾的数量有“数万家”②。隋炀帝大业五年（609年）前后，隋全境著籍户数才 900 余万户，4600 余万口。③ 可见，没有哪个地区能够单独承受如此繁重的征派任务，这些役丁和富商大贾必然是从全国各地征派来的，武陵民族地区当然也在征派之列。唐玄宗开元十五年（727 年）五月，朝廷征派武陵黔中及荆襄、岭南子弟十万余人，在南阳节度使鲁炅的率领下，参与平定“安史之乱”的战斗，与安禄山部将武令珣战于叶县城北滍河，不幸“王师尽没”。④ 唐宋时期，对少数民族的治理采用羁縻政策，总体上以“纳土补官”为主，但从北宋后期开始，武陵民族地区的少数民族不时出现结党反叛的情况，朝廷则转而采用“注授差遣，迁徙出离巢穴以安边面”⑤ 之策。

两宋期间，武陵民族地区的“溪峒豪酋”被朝廷“置之内地”的主要集中在溪州彭氏。据《续资治通鉴长编》记载，乾德五年（967 年）十月，“以溪州团练使彭允足为濮州都指挥使，义军指挥使彭允贤为卫州都指挥使，……允足等溪峒酋豪，据山险，持两端，故因其入朝而置之内地。”⑥ 天

① （宋）司马光编著：《资治通鉴》卷一八〇《隋纪四》，中华书局 1956 年版，第 5617 页。

② （唐）魏徵、令狐德棻撰：《隋书》卷三《炀帝上》，中华书局 1973 年版，第 63 页。

③ 冻国栋：《中国人口史》（第二卷），复旦大学出版社 2005 年版，第 130 页。

④ （后晋）刘昫等撰：《旧唐书》卷二〇〇《列传》第一五〇《安禄山传》，中华书局 1975 年版，第 5371 页。

⑤ （宋）李纲：《梁溪集》卷七六《相度归明官任满轮易奏状》，文渊阁四库本。

⑥ （宋）李焘撰：《续资治通鉴长编》卷八《乾德五年十月丁丑》，中华书局 1995 年版，第 186 页。

禧二年（1018年）正月，“下溪州蛮寇辰州，杀巡检王文庆。引兵入溪峒讨捕，降其党李顺同等八百余人，散处安、复间，阴诛其尤恶者杜忽等十九人。”① 天禧二年（1018年）闰四月，朝廷补授招降的下溪州“彭仕汉为右班殿直，儒霸、儒聪并为三班借职”，② 天圣元年（1025年）三月，仕汉“以父老兄亡，遽留家属西京”潜归下溪洲，并“与父钤束溪民，欲乞放还家属”，后被“河南府遣人部送赴阙，以官舍居之”。③ 熙宁八年（1075年）十一月，“下溪州刺史彭师晏等十八人内附”，④ 熙宁九年（1076年）二月，“师晏等十八人赴阙。诏授师晏礼宾副使，京东州都监，不签书兵马事，余皆补班行有差。”⑤ 除溪州彭氏以外，还有武陵民族地区的大姓家族舒氏被迁置外地的事例。熙宁十年（1077年）六月，补授沅州管下允州蛮舒光勇为“三班奉职、安州监当”。⑥ 这些依例授职的蛮酋首领都必须迁置内地，不得随意遣返，成为迁出的永久性移民。这种“徙置内地”的治蛮方法被宋代学者认为是一种非常好的办法。元祐五年（1091年），苏辙在《论渠阳蛮事札子》中分析，沅州所置州县久远得安的原因是“皆用兵诛锄首领，或徙置内地，荡平巢穴”。⑦

---

① （宋）李焘撰：《续资治通鉴长编》卷九一，天禧二年正月乙卯条引《史方传》，中华书局1995年版，第2097—2098页。

② （宋）李焘撰：《续资治通鉴长编》卷九一《天禧二年闰四月戊午》，中华书局1995年版，第2112页。

③ （宋）李焘撰：《续资治通鉴长编》卷一〇〇《天圣元年三月乙酉》，中华书局1995年版，第2319页。

④ （宋）李焘撰：《续资治通鉴长编》卷二七〇《熙宁八年十一月丙戌》，中华书局1995年版，第6629页。

⑤ （宋）李焘撰：《续资治通鉴长编》卷二七二《熙宁九年二月己卯》，中华书局1995年版，第6662页。

⑥ （宋）李焘撰：《续资治通鉴长编》卷二七二《熙宁十年六月甲午》，中华书局1995年版，第6925页。

⑦ （宋）李焘撰：《续资治通鉴长编》卷四四七《元祐五年八月丙辰》，中华书局1995年版，第10756页。

三、户口与移民

隋唐以来，一些正史和地理总志中有比较完备的户口数据，能够满足户口变迁研究的数据需求。户口变迁研究可以从两个方面展开。一方面是针对具体的地区，从纵向上比较，了解户口数量的增减情况；另一方面是对不同区域同一时段户口增减情况的横向比较。户口数量的非正常变化一般是由移民所导致。在户口数量的横向和纵向比较过程中不仅可以判断移民人口的大致规模，还能够判断人口的流向。

《隋书·地理志》是记载隋代全国户口数据较为全面和详细的文献，但在书中未标明户口统计的具体年份，学界分析认为可能是隋炀帝大业五年（609年）的数据①。《隋书·地理志》在分述每郡户口时只记户数，不记口数，无从知晓每郡人口的具体数量。不过，《地理志》的总序部分有全国“大凡郡一百九十，县一千二百五十五，户八百九十万七千五百四十六，口四千六百一万九千九百五十六”②的记载。按照这些数据推算，平均每个县有7097.6户、36669.3口，平均每户有5.2口。

按照表1–3的统计，武陵民族地区在隋炀帝大业五年（609年）左右已经设立了24个县，总户约为31042.8户，平均每县1293.45户。如果按照全国平均每户5.2口的比例计算，武陵民族地区大概有人口161422.6口，户口基本上恢复到了西汉时期的水平。表1–3的数据也显示，武陵民族地区各个县的户口都远低于全国的平均水平，除了分布在长江沿线的南郡、巴东郡人口较为殷实之外，武陵民族地区腹地郡县的户口数不及全国郡县平均户口的四分之一。隋代，武陵民族地区户口恢复的主要原因是社会结束分裂和动荡之后，脱籍人口恢复版籍，次要的原因是人口自然增长及迁入移民。

① 冻国栋：《中国人口史》（第二卷），复旦大学出版社2005年版，第45页。

② （唐）魏徵、令狐德棻撰：《隋书》卷二九《志》第二四《地理志上》，中华书局1973年版，第808页。

表 1–3 隋代武陵民族地区户数统计表

郡名	领县数	户数	备注
南郡	10	58836	平均每县户数为 5883.6，仅有长阳 1 县能够纳入武陵民族地区的统计范围
沅陵郡	5	4140	
武陵郡	2	3416	
清江郡	5	2658	
澧阳郡	6	8906	
巴东郡	14	21370	平均每县户数为 1526.4，仅有巴东、务川、石城 3 县能够归入武陵民族地区，计 4579.2 户
黔安郡	2	1460	

资料来源：《隋书》卷二九及卷三一《地理志》。

唐史文献中，杜佑的《通典》、李吉甫的《元和郡县图志》、乐史的《太平寰宇记》以及《旧唐书》、《新唐书》都有较为完整的户口统计数据。《通典》未著录人口数据的统计时间，根据冻国栋等人考证，认为是以天宝元年（742 年）的数据为主。《元和郡县图志》提供的两组数据，一组是“开元户”，另一组是“元和户”，但均未注明具体年份。开元是唐玄宗李隆基使用的年号（713—741 年），元和是唐宪宗李纯使用的年号（806—820 年）。《太平寰宇记》所记开元户数基本是抄录《元和郡县图志》的数据。《旧唐书》、《新唐书》均标明“旧领”和“天宝”户口，一般认为“旧领”户口数是贞观十三年（639 年）的统计数据，天宝是唐玄宗李隆基在开元之后使用的年号（742—750 年）。

表 1–4 的统计不含归州巴东县和峡州长阳县。据《旧唐书 · 地理志》记载，贞观年间归州平均每县有 1177 户，6909 口，户均人口规模是 5.87 口，峡州平均每县 860 户，3422.8 口，户均人口规模是 3.98 口；天宝年间归州平均每县 1548.33 户，7803.6 口，户均人口 5.04 口，峡州平均每县 2024.5 户，11397.9 口，户均人口 5.63 口。唐代元和年间武陵民族地区已经设有 42 个县，相较于大业五年（609 年）增加了 18 个县。如果以户口数据较为完整

的天宝年间为统计时间点，武陵民族地区大约有 58835.83 户，299820.5 口。与隋代大业年间的户口数据相比，增加 27793.03 户，138397.9 口，增长率分别为 89.53% 和 85.74%，人口的年均增长率大致为 4.46‰。

表 1–4　唐代武陵民族地区分阶段户口统计表

州	领县数	贞观年间		开元年间	天宝年间		元和年间
		户数	口数	户数	户数	口数	户数
黔州	6	5913	27433	3963	4270	24204	1212
思州	3	2603	7599	4442	1599	12021	429
费州	4	2709	6950	200	429	2609	缺
辰州	5	9283	39225	5320	4241	28554	1229
锦州	5	缺	缺	3103	2872	14374	缺
叙州	3	4032	14495	4940	5368	22738	1657
溪州	2	缺	缺	477	2184	15282	889
施州	2	2312	10825	3476	3702	16444	1845
奖州	3	缺	缺	1740	1672	7284	349
澧州	5	3474	25826	缺	19620	93349	缺
朗州	2	2149	10913	缺	9306	43760	缺

注：1. 叙州和奖州在《旧唐书·地理志》分别作巫州和业州，但《元和郡县图志》和《新唐书·地理志》均作叙州和奖州。

2. 叙州天宝口数《旧唐书·地理志》记为 12738、《新唐书·地理志》记为 22738，考《通典·州郡典》所记天宝元年的户数为 5361，口数为 21826，疑《旧唐书》的数据是传抄过程中的笔误，现从《新唐书》。

3. 唐代行政区划变动较为频繁，各州所领县数以《元和郡县图志》所记载的元和年间的领县数为准。

资料来源：（后晋）刘昫等撰：《旧唐书》卷三九、卷四〇《地理志》，中华书局 1975 年版。

（唐）李吉甫撰，贺次君点校：《元和郡县图志》卷三〇《江南道六》，中华书局 1983 年版。

唐玄宗天宝末期发生的“安史之乱”是唐代由盛到衰的转折点，国力的转变在户口上也有所显示。从天宝年间到元和年间，武陵民族地区每个州县的人口都有大幅度减少。这些人口减少的原因，一方面是由于战争带来的社会动荡，增加了人口的非正常死亡；另一方面是官府的力量不济，一些人脱离官府的统治，成为不附版籍、不交租税的“蛮”。图 1–1 和图 1–2 显示从唐初的贞观年间到盛唐开元年间，武陵民族地区有黔州、费州、辰州 3 个州的户数在减少，并且这 3 个州的口数从贞观到天宝年间也在减少，有 4 个州户口有所增加，但增量并不十分明显；从开元年间到天宝年间，有 6 个州户数增加，3 个州户数减少，户数变化的幅度也不大；贞观年间的户口数据与天宝年间的相比，黔州、费州、辰州 3 个州的户口均有减少，思州虽然户数减少，但口数有所增加，其余州户口均有所增加，增长最快的是靠近洞庭湖的澧州和朗州。这些户口变化的情况说明，唐代不太重视以武陵民族地区为代表的少数民族地区开发，疏于对少数民族地区的管理，否则不能解释为何在从初唐到盛唐的历史发展过程中武陵民族地区腹地的一些州县人口减少的原因。从贞观到天宝年间，澧州增加 16146 户，朗州增加 7157 户，增长率分别为 464.77%、333.04%，均高于同期全国人口平均增长率 293.8%①。澧州与朗州的生态环境与武陵民族地区的其他地区一样，均为山区，户口增长明显超过其他区域的主要原因是有移民迁入。由于生态环境相似，这些移民不可能是武陵民族地区腹地的人口为了改善生存环境迁来，而是一些为了逃避和减轻赋税的人，从统治力量较强、赋税较重的平原地区迁来。

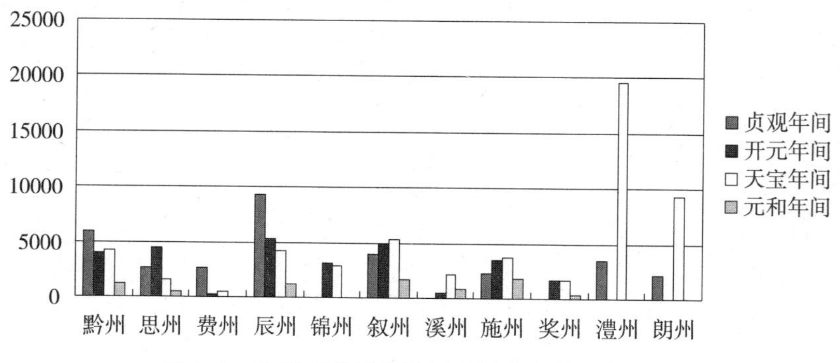

图 1–1　唐代武陵民族地区户数变化情况对比图

资料来源：同表 1–4。

① 冻国栋：《中国人口史》（第二卷），复旦大学出版社 2005 年版，第 199 页。

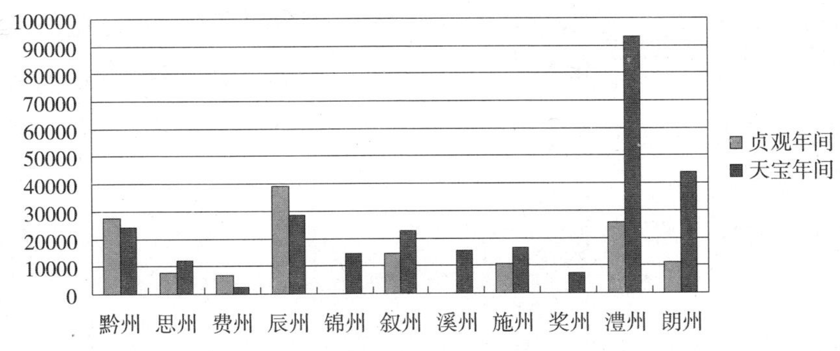

图 1–2　唐代武陵民族地区口数变化情况对比图

资料来源：同表 1–4。

宋史文献中，《太平寰宇记》、《元丰九域志》、《宋史》都有较为系统的户口数据。《太平寰宇记》成书于宋太宗时期，但未明确记载户口数据的统计时间。梁方仲认为该著所记载的都是太平兴国五年（980 年）至端拱二年（989 年）的历史事件，[①] 因此户口数据也是出自这一时段，能够反映北宋初期全国的户口状况。《元丰九域志》是官修的地理总志，标注的成书时间是宋神宗元丰三年（1080 年）。吴松弟考证后认为该志记载的户口是元丰元年（1078年）的统计数据，能够反映北宋中后期的户口状况。[②]《宋史・地理志》中的户口，除夔州、广南东、广南西标注为元丰年间的数据之外，其余均标注说明是崇宁元年（1102 年）的数据。

宋代在统计户籍的过程中按照有无土地、房产等固定资产以及是否缴纳两税，将民户分为主户和客户。主户是有一定数量固定资产，并且列入五等丁簿，向官府纳税的常住居民户。“客户多而转移不定，终不为官府之用”[③]，是没有固定居所和固定资产的移民或者流民，不用向官府纳税。

由于《太平寰宇记》关于武陵民族地区的文献散失较多，仅澧州、朗州、黔州 3 个州的户数有完整的记载（见表 1–5）。另外长阳和巴东所在的

① 梁方仲：《中国历代户口、田地、田赋统计》，上海人民出版社 1980 年版，第 138 页。

② 吴松弟：《中国人口史》（第三卷），复旦大学出版社 2005 年版，第 119 页。

③ （宋）吕大钧：《民议》，见（宋）吕祖谦编：《宋文鉴》卷一六〇《议》，中华书局 1992 年版，第 1478 页。

峡州和归州也有户数记载，平均计算下来，这两个县的主、客户数分别是：长阳主户 596.6 户、客户 283.6 户；巴东主户 375.7 户，客户 478.3 户。黔州的户数显示，北宋初期武陵民族地区纳赋的主户数量与唐元和年间相当。在这一时期，黔州客户所占的比例最高，达到 66.19%，朗州所占的比重最低，仅 21.99%。这些数据说明宋初中央朝廷就加强了对武陵民族地区咽喉之地——朗州——的统治，大部分人归附版籍，成为编民，对更为偏远的黔州等地，统治力量则不济，因此客户占比很高。这些客户很多是迁来垦荒及依附于主户的移民。

表 1–5　北宋初武陵民族地区户数统计表

州名	领县数	主户数	客户数	总户数	客户所占比重（%）
澧州	4	6136	5810	11946	48.64
朗州	3	12240	3451	15691	21.99
黔州	6	1279	2504	3783	66.19
思州	3	缺	缺	缺	
沅州	2	缺	缺	缺	
业州	3	缺	缺	缺	

注：《太平寰宇记》缺卷一一九，无施州、辰州、锦州、叙州、溪州等州的相关记录。思州、沅州、业州虽有记录，但缺户口数据。

资料来源：（宋）乐史撰，王文楚等点校：《太平寰宇记》，卷一一八、一二〇、一二二、一四七、一四八，中华书局 2007 年版。

北宋元丰年间，除了熙宁九年（1076 年）收复溪峒诚州而建立的诚州外，客户占比最低的仍然是与宋初朗州辖地相当的鼎州，仅有 19.67%，占比最高的仍然是黔州，达 72.26%（见表 1–6），比宋初还高出 6.07 个百分点。在有数据可比较的鼎州、澧州、黔州 3 个州中，黔州的主、客户数量均出现减少的情况，这主要是行政区划调整带来的结果，单位面积的人口是增加了的。以辖地范围前后差不多的鼎州和澧州为例，元丰年间的主户在宋初的基础上增长了 185.52%，客户增长了 411.52%，主客户总体增长 261.25%，主客户增长比例比同期全国的 79.23% 高出三倍多。并且，客户的占比由宋初的33.51%增加到元丰年间的47.45%。客户增长速率和主客户增长的速率都非常高，客户的比重不断增加，说明从北宋初到元丰年间武陵民族地区有较多的外来移民。

表1–6　北宋元丰年间武陵民族地区户数统计表

州名	领县数	主户数	客户数	总户数	客户所占比重（%）
鼎州（原朗州）	3	33064	8096	41160	19.67
澧州	4	19403	39276	58679	66.93
辰州	4	5669	3244	8913	36.40
沅州	3	7051	3514	10565	33.26
诚州	1	9734	741	10475	7.07
黔州	2	790	2058	2848	72.26
施州	2	9323	9781	19104	51.20

资料来源：（宋）王存撰，王文楚、魏嵩山点校：《元丰九域志》卷六、卷七，中华书局1984年版。

《宋史·地理志》所提供的户口数据未分主客户，将两者合二为一，增加了“口”数。然而，“口”未必就是人口的确切统计数据，葛剑雄认为，《宋史》、《文献通考》等史籍中的“口”或者“丁”在大多数情况下都是“丁”，即都是承担赋税的男丁的数量。①

学界一般认为《宋史·地理志》的户口数据缺陷较多，就其记载的武陵民族地区的户口而言，除了记录不全之外，还有可能数据出现差错。如施州户口数据缺少口数，户数是在《元丰九域志》提供的数据上增加了700户；绍庆府的户数直接使用的是元丰时的数据（见表1–7）。在户口数据比较完整，可信度比较高的常德府、澧州、辰州、沅州4个州府中，从元丰到崇宁年间，沅州府的户数下降了8.58%，常德府增长了41.64%，澧州增长了39.19%，辰州增长了20.39%。在武陵民族地区，常德府、澧州的人口增

① 葛剑雄：《宋代人口新证》，《历史研究》1993年第6期。

长速度领先于其他州府的人口增长速度，主要是因为这两个州府接近东部平原地区，有通过长江、洞庭湖及沅水和澧水连通起来的交通线路，也是进入武陵腹地的孔道。《宋史》卷八十八《地理志》记载，荆湖南路“有袁、吉壤接者，其民往往迁徙自占，深耕穊种，率致富饶，自是好讼者亦多矣。北路农作稍惰，多旷土，俗薄而质。”① 荆湖南路与江南西路的袁州、吉州的接壤者是潭州。潭州紧邻常德府，并且有湘水、沅水、澧水通过洞庭湖连接起来。因此，荆湖北路管辖下的武陵民族地区开发时间虽然比荆湖南路稍晚，但在宋代也有“迁徙自占”的移民。

表 1–7　北宋崇宁年间武陵民族地区户口统计表

州府名	领县数	户数	口数
常德府（原鼎州）	3	58297	130865
澧州	4	81673	236921
辰州	4	10730	23350
沅州	4	9659	19157
靖州	4	18692	缺
绍庆府（原黔州）	2	2848（元丰）	缺
思州	3	缺	缺
施州	2	19804	缺

资料来源：（元）脱脱等撰：《宋史》卷八十八、八十九《地理志》，中华书局 1977 年版。

南宋时期，武陵民族地区都在南宋朝廷的治理之下，西北部地区属夔州路管辖，东南部属荆湖北路管辖。荆湖北路的人口在曲折变化中有所增长，乾道九年（1173 年）以后增长速度加快，嘉定十六年（1223 年）达到 369820 户，至元十二年（1275 年）或十三年达到 803415 户，至元二十七年（1290 年）超过百万，达到 1134494 户。两宋之际，夔州府户口没有减少，

① （元）脱脱等撰：《宋史》卷八八《志》第四一《地理四》，中华书局 1977 年版，第 2201 页。

直至乾道九年，户口都还是基本稳定，但到了嘉定十六年（1223年）减少到207999户，比绍兴三十二年（1162年）的386978户减少了46.25%。① 如果说理宗宝庆三年（1227年）蒙古军队歼灭西夏，进而攻入四川以后，夔州路的户口减少是因为战争的影响能够得到合理解释，那么夔州路在嘉定十六年以前户口就大幅减少是难以理解的。因此，我们怀疑《文献通考》所载嘉定十六年夔州路的户数有误。

总之，隋唐至两宋时期，武陵民族地区的迁入移民数量远大于迁出移民。从移民类型来说迁入移民以屯戍、垦殖、工商等开发型移民为主，以流徙、流民为辅。从移民时段来说，宋代尤其是南宋移民明显多于隋唐和五代时期的移民。迁出移民以朝廷的征派和徙置为主体。迁入移民除了朝廷向全国各地征派及流徙的移民外，主要来自北方及周边地区，特别是周边的湘中及江西等地迁来的移民比例较大。北宋熙宁五年（1072年），“开梅山”以后，打通了武陵鼎州、澧州至邵州的移民通道，湘中人口可经此通道绕过雪峰山迁入武陵民族地区。江西吉州、袁州等地的移民也可经湘中再入武陵。宋末，吉州庐陵人欧阳守道曾分析，吉州因为“民数稠密”，所以“田野细民，常有去失，而邻郡向上深僻去处，佣奴妾婢，常多吉州人。”② 说明宋末吉州（今吉安）有一次外迁移民潮，当今武陵民族地区的很多家族也有江西移民的历史记忆。曹树基先生曾说过，北宋熙宁年间梅山纳土之后，涌入的汉民主要分布在雪峰山的北侧和东侧，到了南宋才进一步向西侧推进。③ 武陵民族地区的移民稍晚于雪峰山区，但在南宋也有较多汉民迁入。在“靖康之难”中，虽然武陵民族地区的著籍人口有所减少，但我们不能得出大部分人口都迁出的结论。在这期间，武陵民族地区属于北方流民的迁入区之一，但这些流民在官府组织的招还行动中很大一部分又还归原籍，在此定居下来的比例并不高。洪迈在《夷坚志》中说，“鼎州龙阳县经寇攘之余，井邑萧

① 户口数据参考了吴松弟：《中国人口史》（第三卷），复旦大学出版社2005年版，第142—143页。

② （宋）欧阳守道：《巽斋文集》卷四《与王吉州论郡政书》，文渊阁四库全书本。

③ 曹树基：《湖南人由来新考》，《历史地理》第九辑，上海人民出版社1991年版，第126页。

条，居民稀少。”① 但到了淳熙九年（1182年），澧州、鼎州一带已是“人民生齿，安居乐业，繁伙熙熙”的景象，“龙阳县上下沚江乡村，民户无虑万家，比屋连檐，桑麻蔽野，稼穑连云，丁黄数十万。”② 五十余年时间，人口数量的巨大变化，应该是避居山谷的人在局势稳定后又出山，在统治政权能够触及的地方安居的结果。

武陵民族地区的先秦移民史中，常出现考古证据和文献证据、文献证据与民俗证据、文献证据之间不一致，甚至是矛盾的地方。如以江汉地区为中心的屈家岭—石家河文化常被学界认为是三苗文化的代表，进而有学者推论三苗是江汉地区的土著居民；但以文献为据的学者认为三苗是东夷部落联盟集团的九黎之后，他们在向西发展的过程中，被黄帝战败，一部分再向南迁徙到江汉一带。盘瓠神话传说虽然是南方民族历史上社会生活的写照，但崇狗习俗源起于西北的氐羌系民族。一部分考古学者和民族学界多依据湖北省长阳土家族自治县的考古发掘成果和《后汉书》等文献，认为巴人是清江流域的武陵民族地区土著居民，但以《山海经》《路史》等为据的学者认为在清江巴人之前还有一群生活在汉水上游的巴人，清江巴人是从那里迁徙而来的。出现这些矛盾：一方面反映了汉文文献建构的少数民族史不够完善；另一方面也显示以汉文文献为主体建构起来的社会记忆，选择了华夏民族与少数民族的共同祖先记忆，把少数民族的祖先纳入了华夏的世系，成为华夏祖先三皇五帝的子侄，为后世的民族融合以及华夏的扩张建构了认同的基础。

从秦汉至两宋，我国人口的整体流向都是从北向南迁徙，武陵民族地区处在南北和东西的交汇地带，人口的流动以移民迁入为主。秦始皇统一中国，建立了统一的多民族国家，加强了对边疆的治理，推行移民实边政策，并开凿通向少数民族地区的道路，形成了移民的通道。西汉继续修建向西南

---

① （宋）洪迈：《夷坚志》支戊卷第八《龙阳章令》，中华书局1981年版，第1118页。

② （宋）岳珂编，王曾瑜校注：《鄂国金佗粹编续编校注》，《金佗续编》卷二六《鼎澧逸民叙述杨幺事迹二》，中华书局1989年版，第1580页。

地区推进的道路，加强西南与中原地区的联系。西汉末至东汉初，各郡县的人口数据变化情况显示，存在一个从西北向东南的移民潮，武陵及其周边的长沙郡、零陵郡、巴郡都是人口迁入的主要地区。这次移民潮没有带来先进的生产技术，移民与土著居民在同样的生态位生存，形成相互竞争关系，导致武陵民族地区在东汉至三国时期成为全国的蛮乱中心。魏晋南北朝时期，是民族大融合大迁徙的时期，由于长期分裂和动荡，归隐、避居者常迁来武陵，一些汉民也逃亡脱籍入蛮。隋唐至两宋进一步加强了对武陵民族地区的治理，在这一区域广泛设置军屯，移民屯戍，并且宋代还设置民屯，招来移民垦殖。因为北方移民主要通过沅水、澧水等形成的水路交通线迁入武陵民族地区，所以澧州和朗州在隋唐至两宋时期都是人口增长最快的区域。一些移民迁到这两个州居住一段时间以后，又向武陵腹地迁徙。人口数据显示，北宋初年武陵民族地区的人口增长较快，而“靖康之难”以后，北方人口大规模南移的过程中人口增长反而不明显。这些数据变化能够说明北宋有较多移民迁入武陵民族地区，但不能说明移民迁入集中在北宋初年，南宋同样有较多移民迁入，只是当时的统治阶级力所不及，难以将这些移民纳入官府的统治，进而反映在户口的增长上。历史上，武陵民族地区被朝廷视为边地，因此秦汉至两宋都将其作为罪犯和贬谪官员的流徙之地。这些流徙之人也是武陵民族地区历史移民的重要组成部分。

不同历史时期，武陵民族地区也有一些土著居民迁徙他乡。他们中的一部分是在历代的反叛过程中，被朝廷征服后强制迁徙安置他乡的；一部分是奉朝廷的征调、屯戍迁徙的；还有一部分是受战乱、自然灾害的影响而迁徙的。总体上看，先秦至两宋，武陵民族地区的迁出移民数量远小于迁入移民数量。

先秦时期在少数民族地区推行要服荒服之制，武陵民族地区基本上属于“蛮夷要服”的地区。秦汉至魏晋南北朝的统治者对少数民族地区的治理基本上是以委任“蛮夷君长”的形式，进行间接统治。唐宋时期形成比较成熟的羁縻制度体系。羁縻制度的特点是在少数民族聚居的地区设置羁縻州县，敕封少数民族的首领为地方长官，因俗而治。《史记·司马相如列传》

记载："盖闻天子之于夷狄也，其义羁縻勿绝而已。"① 司马贞解释说："羁，马络头也；縻，牛蚓也。"意即管理少数民族就像牛马受羁縻。《辞海》解释"羁縻"是"笼络使不生异心"②。据《新唐书》卷四十三《地理志》记载，唐太宗平突厥以后才着手少数民族地区的治理制度建设："其部落列置州县。其大者为都督府，以其首领为都督、刺史，皆得世袭。虽贡赋版籍，多不上户部。然声教所既，皆边州都督、刺史所领，著于令式。"③ 宋代在唐代都督府的基础上有所发展，"分析其种落，大者为州，小者为县，又小者为峒"，对地方政权有了层级划分，但仍然实行"择其雄长者为首领，借其民为壮丁"的间接治理方式，并认为"其人物犷悍，风俗荒怪，不可尽以中国教法绳治，故羁縻之而已"。④ 据段超教授统计，宋代先后在武陵的土家族聚居区设置了 87 个羁縻州县。⑤ 羁縻制度的实质是在保障国家统一的前提下，承认少数民族的经济文化差异，给予他们高度的自治权。

唐宋时期迁入武陵民族地区的移民在与土著互动过程中，土著居民通过加强内部凝聚力来抵御移民带来的冲击，促进了土著居民民族共同体意识的形成。又因为唐宋时期在少数民族地区实行羁縻制度，以及推行封禁政策，在蛮汉的边界地区设置禁山封堠，使文化边界和地理边界重叠并固化下来，所以唐宋时期武陵民族地区的民族边界也逐渐清晰。民族学家彭英明教授提出武陵民族地区的主体民族之一——土家族作为一个民族共同体形成于唐宋年间。⑥ 黄柏权教授也分析认为"土家族初步形成于两宋时期。"⑦ 一

① （汉）司马迁：《史记》卷一一七《列传》第五七《司马相如》，中华书局 1975 年版，第 3049 页。

② 辞海编辑委员会编：《辞海》，上海辞书出版社 1980 年版，第 1686 页。

③ （宋）欧阳修、宋祁：《新唐书》卷四三下《志》第三三下《地理》七下，中华书局 1975 年版，第 1119 页。

④ （宋）范成大原著，胡起望、覃光广校注：《桂海虞衡志辑佚校注》，《志蛮·羁縻州峒》，四川民族出版社 1986 年版，第 179 页。

⑤ 段超：《土家族文化史》，民族出版社 2000 年版，第 86 页。

⑥ 彭英明：《试论土家族形成和稳定的历史过程》，《广西民族学院学报》（哲学社会科学版）2004 年第 4 期。

⑦ 黄柏权：《关于土家族形成时间问题的讨论》，《湖北民族学院学报》（哲学社会科学版）2002 年第 2 期。

个民族得以形成的标志一方面是内部有很强的凝聚力，另一方面是外部有明晰的边界。武陵民族地区的土家族、苗族、侗族是毗邻而居的民族，唐宋以前的汉文文献中都笼统的称其为蛮，或在蛮的前面冠以地名，称为某某蛮，而对区域内部的民族分类并不清晰。宋代的文献开始将酉水及其支流称为“北江”，并把生活在这一区域的土著居民称为“北江蛮”，将沅水上游及其支流称为“南江”，并将这里的土著居民称为“南江蛮”。南、北江的分称和南、北江蛮的并立实质是民族分类的进一步明晰，将生活在北江的土家族与生活在南江的苗族和侗族区别开来，只是当时既未采用民族的自称，也未采用民族的他称，而是以聚居地称之。《宋史》卷四九三《西南溪峒诸蛮传》记载：“北江蛮酋最大者曰彭氏，世有溪州，州有三，曰上、中、下溪，又有龙赐、天赐、忠顺、保静、感化、永顺州六，懿、安、远、新、给、富、来、宁、南、顺、高州十一，总二十州，皆置刺史。以下溪州刺史兼都誓主，十九州皆隶焉，谓之誓下。”① 这些行政措施必将进一步强化“北江蛮”的内部凝聚力，所以土家族作为一个民族实体在宋代得以形成。

---

① （元）脱脱等撰：《宋史》卷四九三《列传》第二五二《西南溪峒诸蛮》，中华书局 1977 年版，第 14177—14178 页。

第二章　元明清时期的移民

元明清时期，中央朝廷在武陵民族地区有三种不同的行政管理体制：一是经制州、府、县的管理体制；二是卫所管理体制；三是土司管理体制。经制体制和土司管理体制在元初就已经建立，虽然从明代永乐年间已有土司被相继改土归流，但作为一种与经制体制并行的管理体制，土司制度在清中晚期还在武陵民族地区的部分区域实施。卫所体制是明代建立的一种军事管理体制，武陵民族地区的卫所既有仅仅管理军队的军卫，也有兼管民事的军民卫。这三种管理体制具有互不重叠的施政边界，所管辖的区域形成了一套具有三个层次的圈层结构。由经制的州、府、县地区组成的第一个圈层是外围圈层，卫所地区组成的第二个圈层是中间圈层，土司管理地区组成的第三个圈层是核心圈层。这三个圈层是会随着行政管理体制的改革而发生转变的，比如，元代没有设置卫所就不存在第二个圈层；明代在沿土司和经制地区边缘地带设置卫所的时候才形成第二圈层；清代雍正年间大规模改土归流，并裁撤卫所以后，武陵民族地区的大部分区域被纳入经制体制中。为了研究和叙述的方便，取明初设立卫所后形成的三个圈层并立时期为观察的时间点，将经制的州、府、县地区称为经制地区，卫所治理的地区称为卫所地区，土司治理的地区称为土司地区，对应三个圈层，并把他们视为三个常量，也就是不因管理制度的改变而改变对这些地区的称呼和他们所指代的范围。在这三个圈层结构中，元明清的移民有前后相继的关系，即移民迁入最早的区域是第一圈层的经制地区，其次是卫所地区，最后是土司地区以及“不服王化”的“生苗”区；还有的移民是经过一段长距离的迁徙，首先迁到外围圈居住一段时间，然后再逐步迁入核心圈层。

第一节　经制地区的移民

元至元十二年（1275年）四月，阿里海牙率领元军攻入两湖，入驻沙市，传檄武陵民族地区的归州、峡州、施州、常德、澧州、辰州、沅州、靖州等南宋朝廷的地方官吏，“知峡州赵真、知归州赵仔、权澧州安抚毛浚、常德府新城总制鲁希文、旧城权知府事周公明等，悉以城降。”① 当年五月辛巳，南宋知辰州吕文兴、知沅州文用圭、知靖州康玉等也以城降。② 至此，武陵民族地区纳入南宋朝廷经制下的仅有绍庆府和施州还未被元军攻克。元至元十三年（1276年），杨文安克万州以后，分兵攻施州，“擒统制薛忠，会大雪，遣蔡邦光夜攻，杀守帅何艮，夺其城。”③ 元至元十五年（1278年）三月癸卯，杨文安又遣兵攻绍庆府，“执其郡守鲜龙，命斩之”。④ 元初，元军征伐的目的是消灭南宋政权，攻打的主要目标是经制府、州、县的行政中心，其战法是快速地夺取这些行政中心的城池，并且“所获城邑，即委而去，未尝置兵戍守。”⑤ 若不是羁縻地区的蛮酋主动反叛出击，元军一般不会对这些地方用兵，而以招抚为主。

元军在攻取这些地方以后，对州、府、县的设置仅在南宋的基础上略有升降和调整，其设置情况见表2-1。这些经制行政机构治理的范围大致相当于今重庆市彭水苗族土家族自治县、黔江区，湖北恩施、建始、巴东、长

① （明）宋濂等：《元史》卷八《本纪》第八《世祖五》，中华书局1976年版，第165页。
② （明）宋濂等：《元史》卷八《本纪》第八《世祖五》，中华书局1976年版，第166页。
③ （明）宋濂等：《元史》卷一六一《列传》第四八《杨文安传》，中华书局1976年版，第3784页。
④ （明）宋濂等：《元史》卷一〇《本纪》第一〇《世祖七》，中华书局1976年版，第199页。
⑤ （明）宋濂等：《元史》卷八《本纪》第八《世祖五》，中华书局1976年版，第166页。

阳，湖南怀化市、常德市所辖的区域。人口数据反映出这一区域的户口在北宋的基础上有了巨大增长。不过，学界一般认为，《元史·地理志》中的户口数据“问题甚多”①。武陵民族地区的户口数据同样也存在一定问题，其主要表现是除绍庆府、夔州路标注人口统计的时间为元至元二十七年（1290年）外，其他均未标注统计时间。另外，在这些区域也还生活有一定数量的少数民族人口，他们在元明之际还被史籍所记载，这部分人口很难计入人口统计数据。

表 2–1　元代在武陵民族地区的经制行政机构及户口统计表

路（府、州）	所领州、县等	户	口	备注
绍庆府	彭水、黔江两县	3944	15189	户口为至元二十七年数
夔州路	领一司、二县、七州	20024	99598	仅施州属武陵民族地区，施州又领建始县；户口为至元二十七年数
峡州路	领四县	37291	93947	仅长阳县属武陵民族地区
归州	领三县	7492	10964	仅巴东县属武陵民族地区
靖州路	领永平、会同、通道三县	26594	55955	
沅州路	卢阳、黔阳、麻阳三县	48632	79545	
辰州路	领沅陵、辰溪、泸溪、溆浦四县	83223	115945	
澧州路	领录事一司，澧阳、石门、安乡三县，慈利、柿溪两州	209989	1111543	
常德路	领录事一司，武陵一县，桃源、龙阳两州	206425	1026043	

资料来源：（明）宋濂等：《元史》卷六〇、卷六二，《地理志》，中华书局 1976 年版。

元至正二十一年（1361 年）明玉珍击溃四川元军主力，二十二年

① 吴松弟：《中国人口史》（第三卷），复旦大学出版社 2005 年版，第 283 页。

（1362 年）三月在重庆称帝，国号大夏，建元大统，川东鄂西一带听其节制。由于有大夏政权的存在，减缓了明太祖朱元璋的军队向西推进的步伐。太祖甲辰（元至正二十四年，1364 年），湘西的常德、澧州、辰州、沅州等地已被明军占领。但直至洪武四年（1371 年），明朝廷的统治力量还没有进入川东鄂西。洪武四年（1371 年）正月，明征西将军汤和与帅副将军廖勇忠，前将军傅友德与帅副将军顾时分别率水陆两师，汤和部沿长江西进，傅友德军沿陕西南下，兵分两路攻击大夏政权，当年六月，廖攻下瞿塘、夔州，直入重庆，明玉珍子明升出降，大夏政权灭亡，十月，明军“悉定川、蜀诸郡县”。[①] 大夏政权覆灭以后，元代已经经制武陵的区域全部纳入明朝廷的治理之下。明初，武陵民族地区的行政机构在元代的基础上有了大幅度调整。一是取消路级行政机构；二是取消了一些州县的行政建制；三是沿经制地区和土司地区的边缘地带设置了卫所。如澧州仅领安乡、石门、慈利三县，常德府领武陵、桃源、龙阳、沅江四县，辰州府领沅陵、泸溪、辰溪、溆浦等一州六县，沅州领黔阳、麻阳二县，靖州领会同、通道、绥宁、天柱四县，峡州改为夷陵州，仍领长阳等县，巴东仍由归州所领，建始改属夔州，彭水改属涪州。明初所省州县一般都并入了附近州县，其经制区域的范围与元代相当，卫所所占的面积不大，并且有一部分卫所是侵占的蛮地。

一、元代的屯戍移民

元代，武陵民族地区的历史移民规模较大者是屯戍移民。这些屯戍移民一部分是元初来此攻城略地的部队以及随后镇压当地少数民族叛乱的部队，因为他们在这一地区长期驻扎，部分军士成为移民；另一部分是定鼎之后，建立军屯、民屯过程中的移民。元初“用兵征讨，遇坚城大敌，则必屯田以守之。”[②] 元至元十三年（1276年）杨文安部攻下施州，其后，该部仍转战川东鄂西一带，十五年（1278 年）三月取绍庆府，并一度征伐诸洞蛮夷，

---

① （清）张廷玉等：《明史》卷一二三《列传》第一一《明玉珍》，中华书局 1974 年版，第 3706 页。

② （明）宋濂等：《元史》卷一〇〇《志》第四八《兵志》，中华书局 1976 年版，第 2558 页。

元帅蔡光邦就在征散毛洞蛮的过程中牺牲，直至至元十七年（1280年），该部才“遣辩士王介谕降散毛诸洞蛮，以散毛两子入觐”[①]仅杨文安部在川东鄂西驻扎的时间长达四年之久，当属“坚城大敌”，其必“屯田以守”。而后，生活在今鄂西一带的洞蛮又不断反叛，如至元十八年（1281年）施州蛮叛；至元十九年（1282年）散毛蛮以及向世雄兄弟叛。为了压制诸蛮反叛的势头，至元十八年（1281年），石抹不老“命领诸翼蒙古、汉军三千余人戍施州”[②]。派来戍守的这些蒙古、汉军应该是在此长期屯守，而不是短暂驻扎。元至大三年（1310年）四月己酉，容美洞官田墨，“杀千户及戍兵八十余人”[③]。史籍未明确记载田墨所杀的千户和戍兵的驻扎地点，但从地理的接近程度上看，或许他杀的就是施州的戍卒。如是，这支部队在此驻扎已有十余年之久，或许很多人就此成为永久性的移民。不仅如此，元代还有不断派来武陵民族地区镇压蛮夷叛乱的军队。如至元二十一年（1284年），契丹人石抹狗狗“以蒙古军八百从征散毛蛮，战于菜园坪、渗水溪，皆败之，壁守石寨，月余散毛降，大盘诸蛮亦降。”[④]大盘、散毛等蛮反叛过程中，也有答答里带人塔海帖木儿等“从行省曲立吉思帅师往讨，皆擒之，及杀其酋长头狗等。”[⑤]派来的这些镇蛮大军，绝大多数人在平定蛮乱以后又撤回，但也不排除一部分人脱离部队，世居此地。

此外，元代在武陵民族地区的东北端也派有重兵戍守，以防蛮夷叛乱。如元至元十二年（1275年），朱国宝被“加宣武将军，统蒙古诸军，镇常

---

① （明）宋濂等：《元史》卷一六一《列传》第四八《杨大渊传》，中华书局1976年版，第3785页。

② （明）宋濂等：《元史》卷一五四《列传》第四一《石抹不老传》，中华书局1976年版，第3642页。

③ （明）宋濂等：《元史》卷二三《本纪》第二三《武宗纪二》，中华书局1976年版，第524页。

④ （明）宋濂等：《元史》卷一六六《列传》第五三《石抹狗狗传》，中华书局1976年版，第3907页。

⑤ （明）宋濂等：《元史》卷一三五《列传》第二二《塔海帖木儿传》，中华书局1976年版，第3277页。

德府，知安抚司事。”① 元至元十五年（1278年）十一月丁亥，又因辰、沅、荆、镇远等地与蛮僚接壤，朝廷“命塔海、程鹏飞并为荆湖北道宣慰使，置司常德路。”② 后来，将戍守的力量和范围进一步扩大。如元大德三年（1299年）十二月己酉，因“沅州贼人啸聚”，元成宗“徙镇巢万户府戍沅、靖，毗阳万户府戍辰州，均州万户府戍常德、澧州。”③ 这些戍守的军人，也应该有一部分成为这些区域的移民。

元代也设卫屯田，其卫主要分布在近京腹里和西北诸地，形成了“内而各卫，外而行省”的治理格局，朝廷还在这些地方“皆立屯田，以资军饷”。④ 卫的屯军及屯政由各卫管理，在没有设卫的行省屯种事宜则由屯田万户府管理。根据《续资治通鉴》以及《元史·刘国杰传》的记载，武陵民族地区周边的经制地区都应该有军屯。元贞元年（1295年）六月，刘国杰在辰州、澧州仿宋制“选民立屯，免其徭役，使御之，在澧者曰隘丁，在辰者寨兵”，并在盗寇经常出没的北至江西，南至广东的三千余里地界“置戍三十八，分屯将士以守之”，形成了“东尽交广，西亘黔中，地周湖广，四境皆有屯戍”⑤ 的屯戍局面。其屯分为两类，一为军屯、二为民屯。军屯由军人耕垦，因此绝大多数是移民。元至元六年（1269年），李忽兰吉官拜夔东路招讨使，其以“以军三千，立章广平山寨，置屯田”⑥。至元二十一年（1284年），元世祖又开设夔路万户府军屯，其“除沿边重地，分军镇守，余军一万人，命官于成都诸处择膏腴地，立屯开耕，为户三百五十一人，为

① （明）宋濂等：《元史》卷一六五《列传》第五二《朱国宝传》，中华书局1976年版，第3877页。

② （明）宋濂等：《元史》卷一〇《本纪》第一〇《世祖纪七》，中华书局1976年版，第205页。

③ （明）宋濂等：《元史》卷二〇《本纪》第二〇《成宗纪三》，中华书局1976年版，第429页。

④ （明）宋濂等：《元史》卷一〇〇《志》第四八《兵志》，中华书局1976年版，第2558页。

⑤ （明）宋濂等：《元史》卷一六二《列传》第四九《刘国杰》，中华书局1976年版，第3811页。

⑥ （明）宋濂等：《元史》卷一六二《列传》第四九《李忽兰吉》，中华书局1976年版，第3793页。

田五十六顷七十亩，凡创立十四屯。”① 这次创立的军屯属于夔路万户府管辖，其设置的地点又在“成都”诸处，不知是文献记载混乱，还是夔路万户府管理有成都的屯田飞地。考明代的卫所建置，这种跨行政区域的屯田现象是非常普遍的。吴松弟先生认为，元世祖这次创立的14屯，“指夔路军户府下至嘉定万户府军屯的14个军屯，均分布在成都附近。”② 若这些军屯全在成都附近，那么就与武陵民族地区无关。但是，元代的屯田沿袭宋制，施州在宋代的屯田范围内，并且施州、建始在元代也属夔州路管辖，也应该设有军屯。

民屯的人口来源比军屯复杂，既有可能是军户，也有可能是本地民户，还有可能是他县编民。如元世祖至元十一年（1274年），设置夔路总管府民屯时，“累签本路编民至五千二十七户，续于新附军内签老弱五十六户增入”③，其屯田人员来自本路的编民和军内老弱户。军内老弱户可以视为移民。至元十九年（1282年），设立绍庆路民屯，其屯田人口是在“本路未当差的民户内”签选的二十三户，二十年（1283年），又在彭水县籍管的万州寄户内签拨二十户补充，二十一年（1284年），在彭水县未当差民户内签选三十二户增入。至元二十六年（1289年），因“屯户贫乏者多负逋，复签彭水县编民一十六户补之”。④ 其“未当差民户”可能是新近迁来的移民，也可能是当地的土著，“万州寄户”可能是从万州迁入的移民。

此外，元代，武陵民族地区也还有一些官宦移民和民间的自发移民。如转运司判官唐申，因官“家沅州”，并在此“豪横夺民田”被治罪。⑤ 笔者依据湖南图书馆编的《湖南氏族源流》（岳麓书社2006年版）辑录的氏族资料，并参考湖南图书馆编的《湖南氏族迁徙源流》（岳麓书社2010年版）

① （明）宋濂等：《元史》卷一〇〇《志》第四八《兵志》，中华书局1976年版，第2573页。
② 吴松弟：《中国人口史》（第三卷），《辽宋金元时期》，复旦大学出版社2000年版，第311页。
③ （明）宋濂等：《元史》卷一〇〇《志》第四八《兵志》，中华书局1976年版，第2572页。
④ （明）宋濂等：《元史》卷一〇〇《志》第四八《兵志》，中华书局1976年版，第2571页。
⑤ （明）宋濂等：《元史》卷一七三《列传》第六〇《燕公楠》，中华书局1976年版，第4052页。

和薛政超著《湖南移民表——氏族资料所载湖南移民史料考辑》（中国戏剧出版社 2008 年版），选取了湖南西部地区的 736 个移民家族作为分析的样本。样本包含了今常德市所辖区域的 435 个家族，张家界市所辖区域的 78 个家族，怀化市所辖区域的 189 个家族，湘西土家族苗族自治州所辖区域的 34 个家族。样本选取的原则是尽可能选择以家谱为依据的氏族资料，如果原文是采录的口述资料，移民家族必须对迁徙时间、迁出地、迁入地有清晰的记忆，否则不选。在常德市的 435 个移民家族中，有 22 个家族是元代的移民，占 5.06%；张家界市的 78 个家族中，有 10 个家族是元代的移民，占 12.82%；怀化市的 189 个家族中，有 20 个家族是元代的移民，占 10.58%，总体上占 7.41%。这些数据表明，元代移民家族在武陵民族地区的占比较少，移民数量有限。

二、明清时期移民填川的政策措施

在武陵民族地区做田野调查的过程中，每当问及其祖先的来历，人们常说是“江西填湖广，湖广填四川”迁来的，并且还说是“奉旨填川”、“奉旨迁徙”。有的人进一步解释说，这里的人把上厕所叫作“解手”，就是在移民的过程中，怕他们逃跑，用绳子把他们的手绑起来，然后再把多个人串联在一起，排成一列集体迁徙，遇到想上厕所的时候就喊把手解开，相沿成习，“解手”就成了上厕所的意思。还有人说，这里的人走路的时候习惯把两只手背在身后，也是在移民的过程中捆绑双手造成的。从这些人关于家族的历史记忆中可以发现几个关键的信息：第一，“江西填湖广、湖广填四川”移民是这一区域广泛存在的历史记忆；第二，这次移民是官方组织而非民间自发；第三，因迁徙形成了一些文化习俗。至于这些历史记忆是历史事实的反映，还是历史记忆建构了历史，必须通过更多证据才能发现其端倪。

“江西填湖广，湖广填四川”是我国历史上人口由东向西迁徙的一次重要移民潮，学界对这次移民潮的起止时间、移民的规模以及移民入籍都有相当丰富的研究成果，并且对移民的祖籍记忆——湖北孝感麻城乡、江西瓦屑坝现象进行了深刻阐释。在这些既有研究成果中，富有争议的一个问题是关于“江西填湖广，湖广填四川”的起止时间。一些学者认为这次移民潮仅限于清康熙至乾隆年间，而另一些学者主张应从元末明初算起。分歧产生的原因在于各自采用的论据不一样，主张这次移民潮限于清康熙至乾隆年间的学者主要以清代的奏章及相关政策文件为论据，主张以元末明初为起点的学者主要以移民潮的形成时间为论据。如王炎认为，“湖广填四川移民”应该从康熙七年（1668 年）张德地任四川巡抚后，在朝廷上奏折提出移民入川的构想算起，移民潮的形成稍微滞后，在康熙朝的中叶形成，持续到乾隆朝的中期，前后持续约 100 年。① 陈世松把这次移民潮的起止时间说得更具体，他认为应该起于康熙十年（1671 年），止于乾隆四十一年（1776 年）。② 但中国移民史的研究专家，葛剑雄、曹树基基本认同这次移民潮是从元末明初开始，持续到清中期。如葛剑雄认为，虽然“湖广填四川”的说法形成较晚，直至清晚期才形成，但这场从元末明初开始的移民运动持续了 400 多年。③ 曹树基虽然没有明确提出“湖广填四川”移民的时间，但从他在编撰《中国移民史》第五卷明清时期的移民时对材料的处理来看，他是从元末算起的。④

文献记载“江西填湖广，湖广填四川”之谚较早的是魏源的《湖广水利论》。他在清道光年就写道：“当明之季世，张贼屠蜀，民殆尽，楚次之，而江西少受其害，事定之后，江西人入楚，楚人入蜀，故当时有‘江西填湖广，湖广填四川’之谣。今则承平二百载，土满人满，湖北、湖南江南各省沿江、沿汉、沿湖向日受水之地，无不筑圩捍水成阡陌，治庐舍其中。于是平地无遗利，且湖广无业之民，多迁黔粤川陕交界，刀耕火种，虽蚕丛峻岭、老林邃谷，无土不垦，无门不辟，于是山地无遗利，平地无遗利，则不受水，水必与人争地。”⑤ 显然，魏源认为“江西填湖广，湖广填四川”的直

① 王炎：《“湖广填四川”的移民浪潮与清政府的行政调控》，《社会学研究》1998 年第 6 期。
② 陈世松：《“湖广填四川”研究平议》，《天府新论》2005 年第 3 期。
③ 葛剑雄：《中国历史上的移民发源地之一——麻城孝感乡》，《寻根》1997 年第 1 期。
④ 曹树基：《中国移民史》（第五卷）《明清时期》，福建人民出版社 1997 年版。
⑤ （清）魏源：《魏源集》，中华书局 1976 年版，第 388 页。

接动因是抽调人口，弥补张献忠据四川时的人口损耗。武陵民族地区也有很多张献忠屠四川的民间传说，但这些传说是否就是历史事实还要仔细考证。张献忠在成都建立大西政权，作为封建统治者在治国安邦的过程中杀害一些不服朝命的人是有可能的，但对平民展开大规模屠杀，不太符合一位国君的基本生存逻辑，因为政权的存续必须依靠一定人口和这些人口缴纳的赋税。比魏源稍晚的另一位湖南石门籍大儒阎镇珩也提到过“江西填湖广”。他说：“元氏失政，寇贼蜂起，荆楚以南屠戮尤惨，土著之遗十无二三，当时挈家而来处者往往皆豫章南康之人，故里俗有‘江西填湖广’之谚，自明迄于我朝，苗夷荒壤咸隶版图，日引月长种类繁滋，故今日湘楚之全境颇有土狭人满之患。”① 阎镇珩的《六典通考》长于考证，并且他还生活在这一个区域。他认为“江西填湖广”始于“元氏失政”也就是元末明初，与民间传说祖先多迁于洪武、永乐朝相符。或许，“江西填湖广，湖广填四川”始于元末明初更符合历史事实。并且，康熙七年（1668 年），张德地也说道：“查川省现在孑遗，祖籍多系湖广氏。及访问乡老，俱言川中自昔每遭劫难，亦必至有土无人，无奈移外省人民填实地方。”② 表明至迟在康熙七年（1668年）以前，川籍人口就已经形成了湖广祖籍认同，也就是常说的“湖广填四川”。

与民间普遍传说“奉旨填川”、“奉旨迁徙”相反的是，在正史、政书以及方志中却难觅移民的踪迹。明代洪武、永乐两朝多有官方组织的移民，但这些移民多是迁徙到京城附近，以及朱元璋的老家安徽凤阳府，鲜有四川移民，永乐朝之后，官方的移民也大为减少。明代由官方组织移民湖广的仅有一例，见于《太祖实录》的记载。洪武三十年（1397 年）二月，湖南常德府武陵县人上书朝廷，陈述武陵及其周边县市的状况，并请求从江西移民实之。他说：“武陵等十县，自丙申（1356 年）兵兴，人民逃散，虽或复业，而土旷人稀，耕种者少，荒芜者多，邻近江西州县，多有无田失业之人，乞敕江西量迁贫民开种，庶农尽其力，地尽其利。”明太祖获知后命令户部遣

---

① （清）阎镇珩：《六典通考》卷六〇《民政考》，清光绪刻本。

② 国立中央研究院历史语言研究所编：《明清史料》丙编第十本《户部题本》，商务印书馆民国二十五年版，第 1000 页。

官到江西，“分丁多人民及无产业者于其地耕种。”[①]或许，这就是阎镇珩提出“江西填湖广”始于“元氏失政”的文献证据。方志中记载“江西填湖广，湖广填四川”者，有清光绪本《湖南通志》在引用魏源《古微堂集》中的《湖广水利论》时提到。

明初，由于元末的动乱，在战事焦灼的地区，因避兵逃散到比较安定的地区的人口较多，因此朱元璋定鼎金陵以后，为了平衡全国的人口比重，实施了比较积极的移民政策，“狭乡之民，听迁之宽乡。”[②]并且对移民垦荒给予支持，“官给牛及农具者，乃收其税，额外垦荒者永不起科。”[③]还将不在原籍居住的人口分为逃户、流民、附籍、徙民四种类别，进行分类管理，“其人户避徭役者曰逃户，年饥或避兵他徙者曰流民，有故而出侨外者曰附籍，朝廷所移民曰徙民。”[④]洪武十四年（1381 年），明朝廷开始实施一系列稳定赋税的措施，其影响较大者是编辑黄册和鱼鳞图册，黄册主要记载户内人口情况，鱼鳞图册主要记载土地情况。黄册于洪武十四年（1381 年）颁诏编撰，洪武二十四年（1391 年）编成，全国计有 10684435 户，56774561 丁，此后每十年更定其册。鱼鳞图册于洪武二十一年（1388 年）开始编撰，二十六年（1393 年）编成，时全国土田 8507623 顷。两册编好以后，以鱼鳞图册为经，黄册为纬，定赋役之法。编撰这两个册子不仅保障了赋税征收，还加强了官方对基层社会的控制，特别是与黄册联系在一起的里甲制度，形成了相邻之间的相互监督和管理机制，把人丁牢固地系在乡里社会，防止人口无序流动。

清初面临的人口问题与明初相似，经明末战乱，户口隐匿人口逃亡非常严重，特别是四川地区“经明季燹，地广人稀”[⑤]。因此，清初的移民政策

---

① 《太祖实录》卷二五〇，台湾“中央研究院”历史语言研究所 1962 年校印版，第 3619 页。
② （清）张廷玉等：《明史》卷七七《志》第五三《食货》，中华书局 1974 年版，第 1879 页。
③ （清）张廷玉等：《明史》卷七七《志》第五三《食货》，中华书局 1974 年版，第 1882 页。
④ （清）张廷玉等：《明史》，卷七七《志》第五三《食货》，中华书局 1974 年版，第 1878 页。
⑤ （清）赵尔巽等：《清史稿》卷一二一《志》第九六《食货》，中华书局 1998 年版，第 3531 页。

主要集中在招抚流亡人口和鼓励垦荒上面。如顺治十年（1653 年）清世祖就特准“四川荒地，官给牛种，听兵民开垦，酌量补还价值。”① 土地是传统农业社会中最为重要的生存资源，“听兵民开垦”提供了土地先占先得的法定依据，是激励移民最为有效的手段之一。顺治十四年（1657 年），朝廷为了调动地方官员的积极性，将开垦土地作为官员考绩的重要指标，其规定：“督、抚、按，一年内垦至二千顷以上者，纪录，六千顷以上者，加升一级；道、府，垦至一千顷以上者，纪录，二千顷以上者，加升一级；州、县，垦至一百顷以上者，纪录，三百顷以上者，加升一级；卫所官员，垦至五十顷以上者，纪录，一百顷以上者，加升一级；文武乡绅，垦至十顷以上者，现任者纪录，致仕者给扁旌奖。其贡、监生、民人有主荒地，仍听本主开垦；如本主不能开垦者，该地方官招民给与印照开垦，永为己业。”② 在生产技术没有明显进步的情况下，要增加土地的耕种面积只有投入更多劳动力人口，因此，这项政策必然促进地方官员把增加劳动力人口作为施政的主攻方向。增加劳动力人口的途径，一方面是鼓励生育，促进人口的自然增长；另一方面是吸收成年劳动力人口。对于地方官员来说，吸收成年劳动力人口能够起到立竿见影的效果。

康熙三年（1664 年），四川巡抚张德地在奏章中提出，希望朝廷责令周边省份的督抚清查人口，如有川省人口逃亡他省，应遣送回籍。他说：“于各属郡邑逐一挨查，凡有蜀民在彼，尽将姓名、家口造册咨送过臣。如资斧自具者，给与引照，促令起程，若贫乏缺资，注明册内，俟臣捐措口粮，另发舟车差官搬取。”③ 然而，对于刚刚经历战乱，处在改朝换代初期的各省来说，人口都是稀缺资源，谁也不愿意主动送给他省。因此，张德地还提出更加具体的工作路线，主张以乡绅为工作的突破点，先令乡绅回籍。他说：“恳祈天语敕下各省督抚，于各属郡邑挨查，凡有川绅，尽令起程回籍。庶

① （清）张廷玉等：《清朝文献通考》卷一《田赋一》，商务印书馆民国二十五年版，第 4858 页。

② 《世祖章皇帝实录》，卷一〇九，中华书局 1985 年版，第 854 页。

③ （清）张德地：《四川总志》卷一〇《贡赋》，康熙十二年刻本。

士绅归，而流移小民亦将向风川至。”他甚至还主张对拒不回籍的人和不予配合的地方官员进行处罚：“敢有抗拒不归者，即以违旨悖祖论；地方官仍敢隐匿容留者，亦以违旨例处分。如是，则外省不敢姑留，将见旋里者恐后，而从之者亦如归市矣。”① 在国运初开的时期，要查清本地户籍可能就是非常困难的事情，川抚还要求他省协助，遣归川籍人口就更加困难。或许这些措施的收效甚微，康熙七年（1668 年）至九年（1670 年），四川总督和湖广总督被频繁更换。康熙十年（1671 年）清廷将新垦荒地三年起科宽限为五年起课，后来又进一步宽限到六年，加大对垦荒的支持力度。

接下来的康熙十三年（1674 年）至十九年（1680 年），武陵民族地区及周边的四川、贵州等省份由于吴三桂的部队过境，人口避兵逃散，招垦成果也受到一定破坏。康熙二十年（1681 年），事平之后，清圣祖责令江西、福建、广东、广西、两湖等地不准“招民议叙”，唯有四川、云南、贵州三地“招来流移者，仍准照例议叙”②。或许，直至康熙二十五年（1686年），四川人口恢复仍不见成效，时任四川巡抚姚缔虞仍在请求清廷敕令地方官员“四川乡绅，应回原籍”③。

康熙五十一年（1712 年），清圣祖谕令直省督抚，“将见今钱粮册内有名丁数勿增勿减，永为定额，其自后所生人丁，不必征收钱粮。”④ 并于次年正式推出“滋生人丁，永不加赋”政策，冻结了人头税。当年，清圣祖要求湖广、四川两省严查移民，对“湖广人有往四川种地者，该抚将往种地民人年貌、名姓、籍贯查明造册，移送四川巡抚，令其查明；其自四川复回湖广者，四川巡抚亦照此造册，移送湖广巡抚。两相照应查验，则民人不得任意往返，而事亦得清理，争讼可以止息。”⑤ 这表明迁入四川的移民湖广籍仍然占主流，否则清圣祖不会提出特别的要求。乾隆四年（1739 年），虽然朝

---

① （清）张德地：《四川总志》卷一〇《贡赋》，康熙十二年刻本。
② 《圣祖仁皇帝实录》卷九七，中华书局 1985 年版，第 1220 页。
③ 《圣祖仁皇帝实录》卷一二六，中华书局 1985 年版，第 347 页。
④ 《圣祖仁皇帝实录》卷二四九，中华书局 1985 年版，第 469 页。
⑤ （清）常明：《四川通志》卷首之一《圣训》，嘉庆二十年刻本。

廷仍然准许入川移民“听其散居各州府县佃种佣工”，但对其推出了更为严格的稽查措施，对籍贯不清或者“非善良”的移民，要求必须“逐回”。其规定：四川省要将移民的“姓名籍贯开造移询各原籍，限文到三月内，备造清册回复川省，核实稽查。其素非善良者逐回。如实系安分贫民，无力佃耕者，酌拨地亩，给予牛具籽种耕垦。……其散住各府州县佃耕者，责令佃主出结；贸易者，市邻出结；依附亲故者，亲故出结；寄宿寺庙者，留宿地主出结；仍与土著同编入保甲，互相觉察，……仍令该地方官不时稽查。”① 官方推出这些措施，实质是对移民加以限制，表明川省人口已经接近饱和。乾隆八年（1743 年），贵州总督兼巡抚张广泗说，四川“人民已极蕃庶，田土已尽垦阙。”② 并且，四川巡抚纪山也奏称，湖广、江西、陕西、广东等地的“外来无业之民”与本地人勾结，组成“啯噜子”，为害乡里。③ 移民已经成为四川社会的一大疾患。乾隆二十五年（1760 年），贵州巡抚周人骥提出“各省流寓民人，入川者甚多，请设法限制。”④ 虽然乾隆并未准行，但移民过多不仅给四川，还给周边省份也带来不稳定因素是不争的事实。

清代，这些专门针对四川的政策措施无疑又加剧了湖广人迁徙四川的移民浪潮，构成了“湖广填四川”移民的重要组成部分。武陵民族地区处在湘、鄂、渝、黔交界地带，是湖广移民及其他省份移民进入四川的重要通道，同时也是移民迁入的目的地之一，移民过程和移民构成较为复杂。

三、谱牒与移民的来源

研究区域移民史的学者所依据的主要材料不外乎家谱和方志。家谱是一个家族历史记忆的载体。武陵民族地区的家谱编撰普遍比较晚，除极个别家族在元明之际开始编修家谱之外，绝大多数家族在晚清至民国时期才开始

① （清）昆冈、李鸿章等：《大清会典事例》卷一五八《户部・户口・流寓异地》，光绪二十五年八月石印本。

② 中国第一历史档案馆藏：《张广泗奏折》，乾隆八年六月二十一日。

③ 《高宗纯皇帝实录》卷二〇三，中华书局 1985 年版，第 623 页。

④ 《高宗纯皇帝实录》卷六〇四，中华书局 1986 年版，第 786 页。

编撰。构建一段显赫的家族史，几乎是每一个家族编撰者所追求的目标，因此我们就不难在家谱中看到某氏世出某国，历史上同姓氏的显赫人物均是其某代祖的记载。并且几乎每个家族都构建了一个来历清楚，社会地位显赫的移民开基祖。构建这样的开基祖，或许是开立户籍、购置土地、登记纳税、参加科举等享有编户齐民的合法权利的需要，① 但更为重要的目的是提振家族声望，博取竞争资本的需要。其祖先的来历体现了家族“对生活其中的一个或大或小的地理空间的认同”，② 也就是“地域认同”。这些地域认同不排除有家族对迁出地的历史记忆成分，但更多的是基于迁入地的现实情境的认同工具。武陵民族地区的方志也主要在明清以后才开始编撰。编撰这些方志的材料主要来自三个方面：一是摘录的正史、政书、地志、文集、档案等文献，二是编撰者当时亲身经历和看到的事情，三是采集的民间口述史资料和家谱资料。特别是方志中的《氏族志》基本都是采自各家族的家谱。如果我们要考证家族的移民史是否属实，需要特别关注家谱编撰时间与始祖迁徙时间间隔长短，以及编撰家谱时所依据的材料、世系的完整程度等关键信息。本项研究主要探寻移民的历史意义，未能对每个家族的移民史进行一一考证，主要依据的是家谱和方志来探寻移民的来源。或许这些“来源”主要体现的是武陵民族地区的人们的地域认同，体现的是这些地区在武陵民族地区的文化影响。

笔者曾经对湖北长阳县和建始县的家谱资料进行过初步分析，其反映的移民迁徙时间和迁出地如下：③ 在收录的长阳县 62 个家族的家谱资料中，有 1 个秦氏家族是唐代移民，1 个向氏家族是宋代移民，15 个家族是元代移民，25 个家族是明代移民，20 个家族是清代移民，清代移民的移民时间主

---

① 刘志伟：《地域社会与文化的结构过程——珠江三角洲研究的历史学与人类学对话》，《历史研究》2003 年第 1 期。

② 赵世瑜：《从移民传说到地域认同：明清国家的形成》，《华东师范大学学报》（哲学社会科学版）2015 年第 4 期。

③ 参见杨洪林：《明清移民与鄂西南少数民族地区乡村社会变迁研究》，中国社会科学出版社 2013 年版，第 41—57 页。

要集中在康熙和乾隆朝。15 个元代移民家族中有 9 个家族来自江西，5 个家族来自四川；25 个明代移民家族中有 16 个家族来自江西，其余有来自浙江、四川、福建、河南以及湖北荆州、施州等地者。16 个江西移民家族中有 10 个家族迁自吉安府，3 个家族迁自南昌府；清代 20 个移民家族中有 9 个家族来自江西，6 个家族来自湖北荆州，其余有来自山东、江苏、河南等地者。9 个江西移民家族中有 5 个家族来自南昌府。这些数据显示，元明清时期，长阳县的移民中，江西移民最多，所占比重达 54.84%，元代移民中四川移民占有较大比重，进入清代以后四川移民减少，湖北荆州府的移民增多。并且，在江西移民中，明代移民主要集中在江西吉安府，南昌府居其次，清代以后南昌府的移民占据主导。1992 年版的《长阳县志》，也曾经对长阳县的移民家族进行过梳理，根据其记载，隋唐五代时期有 2 个移民家族，宋代有 11 个，元代有 7 个，明代有 40 个，清代有 127 个，但均未标明这些移民家族具体的迁徙时间和迁出地。①

建始县的 45 个家族家谱资料显示，1 个家族是唐代移民，2 个家族是元代移民，8 个家族是明代移民，33 个家族是清代移民，1 个家族迁徙时间不详。清代 33 个移民家族中 9 个家族是乾隆朝以前的移民，22 个家族是乾隆朝移民。8 个明代移民家族中有 5 个来自江西，其中南昌府占 3 个，其他有来自山东、四川、江苏者；清代 33 个移民家族中，11 个来自江西，6 个来自湖南，14 个来自湖北荆州，其余有来自江苏、浙江等地者。清代 11 个江西移民家族中，来自南昌府的最多，有 5 个。这一数据变化也显示，明清时期江西移民在建始县移民中占有比重最大，达 35.56%，其次为湖北荆州府，比重为 31.11%。从长阳和建始的家谱资料我们也可以发现，这两个县的江西移民主要迁自江西吉安府，进入明代以后湖北荆州府的移民比例增加，并且越靠近四川，荆州府移民的比例越高。

前述湖南西部地区 736 个移民家族样本中，常德市、张家界市、怀化市所辖区域的移民家族虽然包含了一些卫所移民家族，但为了分析的方便

---

① 长阳土家族自治县地方志编纂委员会：《长阳县志》，中国城市出版社 1992 年版，第 70 页。

和观察区域的整体移民情况全部纳入经制地区的移民讨论。常德市所辖区域的 435 个移民家族中，11 个家族是宋代移民，23 个家族是元代移民，372 个家族是明代移民，22 个家族是清代移民，还有 7 个家族迁徙时间不详。元代移民家族占 5.29%，明代移民家族占 85.52%，清代移民家族占 5.06%。372 个明代移民家族中有 89 个是洪武年间的移民家族，占明代移民家族的 23.92%，占整体移民家族的 20.46%；有 136 个家族是永乐年间的移民家族，占明代移民家族的 36.56%，占整体移民家族的 31.26%。洪武、永乐两朝的移民占了明代移民的 60.48%，占了整体移民的 51.72%。洪武、永乐两朝的移民，又分别集中在洪武二年（1369 年）和永乐二年（1404 年），其中洪武二年（1369 年）的移民家族有 26 个，永乐二年（1404 年）的移民家族有 92 个。移民家族集中出现在洪武朝和永乐朝的原因或许是统计的这些移民家族中卫所移民所占的比重较大。在这 435 个移民家族中，有 338 个家族迁自江西，占 77.7%，其次是湖南本省的 26 个家族，占 5.98%，再次是湖北 13 个家族，占 2.99%，其他还有来自河南、浙江、广东、山东、河北、福建等地的移民。江西的 338 个移民家族中有 170 个家族来自江西吉安府，占江西移民的 50.29%，占整体移民家族的 39.08%；95 个家族来自江西南昌府，占江西移民的 28.11%，占整体移民家族的 21.84%，其他还有来自婺源、抚州等地的家族。可见，元明清时期，今常德市辖区的移民以江西移民为主体，江西移民又主要来自江西西部的吉安府和南昌府。

张家界市所辖区域 78 个移民家族中，有 7 个宋代移民家族、10 个元代移民家族、41 个明代移民家族、17 个清代移民家族、3 个迁徙时间不详。可见，明清移民仍然占据移民的主体，明代移民家族占 52.56%，清代移民家族占 21.79%，元代和宋代移民家族分别占 12.82%、8.97%。这些移民家族的迁徙时间主要集中在明洪武年间和清康熙年间，迁徙家族分别是 20 个和 8 个。洪武年间的移民家族占明代移民家族的 48.79%，占整体移民家族的 25.64%；康熙年间的移民家族占清代移民家族的 47.06%，占整体移民家族的 10.26%。在这些移民家族中，有 33 个来自江西、7 个来自湖北、15 个来自湖南本省，此外还有来自安徽、山西、云南、广东、贵州、河南等地者。江西移民仍然是张家界市移民的主体，占 42.31%。江西移民中，南昌府的移民家族有 16 个，吉安府的有 12 个，这两个府的移民家族占了江西移民的 84.85%，占了整体移民的 35.90%。

怀化市所辖区域的 189 个移民家族中，有唐代移民家族 2 个、宋代 35 个、元代 19 个、明代 95 个、清代 29 个、不详的 9 个，所占比重分别为：唐代 1.06%、宋代 18.52%、元代 10.05%、明代 50.26%、清代 15.34%。这些移民家族中，有 108 个迁自江西，24 个迁自湖南本省，20 个迁自贵州，此外还有迁自湖北、山东、河南、江苏、江西、河北、安徽等地者。江西移民在其中占 57.14%，湖南本省占 12.70%，贵州占 10.58%。108 个江西移民家族中，有 46 个移民家族来自吉安府，18 个移民家族来自南昌府，此外还有饶州府等地的移民。吉安府移民家族占江西移民 42.59%，占整体移民的 24.34%；南昌府移民家族占江西移民的 16.76%，占整体移民的 9.52%。

通过以上移民家族的相关信息可以发现，经制区域的移民主要集中在明清两代，除湖北建始以外，其他区域的明代移民家族均多于清代，从整体上说移民主要来自江西吉安府和南昌府，但在不同的区域也存在一些细微的差异。如长阳县的清代移民中湖北荆州府的移民就比较多，或许建始县是“江西填湖广，湖广填四川”移民分布的交界地带，两次两个地方的移民都比较多。常德市和怀化市以及张家界市都有本省雪峰山以东区域的移民，怀化市的贵州移民也占有一定比例。透过这些移民的迁徙过程和来源，我们不难发现，经制地区的移民是沿着三个主要的通道在迁徙：一是江西吉安府、南昌府以及湖北荆州府等地迁入鄂西南地区的移民主要沿长江由东向西迁徙，也有少量四川等地迁入鄂西南地区的移民由西向东迁徙；二是江西吉安府、南昌府等地迁入常德市、张家界市的移民先过洞庭湖，再沿沅水、澧水往西、往南迁徙；三是贵州、湖南邵阳等地迁入怀化市的移民，经怀化市的东南部北上。

另外，方志中记载的一些信息也能够为移民来源研究提供帮助。据万历《湖广总志》记载，“自元季兵资相仍，土著几尽，五方招徕，民屯杂置，江右、徽、黄胥来附会”[①]，表明明代江西等地迁徙到湖广的移民就已经比较多。明嘉靖时期，常德府龙阳县“为荆襄之唇齿，同云贵之门户”，全府城镇移民聚集，成“吴蜀楚粤之会”，乡村“土民日敝而客户日盛矣，客户江右为多”。[②]清代嘉庆年间，常德府的商业移民进一步增多，“黔蜀闽广江浙陕豫之商毕集”。[③]据《明太祖实录》卷十八，乙巳年（元至正二十五年，1365年）十月癸未条记载，“以徐达所送泰州俘五千人安置潭、辰二州”，这次安置的人口或许主要是战败的军人及其妻子儿女。明末清初，沅州府因“与黔省接壤，在昔苗乱，黔民避地至此者甚众”，清乾隆元年（1736年）七月癸巳朔，“贵州流民多就食沅州，免沅州额赋”[④]。按照清代田制，州、县、卫的荒地，可以分给流民屯种。[⑤]因此，这些流民也肯定有一些定居沅州，成为移民。进入乾隆朝以后，沅州的商业逐渐兴起，“商贩土著颇稀，近市者间逐什一，然率居积营生，少离乡井，所在列肆零星，多属客户。”[⑥]元末至清同治年间，沅陵县“他省避兵者率流徙于此，今之号称土著者，原籍江西十之六七，其江、浙、豫、晋、川、陕各省入籍者亦不乏。”[⑦]民国《沅陵县志》也载：“邑中老籍有开封者，有江南者，尤以江西为最多。其来自开封者，盖宋时之游宦，其来自江南者盖明初之屯卫，其来自江西者则明时宦屯卫……流转迁移于此者也。父老相传，有‘江西填湖广，湖广填四川’之说，今所指为土著十之八、九为江西人。”[⑧]说明江西移民在沅陵县所占的比重最大。明崇祯末季，辰州府“郡属四邑胁掠，逃散男女殆尽，市无贸易，村绝人烟，本郡故有‘江西填湖南’之俗谚。”[⑨]清嘉庆间，湖南

① （明）徐学谟：《湖广总志》卷三五《风俗》，万历十九年刻本。

② （明）陈洪谟纂修：《常德府志》卷一，嘉靖时期年刻本。

③ （清）应先烈修：《常德府志》卷一三《风俗》，嘉庆十八年刻本。

④ （清）赵尔巽：《清史稿》卷一〇《本纪》第一〇《高宗本纪一》，中华书局1977年版，第349页。

⑤ （清）赵尔巽：《清史稿》卷一二〇《志》第九五《食货》，中华书局1977年版，第3501页。

⑥ （清）瑭珠修，朱景英纂：《沅州府志》卷二三《风俗》，乾隆二十三年刻本。

⑦ （清）刘曾等纂修：《沅陵县志》卷三七《风俗》，同治十二年刻本。

⑧ 许显、修承浩等修纂：《沅陵县志》卷六，民国二十年稿本。

⑨ （清）觉罗清泰纂：《辰州府乡土志》卷四《兵事》，光绪三十三年刻本。

石门县的“城市肆店贸易多江右人。”[①] 清道光年间，湖北长阳县的商业经济逐渐兴起，“别府州转徙至此”，“动阅数十年”[②]，民国以后已是“五方杂处，音语不齐”之地。[③] 清初，湖北建始县“逃亡复业之家亦十之一二，由是荆州、湖南、江西等处流民竞集”[④]。清光绪年间，重庆彭水县“楚黔闽粤江右等省俱通商贩焉”[⑤]，并有一些江西商人因乐善好施而被彭水人祠祀，如“刘清元，江西人，贾于彭，好施予。”[⑥] 可见江西移民不仅在武陵民族地区分布广，而且移民迁徙的持续特别长，仅方志所见就从元末持续到民国时期。这些江西移民就有因避乱而来者，也有朝廷强制迁徙而来者，还有因贸易迁来者。这些方志的材料也显示，清嘉庆、道光以后，武陵民族地区的移民主要是从事贸易活动的商业移民。

四、户口与移民时段

明清两代的里甲、保甲等乡里组织都与人口有关，理应有较为科学的人口统计数据，但就全国而言，明代的人口数据只有洪武时期的比较可靠，洪武以后官方的户口数据是与黄册联系在一起的赋税单位，脱离了人口统计的轨道，[⑦] 直至清代康熙年间进行赋税改革，取消人头税以后，又才恢复真正的人口统计。明清两代，各省通志及武陵民族地区的方志有丰富的人口数据，这些数据或许存在和全国人口数据同样的问题，但我们如果将这些人口数据结合其他材料分析，或许能够发现人口的变化情况和移民信息。

由于交通便利，常德府历来是武陵民族地区历史移民的主要通道之一，很多移民的迁徙策略就是先迁到常德府居住一段时间以后，再向武陵民族地

---

① （清）苏益馨修，梅峄纂：《石门县志》卷一八《风俗》，嘉庆二十三年刻本。

② （清）朱庭棻纂修：《长阳县志》卷三《土俗》，道光壬午年刻本。

③ 参见（民国）陈丕显修：《长阳县志》，民国二十五年纂修，陈金祥校勘，方志出版社2005年版，第147页。

④ （清）熊启咏：《建始县志》卷三《典礼志》，同治五年刊本。

⑤ （清）庄定域修：《彭水县志》卷三《风俗》，光绪元年刻本。

⑥ （清）庄定域修：《彭水县志》卷二《祠庙志》，光绪元年刻本。

⑦ ［美］何炳棣：《1368—1953年中国人口的发展》，上海古籍出版社1990年版。

区的内部迁徙。因此，常德府的人口数量变化理应成为了解武陵民族地区历史移民总体状况的一个突破口。表2–2显示，元明之交，常德府的人口锐减，由一百余万人减少到十余万人。这一时期人口锐减的原因或许在于元末战乱的影响，但减少的程度如此之深，我们也不得不怀疑《元史·地理志》所载人口数据的真实性。嘉靖《常德府志》中常德府元至元十四年（1277年）的户口数据出自《元史·地理志》，只是《元史·地理志》没有著录时间而已。据《元史·地理志》记载，元代常德府、澧州的人口均已超过百万，不仅是北宋末期人口的数倍，同样也是明初人口的数倍。如果认可洪武二十年（1387年）的户口数据能够反映人口的真实情况，那么接下来的人口数据变化也具有一定的历史意义。表2–2的数据显示，从洪武二十年（1387年）至成化八年（1472年），常德府的户、口均在同步减少，户减少了37.20%，口减少了38.08%。在此期间，常德府属四县中的武陵县和桃源县的户、口变化与府的整体变化情况同步，龙阳县基本在永乐十年（1412年）就停止了口数的下跌趋势，但户数仍在下跌；沅江县从洪武二十年（1387年）到永乐十年（1412年）户数增加，口数减少，永乐十年（1412年）以后户、口均实现了缓慢增长。在这四县中，桃源县的户、口直至弘治五年（1492年）才停止下跌。常德府属四县户、口的止跌过程，是沿洞庭湖逐渐往武陵民族地区的内部推进的，也就是止跌的时间和县治与洞庭湖的距离成正相关。在生存的自然生态环境相似，面临的自然灾害差不多的情况下，人口的自然增长率应该差不多。常德府属四县的这种户口变化趋势，说明这里的户、口止跌或许是移民迁入的结果，也显示了移民是沿边缘地带不断向内部迁徙的。

弘治五年（1492年）至万历十年（1582年），如果排除嘉靖十一年（1532年）桃源县的口数和万历九年（1581年）龙阳县户数、口数以及沅江县的户数，四个错误的可能性较大的数据之外，常德府的户、口数总体上是增长的。这期间，户数增长了22.74%，口数增长了51.26%，口数的年均增长率为4.66‰，弘治五年（1492年）到正德七年（1512年）口数增长最快，年均增长率达到10.16‰。

表 2–2　明代常德府户口统计表

时间	常德府		武陵县		桃源县		龙阳县		沅江县	
	户	口	户	口	户	口	户	口	户	口
元至元十四年(1277 年)	206425	1026042								
洪武二十年(1387 年)	29277	128895	13276	48469	9371	49265	5939	27091	691	4070
永乐十年(1412 年)	21451	91286	9493	38092	6250	30430	4847	19086	861	3678
成化八年(1472 年)	18385	79815	8828	29150	4138	27434	4594	19160	825	4071
弘治五年(1492 年)	17228	95559	7251	46100	4122	23039	4894	19160	961	7202
正德七年(1512 年)	17514	115788	7549	47711	4138	27434	4859	33497	968	7146
嘉靖元年(1522 年)	19888	124744	8602	47262	5112	35742	5197	34229	977	7507
嘉靖十一年(1532 年)	20080	101219	8713	51197	5186	7582	5197	34229	984	8211
万历九年(1581 年)	21713	122200	9336	53671	5377	44664	2863	21332	2021	8370
万历十年(1582 年)	21145	144544	9336	53671	5377	44664	5411	37839	1021	8370

注：嘉靖元年，常德府口数比府属四县总计多 4 口；万历九年，常德府户、口均与四县总计数目不符，疑有误，四县总计户 19597、口 128037，其他年份四县户、口总计数与常德府户、口数相等。

资料来源：嘉靖十一年以前户口数据见于（明）陈洪谟纂修：《常德府志》卷六《户口》，明嘉靖刻本；万历九年户口数据见于（清）应先烈修，陈楷礼纂：《常德府志》卷十《户口》，清嘉庆十八年刻本；万历十年户口数据见于（明）徐学谟：《湖广总志》卷十一《户口》，万历十九年刻本。

清康熙五十年（1711 年），常德府有民、更、屯丁 36457，其中武陵县

19570，桃源县8053，龙阳县6789，沅江县2045。[①]民、更、屯丁数显然是出自丁册，“丁数统计数既不是人口数，也不是户数或纳税的成年男子，而不过是赋税单位”，[②]难以与人口建立直接联系。但是，嘉庆《常德府志》记载了武陵县的户口数据，雍正七年（1729年），该县有104820户，661775口，[③]与万历十年（1582年）相比，户、口均增加了十多倍。

元明清时期，辰州府的治理范围和领县数量有较大调整，据乾隆《辰州府志》记载，元初至元时辰州路领沅陵、辰溪、泸溪、溆浦四县，总计户83223，口115945；明万历六年（1578年），辰州府领沅陵、泸溪、辰溪、溆浦、沅州、黔阳、麻阳一州六县，总计户20332，口156724，万历四十三年（1615年）户21374，口15888。[④]该志万历六年（1578年）的户口与万历《湖广总志》记载的户口数相同，按明代的户口数据多在逢“壬”编审的习惯，万历六年（1578年）的户口应为万历十年（1582年）的数据。所以，通过万历十年（1582年）和万历四十三年（1615年）的户口数据对比可以发现，至迟在万历四十三年（1615年）辰州府的户口还在缓慢地增长，但增长速度已经不及万历十年（1582年）以前。如果将万历十年（1582年）辰州府的人口数据按原领四县分开合计（见表2–3），其户为14220，口为116196。清乾隆以后，辰州府又恢复至元初仅领四县的建置，并增领凤凰、乾州、永绥三厅，但三厅不编审户口。乾隆二十六年（1761年），辰州府属四县户17642，口77565，嘉庆二十一年（1806年），户131093，口908902。[⑤]乾隆二十六年（1761年）的户口不含苗户17005户，50427口。[⑥]明代的户口统计一般不会把民户与军户混合在一起，也不会统计不承担赋役的苗户。乾隆二十六年（1761年）既然把民户和苗户分开统计，那么民

① （清）应先烈修，陈楷礼纂：《常德府志》卷一〇《赋役》，嘉庆十八年刻本。

② 何炳棣著，葛剑雄译：《明初以降人口及其相关问题1368—1953》，三联书店2000年版，第41页。

③ （清）应先烈修，陈楷礼纂：《常德府志》卷一〇《赋役》，嘉庆十八年刻本。

④ （清）席绍落、谢鸣谦等修纂：《辰州府志》卷九《户口》，乾隆三十年刻本。

⑤ （清）觉罗清泰修：《辰州府乡土志》第六章《户口》，光绪三十三年刻本。

⑥ （清）席绍落、谢鸣谦等修纂：《辰州府志》卷九《户口》，乾隆三十年刻本。

户中也肯定不含军户。嘉庆二十一年（1806 年）的户口数据应该已经包含军户和苗户，四县合计有户 131093，口 908902。仅看民户的户口变动可以发现，经历明末战乱，清初辰州府的人口恢复速度较慢，至乾隆二十六年（1761 年），户数虽然在明万历末期的基础上有所增加，但口数仍然远低于那时，所以清代前期不可能有太多移民迁入辰州府。

表 2–3　明清时期辰州府户口统计表

时间	沅陵			泸溪			辰溪			溆浦			资料来源
	户	口	丁	户	口	丁	户	口	丁	户	口	丁	
万历十年（1582 年）	7171	55196	11590	1580	14741	707	1277	8941	1629	4192	38038	12359	万历《湖广总志》
嘉庆二十一年（1806 年）	47530	374560	4201	18760	93560	1586	21445	192932	984	43358	247850	2343	光绪《辰州府乡土志》
光绪二十年（1894 年）		51 万			29 万			34 万			52 万		

清乾隆元年升沅州为沅州府，辖芷江、麻阳、黔阳三县，或许升州为府的原因就在于沅州的人口数量已经有了大幅度提升。万历十年（1582 年），沅州府所辖三县仅 6020 户，37816 口，远低于辰州府所辖四县。乾隆二十一年（1756 年），沅州府属三县已经有 52483 户，329072 口。[①] 这一数据应该包含了沅州府的少数民族人口和卫所人口。如果将同年度辰州府的少数民族人口和卫所人口均算上，沅州府的户口数量仍然会超过他。这种现象说明，沅州府是武陵民族地区南向迁入移民的一个重要通道，贵州以及湖南邵阳等地的移民均可沿这个通道迁入。乾隆五十三年（1788 年），沅州府共有 74519 户，472981 口（同治《沅州府志》记为 424918 口，应该是汇总错误），相对乾隆二十一年（1756 年），户数增长了 41.99%，口数增长了 43.73%，口的年均增长率为 11.77‰。这期间，沅州府属四县户口（见表 2–4），麻阳县的年均增长率最高，为 18.73‰；黔阳县次之，为 10.61‰；

① （清）瑭珠修，朱景英纂：《沅州府志》卷一二《田赋》，乾隆二十三年刻本。

芷江县最低为 8.88‰。麻阳县在地理上更靠近武陵民族地区的腹地。这一组增长率数据也说明，处在移民通道入口的芷江、黔阳两县在乾隆二十一年（1756 年）以前迁入的移民较多，已经占据了有利资源，迫使移民向更加深入的腹地迁徙，导致乾隆二十一年（1756 年）以后，腹地郡县人口的高速增长。

表 2–4　明清时期沅州府户口统计表

<table>
<tr><th rowspan="2">时间</th><th colspan="3">黔阳</th><th colspan="3">麻阳</th><th colspan="3">沅（芷江）</th><th rowspan="2">资料来源</th></tr>
<tr><th>户</th><th>口</th><th>丁</th><th>户</th><th>口</th><th>丁</th><th>户</th><th>口</th><th>丁</th></tr>
<tr><td>万历十年（1582 年）</td><td>1963</td><td>12436</td><td>3532</td><td>908</td><td>6244</td><td>1162</td><td>3149</td><td>19136</td><td>3797</td><td>万历《湖广总志》</td></tr>
<tr><td>乾隆二十一年（1756 年）</td><td>12780</td><td>106171</td><td></td><td>12850</td><td>70368</td><td></td><td>26853</td><td>152533</td><td></td><td rowspan="2">同治《沅州府志》</td></tr>
<tr><td>乾隆五十三年（1788 年）</td><td>25397</td><td>147270</td><td>2008</td><td>15976</td><td>125114</td><td>2384</td><td>33146</td><td>200597</td><td>1654</td></tr>
</table>

原本隋代就设有慈利县，但元明清时期慈利的隶属关系不断变动：元代属澧州路慈利州；明代先隶常德府后又隶岳州，并降慈利州为慈利县；清代先隶岳州府，后又设直隶澧州。明代还在慈利县境设置九溪卫、大庸卫等卫所。明清两代，慈利县有比较丰富的户口数据。明代，慈利县的户数（见表 2–5）基本稳定在 9000 户左右，口除了嘉靖壬辰（嘉靖十一年，1532 年）偏离较大（数据有误的可能性较大），降到 1 万余口外，其余年度均在 3 万 6 千口以上。从总体上看，明代慈利县的人口波动较大，永乐壬寅（永乐二十年，1422 年）人口达到一个高峰以后，至宣德壬子（宣德七年，1432 年）的 10 年内人口急剧下降，其后又逐步增长，正德壬申（正德七年，1512 年）又达到一个高峰以后人口逐步下降，直至隆庆壬申（隆庆六年，1572 年）才恢复。明代，慈利县人口的多次波动，或许是受少数民族的影响较大。洪武三年（1370 年），土酋覃垕、夏得中叛乱，曾徙县治于

该县十三都，直至洪武九年（1376年）六月才得还。因这次叛乱，“户口多耗”①。但是，将万历元年（1573年）新刊“赋役总会文册，开除16222丁，奏豁麻寮所十隘隘丁802丁”，仅存“7895丁”②也归结为这次叛乱是不正确的，因为明代的赋役黄册是在这次叛乱之后才启动编审。不过，在明代的方志编撰者看来，户口不实也是触目惊心的。他说：“吾闻慈户攒造巨奸，蟠穴其中。固有族繁千丁，而户悬数口。又有家无孑遗，而册载几丁。”③在明清之交，慈利县的户口损耗也非常大，据康熙《慈利县志》的记载，康熙年间慈溪县仅有户630，口3345。④这些户口可能是逃避战乱隐匿起来，在后来的招抚过程中，大部分人又会归籍。

表2–5　慈利县明清时期户口统计表

时间	户	口	资料来源
洪武壬申（1392年）	8100	37709（37215）	万历《慈利县志》
永乐壬辰（1412年）	9289（9216）	39917（36756）	
永乐壬寅（1422年）	9316	46756	
宣德壬子（1432年）	9172	36395	
正统壬戌（1442年）	9204	38175	
景泰壬申（1452年）	9105	40903	
天顺壬午（1462）	9000（8938）	44403（46111）	
成化壬辰（1472年）	8938	46111	
正德壬申（1512）	8952	51418（51411）	
嘉靖壬午（1522年）	8952（9035）	48632	
嘉靖壬辰（1532年）	9150	40200	
嘉靖壬寅（1542年）	9502	11642	
隆庆壬申（1572年）	9039	48632	

① （明）陈光前纂修：《慈利县志》卷八《户口》，万历元年刻本。

② （明）陈光前纂修：《慈利县志》卷八《户口》，万历元年刻本。

③ （明）陈光前纂修：《慈利县志》卷八《户口》，万历元年刻本。

④ （清）叶琼纂修：《慈利县志》卷二《户口》，康熙二十四年刻本。

时间	户	口	资料来源
乾隆十一年（1746 年）	23698	119677	嘉庆《慈利县志》
嘉庆二十年（1815 年）	35410	140236	
同治六年（1867 年）	38945	154165	同治《慈利县志》
光绪十六年（1890 年）	92400	315300	光绪《慈利县志》
民国十二年（1923 年）	78921	413393	民国《慈利县志》

注：表中括号内的户口数据出自康熙《慈利县志》卷二《户口》，但该志仅标注户口的朝代，未标注具体时间。

进入清代以后，除光绪十六年（1890 年）的户口数据是根据保甲册估计的之外，慈利县其他年份的户口数据都比较翔实（见表 2–5）。根据这些数据可以计算出各个阶段的人口年均增长率，其年均增长率最高的阶段是同治六年（1867 年）至光绪十六年（1890 年），年均增长率为 33.05‰；其次是光绪十六年（1890 年）至民国十二年（1923 年），年均增长率为 8.05‰；再次为乾隆十一年（1746 年）至嘉庆二十年（1815 年），年均增长率为 2.33‰；最低为嘉庆二十年（1815 年）至同治六年（1867 年），年均增长率为 1.85‰。这些数据表明，清同治朝以后，直至民国初年武陵民族地区还有持续不断的移民迁入。

清代，慈利县的四组人口数据，除光绪十六年（1890 年）外，还有更详细的分项统计。如乾隆十一年（1746 年）23698 户内，含民户 23095，军户 603；119677 口内有民大男妇 66861，小男女 40630；军大男妇 1146，小男女 1400。① 嘉庆二十年（1815 年）和同治六年（1867 年）的人口分项统计见表 2–6。从这个表中我们可以发现，慈利县小女在未成年人中所占的比重太低，嘉庆二十年（1815 年）仅占 26.18%，同治六年（1867 年）进一步降低，仅占 24.83%，但大妇在成年人中的比例基本稳定在 40%。小女在未成年人中的比例太低主要是由当地的溺女习俗造成。女性在人口中所占比重太低必然影响人口的自然增长率，所以武陵民族地区的人口高速增长期，移

① （清）皇甫如森纂修：《慈利县志》卷三《户口》，嘉庆二十二年刻本。

民人口必然占有较大比重。

表 2–6　慈利县清代户口分项统计表

时间	户	口	口分项				资料来源
		大小男妇女	大男	大妇	小男	小女	
嘉庆二十年（1815 年）	35410	140236	65613	43893	22704	8026	嘉庆《慈利县志》
同治六年（1867 年）	38945	154165	68927	46726	28948	9564	同治《慈利县志》

与慈利县同处澧水流域，并相隔距离不远的石门县，同样在明清之交，人口逃亡严重，万历十年（1582 年）编审人丁时有 5679 丁，康熙二十二年（1683 年）编审时仅存 1174 丁，后来在一系列招抚政策的配合下人丁才逐渐恢复，至康熙五十年（1711 年）编审时才招复 748 丁，到乾隆十一年（1746 年）又滋生人丁 549 丁。① 从恢复的人丁比例来看，或许石门县清代前期招抚流亡的效果比较显著，人口回籍较多。表 2–7 的数据显示，嘉庆末年，石门县的人口年均增长率较低，仅为 1.29‰，嘉庆末至同治五年（1866 年）有所提升，达到 2.81‰。石门县小女在未成年人口中所占比重稍高，但仍偏离正常出生性别比例，仅占 38.47%，不过这一比例已经与成年女性在人口中所占比例 41.85% 差距不大。

表 2–7　石门县清代人口统计表

时间	户	口	口分项		资料来源
嘉庆二十一年（1816 年）	31690	176465			同治《石门县志》
嘉庆二十五年（1820 年）	31820	177150			

① （清）苏益馨修，梅峄纂：《石门县志》卷七《户口》，嘉庆二十三年刻本。

时间	户	口	口分项		资料来源
同治五年（1866 年）	35965	201013	大男	74637	同治《石门县志》
			大妇	53712	
			小男	44708	
			小女	27956	

明代巴东县的户口见表 2–8 的统计，表中的数据显示万历三十年（1602 年）以前，巴东县的户口数据变化不大，或许这些数据多为不实。万历三十年（1602 年）的户口数据中有分项统计，应该比较可靠。其 1553 户中，有民户 729 户，军户 165 户，杂役户 656 户，寄庄户 3 户。13328 口（总数少记 1 口）中，有成丁 6575 口，不成丁男子 3121 口，妇女 3633 口。① 因为没有单列小女口数，其妇女口数应含未成年小女。

表 2–8 明代巴东县户口统计表

时间	户	口
成化八年（1472 年）	1207	9493
正德七年（1512 年）	1221	8612
嘉靖元年（1522 年）	1263	8643
嘉靖十年（1531 年）	1253	8863
嘉靖二十年（1541 年）	1252	8833
嘉靖三十年（1551 年）	1252	8833
嘉靖四十年（1561 年）	1253	8883
隆庆六年（1572 年）	1253	8883
万历十年（1582 年）	1253	8883
万历二十年（1592 年）	1169	9033
万历三十年（1602 年）	1553	13328

资料来源：（清）廖恩树等：《巴东县志》卷四《赋役志》，同治五年修，清光绪六年重刊本。

① 参见（清）廖恩树等：《巴东县志》卷四《赋役志》，同治五年修，清光绪六年重刊本。

明代后期，巴东、建始、长阳一带跌遭兵燹和虎患，人口损失非常严重。万历三十五年（1607 年）左右，任归州知州的张尚儒在《田赋说》中提到，巴东县“按县里有前后，粮有多寡，差有重轻，原额编共人丁六千五百七十五丁，今逃绝二千七百有零”①，足见其三分之一的人丁已不在籍。进入明崇祯以后，相继有张献忠、李自成以及夔东十三家的势力深入这一地区，避兵逃散、被掠者不少。如同治《巴东县志》记载，明崇祯七年（1634 年）有号“一斗粟”、“整十万”的流贼经过巴东，“江北居民遭其屠掠者大半，自是陆续往来岁十数起，百姓流离失业。”② 这股流贼还由巴东过境建始，建始居民也被“荼毒大半”③。明崇祯十六年（1643 年），又遇李自成“遣其伪知县王一恒至巴东”④。明崇祯十六年（1643 年）、十七年，张献忠的部队又过境巴东、建始、长阳等地，“饿死者积尸道途”。⑤ 顺治二年（1645 年），夔东十三家又进入鄂西地区，并在巴东驻扎近一年，其“残暴无纪律，百姓患之。”⑥ 康熙年间，吴三桂的部队也过境鄂西一带。崇祯末年，鄂西的虎患也增多，老虎“白昼食人”不断见于方志记载。如崇祯十五年（1642 年），巴东县“民侣而行并偶而耕，然虎时时于众中攫人，日以数计。先是山中虎虽多，昼辄匿不出，间于夜啖羊豕而已，其昼初食人，自是岁始，嗣后日夜不绝，死者万余，至壬辰（顺治九年，1652 年）历十二载乃稍息焉。”⑦ 道光《建始县志》也载：“旧志载，虎豹暨诸猛毒物。”⑧

经过这些战乱和天灾以及土司的掠夺，明初长阳县的人户仅存十之一二。康熙三年（1664 年），长阳县令到任招抚残黎归籍，直至康熙二十三

① （清）廖恩树等：《巴东县志》卷一五《艺文志》，同治五年修，清光绪六年重刊本。
② （清）廖恩树等：《巴东县志》卷一四《事蛮志》，同治五年修，清光绪六年重刊本。
③ （清）熊启咏：《建始县志》卷一《方舆志》，清同治五年刊本。
④ （清）廖恩树等：《巴东县志》卷一四《事蛮志》，同治五年修，清光绪六年重刊本。
⑤ （清）熊启咏：《建始县志》卷一《方舆志》，清同治五年刊本。
⑥ （清）廖恩树等：《巴东县志》卷一四《事蛮志》，同治五年修，清光绪六年重刊本。
⑦ （清）廖恩树等：《巴东县志》卷一四《灾祲志》，同治五年修，清光绪六年重刊本。
⑧ （清）袁景晖：《建始县志》卷三《物产》，道光二十一年刻本。

年（1684 年）左右，其户口才 2771 户，5890 丁口，[①] 还未恢复到明代后期的人口数量。重庆彭水县可能得益于清初对四川招垦的特别政策，人丁恢复较快。乾隆二十年（1755 年），彭水县人丁已达到 4577 丁，超过了明代的 2966 丁。[②] 清代建始县的人口统计数据也显示，建始县有两段人口快速增长期：一是乾隆二十年（1755 年）至乾隆四十一年（1776 年），这期间的人口年均增长率为 36.72‰，乾隆四十一年至四十八年虽然人口增长速度有所降低，但仍然保持高速增长势头，人口年均增长率为 28.89‰，乾隆四十八年以后，人口增长速度放缓；光绪六年（1880 年）以后，建始县人口进入第二个快速增长期，光绪六年（1880 年）至三十四年（1908 年），建始县人口年均增长率为 4.32‰。[③]

通观明清时期武陵民族地区的经制区域人口变化可以发现，明清时期的移民总体上是由常德府、沅州以及鄂西等地向武陵民族地区内部迁徙，由于明末清初的人口损耗过大，尽管清初的人口数据在明末的基础上增长不是很明显，但可能已经有了较多移民迁入。考虑明清时期移民入籍，纳入户籍统计一般需要五年左右时间，以上基于户籍对移民时段的推断均可将移民时间向前推移五年。

元明清时期，武陵民族地区受战乱的影响，也有为数不少的外迁移民。其外迁移民最为集中的时段是明末清初。如同治《建始县志》记载，明崇祯七年（1364 年）左右，“流贼数十万自楚入蜀，由巴东过建始，居民荼毒大半。自是陆续往来，岁无宁日，百姓流离失业，逃川、滇者甚众”[④]；崇祯十六年（1643 年）左右，又受张献忠之害，“张献忠尽驱荆民入川，路经建始，男女扶携，鱼贯而进，数月始毕，饿死者积尸道途，建民之被掠亦复不少。”[⑤]

---

① 参见（清）李拔：《长阳县志》卷之六，乾隆十九年抄本。

② 参见（清）庄定域等修：《彭水县志》卷二《食货》，光绪元年刻本。

③ 参见杨洪林：《明清移民与鄂西南少数民族地区乡村社会变迁研究》，中国社会科学出版社 2013 年版，第 52 页。

④ （清）熊启咏：《建始县志》卷一《方舆志》，清同治五年刊本。

⑤ （清）熊启咏：《建始县志》卷一《方舆志》，清同治五年刊本。

湖北巴东县也被过境的张献忠部队“掠千余人”[①]；顺治二年（1645年），“川东十三家”的王学诗部率兵驻巴东，“残暴无纪”，不仅巴东受其害，建始县东部“近巴之民皆罹其害”[②]；顺治五年（1648年），“谭毅、谭弘、余大海等不时出没巴东，没掠无算”[③]；顺治十三年（1656年），王光兴驻扎建始后里直至康熙三年（1664年）乃降，将建始“男妇大小悉勒充伪兵，造入军册”，并将他们“随营至荆州”冒功邀赏，虽然有一些人被“查发回籍”，[④]但也有一部分人落籍荆州。经历这些事变之后，建始县由明末的编户七里，至康熙二十年（1681年）复业之时“民仅八十户，编坊郭里，余皆裁汰”[⑤]。在明末清初的动荡过程中，长阳县“辗转于沟壑者十去三四，罹难于锋镝者十去二三，逃散于四方者十仅一矣。”[⑥]长阳资丘刘氏在光绪六年（1880年）编纂的《刘氏族谱》中也说道，元末刘崇周偕弟刘崇远由豫章瑞州高安县醴泉团太子庙迁于楚北长阳资丘，因“明季吴氏乱，先祖等奔荆州历年有所，清定鼎后，还故土者十仅五六。”顺治十四年（1657年）张献忠余部谭天叙寇郁山镇，“掳去居民九百六十余口”。[⑦]此外，在毗连土司地的一些州县，也有被土司掠去的人口。如崇祯十七年（1644年），“楚属忠路土司寇郁山，掠去市民千余口”，顺治四年（1647年），酉阳土兵又入寇彭水“掠去居民千余口”。[⑧]崇祯十七年（1644年），长阳县城被土司唐镇邦攻破，人口“俱遭土司兵劫逐去”[⑨]。据《明太祖实录》卷一百八十六的记载，洪武二十年（1387年）十月戊午，明太祖朱元璋诏，“湖广常德、辰州二府民三丁以上者，出一丁往屯云南”，但具体迁出的人口数量不清楚。元明清时期，武陵

---

① （清）廖恩树等：《巴东县志》卷一四《事蛮志》，同治五年修，清光绪六年重刊本。

② （清）熊启咏：《建始县志》卷一《方舆志》，清同治五年刊本。

③ （清）廖恩树等：《巴东县志》卷一四《事蛮志》，同治五年修，清光绪六年重刊本。

④ （清）熊启咏：《建始县志》卷一《方舆志》，清同治五年刊本。

⑤ （清）袁景晖：《建始县志》卷三《户口》，道光二十一年刻本。

⑥ （清）李拔：《长阳县志》卷六《赋役志》，乾隆十九年抄本。

⑦ （清）陶文彬纂：《彭水县志》卷三《风俗志》，康熙四十九年刻本。

⑧ （清）陶文彬纂：《彭水县志》卷三《风俗志》，康熙四十九年刻本。

⑨ （清）田恩远修，石高嵩纂：《长阳县志》卷一《城池》，康熙十二年刻本。

民族地区的迁出移民主要是避乱或者被掠迁出，朝廷组织迁徙的仅占很少一部分。

从总体上看，元朝廷就开始加强武陵民族地区的治理，在经制地区设置了大量的军屯和民屯，移民屯戍，在开发当地的土地资源的同时也对周边土司实施弹压。明清时期，随着一系列针对向四川移民的鼓励措施出台，使得元末已经开启的东西向移民潮进一步加剧，导致“江西填湖广，湖广填四川”成为影响赣湘鄂渝川等省市最为广泛的移民现象。武陵民族地区在这场移民潮中，既是移民迁入的目的地，同时也是迁出地，并且江西移民和湖北荆州的移民在武陵民族地区西北部的鄂西地区有叠加显现。根据家谱来研究移民和土著所占的比例以及移民人口的多少可能是靠不住的。在研究过程中所收集的家谱里，几乎没有不宣称自己是移民家族的，并且这些家族的移民时间都非常晚近，除极个别家族宣称是唐宋及以前的移民外，绝大多数家族都认为是元明清时期的移民。这种整体性的移民认同现象有违历史事实。民国《南溪县志》的编撰者就对这种普遍的移民认同现象提出过质疑，还特别针对四川人广泛认同的“湖广麻城孝感乡”现象进行过论述，他认为湖北、湖南诸县的移民均可迁四川，不可能只有麻城孝感一乡之民，况且麻城孝感一乡也不会有这么多人口。后来的学者从多个层面论述过湖广迁四川移民的“麻城孝感乡”现象，尽管可以找到一些历史的踪迹，但完全就将其等同于历史事实也是不正确的。不妨把这种现象当作四川人民服务于现实需要的一种历史记忆，一种认同。不可否认，历史上曾经有“湖广麻城孝感乡”的移民迁徙四川，江西移民迁徙武陵民族地区，但整体性的移民认同或许是在明清以及民国时期进行家族化构造的过程中联宗合谱的结果。

元明之交，明清之交武陵民族地区的人口数量统计数据变化幅度都比较大，并且相应的基层社会组织也减少，但不能就此认为原来的人口均不存在或者全部迁走了。武陵民族地区广泛存在的溶洞是天然的避险、避兵地，有的溶洞可以容纳上千人在里面居住和生活，目前还有很多地方的溶洞名称叫避兵洞，并有人们在洞里避兵的传说。在朝代更迭的时期，地方官员很难对这些避居山野的人实施有效治理，因此也就无法计入户口，编入乡里。即使有一些逃避战乱而流亡外地的人，也可能在政局稳定之后又回籍，我们也不能将这些人口视为移民，如建始黄氏“明季建始罹兵燹之难，居建邑一支曾避难在外，后复归建邑落籍。”① 因此，明清初期虽然是迁入移民较多的时期，但我们不能将人口的增长全部归结为移民的结果。

第二节　卫所地区的移民

卫所制度不仅是寓兵于农、屯守结合的军事管理制度，也是与州县并行不悖的地方管理系统。这项制度肇始于西汉时期的屯田制，早在汉武帝时已在西北边地设置屯田，其后，汉昭帝时又调故吏将屯田张掖，汉宣帝时屯田湟狭。在后来的各历史时期也建立过类似的屯田。屯田制度的核心是在官地上进行农业生产，其基本形式分为军屯和民屯，军屯是边地驻军兼营屯田，屯戍结合，且守且耕，直至宋代这种制度的形式都没有大的变革。到了辽金时期，辽金的军事制度给屯田制变革带来了新的启示。辽金不仅让部族的人口在青壮年时期皆隶兵籍，而且每当战争获胜之后，就将获取的土地分配给军人耕种，于是将军屯的范围由边疆扩展至内地。元代不仅仿照辽金军事制度在军事占领区设置屯田，而且出现操守正军和屯田分设的现象。进入明代以后，形成了比较完备的军人屯田卫所制度和组织体系，卫所遍布全国各地，并“就于卫所所在，有闲旷之土，分军以立屯堡，俾其且耕且守”，② 根据分布地区的差异有重戍守的“七分守城，三分屯耕”者，又有重屯种的“三分守城，七分屯田”，以及“二八、一九、四六、中半等例”。③ 武陵民族地区处在省际结合部，同时也是内陆“不服王化”的地区，因此明朝廷在这一区域的边缘地带设置了大量卫所，以控御当地的少数民族和保护交通线

① 傅一中：《建始晚清至民国志略》，湖北省仙桃市报社印刷厂 2002 年印刷，第 423 页。

② （明）邱浚撰，林冠群、周济夫校点：《大学衍义补》卷三五，京华出版社 1999 年版，第 320 页。

③ （明）郭棐：《粤大记》卷三〇《屯田》，万历刻本。

路。设置卫所标志着朝廷对武陵民族地区的土著族群向"'直接治理'的方向又迈了一步"。①

一、置卫与御蛮

明朝廷在武陵民族地区的边缘地带曾建立过常德卫、永定卫、九溪卫、沅州卫、辰州卫、靖州卫、镇远卫、平溪卫、清浪卫、铜鼓卫、偏桥卫、施州卫以及麻寮所、安福所、添平所、澧州所、镇溪所、汶溪所、天柱所、思南所、思州所、大田所、黔江所等卫所机构。这些卫所既有诸如施州卫、大田所等即管军又管民，以及区域内所有土地的实土卫所，也有诸如常德卫、沅州卫、辰州卫等仅仅管理屯田和军户的非实土卫所；既有流官担任千百户的卫所，也有土著担任千百户的土官卫所，类型多样，其建立的过程也曲折复杂。

元至正二十四年（1364 年），徐达灭伪汉陈友谅，取常德总制官胡汝，继而南下，于当年十二月克辰州。相继设立常德卫和辰州卫。常德卫的设置时间较为明确，是至正二十六年（1366 年）八月，直至清顺治四年（1647 年）才裁汰，将官军编为屯。历史典籍中关于辰州卫的设置时间记载，不太一致。乾隆《辰州府志》卷十二《备边考》说，辰州卫的设置时间旧志无载，该志据"至正二十六年（丙午年，1366 年），卫指挥刘寅创建卫署"推断应是徐达克辰州革元万户府时即设置，但是《明太祖实录》卷二二记载，吴元年（1367 年）正月才置辰州卫，或许辰州卫为徐达在行军过程中设置，后来得到朝廷的正式确认。洪武二十一年（1388 年），辰州卫增设中、左二千户所，进一步完善其建制。元至正二十七年（1367 年）正月戊寅，明军取沅州，后于洪武元年（1368 年）正月辛丑设置沅州卫。靖州卫的设置时间不详，其洪武三年（1370 年）即建有卫署，应该是设置比较早的卫。永乐二年（1404 年）二月庚辰，辰州卫超出常制，增设中右、中中、中前、

① 赵世瑜：《卫所军户制度与明代中国社会——社会史的视角》，《清华大学学报》（哲学社会科学版）2015 年第 3 期。

中后、前前五千户所。常德、辰州、沅州、靖州四卫是在明朝初定时期就设置的卫所。设置这些卫所之后，明朝廷控制了通向西南地区的交通线，并为向武陵民族地区纵深推进创造了条件。

永定卫是由羊山卫，大庸卫改设而来。羊山卫设置在永顺宣慰司属地羊峰山，同治《直隶澧州志》、光绪《永定乡土志》、民国《永顺县志》均记为洪武二年（1369 年）设置，但《读史方舆纪要》和万历《湖广总志》记载为洪武三年（1370 年）设置。考羊山卫是在湖南行省参政杨景率师讨伐覃垕叛乱的过程中设置的。覃垕叛乱发生在洪武三年（1370 年）四月，其设置时间应为洪武三年（1370 年）四月以后。[①] 羊山卫设置以后，因驻地羊峰险远，运粮困难，遂迁羊山卫于大庸地，改名为大庸卫。大庸卫的设置时间历史文献也记载不一：有乾隆《湖南通志》卷七的洪武三年（1370 年）说、民国《永顺县志》卷七的洪武四年（1371 年）说以及万历《慈利县志》卷十的洪武九年（1376 年）说。如果羊山卫为洪武三年（1370 年）置，改大庸卫的时间那就只可能是其后，不可能是当年即改。又考文献中有羊山卫“编棚为城”、“古有羊峰城”等语，按当时的建设技术，不太可能在短期内建成城，其洪武四年（1371 年）迁置的可能性也不大，或许洪武九年（1376 年）较为确切。《明太祖实录》卷一九五记载，洪武二十二年（1389 年）二月，“湖广安福千户所千户夏得忠诱九溪洞蛮作乱，诏东川侯胡海、普定侯陈桓、靖宁侯叶昇率师讨之。海等驻兵贼境，昇独潜兵出贼，后掩击之，遂禽得忠，送京师斩之。命置九溪、永定二卫，改大庸卫为千户所。”可见，大庸卫是洪武二十二年降为千户所的，并且改所的时间与永定卫的设置时间一致，不存在永定卫和大庸卫并存的现象。同治《直隶澧州志》卷一记载，洪武“三十一年戊寅（1398 年），改大庸所为永定卫，设前后左右中五所，并以大庸凡六所隶之”，以及《大明一统志》卷六十二记载的洪武三十年（1397 年）建永定卫，在建卫时间上有误，应从《明太祖实录》的时间。永定卫为大庸卫改设，别设大庸千户所各种典籍都一致。

---

① 田敏：《明初土家族地区卫所设置考》，《吉首大学学报》（社会科学版）2004 年第 4 期。

镇溪千户所是经由崇山卫、崇山千户所改设而来。其改设的时间历史文献也记载不一。乾隆《辰州府志》卷十七《古迹考》记载，元至正二十六年（1366年），改夜郎坪为崇山卫，[①]但宣统《永绥厅志》卷三记载，洪武元年（1368年）才设崇山卫，[②]《明太祖实录》卷一二一又载，洪武十一年（1378年）十二月“置崇山卫于湖广孟洞之地”。又据乾隆《辰州府志》卷四十八引旧志，丙午年（1366年）李兴祖复叛，明参军詹彦中讨平，始设崇山卫，并置镇溪所。但乾隆《辰州府志》的编撰者又言不明李兴祖为何人，且其分析旧志的记载存在诸多问题，不能确信。因此，目前没有其他旁证材料能够证明崇山卫设置的具体时间。又据康熙《麻阳县志》卷一〇记载，洪武二十年（1387年）省崇山卫，置崇山千户所，隶辰州卫，[③]乾隆《乾州志》卷二记载，洪武二十三年（1390年）因饷运艰难，省崇山卫，置崇山千户所。所以，崇山省卫设所的时间也难以确定。乾隆《乾州志》卷二记载洪武二十八年（1395年）割泸溪上五都蛮民，分为十里，置镇溪军民千户所，隶常德卫。但是，宣统《永绥厅志》卷三记载，洪武三十年（1397年）才革崇山千户所，置镇溪军民千户所。所以，设革崇山千户所，置镇溪千户所的时间也待考。镇溪千户所正统二年（1437年）六月建所城，康熙四十三年（1704年）裁所设乾州厅。

乾隆《永顺府志》卷一记载，西水守御千户所的旧墟在县城东北，但其设置和废除的时间不可考。按乾隆《湖南通志》卷一百三十七记载，西水守御千户所在桑植县北，为明洪武初设，洪武二十二年（1389年）因千户夏得忠叛，改设为安福守御千户所。[④]乾隆《永顺府志》卷一二也载，夏得忠为西水千户，朝廷平定他领导的叛乱后改设安福守御千户所。桑植《陈氏家谱》引明代《安福所志》记载，吴元甲辰年（1364年）设西水千户所，

① 参见（清）席绍葆修，谢鸣谦纂：《辰州府志》卷一三《备边考》，乾隆三十年刻本。
② 参见（清）董鸿勋纂修：《永绥厅志》卷三，宣统元年铅印本。
③ 参见（清）黄志璋纂修：《麻阳县志》卷一〇《屯卫》，康熙二十四年刻本。
④ （清）陈宏谋修，欧阳正焕纂：《湖南通志》卷一三七，清乾隆二十二年刻本。

为夏氏千户世土。① 但又据《明太祖实录》卷一七三记载，洪武十八年五月辛巳，安福千户所即以兵讨平大庸靲坪朝纳洞作乱的蛮民，并生禽叛蛮 103 人押解至京师，明太祖将这些人发戍辽东。或许在安福守御千户所设置之前别有安福千户所。《读史方舆纪要》记载，洪武四年（1371 年）明朝廷在西水之北置安福所，隶大庸卫，二十三年（1390 年）移至西水之西的瓦窑岗，改隶九溪卫。结合这些史料判断，洪武初应同置西水守御千户所和安福千户所，西水守御千户所为夏氏担任千户的土千户所，后因夏得忠叛乱，革西水守御千户所，并将安福千户所移驻西水守御千户所地，更名为安福守御千户所。

据《明太祖实录》卷四三记载，吴元年（1367 年）大军次澧州，慈利县人唐勇率众出降，洪武二年（1369 年）七月己酉，置麻寮千户所，以唐勇为千户。嘉庆《湖南通志》卷五十四记载，麻寮千户所为洪武四年（1371 年）置，应有误。据万历《慈利县志》记载，添平隘丁千户所为洪武二年（1369 年）置，以土官覃添顺领土兵守之，初隶常德卫，后隶九溪卫。

洪武二十三年（1390 年）六月，明朝廷在平定夏得忠叛乱后，设置九溪卫，管九渊、野牛、三江口、闸口四关，领前后左右中五所，并将原大庸卫的安福守御千户所、常德卫的麻寮千户所、添平千户所改隶九溪卫。后来，朝廷为了加强对湘西北地区的管理，又于洪武二十六年（1393 年）五月乙巳，复置澧州守御千户所。② 此前，洪武四年（1371 年），明朝廷派周德兴讨平慈利宣抚司覃垕之乱后曾设澧州千户所，因洪武九年（1376 年）四月庚子设大庸卫而革。

武陵民族地区东南部边缘地带的卫所多设于洪武二十年（1387 年）以后。洪武二十二年（1389 年）六月辛巳，置湖广镇远卫；二十三年三月，置平溪卫；二十三年四月，置偏桥卫、清浪卫；二十五年五月，设天柱守御千

---

① 参见罗维庆、罗中：《明代土家族地区羁縻卫所研究》，《中国边疆民族研究》（第三辑），中央民族大学出版社 2010 年版，第 35 页。

② 参见嘉靖《湖广图志经书》卷七及嘉庆《湖南通志》卷五四记载为洪武二十五年置，《明太祖实录》卷二二七记载为洪武二十六年。

户所；三十年调靖州卫后所至汶溪寨，改名为汶溪所[①]。万历二十五年（1597年），天柱守御千户所改为县。据《明太祖实录》卷二〇〇记载，洪武二十五年（1392年）二月丙子，还曾设置过思州千户所及思南左、右千户所。又据万历《贵州通志》卷一七记载，洪熙元年（1425年）革思州千户所。[②]《明宣宗实录》卷八也载，洪熙元年（1425年）八月，兵部奏请，因思南、思州两宣慰司已革，如仍存思南、思州千户所不妥，遂革之。思南、思州千户所是与思南宣慰司和思州宣慰司并存的土千户所。

洪武五年（1372年）十二月，明朝廷省黔江县，以其地入彭水县，洪武十一年（1378年）九月甲申，彭水县知县聂原济因黔江地接散毛、盘顺、酉阳等土司，洞蛮出没，屡为民患上奏明朝廷，要求设卫屯守。明太祖下诏从其言，设黔江守御千户所。十四年九月复置黔江县，十五年依卫所例筑城。据《明太祖实录》卷一九记载，洪武十九年（1386年）十一月，设置平茶守御千户所。又据嘉靖《湖广图志经书》卷一九记载，平茶守御千户所在靖州"南一百二十里，去本卫东九十里。"[③]此地与酉阳土司所辖的平茶长官司相去甚远，因此与其无关。

洪武四年（1371年）明朝廷取施州后，未设施州，直至洪武十四年（1381年）五月辛卯，才"复置夔州府施州，以建始隶之"[④]，六月设施州卫军民指挥使司，领左中右三千户所，隶四川都司，十二月改隶湖广都司。明朝廷设施州之后，相继被当地的少数民族攻破，其先有覃芳诸破施州城，杀知州李才、同知孙明用、州判王杰、吏目李毓秀等。[⑤]洪武十六年（1383年）七月，又有石柱溪峒蛮夷入寇，二十年（1387年）因夏得忠乱，诸蛮群起，又破施州，知州胡士能被害，[⑥]二十三年（1390年）梁国公蓝

① 参见（清）王复宗纂：《天柱县志》下卷，康熙二十二年刻本。

② 参见（明）王耒贤修，许一德纂：《贵州通志》卷一七，明万历二十五年刻本。

③ （明）薛纲纂修，吴廷举续修：《湖广图经志书》卷一九，明嘉靖元年刻本。

④ 《太祖实录》，卷一三七，台湾"中央研究院"历史语言研究所1962年校印版，第2165页。

⑤ 参见（清）张家檙：《恩施县志》卷三《名宦》，嘉庆十三年刻本。

⑥ 参见（清）张家檙：《恩施县志》卷三《名宦》，嘉庆十三年刻本。

玉领兵进剿，对鄂西南的土司进行大肆镇压，四月初战告捷，“杀获蛮酋男女一千七百八十余人”①，五月又擒获施南土司覃大胜及其余党820人，押送京师，“磔大胜于市，余党谪戍开元”②。洪武二十三年（1390年），明朝廷将施州并入施州卫，建始还隶夔州，使施州卫成为实土卫。洪武二十三年（1390年）还在散毛土司地设散毛千户所，后因驻大水田，更名为大田千户所。

明朝廷在武陵民族地区的东北境、东南境以及西北境设置了大量卫所。东北境的卫所主要控御容美、桑植、永顺、保靖诸土司及苗民；东南境的卫所主要控制思南、思州土司及其周边的侗民、苗民；西北境的卫所主要防控散毛、施南等鄂西地区的土司。并且这些卫所形成掎角之势，控制整个武陵民族地区的少数民族。在这些卫所中，卫基本都改为了流官卫，所大部分为土官千户所。土官千户所主要由土官担任千百户以及招募土民屯戍，“土官性质与他职官不同，然亦朝廷命官也”③，其承担的仍然是捍内御外的职能。这些卫所建立起来以后在武陵民族地区的外围层形成了一个“C”字形的半包围圈，将土司和生苗区包围在中间。

二、屯戍与移民

明代的卫所官兵“自卫指挥以下其官多世袭，其军士亦父子相继”④，也就是世代为官，世代为军，成为卫所屯戍地的永久性移民。明朝廷将人口分为军、民、匠三种户籍身份，分别进行登记和管理。并且，在这些户籍中，“盖终明世，于军籍最严”⑤，因此卫所从体制上看是一个比较封闭的系统。洪武七年（1374年）以前，“内外卫所，凡一卫统十千户，一千户统十百

---

① 《太祖实录》卷一三七，台湾“中央研究院”历史语言研究所1962年校印版，第3015页。

② 《太祖实录》卷一三七，台湾“中央研究院”历史语言研究所1962年校印版，第3029页。

③ 陈宗瀛纂：《九溪卫志》卷二《土官世系》，民国二十四年抄本。

④ （清）张廷玉等：《明史》卷七六《志》第五二《职官志》，中华书局1974年版，第1876页。

⑤ （清）张廷玉等：《明史》卷九二《志》第六八《兵志》，中华书局1974年版，第2258页。

户，百户领总旗二，总旗领小旗五，小旗领军十”①，也就是1卫约有10000名军士。洪武七年（1374年）重新申定卫所员额，“每卫设前、后、中、左、右五千户所，大率以五千六百人为一卫，一千一百二十人为一千户所，一百一十二人为一百户所，每百户所设总旗二人，小旗十人”②，相对来说缩减了兵额。在军士之外，每卫还有诸如指挥使、同知、佥事、正千户、副千户、镇抚、吏目、百户、总旗、小旗等官687名，每所有136名。如此算下来，每卫的额定官兵有6287名，每所有1256名。当然，这些是针对全国的普遍性规定，在实际编额过程中存在偏差。武陵民族地区及周边地带的卫所戍额情况见表2–9的统计。

表2–9　武陵民族地区及其周边地带的卫所戍额统计表

单位：名

卫所	戍额
常德卫	5636
辰州卫	6273
沅州卫	5183
平溪卫	5640
永定卫	5600
大庸千户所	1164
澧州守御千户所	1147
九溪卫	4633
安福千户所	1120
添平千户所	1120
麻寮千户所	1120
靖州卫	14789
天柱守御千户所	1112

① （清）张廷玉等：《明史》卷七六《志》第五二《职官志》，中华书局1974年版，第1874页。

② （清）张廷玉等：《明史》卷七六《志》第五二《职官志》，中华书局1974年版，第1874—1875页。

卫所	戍额
汶溪千户所	1108
施州卫	4679
大田军民守御千户所	3127
清浪卫军	6244
偏桥卫军	5600
镇远卫军	5600
铜鼓卫	18036
伍开卫军	32261
黔江守御千户所	1216
合计	132408

注：万历《湖广总志》未载镇溪千户所的戍额。

资料来源：黔江守御千户所见于（清）王鳞飞修，冉崇文纂：《增修酉阳直隶州总志》卷十，同治三年刻本；其余见于（明）徐学谟撰：《湖广总志》卷二九，万历十九年刻本。

从表 2–9 可知，明代设立卫所时迁到武陵民族地区及其周边地带的军士有 132408 名，如果除去添平、麻寮等土千户所的戍额，还有接近 13 万名移民军士。按照明朝廷的规定，军士可以携带家口到屯戍地，如果按照每名军士有 5 口之家算，迁来的人口接近 65 万人。单就与武陵民族地区密切相关的辰州卫、沅州卫、永定卫、九溪卫、平溪卫、施州卫、添平千户所、麻寮千户所、安福千户所、大庸千户所、镇溪千户所、思南千户所、思州千户所、黔江守御千户所、大田军民守御千户所来说，除去添平、麻寮、思南、思州等土官千户所外，还有戍额 38635 名。如果将这些戍额配齐，算上他们的家人大概有 19 万名卫所移民迁入武陵民族地区。

当然，卫所实际的军士人数也因时因地与戍额有一定差异。如丙午年（1366 年）设置常德卫时，调苏常军千人，并陈友谅漫散军及招抚头目千人，总计也才两千余人，直至洪武十三年（1380 年）调襄阳军千人以及降卒安插，隶卫的旗军才达到 5630 名。并且这些旗军也不是全部驻扎常德，后来调更戍军到靖州 640 名、广西 563 名、道州 123 名，其余的才分驻常德卫各哨口、关隘及卫。[①] 又如辰州卫原额军6000名，[②] 分左中右前后五所，并领镇溪军民千户所。镇溪千户所、麻寮所、添平所虽然为土千户所，但其中也有迁来的旗军，如万历《贵州通志》卷一八《兵防》记载，镇溪所有旗军 50 名。[③] 其差距最大者为大田千户所的戍额，据《明史》卷三一〇《土司列传》记载，设置大田所时命千户石山领土兵1500人镇之，[④]《明太祖实录》卷二〇一，洪武二十三年（1390 年）闰四月丙寅条记载，千户石山领酉阳土兵 1500 人镇之，同治《咸丰县志》也引大田千户所官家族《杨氏谱序》记载，汉土守御军共计 1660 名，同治《咸丰县志》又引打钱千户梅拱宸的《大田所舆图文册》记载，其留下的酉阳土兵仅 1110 名，后因土司“乱发不常”，调施州卫左所汉官兵 550 名充实。可见，万历《湖广总志》所记载的戍额 3127 名可能有误。

在屯戍的军士之外，每卫设指挥使 1 名，指挥同知 2 名，指挥佥事 4 名，一卫一般辖 5 千户所；千户所设正千户 1 名，副千户 2 名，镇抚 2 名，吏目 1 名，一千户所一般辖 10 百户所，共有百户 10 名，总旗 20 名，小旗 100 名。如此计算下来，一个千户所的官员有 136 名，一卫的官员有 687 名，除去卫指挥使不世袭也还有 686 名。卫所在后来的发展过程中，还设有儒学教授、训导、通判、经历、抚夷同知等文职官员。这些文官不世袭，我们不能将其全部归为移民，但也有一些文官后来世代居住在这个地方。当然，朝廷在实际调配这些官员时也可能超额或不足额。如明初，辰州卫设有卫指挥使 34 员，千户 29 员，镇抚 1 员，冠带总旗 2 员，百户 51 员，虽与朝制不合，但“岂边疆之地，或别有权宜乎”[⑤]。黔江千户所在设立时仅仅配备了正、副千户各一员，管领百户五员。镇溪千户所有流官千百户5员，土官指挥2员、

① （清）恽世临修，陈启迈纂：《武陵县志》卷二三，同治二年刻本。

② （清）张官五纂修，吴嗣仲续修：《沅州府志》卷一二《户口》，同治十二年增刻乾隆本。

③ （明）王耒贤修，许一德纂：《贵州通志》卷一八《兵防》，万历二十五年刻本。

④ （清）张廷玉等：《明史》卷三一〇《列传》第一九八《土司列传》，中华书局 1974 年版，第 7985 页。

⑤ （清）张官五纂修，吴嗣仲续修：《沅州府志》卷一二《户口》，同治十二年增刻乾隆本。

千百户 10 员。[①] 添平千户所有汉官千户 2 员，土官千户 3 员。[②] 土官千户所设有汉官千户，表明这些千户所是土流兼制，这些地区也有汉族移民。

虽然各卫所的实际军士和官员配置与万历《湖广总志》的成额以及朝廷规定的限额可能有一定差异，但总体上按照每卫 6280 名，每所 1256 名足额配备官兵计算不会相差太远。除去土官千户所中的流官和旗军，武陵民族地区的 6 卫，4 千户所计有官兵 42704 名，算上他们的家属约有 21 万卫所移民。卫所建立以后，虽然对军籍人口管理较为严格，但是“岁久逃故”的人也不少。如嘉靖年间，常德卫“旗军较之原额十丧七八，现存者仅足以充广靖道州等处更戍之役，洪沾等三哨调拨不敷，则抽选舍余丁壮者补之，其守城把门窑局等处，率皆空乏，暂签余丁充数”，但卫所的官员却由明初的每所“不过五六员”，增加到“各所千百户等官殆百有余人，称指挥者仅三十人，官日增而军日少。”[③] 实质上，其他距离土司更近的卫所军士逃亡脱籍的现象更甚，至明末，每个卫所能够管理的军籍人口非常有限。乾隆十一年（1746 年）慈利县编审人口时，县属户数 23698，其中民户 23095，军户 603；口数 119677，其中民大男妇 66861，小男女 40630；军大男妇 1146，小男女 1400。[④] 慈利县是九溪卫的主要驻地，明九溪卫城就在县治西北九十里古索口，其军户仅 603 户，军籍人口仅 2546 人，恐怕不及明代的十分之一。这些逃亡的军士并非返回了原籍，很多仅仅是脱籍，但仍然在这块地域上生活，或者逃入土司地区。

明代卫所的士兵主要来自从征、归附、谪发和垛集四个方面。从征即最初追随朱元璋起义的队伍，主要来自朱元璋的老家濠州及附近的滁州、皖北、苏北等地；归附主要是在元末战争中投靠朱元璋的各地方武装及元军；谪发是将罪犯充军；垛集是明代的征兵方式，家有三丁以上者，即抽一丁从军。显然，洪武初期建立的卫所其军士主要来自从征和归附，后期建立的才

① （清）蒋琦溥修，林书勋续修：《乾州厅志》卷一四，同治十一年修清光绪三年续修本。

② （清）皇甫如森纂修：《慈利县志》卷五《世袭》，嘉庆二十二年刻本。

③ （明）陈洪谟纂修：《常德府志》卷一四《兵防》，嘉靖时期年刻本。

④ 参见（清）皇甫如森纂修：《慈利县志》卷三《户口》，嘉庆二十二年刻本。

有可能主要来自谪发和垛集。范植清教授认为，从征和归附的军人都具有地域性特征，也就是同一个部队的人大部分是同乡关系，并且让同乡人充任基层的头目。① 至于武陵民族地区的卫所移民具体的来源情况，必须结合卫所建立的时间过程和卫所移民的历史记忆来分析。

常德卫的建立过程及军士的来源在方志中有比较清晰的呈现，其建立时有陈友谅的漫散军一千人、苏常军一千人，由张钦和徐寿分领。陈友谅为湖北沔阳人，在带兵作战的过程中主要攻陷了江西、安徽、福建等地，在鄱阳湖大败朱元璋，因此其漫散军也就是归附明朝廷的军队应该来自这些地方，或许江西籍占较大比重。苏常军应该是来自江苏苏州、常州的军队。洪武十一年（1378 年），“钦命杨仲名收集苗杨旧所领头目散卒复补左千户所。”② 杨仲名时任辰州卫指挥使，洪武十一年（1378 年）六月己巳，钦命其担任总官兵，率辰州卫、沅州卫及土著隘丁兵讨五开卫吴面儿，十一月讨破。杨仲名收集的苗杨旧所领头目散卒很可能就来自贵州五开卫。洪武十三年（1380 年）又调湖北襄阳军 1000 人，设前所，二十年增设中、后两千户所。但未明确记载这次设所的军士来自哪里。可见，常德卫的军士主要有来自湖北、江西、安徽、福建、江苏、贵州等地。据嘉靖《常德府志》卷一四记载：“调左千户所张钦军，开设大庸守御千户所。”③ 可见，大庸千户所的军士主要来自常德卫设卫时的陈友谅漫散军或调集的苏常军。辰州卫和沅州卫也与常德卫一样，是在刚刚夺取城池时建立的卫，因此其军士主要来自归附的元军和陈友谅部队。据弘治《徽州府志》卷四记载，王佑的曾祖父王暹是直隶宛平人，“以元元帅归附，洪武间功升辰州卫镇抚。”④ 王暹“以功升辰州卫镇抚”，或许不是建卫之初就获任，而是后来调入。又据康熙《沅陵县志》记载，王梦麟祖王斌为江苏武进人，“以武功授辰州卫

① 参见范植清：《明代施州卫的设立与汉族、土家族的融合》，《华中师范大学学报》（人文社会科学版）1991 年第 1 期。

② （明）陈洪谟纂修：《常德府志》卷一四《兵防》，嘉靖时期年刻本。

③ （明）陈洪谟纂修：《常德府志》卷一四《兵防》，嘉靖时期年刻本。

④ （明）彭泽修，汪舜民纂：《徽州府志》卷四，弘治刻本。

指挥同知”。[①] 如果这些官员都是后来升迁获任，就无法建立他们与军士来源之间的联系。又据《明太祖实录》卷一九记载，丙午年（1366 年）三月丙申，徐达拔高邮，俘获其官将 1037 人，士卒 1175 人，马匹 373 匹，民 1397 户，上命将所俘将士全部遣戍沔阳、辰州。可见辰州卫还有来自江苏高邮的军士。

永定卫的前身是羊山卫，据隆庆《岳州府志》卷六记载，创建羊山卫时，以“简阳、黄州、襄阳、安陆兵共为守御。”[②] 以上四地除简阳在四川省以外，其他三地都在湖北省。据康熙《九溪卫志》记载，九溪卫原设指挥 48 员，但仅注明翟亨原籍徐州（今江苏徐州），乐睿原籍定远（今安徽定远县）。又据《湖南氏族迁徙源流》记载，澧县八里河王氏始祖麟公，原籍金陵（今江苏南京），明成祖时奉旨征苗，以功封九溪卫指挥，遂家于此。[③] 此外，还有临澧观音庵张氏始祖映公，原籍南京直隶庐州合肥县（今安徽省合肥市），洪武十二年（1379 年）被敕封为武略将军，屯守九溪卫。根据这些有限的信息大致能够判断其官军主要来自苏皖等地。

据民国《贵州通志·宦迹志》记载，领军开建平溪卫的掌印指挥使许升为江南全椒（今安徽省全椒县）人，另一指挥使李达道为江南丹徒（今江苏镇江丹徒区）人。[④] 又据乾隆《玉屏县志》卷三记载，“明初指挥使等领兵五千六百一十四名屯戍，永乐年间更调蕲州卫官军戍平溪卫。”[⑤] 或许其建立之时的军士主要来自指挥使的家乡，即安徽、江苏一带，永乐年间又调来湖北蕲州卫官军补充。又据乾隆《玉屏县志》记载，曾任平溪卫指挥等官的有山东临清州人郑泰，景泰年间任卫指挥；山东东昌人郑忠永，乐初任卫指挥；蕲州卫指挥佥事洪寿，永乐十二年（1414 年）因征五溪蛮有功升平溪卫指挥使；江苏吴县人郭斌，以功升平溪卫指挥使；凤阳怀远（今安徽怀远）

---

① （清）郎廷梿修，张佳晟纂：《沅陵县志》卷六，康熙四十四年刻本。

② （明）锺崇文纂修：《岳州府志》卷六，隆庆刻本。

③ 湖南图书馆编：《湖南氏族迁徙源流》，岳麓书社 2010 年版，第 899 页。

④ （民国）刘显世修，杨恩元纂：《贵州通志·宦迹志》八，民国三十七年铅印本。

⑤ （清）赵沁修，田榕纂：《玉屏县志》卷三，乾隆二十二年刻本。

人刘澄，洪武年间因军功历升平溪卫千户；顺天玉田县（今河北玉田县）人铁刚，洪武二十五年（1392 年）授平溪卫百户，永乐十三年（1415 年）功升副千户。这些建卫以后迁来的卫官，来源比较广，既有来自山东的，也有来自江苏、湖北、河北等地的。据嘉庆《恩施县志》卷四《风俗》记载，施州卫“惟屯籍系明初调拨京省官军之家。”①“京省官军之家”应该是早期从征朱元璋，主要来自苏皖等地的军队。又据该志卷三《人物》记载，施州卫 13 家卫指挥，有 4 家来自安徽、3 家来自河北、2 家来自湖北、1 家来自河南。洪武年间迁来的 4 家，除 1 家来自江苏以外，其余均来自安徽，或许建卫之始迁来的军士也主要来自安徽等地。

安福千户所是因夏得忠叛乱之后罢西水千户所而设。其设置的过程见于乾隆《永顺府志》卷一二记载：“西水千户夏得忠诱北溪峝蛮为寇，命靖宁侯叶升讨平之，开创城池，改设安福守御千户所，调拨南北省指挥一员、千户四员、百户二十员至所，编民三户，并沔阳州景陵县军人守城。”②清康熙三年（1664 年），在湖广布政使司中析置湖南布政使司为湖南省后，一些方志中出现以南北省指代湖南、湖北的现象。安福千户所调拨南北省的卫所官员或许与守城军人同来自湖北沔阳州景陵县。

镇溪千户所建所之时有两名正千户，不太符合一般千户所一正两副的配置，或许两名千户中一名为汉官千户一名为土官千户。虽然各种文献中对镇溪千户所设立的时间记载不一，但建设过程的脉络是比较清晰的。据乾隆《辰州府志》卷一二《边备考》记载，镇溪军民千户所建所之时，“取江西建昌守御千户所正千户叚文入京给铜印令世袭镇溪千户”，又取“贵州乌撒卫陈牙，四川泸州卫宋贵为副千户，同往佐理”，“分一百二十四寨为十里，令渠首杨二为百夫长，其畸零寨户一百三十二名充土军守城池，寇乱则聚为军，事平则散为民。”③《辰州府志》仅仅记载了镇溪千户所的官员来源，但并未详明其军士来源。又据宣统《永绥厅志》卷六记载：“曰杨保，原出贵

① （清）张家檙：《恩施县志》卷四《风俗》，嘉庆十三年刻本。

② （清）张天如纂修：《永顺府志》卷一二，乾隆二十八年刻本。

③ （清）席绍葆修，谢鸣谦纂：《辰州府志》卷一二《备边考》，乾隆三十年刻本。

州遵义播酋杨应龙之裔。明洪武三十年（1397年），苗称赋役太重，恳官奏减，时泸溪县主簿孙应龙入峒抚之，其族酋有杨二者，孙领之入京，奏设镇溪军民千户所，允之，升孙为镇溪千户所镇抚，创卫署立新制，分一百二十甲寨为十里，令杨二为百户长，钤东之后，因镇溪苗势甚悍，时与土官为难，又系孤悬绝地，转运维艰，议撤厅苗所祀杨老令公，其祠实杨二所建，盖皆播酋后。"① 杨应龙为明末人士，而镇溪千户所建所时间在明初，显然杨二不可能是杨应龙之裔。泸溪县主簿孙应龙领杨二入京，说明杨二当时不可能还居住在贵州播州或新近从播州迁徙到泸溪，只可能是当地的土著居民。由此看来，镇溪千户所是汉土兼制的实土千户所，军士除了土著的少数民族之外还有汉军。这些汉军或许来自三位千户原来所在的卫所，即江西建昌守御千户所，贵州乌撒卫，四川泸州卫。

据咸丰《黔江县志》卷二《武功志》记载，黔江守御千户所为凉国公蓝玉讨平龚、胡、秦、向等土著豪族以后设立，当初调设官兵1216名，以608名为守军，608名为屯军。但是，文献无载这些官军的来源，或许来自蓝玉带领的军队。大田千户所，除了调施州卫左所的550名汉军之外，建所之初的军队都是来自重庆酉阳、秀山等地的土军。洪武二十三年（1390年），蓝玉征讨散毛土司时有13000余名土兵在冉如豹等人的带领下随征，事定之后，留酉阳、平茶等土司兵1000余名建大田所。后来，调集汉军充实大田千户所之后，汉土军的比例基本上为1∶2，所以千百户的设置也基本按照这个比例，总共额设千百户15员、土军10员、汉军5员。但根据民国《咸丰县志·氏族志》和嘉庆《恩施县志·人物志》统计，见志的14家大田所世袭官员中，仅有3家为土官。11家汉官中有5家来自凤阳府，2家来自湖北黄州，另外3家分别来自重庆万州、江苏淮安和河南汝阳。

麻寮、添平、思南、思州等千户所中或许也有汉官，有的还有外地迁来的旗军，但难以考证这些人的来源和具体的数量。见于《慈利县志》记载的有添平所汉官千户王智、赵郁，其中王智为河南汝宁府西平县人，赵郁为

① （清）黄鸿勋纂修：《永绥厅志》卷六，宣统元年铅印本。

直隶叙州沛县人。① 康熙《石门县志》卷中记载，添平所汉官百户盛得从原籍陕西西安府咸宁县（今属陕西长安县）。②

在明代建设卫所的过程中迁来武陵民族地区的移民数量庞大，迁徙时间集中在卫所初设时期，后来虽然时有补充，但数量不及前期。通过对以上文献的梳理和分析可以发现，卫所移民主要来自江苏、安徽、江西以及湖北等地。由于卫所体制的封闭性，以及迁徙时间集中、移民数量大、相对聚居等原因，卫所移民迁来之后改变了局部地区的人口结构。据康熙《永定卫志》卷二《风俗》载，“永定初设，无一土著之民，官军俱各省调集，以实卫城。其声音清历，礼仪彬雅，绝不染方言蛮俗。”③ 表明卫所移民在迁来初期与土著之间的接触较少，各自分开居住，受土著的文化影响也很小。但是随着卫所管理松弛，以及清初废除这套体制之后，卫所移民逐渐“在地化”，很多人口融入到当地的少数民族中。又据乾隆《桑植县志》卷二，“县民最杂糅，由慈拨归者曰民籍，旧土司治者曰土籍，旧卫所所辖者曰军籍，苗曰苗籍，自外县迁来者曰客籍，籍有五。民则土四之，客六之。”④ 清雍正年间改土归流后设桑植县，其地既有桑植土司、茅冈土司等土司地，又有安福千户所，慈利县地，因此其民来源也较为复杂。“民则土四之，客六之”中的“土”或许仅指土司管理的土籍人口和苗籍人口，“客”将外县迁来的客籍和军籍以及慈利拨归的民籍均算在内。

三、屯地与移民分布

明代的卫所有实土卫与非实土卫之分，实土卫既管军又管民，还管理治理范围内的所有土地，非实土卫仅仅管理军人和屯田，不管民及民田。武陵民族地区的卫所除土官千户所之外，仅有施州卫、大田所、镇溪所等是实土卫所，其余都是非实土卫所。卫所的名称是卫所军人的军籍所在，实土卫

① （清）皇甫如森纂修：《慈利县志》卷三《户口》，嘉庆二十二年刻本。

② （清）张霖纂修，许湄续修：《石门县志》卷中，康熙二十二年刻本。

③ （清）潘义修，杨显德纂：《永定卫志》卷二《风俗》，康熙二十四年刻本。

④ （清）顾奎光纂修：《桑植县志》卷二，乾隆二十九年抄本。

的屯田及戍守哨点基本上都在其治理的范围内，非实土卫所屯田及戍守哨点分布较广，往往涉及数县。在实土卫所中，也仅仅是屯地分配给军人耕种，民地仍然为民所有，因此卫所移民也主要分布在屯地范围内和驻军地点。非实土卫所的卫所移民也分驻各屯地和戍守点，在卫所体制解体之时，仍然在任的军士被拨归驻地县管理。

明代卫所的军士，一部分戍守，一部分屯种。如常德卫调往靖州、广西、道州等地的更戍军有1326名，调往洪沾哨、明山哨、沅江哨的有140名，在卫旗军仅有4164名。明朝廷规定每军受田50亩为一分，官给耕牛、农具，教树植，军士供租税。一些卫所的受田较多，如常德卫给在卫旗军“每官存户田二百亩，每军存户田一百亩。”①但是并非所有的屯田都在常德府内，“每卫之屯分上下，常德卫上屯附于府，下屯则坐落益阳、辰州卫；上屯附于辰，下屯则坐落武陵、龙阳，迨后旗军兵故绝者多，而屯田亦侵渔者半，于是军不可用而屯属虚名。”②可见，常德卫的屯田分布在益阳、辰州、武陵、龙阳等地。据嘉庆《常德府志》卷十六记载，常德卫的屯田主要坐落在武陵屯，全卫屯粮16000余石，武陵屯占13660余石，另外，在长沙府益阳县有屯粮2330余石。武陵屯的屯田包括坐落在武陵县的704顷70余亩、桃源县的67顷30余亩、龙阳县的45顷60余亩，益阳县的屯田有144顷40余亩。同时，常德府也有其他卫所的屯地，如永乐三年（1405年），招募耕种，辰州卫军人700余名奉例来常德府，屯种武陵县、龙阳县地，万历九年（1581年），丈量其田有1314顷40余亩。同时，沅州卫坐落桃源县的屯田子粒粮也有2330余石。可见，常德卫的军士除了分布在常德府治附近的卫治以外，还分布在武陵县、桃源县、龙阳县、益阳县以及靖州、道州和广西等地。

沅州卫除了上述坐落桃源县的屯田之外，还有沅州管辖范围内的屯田。清初清丈田亩的过程中，沅州府属县多有沅州卫及其他卫所拨归的屯田。如

① （清）陈楷礼纂：《常德府志》卷一六《武备考》，嘉庆十八年刻本。

② （清）陈楷礼纂：《常德府志》卷一六《武备考》，嘉庆十八年刻本。

康熙元年（1662 年）至乾隆八年（1743 年），相继拨归芷江县的有沅州卫、平溪卫、清浪卫、镇远卫、偏桥卫等卫所的屯田，拨归黔阳县的有沅州卫、靖州卫、平溪卫、清浪卫、五开卫、镇远卫、偏桥卫的屯田，拨归麻阳县的有沅州卫、靖州卫、平溪卫、清浪卫、镇远卫、偏桥卫的屯田。辰州府在清丈田亩和统计户口的过程中，不仅沅陵县、泸溪县、辰溪县、溆浦县均有辰州卫拨归的户口及屯田，辰溪县还有沅州卫、清浪卫拨归的屯田，溆浦县还有铜鼓卫拨归的屯田。据康熙《麻阳县志》卷十记载，永乐二年（1404 年），麻阳县“蒙准议招辰、沅及平、清、偏、镇六卫屯戍，盖耕守两便之意。”① 可见，辰、沅两州的卫所屯地非常复杂，不仅有辰州卫、沅州卫的屯地，还有平溪卫、清浪卫、偏桥卫、镇远卫、五开卫、铜鼓卫等卫所的屯地。这些卫所的屯地都是相应的卫所派员垦种，因此，相关地域也有这些卫所的官员和军士分布。沅州卫的驻军点，除了上述屯田地区外，还有哨堡。据乾隆《沅州府志》卷二一记载，沅州卫不仅在沅州（今芷江）城东有奇兵营，营有勇兵、打手，还领有罗旧、冷水、晃州、坝坪、黔阳、竹滩、安江等堡，堡有官军哨守。罗旧、冷水在湖南怀化芷江侗族自治县境，晃州、坝坪在今新晃侗族自治县境，黔阳、竹滩、安江在今洪江市境，这些地方基本上都在沅州的治理范围内。

永定的前生羊山卫建于永顺宣慰司羊峰山，即今湖南省永顺县松柏乡境。羊峰山是永顺县境内的高山，后也因道路不便，运粮困难而撤退到大庸县地，即今张家界市永定区后坪镇武口村，更名为大庸卫，后又迁到张家界市区，更名为永定卫，大庸卫降为千户所。又据《明史》记载，“西南有永定卫，洪武中置，二十三年（1390年）八月徙于永顺宣慰司之芋岸坪。”②《明太祖实录》卷二〇三将“芋岸坪”记为“羊岸坪”，各方志均从“芋岸坪”。“芋岸坪”具体方位文献无载。此次迁卫的原因或许是置永定卫之后，造成了永定卫与大庸千户所在同一地点并存，因此需要将一个机构迁出。又

① （清）黄志璋纂修：《麻阳县志》卷一〇，康熙二十四年刻本。

② （清）张廷玉等：《明史》卷四四《志》第二〇《地理志》，中华书局 1974 年版，第 1080 页。

据隆庆《岳州府志》卷六记载，“洪武初名大庸卫，在今永定地名桑溪，革除时改为所，迁此。”[①]还据《续修永定县志》卷二记载，“大庸卫距今县治三十里，卫西七甲里许为后坪关，西北十五里为黑崇关，芋岸坪北今县治。”[②]永定县治为原永定卫城所在地，又考永定三关之龙伏关在卫西北，后坪关和黑崇关在东南，按此方位推算，或许芋岸坪为大庸千户所迁出后的治所，疑《明太祖实录》在传抄的过程中有脱落，正确的应该是“徙永定卫大庸千户所于永顺宣慰司之芋岸坪”。

明朝廷平定夏得忠叛乱之后，在慈利县西北九十里的二十一都索口市（今湖南慈利县江垭镇）设立九溪卫，九溪卫因溇水别名九溪而得名，那里是湖广通蜀黔的交通要道，距永定卫也仅一百余里。九溪卫有九渊、野牛、三江、闸口等关。九溪卫、永定卫在慈利县和石门县均有屯田：据民国《慈利县志》卷一《地理》记载，九溪卫的屯田分布在慈利县二十一都、二十二都，永定卫的分布在旧都、填补二十四都；又据康熙《石门县志》记载，“石门一二三四上下五七等都屯，住九、永二卫官旗军共四百二十三段，凡一百四十七顷八十一亩。”隶于九溪卫的澧州千户所被称为前五屯田，或许澧州也是九溪卫的屯田地。

平溪卫在今贵州玉屏县地，在古代是湖广入黔的重要通道，其屯田主要见于上述沅州、辰州属县，其负责守卫的哨堡鲇鱼站堡、南宁哨堡、平溪站堡、太平哨堡分布在卫治的周边。

施州卫和大田所都是实土卫所，其屯戍地主要分布在今湖北恩施、利川、咸丰一带。如果以施州卫的驻地（即今恩施市城区）为中心，其屯地分别向西北和西南两个方向延伸，西北向的是沿清江逆流而上，经恩施屯堡到利川团堡、元堡，达利川南坪接瞿塘卫，西南向的是经恩施芭蕉、盛家坝过咸丰大田坝、忠堡、丁寨、甲马池、杨洞接黔江千户所。这篇屯戍地构成一个“V”字形地带向土司地区延伸。

① （明）锺崇文纂修：《岳州府志》卷六，隆庆刻本。

② （清）万修廉修，张序枝纂：《续修永定县志》卷二，同治八年刻本。

镇溪千户所的前生是崇山卫，崇山卫因崇山得名，其处在腊尔山北部的吉首、凤凰、花垣三县交界处，后因道路险远，运粮困难改为崇山千户所，但仍没有解决运粮困难的根本问题，后又被迫撤退到地势相对平坦的夜郎坪（今吉首市），朝廷又割泸溪县上五都蛮民，分十里置镇溪千户所。据万历《贵州通志》卷一八《兵防》记载，镇溪千户所有强虎哨、筸子坪哨、洞口哨、永安哨等哨口。康熙四十三年（1704年）裁镇溪所，设乾州厅，别立凤凰厅，雍正八年又分乾州六里红苗设永绥厅。安福千户所在九溪卫西北慈利县旧十六都瓦窑冈，改土归流后其地入桑植县，在安福所城建桑植县城。嘉靖《澧州志》记载，安福所"领旗军隘丁二千二百四十人，户五百六十。"户或许是民户，即安福所既管军又管民。

添平所、麻寮所虽是土官千户所，但所官"汉土杂用"，据民国《慈利县志》卷一八《事纪》引潘相《澧志举要》记载，添平千户所有汉官差操千户，汉官千户，汉官百户吏目、镇抚各一名，麻寮所有汉官三十二员。每所的组织机构除了在所的清军厅、巡捕厅、管操厅等军管机构以外，还有分布各地的隘口，由百户领军进驻。据文献记载，麻寮千户所有山羊隘、九女隘、梅梓隘、樱桃隘、拦刀隘、黄家隘、青山隘、靖安隘、曲溪隘、在所隘；添平千户所有鹞儿隘、龙溪隘、长梯隘、磨洞隘、遥望隘、石磊隘、中靖隘、走避隘、细沙隘、渔洋隘。这些隘口的驻军不仅负责把守容美、桑植等土司的交通要道，也负责保卫本境安全，隘口的地理范围就是各所的治理范围。添平所在慈利县西北境，大致的范围是"东抵澧州界，南抵九溪、慈利界，西抵各土司界，北抵渔洋关、长阳、松滋界"①，改土归流后，其地分属石门、慈利、安福（今临澧）等县。麻寮所在添平所偏南方，所城在慈利县西北三百里麻峰山，改土归流后大部分地拨入湖北鹤峰。

黔江千户所城在今重庆黔江区，其屯田主要分布在今黔江区城西的桃子坝、南沟、茶园，城南的冯家、濯水一带的龙桥、开鱼滩、小江、大堆坝、上下庙溪、官村、谢家坝、泉门口、桐车坝、高碛口、两河口等地，以

① （清）董儒修纂辑：《九溪卫志》卷三《添平所志》，康熙二十四年抄本。

及重庆市彭水县水田、细沙、龙桥、岸山等地。明嘉庆十年（1531 年），该所在“与散毛宣抚等司交界初设立老鹰等三关五堡，就于该所分拨官军把守。”① 见于方志的黔江千户所关隘有向东通往湖北省咸丰县道路上的老鹰关、石胜关、石牙关；西向通往，重庆石柱土司、利川忠路沙溪土司的白崖关，以及西向通向重庆彭水县的梅子关，小梅子关和亭子关等关隘。

通过对这些卫所的屯田和关隘、哨堡的梳理可以发现，武陵民族地区的卫所移民分布非常复杂，既有本区域内的卫所移民派往外地屯戍，也有其他区域的派驻进来，不过从总体上说，派出去的人数比派入进来的要少。根据实地调查发现，卫所移民主要分布在山间的平地，即当地人所说的“坝子”，即使向羊山卫、崇山卫等刚开始设立的时候在山岭中的卫所，后来都不得不撤退到平坝。并且，在卫所的屯地，一般有一堡数屯，或者一屯数堡，堡为驻军点，屯为耕地，至今在很多地方还保存了很多屯堡的地名。

由于明代在武陵民族地区沿土司地区的边缘地带设置卫所，从长江中下游的江苏、安徽、江西、湖北等地迁来大量移民。这些移民迁入武陵民族地区之后，由于体制的封闭性，他们相对集中地分布在卫所所在的城、屯地和把手的哨卡、关隘等地，在局部地区改变了人口的结构。如贵州“其开设初，只有卫所，后虽渐渐改流置立郡邑，皆建于卫所之中，卫所为主，郡邑为客。缙绅拜表祝圣皆在卫所。卫所治军，郡邑治民，军即民籍来役戍者，故卫所之治皆中国人，民即苗也，土无他民，止苗夷。”② 由于“屯田星插州县，皆隔数百里，为屯即不能为守，莫如守之以制兵，则兵不至以屯而误守”，③ 在一些实土卫所中虽有连片屯地，但又与土司地犬牙交错，到明代后期，卫所的屯政、军政均受到破坏，军人脱籍，土司侵占卫地的情况时有发生。清雍正年间在武陵民族地区掀起大规模改土归流后，绝大部分土司被废止，卫所也完成了他的历史使命。元明清时期，卫所地区的移民并非仅有卫

---

① （清）黄廷桂纂修，张晋生编纂：《四川通志》卷一八上，雍正十一年修清文渊阁四库全书本。

② （清）顾炎武：《肇域志》卷四六，清钞本。

③ （清）董儒修纂辑：《九溪卫志》卷一《战守志》，康熙二十四年抄本。

所移民，清初改卫所为郡县之后，卫所地区尤其是土官卫所与土司地区一样有大量移民迁入。如《永定县乡土志》卷八《户口》记载："清顺治初因遭大乱，以致户无遗种，及康熙时，又遭吴三桂兵蹂躏，其时土著老居百不存一，其后迁徙新户十常得九，稽其户籍，江西最多，湖北、四川次之。"[①]清乾嘉时期是卫所裁撤以后移民较为活跃的一个时期，武陵民族地区东北境的原九溪卫、永定卫、安福千户所管辖的卫所地区，移民以长江中下游的迁入移民为主；接近苗族聚居区的原镇溪千户所，辰州卫、沅州卫以及平溪卫等卫所地区由于清朝廷派大军压境，征剿苗民，人口以迁出为主。清代后期，从事农业生产的移民减少，而工商移民逐渐形成规模。

第三节　土司地区的移民

土司制度是元明清时期在南方少数民族及部分西北少数民族中实施的一项行政管理制度，中央朝廷委任土著首领担任地方行政长官，实行世袭统治，享有高度的自治权。土司制度是对唐宋时期的羁縻制度的发展和完善，既坚持了我国古代的民族治理思想，又对治理的具体手段有了进一步优化。如果说羁縻仅仅是"笼络不生异心"，那么土司已经有了一定"向心力"，"每袭替，则必奉朝命，其无子弟者，即妻女皆得袭替"[②]，其朝廷命官意识已经有所加强。土司制度对元明清三朝的边疆稳定和民族地区社会治理有重要贡献。但是，土司"在朝"是少数民族的代表，"在地"是朝廷命官的双重身份，也决定了他们是一股难以被完全整合的力量，具有很强的"在地"特征，在统治者看来是中央集权的"大一统"国家的一大缺憾，所以被逐步"改土归流"。

---

① （清）王树人修，侯昌铭纂：《永定县乡土志》卷八《户口》，光绪三十三年刻本。

② （清）毛奇龄：《蛮司合志》，上海古籍出版社 2002 年版，第 248 页。

一、土司与改土归流

宋代曾在官僚系统中设置过宣抚司、安抚司、招讨司等武职。据《宋史》卷一六七《职官志》记载："安抚总一路兵政，以知州兼充，太中大夫以上，或曾历侍从乃得之，品卑者止称主管某路安抚司公事。中兴以后，职名稍高者出守，皆可兼使，如系二品以上，即称安抚大使。广东西、荆南、襄阳仍旧制加'经略'二字。"①不过，这些武职主要由流官充任，与元明清时期在部分少数民族地区设置的由土官任职的土司衙门有显著区别。元代除了在一些地方设置由流官充任的宣慰司、宣抚司等之外，也在四川、湖广、云南等地的少数民族地区设置了宣慰司、宣抚司、安抚司、招讨司、长官司、蛮夷长官司等机构。虽然少数民族地区的诸位司长官仍然与宋代一样，属于武职，但已由土官世袭，并管理地方军民事宜。如《元史》卷九一《百官志》记载："宣慰司，掌军民之务，分道以总郡县，行省有政令则布于下，郡县有请则为达于省。有边陲军旅之事，则兼都元帅府，其次则止为元帅府。其在远服，又有招讨、安抚、宣抚等使，品秩员数，各有差等。"②元明清时期，诸司长官的品衔有所差异，总体上是元代高于明清两代，明清两代基本持平。如元代宣慰使是从二品，明清两代是从三品；宣抚使元代是正三品，明清两代是从四品；安抚使元代是正三品，明清两代是从五品；招讨使元代是正三品，明清两代是从五品。每司除了其最高长官"使"之外，还有同知、副使、佥事、经历等名目的官员。由于元代诸司长官与土官无必然联系，所以在当时并无"土司"概念。土司作为一个集合概念出现是在明代专门设置以土官任长官的宣慰司、宣抚司、安抚司等机构之后。如洪武二十八年（1395年）六月壬申，明太祖"诏诸土司皆立儒学。"③这里的"土司"显

① （元）脱脱等撰：《宋史》卷一六七《志》第一二〇《职官志》，中华书局1977年版，第3961页。

② （明）宋濂等：《元史》卷九一《志》第四一《百官志七》，中华书局1976年版，第2308页。

③ （清）张廷玉等：《明史》卷三《本纪》第三《太祖三》，中华书局1974年版，第52页。

然包含了全国各地的所有宣慰司、宣抚司、安抚司、招讨司、长官司等。土司最初所指是土官管辖的行政机构或管辖的地方，后来又指具体的土官，[①]特别是宣慰使、宣抚使、安抚使等由朝廷任命的诸司机构的世袭主官。

元代在鄂西南设置的土司有又巴、散毛、师壁、容美、盘顺等；在湘西设置的有永顺、保靖、桑直、安定、柿溪、白崖、会溪、驴迟洞、腊惹洞等；在渝东南设置的有石柱、酉阳、邑梅、平茶、石耶等；在黔东北设置的有思州、沿河祐溪、水特姜、省溪、提溪等。元代，鄂西南地区设置较早的土司是又巴，其次是师壁、散毛，再次是容美、盘顺。据《元史》记载，至元二十年（1283年）六月，“以向世雄为又巴诸洞安抚大使及安抚使。”[②]至元二十八年（1291年）七月，赐师碧（壁）洞安抚司印，至元三十年（1293年）四月，师壁、散毛洞勾答什王等各授蛮夷官；三十一年，因散毛洞主覃顺贡方物，升散毛洞为府。至大三年（1310年）十一月，容米洞田墨施什用降，元朝廷在其地立黄沙寨，以田墨施什用为千户。元统二年（1334年）正月戊戌，因大盘洞蛮谋谷什用遣男谋者什用贡方物，在其地立盘顺府，以谋谷什用为知府。其后，鄂西土司时叛时降，土司机构也时撤时立。元顺帝至正六年（1346年）七月，元朝廷招降散毛洞蛮覃全在，命其为散毛誓崖等处军民宣抚使；十年（1350年）正月壬戌，改容米洞黄沙寨为容美洞军民总管府；十一年（1351年）四月辛丑，招降师壁安抚司土官田驴什用、盘顺府土官墨奴什用，立长官司四、巡检司七；十二年（1352年）三月，向亚甲洞主墨得什用降，又立盘顺府，十五年（1355年）四月，又罢盘顺府，置盘顺军民安抚司。湘西土司设立较早的是泊崖洞，其次是永顺、安定等。至元二十一年（1284年），升泊崖洞为施溶州，以田万顷知州事。至元三十年（1293年）四月，元朝廷授永顺路彭世强蛮夷官。至大三年（1310年）四月，改永顺保靖南渭安抚司为永顺等处军民安抚司。元顺

---

① 参见李世愉：《土司制度基本概念辨析》，《云南师范大学学报》（哲学社会科学版）2014年第1期。

② （明）宋濂等：《元史》卷一二《本纪》第一二《世祖纪九》，中华书局1976年版，第255页。

帝至正十一年（1351 年）四月又升其为宣抚司。延祐三年（1316 年）十一月，改澧州路安抚司为安定军民府，至正十五年（1355 年）八月，因向思胜降，又改安定州为安定军民安抚司。湘西地区见于《元史》的土司还有新添葛蛮安抚司、施溶州、柿溪州、桑直、会溪、驴迟洞、腊惹洞等，但不明其设立的时间。元代在渝东南和黔东北设置的土司，文献也多不载其设置的具体时间。据《元史》记载，至元二十九年（1292 年）五月，改思州安抚司为军民宣抚司，泰定四年（1327 年）十一月，以思州土官田仁为思州宣慰使，但未载明设立思州安抚司和升宣慰司的时间。

元代在武陵民族地区设置的这些土司大体上的治理范围包括今鄂西南的鹤峰、五峰、来凤、宣恩、咸丰、利川，湘西的永顺、保靖、桑植、龙山、古丈，渝东南的酉阳、秀山、石柱，黔东北的思南、印江、沿河、德江、石阡、江口、碧江、万山等县市区，奠定了后世土司区域的基本格局。元末明玉珍据蜀时期，武陵民族地区的土司绝大多数都诚服于他，接受大夏政权的册封和印信。明玉珍为了获得土司的支持，将归附的大多数土司级别进行了提升。至正二十三年（1363 年）七月，朱元璋在鄱阳湖大战中战败陈友谅，次年攻陷武昌，友谅子陈理出降，随即朱元璋所领导的吴王政权统治前锋达到辰沅一带，湘鄂西的部分土司也投向吴王政权。洪武四年（1371 年），明玉珍子明升降明以后，武陵民族地区的土司基本都被纳入明朝廷的统治之下。明朝廷对这些土司皆以“原官授之”。但是，明朝廷与武陵民族地区的土司相处并不融洽，洪武朝即相继发生以慈利土司覃垕，安福土千户所千户夏德忠，散毛土司覃大胜等为首的叛乱。他们在叛乱的过程中，附近的桑植、容美、施南、忠建、镇南、大旺等土司也参与进来，所以洪武年间湘鄂西的土司升降裁撤较为频繁。直至永乐元年（1430 年），明成祖在总结历史教训的基础上，将土司治理“逐渐以制度的形式固定下来，轻易不再作变更”① 之后，武陵民族地区的土司机构也才基本稳定下来。据《明史》卷四十四《地理志》记载，鄂西南有 4 个宣抚司，9 个安抚司，13 个长

① 田敏：《土家族土司兴亡史》，民族出版社 2000 年版，第 95 页。

官司，5 个蛮夷长官司；湘西有 2 个宣慰司，1 个安抚司，8 个长官司，3 个土州；《明史》卷四十三记载，渝东南有 2 个宣慰司，4 个长官司；《明史》卷四十六记载，黔东北在思南和思州两宣慰司改土归流以后还有 11 个长官司，4 个蛮夷长官司。明末农民战争期间，武陵民族地区的土司又相继受到张献忠及“夔东十三家”的侵扰，为了在夹缝中求得生存，他们奉明朝廷为正朔，与这些势力既保持一定距离又尽量避免正面冲突，直至顺治十四年（1657 年）十三家势力渐衰之后，才积极向清廷靠拢。在其后的“三藩之乱”中，吴三桂兵临武陵民族地区，这里的大多数土司也接受了他的册封。清廷平定叛乱以后，武陵民族地区的土司积极上缴吴三桂所受印信，获得朝廷宽大处理，基本都被保留了土司职衔。在朝廷正式设置的土司之外，武陵民族地区也还有一些自授土司。如嘉庆《龙山县志》卷一六记载：“马罗峒系马、罗二姓古蛮世土，与永顺土司接壤。明嘉靖间，施溶州舍把田滋为巡边总管，诸邻交睦，边民爱戴，遂自授长官世职，未请颁印信，不得与六长官司同列。”①

元明清时期，中央朝廷对土司治理下的少数民族地区仍然沿袭宋代的蛮民“不得与汉民通”的隔离政策，并仿照宋代的禁山封堠在汉土交界地带设置关隘或界碑，限制移民和人口流动。如容美土司与湖北长阳县交界的漂水岩，“岩上为土界，岩下为汉界”②。官府在这里的大路上设置了“汉土疆界碑”，明确土司与经制地区的边界，并规定“蛮不出境、汉不入峒”③。这些政策和行动在一定程度上限制了土司地区的发展和人员流动，因此土司地区的人口密度远不及周边的经制地区，为改土归流后的招垦留下了空间。但是，也不能据此认定改土归流前土司地区就是一块封禁的土地，没有移民，实质上，这一时期也有多种类型的移民，只是受政策限制移民规模不大而已。

---

① （清）缴继祖修，洪际清纂：《龙山县志》卷一六，嘉庆二十三年刻本。

② （民国）陈丕显修，陈金祥校勘：《长阳县志》，民国二十五年修，方志出版社 2005 年版，第 94 页。

③ （清）李勖修，何远鉴纂：《来凤县志》卷一七《武备志》，同治五年刻本。

土司时期的移民主要来自土司掳掠，朝廷派遣，自发迁徙等几个方面。土司掳掠，既有土司在执行中央朝廷征调任务的过程中掳掠的征伐对象，也有土司主动出击，掳掠的周边汉地的人口。元明清时期，武陵民族地区的土司多次被中央朝廷征调，领兵抵御外敌和平定内乱，战功卓著。他们在征战的过程中，往往把掳掠的人口作为战利品押解回司，有的时候一次押解回来的就有上千人。土司掳掠周边汉地的人口的事情也时有发生。如至元二十一年（1284年），“思、播以南，施、黔、鼎、澧、辰、沅之界，蛮僚叛服不常，往往劫掠边民”，朝廷派李忽兰吉与曲里吉思、巴八、汪惟正等领兵从黔中、澧州、夔州以及黔东北思州、播州四路入武陵讨五溪蛮。① 同治《宜昌府志》卷一〇《兵防志上》记载：嘉靖二十一年（1542年）十二月十五日，容美土司田宣抚亲统甲兵两千余人至巴东、长阳两县的交界的盐井寺驻扎，“土军虏掠各都民陈铁、高妙德、胡时富、汪七等一百余户，席卷回峒，欲将后四里民田占为夷地”，二十余年后的嘉靖四十五年（1566年），容美土司又出没长阳、巴东二县“恣行掳掠”。② 又据光绪《彭水县志》记载，明崇祯甲申（崇祯十七年，1644年），忠路土司寇彭水，“掠郁民千余去”，其后几年，忠路、沙溪、酉阳土司又相继来寇，顺治四年（1647年）“酉阳土司兵掠邑民千余口，忠路、唐崖、大旺三土司兵掠四野”。③ 光绪《黔江县志》卷三《武备志》也载，康熙四十二年（1703年）唐崖土司兵掠黔江石塔铺，“掳男女六十余人”。④

朝廷派遣而来的移民又可以分为因官移民和因事移民。因官移民主要是土司衙门中的流官。按制度，朝廷一般在土司中设有流官吏目，一方面用来监督土司，另一方面也可以处理涉及汉民的事务。因事移民主要是朝廷派来处理临时性事务，后来留居此地的人，其规模较大者是明代采办皇木的移

① （明）宋濂等：《元史》卷一六二《列传》第四九《李忽兰吉传》，中华书局1976年版，第3794页。

② （清）聂光銮修，王柏心、雷春沼纂：《宜昌府志》卷一〇《兵防志上》，同治三年刊本。

③ （清）庄定域修，支承祜等纂：《彭水县志》卷四《杂事》，光绪元年刻本。

④ （清）张九章修，陈藩垣纂：《黔江县志》卷三《武备志》，光绪二十年刻本。

民。明嘉靖间，朝廷派到来凤卯洞采办皇木的人仅大旺河至漫水“大约各山人夫不下两千余名”，同期还有纺车溪、玛瑙湖、竹园坝、木果溪等地也在采办皇木。[①] 又据利川沙溪何天秋墓碑的碑文记载，其始祖枝公“崇祯旋奉旨入山采办皇木，陡遇甲申之变，遂隐居于利而终焉。”[②] 此外，也还有奉命征调而来的移民。如重庆彭水《何氏族谱》记载：“朝廷大动天下之兵，何理讫同叔何德坤及九南将所集人马三千八百，会同张、杨、安、邵、李、何、冉、谢、朱、覃等十大姓，统领杂姓能将四十八员，雄兵一万八千七百人马，奉命入黔。……敕安思州思南府，令田宣慰听调十大姓各随所任之处。”[③]

避乱、贸易、游历、招垦是土司时期自发移民迁徙的几种主要原因。在社会动荡时期，由于土司地区道路艰险，易守难攻，很多汉民及官宦之家避居土司地区。如南明宰相文安之就曾居容美土司。土司周边的卫所军人，也有因“卫官朘削，致民逃夷地”[④] 的现象。康熙四十二年（1703年），顾彩曾亲历容美，根据他的观察，因贸易或技艺迁来容美土司的江苏、浙江、陕西、山东等地汉民俱有，土司以宾客相待，如果居久不愿离去者，土司给其“分田授室”[⑤]。同时，土司也积极招募汉民垦种土司地。如容美土司“土司时，田地多系荒山，招佃开垦先出银钱若干，一切修筑皆佃之费，田主但收其稞，以完粮赋土司，官田则平分，所收以资兵食用度，如此佃不种则令其另招彼佃，谓之顶拨，顶价即过于原值，田主亦不之问，辞佃承佃者，初均备席延之。”[⑥] 又如雍正六年（1728年）湖广总督迈柱奏，散毛土司于康熙五十五年（1715年）将所属客寨等处土地，立约卖给贵州铜仁、湖南辰州迁来的民人冉静庵、熊本龙等耕种，至雍正四年（1726年）

---

① 参见谭庆虎、田赤：《〈卯洞集〉校注》，湖北人民出版社2011年版，第30—35页。

② 王晓宁：《恩施自治州碑刻大观》，新华出版社2004年版，第44页。

③ （清）何馥堂：《何氏族谱》，光绪十六年抄本，现藏于彭水县龙溪。

④ （清）松林修，何远鉴纂：《施南府志》卷一一，清同治十年刊本。

⑤ （清）顾彩著，高润身注释：《容美纪游注释》，天津古籍出版社1991年版，第47页。

⑥ （清）郭敦佑再续纂：《长乐县志》卷一六，光绪元年增刻本。

买田产的熊本龙等已有260余户，1600余口，2600余石田产。① 卯洞土司“凡有客民来者，以地安插之”，其二台坪、朱家寨、峒长坝、龚家坝、滕武池、坐线坪等地均安插客民。② 据乾隆《永顺府志》卷一〇《风俗》记载，永顺县“各保沿边苗人，乃土司招徕，使悍御以备藩篱者。”③ 又据酉阳刘甫廷墓碑记载，其始祖本籍江西宁江新渝县，自明迁居酉阳，“甫廷为人英杰，故冉土司聘为良佐职，居后营千总，勇冠三军，百战百捷。”④《印江土家族苗族自治县县志》也记载，永乐八年（1410年）有湖南辰溪、沅陵，四川酉溪的柴、熊、胡、杨、郑、彭、张、田、严等近20姓氏50余口迁印江定居。⑤

又《万历野获编》卷三十记载：

> 湖广永顺宣慰使彭元锦者，淫恶多狡计，遍遣把目渔色于外。偶一二土酋把目至京，遇溧阳监生冯泰运，与之往来。冯故富家，以歌舞六博荡尽，正无聊赖，诡云有所识名妓，可罗致以献，把目大喜，邀与俱至永顺。初亦礼为上客，其言渐不验，遂縻留之不遣，托以训子授馆谷，畀夷婢四人侍之。虚拘者数年，冯虽强羁，忧扰无计。偶有邻洞土司，本系世仇，久不相报，忽拥精骑袭之，彭以无备，大败奔北，依其属长官栖托。冯得乘间逸走，弃其二婢，仅以二人出虎穴，既又弃去，仅留一孕者与俱。间关至都下，孕者自云姓申，本贵州思南府婺川县人，世为仕族。同胞兄名承文，曾登辛卯乡试，今已在宦途。其女初为杨应龙入婺川掳入播，继彭元锦奉制府调遣征杨，又从播得之，久在永顺，习知元锦诸罪状，道之娓娓，冯亦不甚信也。其

① 《朱批谕旨》，引自鄂西土家族苗族自治州民族事务委员会：《鄂西少数民族史料辑录》，鹤峰县国营印刷厂1986年印刷，第193—194页。

② 张兴文、牟廉玖注释：《卯峒土司志校注》，民族出版社2001年版，第112页。

③ （清）张天如纂修：《永顺府志》卷一〇《风俗》，乾隆二十八年刻本。

④ 《皇清待赠大户侯刘甫廷府君墓志》，嘉庆二十四年刻，现存于重庆市酉阳县铜鼓乡红砂。

⑤ 印江土家族苗族自治县志编纂委员会：《印江土家族苗族自治县县志》，贵州人民出版社1992年版，第14页。

寓在玉河桥，偶有一浙江解银官至，僦寓比邻，问其宦迹，则云台州府经历，以四川富顺知县谪是官。冯询名姓，云以孝廉起家黔中，申承文其姓名也。冯大惊异，立招邸中款之，令婢窥于屏后，果其嫡兄，因相持对泣，重叙视谊，且诉向来兵燹仳离之苦，喜极而恸。冯故本有子，数日后申氏忽诞一儿，壮实可养。此皆余所目睹者。冯自得子后，家渐康。入赀旦晚且得官矣。①

从这段文字可以发现，永顺土司内部的人员结构复杂，移民的来源宽广，既有江苏常州溧阳的冯泰运，又有从播州掳掠来的贵州思南府婺川县申姓妇女。

在移民迁入的同时，土司时期也有土民迁出。迁出的土民有的入周边经制地区的汉籍，有的外迁他省，还有的因罪发配边疆。据《万历武功录》记载，明万历年间，石柱土司就有土人马斗斛、马千乘、谭彦德、黄正吏、谭大本等入汉籍。② 土司时期，土司也多有反叛和内斗，朝廷在平定这些事变之后，基本都是将参与人员治罪流徙。如永乐八年（1410 年），酉阳宣抚司冉兴邦擅兵杀害邑梅长官司一家九十三命，“邦子瑢发辽东三万戍边。”③《明太祖实录》卷二三八也载，洪武二十八年（1395 年）五月丙辰，四川宋依、茶洞（今重庆酉阳、湖南花垣交界地带）蛮贼田大虫作乱，重庆卫指挥杨锦率兵“斩大虫等二百余人，俘男女一百八十口。”《明武宗实录》卷一二六也记载，弘治八年（1495 年）镇溪苗民龙麻阳等与铜仁长官司苗头龙童保，聚徒攻剽，杀虏人畜及焚荡官民庐舍，都御史沈林“前后擒童保等百九十五人，斩首八百七十四级，俘男女三百八十二人”，湖广都指挥潘勋“擒贼龙麻阳等百六十三人，斩首七百五十八级”。这些被擒的人要么充军，要么承役，均被迁到外地。由此看来，土司地区在

① （明）沈德符：《万历野获编》卷三〇，道光七年姚氏刻同治八年补修本。

② （明）瞿九思：《万历武功录》卷五《土吏马帮聘马应龙列传》，明万历刻本。

③ （清）王鳞飞等修，冯世瀛、冉文崇纂：《酉阳直隶州总志》卷一五《土官志》，同治三年刻本。

改土归流前也有移民迁入和迁出，但这些移民的规模相较于改土归流后非常小。

改土归流是南方民族发展史上的重大历史事件，也是民族史、社会史研究领域的重要论题，历史学、民族学、人类学等不同学科背景的学者都对改土归流的原因、过程和影响有较深入分析。对于改土归流的原因，不外乎从三个面向展开：一是面向中央朝廷的统治者，分析他们的治理思想以及他们对当时社会形势的判断；二是面向土司，分析土司的割据性以及土司统治的残酷性；三是面向社会，分析经济社会发展状况和土司制度之间的矛盾关系。实质上，改土归流是自上而下的民族同化过程，[①] 革除土司，设置流官，仅仅是这一过程的一个关键点，但这一关键点在整个过程中具有革命性的意义。武陵民族地区土司的改土归流时间主要集中在两个时间段（具体情况见表 2–10）：一是明朝永乐十一年（1413 年）前后，二是清代雍正年间。明成祖永乐十一年（1413 年），因思州、思南两宣慰司仇杀，明朝廷将两司以罪改土归流，分其地为思州、思南、铜仁、镇远、石阡、黎平、乌罗、新化八府。[②] 两司改土归流，直接推动了朝廷建立贵州承宣布政使司，使贵州成为朝廷直接统治的“内地”。在两司改土归流的同时，其下属的长官司得以保留，有的甚至存续到了民国年间。湘鄂渝三省市的土司，除湖南凤凰县境的五寨和筸子坪两长官司在清康熙年间改土归流外，主要集中在雍正年间和乾隆初年。雍正六年（1728 年）随着永顺宣慰司和保靖宣慰司改土归流，其下属的一批土州和长官司也被改土归流。雍正十三年（1735 年），鄂西南的绝大多数宣抚司、安抚司、长官司迫于朝廷的压力自请改土归流，对于像容美宣慰司这样不愿“自请”者，在大军压境的情况下也被迫改流。石柱宣慰司是宣慰司级大土司中革除最晚者，乾隆二十五年（1760 年）因司无承袭者才罢革。

① 杨洪林：《土司、土民视角下的容美改土归流》，《前沿》2008 年第 12 期。

② 贵州省民族事务委员会：《土家族文化大观》，贵州民族出版社 2014 年版，第 6 页。

表 2–10 武陵民族地区改土归流时间统计表

土司机构	辖地	土司姓氏	改土归流时间	处置方式
思南宣慰司	贵州思南、沿河等地	田	永乐十一年（1413 年）	不详
思州宣慰司	贵州石阡、镇远等地	田	永乐十一年（1413 年）	不详
水德江长官司	贵州德江	张	万历三十年（1602 年）改为安化县（今德江）	任土县丞、土主簿、土巡检
沿河祐溪长官司	贵州沿河	张	道光二十一年（1841 年）	
朗溪长官司	贵州印江	田	民国年间废止	
思印江长官司	贵州印江		弘治六年（1493 年）	任土县丞
石阡长官司	贵州石阡	安	康熙五十年（1711 年）	不详
苗民长官司	贵州石阡	汪	康熙二十三年（1684 年）	不详
葛彰葛商长官司	贵州石阡	赵	康熙二年（1663 年）	不详
龙泉坪长官司	贵州石阡	朱	万历二十九年（1601 年）	不详
铜仁长官司	贵州铜仁	李	万历二十三年（1595 年）	子世袭县土土主簿
随府办事长官司	贵州铜仁	田	嘉庆八年（1803 年）仍在承袭	
蛮夷长官司	贵州铜仁	安	乾隆四十七年（1782 年）仍在承袭	
省溪长官司	贵州铜仁	杨	光绪九年（1833 年）	不详
提溪长官司	贵州铜仁	杨	光绪九年（1833 年）	不详
大万山长官司	贵州铜仁	杨	不详	不详
乌罗长官司	贵州松桃	杨	嘉庆十七年（1812 年）	不详
平头着可长官司	贵州铜仁	杨	正统三年（1438 年）	不详
永顺宣慰司	湖南龙山、永顺、古丈	彭	雍正六年（1728 年）	迁江西
南渭州	湖南永顺列夕、柏杨等地	彭	雍正六年（1728 年）	迁长沙

土司机构	辖地	土司姓氏	改土归流时间	处置方式
施溶州	湖南永顺镇溪、施溶，古丈高峰、罗依溪等地	田	雍正六年（1728年）	不详
上溪州	湖南龙山	张	雍正六年（1728年）	不详
腊惹洞长官司	湖南永顺王村、保坪、高坪等地	向	雍正六年（1728年）	不详
麦着黄洞长官司	湖南古丈县茄通等地	黄	雍正六年（1728年）	不详
驴迟洞长官司	湖南永顺松柏、羊峰、西米等地	向	雍正六年（1728年）	不详
施溶溪峒长官司	湖南永顺长官、回龙等地	汪	雍正六年（1728年）	不详
白岩洞长官司	湖南龙山县	张	雍正六年（1728年）	不详
田家洞长官司	湖南古丈县断龙、官坝等地	田	雍正六年（1728年）	不详
保靖宣慰司	湖南保靖及花垣、凤凰、龙山部分地区	彭	雍正六年（1728年）	迁辽阳
大喇巡检司	湖南保靖西北与龙山交界地带	彭	乾隆元年（1736年）	授世袭把总衔
五寨长官司	湖南凤凰县	田	康熙四十六年（1707年）	迁河南
筸子坪长官司	湖南凤凰县	田	康熙四十三年（1704年）	不详
桑植宣慰司	湖南桑植陈家河、凉水口、五道水等地	向	雍正四年（1726年）	迁河南
上峒长官司	湖南桑植与永顺毛坝交界地带	向	雍正十三年（1735年）	授世袭把总衔
下峒长官司	湖南桑植与永顺毛坝交界地带	向	雍正十三年（1735年）	授世袭把总衔
茅岗安抚司	湖南张家界西南、桑植东南	覃	雍正十三年（1735年）	授世袭把总衔

土司机构	辖地	土司姓氏	改土归流时间	处置方式
容美宣慰司	湖北鹤峰、五峰等地	田	雍正十三年（1735年）	土司田旻如自缢，余官迁陕西、广东、河南
椒山玛瑙长官司	湖北鹤峰城北	刘	不详	不详
五峰石宝长官司	湖北五峰	张	雍正十三年（1735年）	授千总
石梁下峒长官司	湖北五峰	唐	雍正十三年（1735年）	（被容美司据）
水尽源通塔坪长官司	湖北鹤峰、五峰交界地带	唐	雍正十三年（1735年）	（被容美司据）
施南宣抚司	湖北利川市西南、咸丰县东北及宣恩县北部	覃	雍正十三年（1735年）	不详
东乡五路安抚司	湖北恩施东乡	覃	雍正十三年（1735年）	不详
忠孝安抚司	湖北恩施	田	雍正十二年（1734年）	迁汉阳，世袭千总
忠路安抚司	湖北利川	覃	雍正十三年（1735年）	迁汉阳，世袭千总
建南长官司	湖北利川	牟	雍正十三年（1735年）	不详
金峒安抚司	湖北利川、咸丰交界地带	覃	雍正十三年（1735年）	迁汉阳，世袭千总
西坪蛮夷长官司	湖北咸丰活龙坪	不详	雍正十三年（1735年）	不详
忠建宣抚司	湖北宣恩	田	雍正十三年（1735年）	不详
高罗安抚司	湖北宣恩高罗等地	田	雍正十三年（1735年）	迁汉阳，世袭千总
忠峒宣抚司	湖北宣恩沙道沟、上洞坪等地	田	雍正十三年（1735年）	迁江夏，世袭千总
木册长官司	湖北宣恩	田	雍正十三年（1735年）	迁孝感县，世袭把总
散毛宣抚司	湖北来凤及宣恩、来凤部分地区	覃	雍正十三年（1735年）	迁江夏，世袭千总
大旺安抚司	湖北来凤旧司等地	田	雍正十三年（1735年）	迁孝感，世袭千总

土司机构	辖地	土司姓氏	改土归流时间	处置方式
龙潭安抚司	湖北咸丰清坪	田	雍正十三年（1735 年）	迁江夏，世袭千总
东流长官司	湖北来凤	田	雍正十三年（1735 年）	迁孝感，世袭把总
腊壁长官司	湖北来凤腊壁	田	雍正十三年（1735 年）	迁孝感，世袭把总
卯洞长官司	湖北来凤	向	雍正十三年（1735 年）	迁孝感
百户土司	湖北来凤百福司	向	雍正十三年（1735 年）	迁孝感，世袭把总
漫水宣抚司	湖北来凤漫水等地	向	雍正十三年（1735 年）	迁孝感，世袭千总
沙溪宣抚司	湖北利川沙溪等地	黄	雍正十三年（1735 年）	迁江夏，世袭千总
唐崖长官司	湖北咸丰唐崖等地	覃	雍正十三年（1735 年）	迁汉阳，世袭把总
酉阳宣慰司	重庆酉阳、秀山等地	冉	雍正十三年（1735 年）	迁浙江仁和
邑梅长官司	重庆秀山	杨	乾隆元年（1736 年）	不详
平茶长官司	重庆秀山	杨	乾隆元年（1736 年）	不详
石耶长官司	重庆秀山	杨	乾隆元年（1736 年）	授土千总
地坝长官司	重庆秀山	杨	乾隆元年（1736 年）	不详
石柱宣慰司	重庆石柱	马	乾隆二十五年（1760 年）	改土通判，不预民事

注：1. 葛彰葛商长官司和龙泉坪长官司的土司姓氏为副长官。
2. 据《明史》卷三一〇《湖广土司列传》记载，永乐三年（1405 年）设筸子坪长官司时长官为廖彪，但据道光《凤凰厅志》卷一《沿革》记载，洪武初就设有该司，并以田儒铭次子茂武为长官，其他方志中所列土司世系也为田氏。

资料来源：（民国）刘显世修，杨恩元纂：《贵州通志》，民国三十七年铅印本。
（清）王鳞飞修，冉崇文纂：《增修酉阳直隶州总志》，清同治三年刻本。
（清）常明修，杨芳灿纂：《四川通志》，清嘉庆二十一年木刻本。
（清）李瀚章修，曾国荃纂：《湖南通志》，清光绪十一年刻本。
（清）松林修，何远鉴纂：《增修施南府志》，清同治十年刊本。

改土归流后，只有很少的土司能够继续在当地生活，绝大多数土司被迁出或治罪。这些土司一部分被迁到他们自己所认同的祖居地，如永顺土司被迁江西、容美土司迁陕西，也有的迁本身安插，如鄂西的中小土司基本都迁本省汉阳、孝感、江夏等地，还有迁外省辽阳、河南等地者。这些外迁者，朝廷也给他们赏赐金银或世职，得到妥善安置。改土归流将土司地区纳入全国统一的治理轨道，为移民迁入扫清了制度藩篱。

二、土司地区开发与移民

改土归流时，虽然土司地区的“户口之丰耗不能悉”①，但“土旷人稀，荒山未辟”②是社会面貌的真实写照。因此，明清改土归流之后，都面临土司地区开发的问题。对于封建朝廷来说，最为看重的开发就是土地开发。土地开发不仅能够舒缓东部平原地区的人口压力，解决社会问题，还能够增加税源。在传统农业社会，技术积累有限，科技进步缓慢，土地开发主要通过增加劳动力投入来实现。依靠人口的自然增长带来的劳动力增加也非常缓慢，完全解决不了改土归流后地方官员对土司地区开发的迫切需求，因此他们大肆招徕移民。相较于东部平原地带几近饱和的土地来说，改土归流初期土司地区的土地资源几乎是无限量的，每个移民都可以“指山为界”、“跑马占地”获得土地所有权。因此，只要增加劳动力投入就能耕种更多土地，就能获得更多边际效益，所以也能吸引更多移民迁入。这些情况也就决定了改土归流后的一段时期内，土司地区的移民以垦荒的农民为主。

实质上，改土归流前，朝廷就对改土以后土司地区的移民有过评估。雍正六年（1728年），湖广总督迈柱奏散毛土司事谋划对其改土归流时就提出改土后“招徕垦荒之人，亦必闻风踊跃矣”，清世宗朱批“所见甚属合情顺理，既如事处断可也。”③容美土司改土归流后，鹤峰州的首任知州毛俊德

① （清）罗德昆：《施南府志》卷一一《食货志》，道光十七年刻本。

② （清）何蕙馨：《利川县志》卷四《食货》，同治四年刻本。

③ 《朱批谕旨》，引自鄂西土家族苗族自治州民族事务委员会：《鄂西少数民族史料辑录》，1986年鹤峰县国营印刷厂印刷内部资料，第194页。

到任后就鼓励民间“踊跃开垦荒土”，并发布《劝民告条》，要求民间有主荒土，立即开垦，如来年未垦即“外地招农进来，不论有主无主，概作官土赏栽，并即发给印照，永远管业不改，敢有执据阻拦，按律计荒究解。”① 在此前改土归流的思南土司地也面临“户口殊简而力政颇繁”的形势。因此嘉靖年间，佥事倪壮猷就提出“招募开耕荒土以实地方”议：

> 照得铜仁、乌罗、提、省、思南、印江、朗溪地方被苗攻劫，人民逃散，甚有数十里绝烟者。而税粮缺额，有司责令熟里包赔不已，必至倾家，又将转而之四方矣。此诚割肉充腹自尽之术也。合无檄行府县，暂弛包赔之禁，谕令里民招回业主归耕，免其旧逋。如业主觅之不得，或不愿回籍者，另行招佃，不拘军民给帖领种，许为永业，日后业主不得告争，则无产之民必乐于领佃矣。仍令团聚一处，编立保甲，农隙讲武，遇有苗寇互相救护，获功一体赏赉。则旷土可辟，而里递不苦于代赔，地方填实而狡苗亦不致于横行。②

这些文告一方面是对土著居民的约束，限定他们的管业范围，为移民占地扫清障碍；另一方面也是对移民发出的招垦信息，为他们免费获得土地提供了法定依据。从各州县的方志对改土归流后移民的总体性描述来看，招垦的成果是非常显著的。如利川县“自改土以来，流人麇至”，仅至同治年间“穷岩邃谷，尽行耕垦”③，可见其土地开发速度非常快，移民人口非常多。咸丰县的土司地区改土归流以前主要是土著，“自改土归流后，外来寄籍者不少”，到了咸丰初年，移民已经“遍满乡邑”。④ 容美土司改土归流后设的鹤峰州地，乾隆年间就有“开铁厂者来矣，烧石灰者至焉，众来斯土”⑤，道光

---

① （清）毛俊德：《鹤峰州志》卷下《文告》，乾隆六年刻本。
② （明）万士英纂修：《铜仁府志》卷一一《经略志》，明万历间刻本。
③ （清）何蕙馨：《利川县志》卷一〇《杂记》，同治四年刻本。
④ （清）张梓：《咸丰县志》卷七《典礼志》，同治四年刻本。
⑤ （清）甑学贤：《甑氏族谱》，《山羊隘沿革纪略》，乾隆五十九年。

年间已经是“州民客土杂处”①。长乐县（后更名五峰县）地“出山人少进山多”、“外来者多家于此”。② 湖南保靖县“招徕开垦奉旨允行”③，知县王钦命也发布过“劝开坑荒地”告示，要求保邑荒地如系祖业自行砍伐开种，如系无主官地有人承认开垦，官给印照即与为业，并对一年内开垦百亩以上的人予以奖赏。④ 永顺县对移民插占的田地“准其永远为业”⑤，至乾隆五十七年（1792年），因“开垦日久，熟地渐多，山麓新垦田亩亦复不少”，⑥ 有了相当大的起色。同治年间，龙山县的土地开发几近饱和，“见岗阜陡矗之处，从荆累石之间，尺寸隙上，无不垦辟。”⑦ 永绥厅山多田少，设厅以后“开土作田者甚多”⑧，其人民“俱内地迁入者，家计淡泊，饔飧不给，历年买土开垦，渐觉充裕。”⑨ 乾隆三十九年（1774年）前后，已经有较多移民来到酉阳县“垦荒丘，刊深箐，附谷依山，结茅庐，竖板屋。”⑩ 石柱厅也“多四方无赖之民杂处。”⑪ 贵州境内“山荒尤多，流民思垦”⑫，弘治以来，思南府的土著大姓招佃安插，将土地据为其业，一家有跨百里地者，“流移之人，亲戚相招，缠属而至。”⑬

以从事农业生产为主的移民，依靠的主要生存资源是土地，对于迁徙时间较早的移民获取土地的主要方式是开垦荒地。因此，从新垦成熟地的变化情况可以推知移民的一些信息。清代将人丁税分摊到土地税之后，地方官

---

① （清）吉钟颖：《鹤峰州志》卷六《风俗》，道光二年刻本。

② （清）李焕春、龚兆霖：《长乐县志》卷一二《习俗》，咸丰二年刻本。

③ （清）翁元圻修，黄本骥纂：《湖南通志》卷六四，嘉庆二十五年刻本。

④ （清）林继钦修，袁祖绶纂：《保靖县志》卷一二，同治十年刻本。

⑤ （民国）胡履新修，鲁隆盎纂：《永顺县志》卷首，民国十九年铅印本。

⑥ （清）张天如纂修，魏式曾增修：《永顺府志》卷一二，同治十二年刻本。

⑦ （清）符为霖修，刘沛纂：《龙山县志》卷一一《风俗》，同治九年修，清光绪四年重刊本。

⑧ （清）董鸿勋纂：《永绥厅志》卷六《风俗》，宣统元年刻本。

⑨ （清）严如熤撰：《苗防备览》卷九《风俗考》，道光二十三年绍义堂重刻本。

⑩ （清）邵陆纂修：《酉阳州志》卷一，乾隆三十九年刻本。

⑪ （清）王槐龄纂修：《补辑石柱厅新志》卷六《风俗》，道光二十三年刻本。

⑫ （清）赵尔巽等：《清史稿》卷四七七《列传》第二六四，《陈德荣传》，中华书局1998年版，第13004页。

⑬ （明）洪价修，钟添纂：《思南府志》卷七，明嘉靖刻本。

员增税的渠道除商税之外仅有土地税，并且乾隆时期也鼓励改土后的新设州县垦荒，将新垦成熟田地的多寡作为对地方官员增加纪录和问责的主要依据。因此，各州县理应有较为详细的土地统计信息，但遗憾的是仅有部分县市在方志中记载了乾隆时期的新垦成熟田地情况。不过，从这些有限的信息中也能探究一些历史信息。鹤峰县（原名鹤峰州）改土归流时原额土地 701 顷 41 亩，乾隆四年（1739 年）至乾隆三十年（1765 年）均有新垦成熟土地。① 图 2–1 的新垦成熟土地面积变化曲线显示，鹤峰县新垦成熟土地主要集中在乾隆十五年（1750 年）至乾隆二十一年（1756 年），二十一年以后成熟土地增加非常缓慢，至三十年的 9 年时间内仅增加 708 亩，平均一年不到 1 顷土地。如果考虑官方对开垦荒地有 5 年左右的免科时间，那么乾隆十年（1745 年）至乾隆十六年（1751 年）左右鹤峰县迁入的移民较多，十六年以后土地开发或许已经接近饱和，新迁移民再也难以自由开荒，成为约束移民迁入的因素，移民大潮的势头必然受到影响。来凤县和宣恩县的新垦成熟土地面积数据也显示，来凤县土地面积增加最快的时间段是乾隆八年（1743 年）至十六年，平均每年增加 4 顷以上，十六年至四十三年期间也还有比较显著的增长，每年的增长量在 1 顷左右；宣恩县的土地面积步入快速增长期的时间稍晚于来凤，乾隆十六年（1751 年）以后才有显著增长。② 由此可见，乾隆三年（1738 年）至十一年是来凤移民迁入的高峰时段，宣恩稍晚，大约在乾隆十年（1745 年）以后才步入高峰。桑植县新垦成熟田地增加最快的时段是雍正十一年（1733 年）和十二年，分别增加 133 亩、277 亩，此后的增长速度减慢，至乾隆六年（1741 年）才增加 83 亩，平均每年仅有 10 余亩。③ 雍正四年（1726 年），桑植土司改土归流，比鄂西南的土司早九年左右，其移民迁入的高峰时段也比鄂西南早，大约在雍正六年（1728 年）到七年。

---

① （清）吉钟颖修，洪先寿纂：《鹤峰州志》卷五《赋役》，道光二年刻本。

② 参见杨洪林：《明清移民与鄂西南少数民族地区乡村社会变迁研究》，中国社会科学出版社 2013 年版，第 93 页。

③ （清）周来贺修，卢元勋纂：《桑植县志》卷二《田赋》，同治十一年刊本。

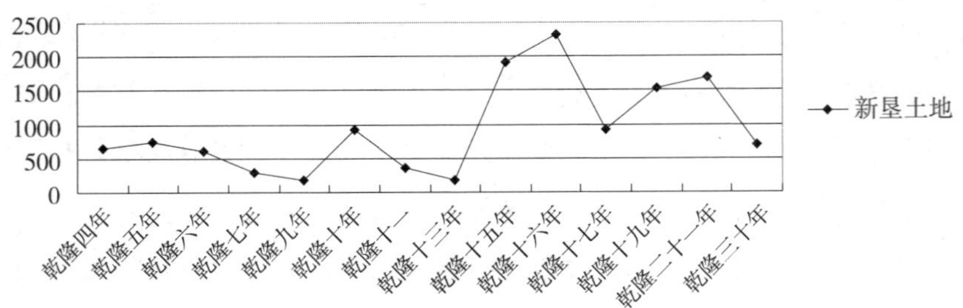

图 2–1 改土归流后鹤峰县新垦成熟土地面积变化曲线图（单位：亩）

根据新垦成熟土地的信息可以发现，清代改土归流后的 3 到 10 年内，土司地区就会进入移民集中迁入的高潮期。这个高潮期能够维持的时间往往在 10 年左右。如永顺府在改土归流后不到二十年时间，就感受到人口压力，在乾隆十二年（1747 年）知府骆为香就发布《禁汉人买地土详》，不准汉民买土民和苗民的土地。

窃照府属山多田少，当土司时，不许卖与汉民，一应田土皆为土苗耕食。自改流分设郡县，与内地一体，在永客户，以及贸易人等，始各买产落籍。迨雍正八年，钦奉世宗宪皇帝上谕令，土民首报田地仍按各属秋粮原数派征，每亩仅输银厘数至分余，而止旋又设立学校，取进文武童生，此皆圣朝加惠土民之旷典。讵邻封外郡民人，因此地粮轻产贱，且可冒考嗣，随倚亲托故，陆续前来，购产入籍。土苗愚蠢，易于诱哄，遂尔共相买卖，卑府自去岁抵任以来，细访所属田土价值，迩年日贵一日。偶遇出售，民间即争先议价，甚至已有受主，犹欲添钱夺买，期于必得。夫以一隅有限之田土，难容四处无数之业主，其理原极明显。乃若辈尚自谋买不已，必致彼盈此绌，将来田土日蹙，且土苗止知耕种，别无艺业，亦从不出外生理。土司时户口本系繁庶，改流迄今二十载，薄赋轻徭，休养生聚，更为繁衍。现在山头地角，可垦之处，俱经劝令垦种，虽田土价值较前昂贵，已不啻倍蓰，然比之内地，尚属便宜，断难泯人觊觎。伏思各该民向以上司改流同于内地，故相率来永置产，分住城乡村市，远隔苗人峝寨，各保

> 身家，不敢生事为非。今已年久，自应任听落籍安居毋庸另行区处，但若再任谋买田土，则土苗生齿日繁，将来势必难以资生，深为可虑，窃思养民当筹及久远，防患要在于未然，宜谕令土苗，如欲变动田土，止许卖与本籍。土苗或暂时典给汉民，银到取赎，不得再听汉民谋买，其有从前抵当，或卖而未绝者，均听随便照依契价赎回，不许措勒并添银找价复卖与汉民。若已经卖绝，中明契正者，亦不得混赎捏争。至入籍客民现有之产，将来止许当卖与此处汉土苗民，不得贪图重价再引外处人来此买住。俱令各该处乡保牌甲，稽查禀报。如土民等任听谋买，则量为惩戒，令其别售汉民，则依不应律重处，姑追原价给还，倘肆行奸狡，仍敢不遵，则解回原籍，不许容留乡保等，失查徇隐分别责处。如此禁制，庶往后各有田土耕食矣。①

永顺府不仅规定土民、苗民的田土只能卖给本籍，还规定已经入籍的客民所拥有的田产，以后也只许卖给本地的汉土苗民，目的就是拒绝农业移民迁入。所以，改土归流后，很快进入第一轮农业移民潮，但这轮移民潮在乾隆后期便慢慢退去，经过一段沉寂期以后，代之而起的是以工商业者为迁入主体的工商移民潮。这些工商移民遍布各行各业，有的从事农产品加工，有的从事矿业开发，有的从事商品贸易，有的从事手工生产等，推动了武陵民族地区商业经济发展。如道光年间，先后有江西矿商蒋原生到印江开采朱砂，广州商人林子臣到五峰开厂加工红茶，他们的这些厂矿后来都形成了较大产业。

改土归流后，迁入土司地区的移民数量非常多是不争的历史事实，但具体是多少，相比土著居民所占的比重有多大，却难以搞清楚。从新垦成熟土地的面积来看，各州县均没有超过原额，如直至乾隆三十年（1765 年）鹤峰县增加的成熟土地总数才 13008 亩，仅相当于原额的 18.55%。保靖县由于新增熟地中包含了丈收的苗地，数据显示增加的成熟土地相对较多，至

① （清）张天如纂修：《永顺府志》卷一一，乾隆二十八年刻本。

嘉庆年间达到 10523 亩，相当于原额 129 顷 43 亩的 81.30%。[①] 新垦成熟地总体上占比不高的原因或许来自两个方面：一是改土归流时，原额土地面积是由土民自报，他们自报时有所拔高，后来新垦的很多成熟地冲抵了拔高的部分；二是本来移民数量有限，开垦的土地数量有限。针对第一种情况，官府在改土归流初期都有限期垦熟的措施，并且见于县志的成熟土地都是纳税土地，因此不会有太大规模。如果从成熟土地来分析移民规模，会与咸丰、同治以后所修方志记载的情况形成巨大反差。

方志中对移民的称谓不一，有客民、客籍、客户等称。如光绪《古丈坪厅志》卷九《民族》将民分为土籍、苗籍、客籍、民籍、章籍等，其客籍、民籍均是不同时期的移民。同治《桑植县志》卷二《户口》记载，“慈利拨归者曰民籍、旧土司治者曰土籍、旧卫所辖者曰军籍、苗曰苗籍、自外县迁移来者曰客籍，籍有五。”[②] 同治《恩施县志》卷七《风俗》也记载，“邑民有本户、客户之分。本户皆前代土著，客户则乾隆设府后贸迁而来者。”[③] 其基本的族群分类是将新近迁来的移民视为“客”，将世居本地的人视为“土”，在苗族聚居区则别分出“苗”等。永顺县知县李讳瑾曾说，乾隆末期，永顺“土人、汉人、苗民杂处，土人十分之四，汉人三分，苗民亦仅三分”[④]，似乎移民在总人口中所占比重并不大。但同治《桑植县志》记载：“民数则土四之，客六之。”[⑤] 道光《石柱厅志》也载，人口“五方杂处，流寓多于土著。”光绪《龙山县志》卷十一《风俗》也载，“巨族自来客籍为多，服食言动皆沿华风。”[⑥] 这些文献的记载又表明移民的数量已经超过土著。这些结论是方志编撰者对当时人口构成的总体性印象，并不是基于人口统计数据作出的科学分析。

---

① （清）林继钦修，袁祖绶纂：《保靖县志》卷三，同治十年刻本。

② （清）周来贺修，卢元勋纂：《桑植县志》卷二《户口》，同治十一年刊本。

③ （清）罗凌汉纂修：《恩施县志》卷七《风俗》，同治三年修民国二十年铅字重印本。

④ （清）黄德基修，关天申纂：《永顺县志》卷四《风土志》，乾隆五十八年刻本。

⑤ （清）周来贺修，卢元勋纂：《桑植县志》卷二《户口》，同治十一年刊本。

⑥ （清）符为霖修，刘沛纂：《龙山县志》卷一一《风俗》，同治九年修，清光绪四年重刊本。

雍正十二年（1734 年）至乾隆二十五年（1760 年）永顺县的人口数据见表 2–11。该表显示雍正十二年（1734 年）至乾隆七年（1742 年），客户人口的年均增长率最高达到 310.22‰，土户与苗户基本持平，分别为 115.05‰和 139.19‰，说明这期间永顺县人口的自然年均增长率为 120‰，客户超过自然增长率增长的 11767 名人口都是移民，比雍正十二年以前迁入的移民还多。乾隆七年（1742 年）到乾隆二十五年（1760 年），苗户人口的年均增长率最低，为 7.40‰，土户的年均增长率反而超过客户，分别为 43.60‰和 33.28‰，说明这期间移民迁入的势头已经缩减，新迁来的移民很少。如果以客户在总人口中所占比重最高的乾隆七年（1742 年）来计算，其所占比例为 25.50%，也就是大致为四分之一，还不到知县所说的“汉人三分”之数。

表 2–11　雍正至乾隆时期永顺县人口分类统计表

单位：户、口

时间	总数		土户		客户		苗户	
	户	口	户	口	户	口	户	口
雍正十二年	10082	44024	（5）520	28654	1344	5226	3218	10144
乾隆七年	19693	103683	11508	55074	5446	26438	2739	22171
乾隆二十五年	24187	185021	10346	113765	9155	46123	4686	25133

注：雍正十二年（1734 年）土户与客户、苗户户数之和与总数不符，疑土户前面脱落了“五千”。
数据来源：（民国）胡履新修，鲁隆盎纂：《永顺县志》卷一二《户口》民国十九年铅印本。

永顺府属其他县乾隆二十五年（1760 年）户口分类统计见表 2–12。该表显示，府属四县客户人口占比差异较大，占比最高者为桑植县，达到 58.63%，最低者为保靖县，仅 10.59%，全府客户总体所占比例为 31.14%。差异大的原因：一方面是改土归流设置桑植县时有部分经制县和卫所拨归的汉民；另一方面是桑植县在地理上更靠近常德、澧州等移民的主要通道，迁入的人口更多。另外，湘西的永绥厅雍正十一年（1743 年）编审户口时仅有苗民5228户，23616口；乾隆十六年（1751年）编审增加苗户1028户，5100口，内地迁入户1914户，8721人，① 增加的苗户主要是人口自然增长或“生苗”入籍，如果将其全部视为自然增长，苗户人口年均增长率为11.57‰；增加的内地迁入户肯定是在这期间迁来的移民，到乾隆十六年（1751年）移民在该地所占的比重达到23.30%。嘉庆二十二年（1817年），永绥厅再次编审户口时沿边一带民户3321户，18455口；寄籍客民948户，5619口；苗户12103户，50954口。如果仍将增加的苗户人口全部视为人口自然增长的话，年均增长率为8.86‰。“沿边一带民户”或许是久迁入籍的客民，如果将其视为乾隆十六年以前移民人口的自然增长，其年均增长率为11.60‰，比苗民稍高，寄籍客户肯定是新近迁来的移民。嘉庆二十二年（1817年），移民在永绥厅人口中所占的比重为31.91%。

表2–12 乾隆二十五年永顺府户口分类统计表

单位：户、口

	总计		土户		苗户		客户		客户人口所占百分比（%）
	户	口	户	口	户	口	户	口	
全府	85942	385165	46311	220034	9440	45210	30191	119921	31.14
永顺县	34187	185021	20346	113765	4685	25133	9155	46123	24.93
保靖县	12597	52435	7952	34497	3227	12386	1418	5552	10.59
龙山县	18417	95117	9982	50555	1364	7155	7071	37407	39.33
桑植县	20741	52592	8031	21219	163	536	12547	30837	58.63

注：据光绪《龙山县志》卷四，《户口》记载，改土归流后雍正七年（1729年）清查户口的数据，土籍人口9982户，50555口；苗籍1244户，45657口；客籍6966户，44524口，但又说人口总计为90171，如果将土苗客籍人口数相加，应为140726口，可见龙山县雍正七年的人口数据有误。

资料来源：（清）张天如纂修，魏式曾增修：《永顺府志》卷四，《户口》，同治十二年刻本。

乾隆二十一年（1756年），凤凰厅民户12249户，51383口，民户人口经历乾隆和嘉庆初期的较快增长后，直至道光二年（1822年）都没有明显

① （清）黄鸿勋纂修：《永绥厅志》卷一五《食货》，宣统元年铅印本。

增长，乾隆四十九年（1784年）民户人口达到63888口，嘉庆十六年（1811年）达到74838口，此后基本上维持在74700余口。① 可见移民迁入凤凰厅主要集中在嘉庆十六年（1811年）以前。乾隆二十一年（1756年），凤凰厅的苗户6585户，31221口，道光二年（1822年）增加到13242户，49605口，② 人口年均增长率为7.15‰，其增长率比同为苗族聚居区的永绥厅稍低。

鄂西南的宣恩县、来凤县也有部分时段的“土民”与客民的人口数据。乾隆初，宣恩县客民3746户，25043口，占总人口的61.55%，但乾隆四十年（1775年）土民户的增长明显快于客民户，分别为23837户和9940户，如果土客民的户均人口规模相当，那么移民所占的比例仅为29.43%，光绪十六年（1880年），客民所占的比例增长到35.88%。③ 乾隆初，土民所占比例太低的原因应该是很多土民没有进入官方的统计视野，其数据未能真实反映土民数量，乾隆四十年（1775年）以后的数据才趋于合理，因此移民所占比例也仅30%左右。

渝东南和黔东北地区的方志中，没有能够直接反映移民所占比例的人口数据。1935年，陈济涛在重庆酉阳等地的田野调查过程中发现，今湖南龙山的“里耶、隆头、原洞及八面山等处，均为苗、汉杂处，汉人仅占全数十分之四。”④

这些数据显示，土司地区在改土归流后的招垦过程中迁来的移民约占总人口的十分之三到十分之四，个别边缘地带的县市移民数量会超过这个比例，内部核心地带的县市又会低于这个比例。

根据表2–13的统计，清代后期，湘西土司地区人口有明显增长的仅桑植县和保靖县，其他厅县要么持平，要么下降。如永顺县的人口在乾隆五十八年（1793年）至嘉庆二十一年（1816年）之间出现人口下降，并

---

① （清）黄应培修，孙均铨纂：《凤凰厅志》卷四《户口》，道光四年刻本。

② （清）黄应培修，孙均铨纂：《凤凰厅志》卷四《户口》，道光四年刻本。

③ 数据参见杨洪林：《明清移民与鄂西南少数民族地区乡村社会变迁研究》，中国社会科学出版社2013年版，第85—86页。

④ 陈济涛：《酉阳苗族调查》，《川边季刊》1935年第1卷第2期。

且这种下降趋势一直持续到同治十年（1871 年）才得以扭转。龙山县人口在乾隆二十六年（1761 年）以后就没有非常明显的增长。永绥厅在嘉庆二十二年（1817 年）至宣统元年（1909 年）之间也出现人口下降的现象。乾州厅也在嘉庆十六年（1811 年）至二十一年之间出现了人口下降，此后一段时间，至道光二十七年（1847 年）人口虽然有小幅回升，但到咸丰二年之间（1852 年）又出现下降，此后又才逐步回升。凤凰厅在嘉庆十六年（1811 年）以后人口也有小幅下降。人口数量下降或许是乾嘉苗民起义的影响。清朝廷在镇压苗民起义的过程中，调集大军残酷征剿，很多苗民逃往外地。鄂西南、渝东南的很多苗族就是在这期间迁徙而来。这些数据说明，嘉庆至咸丰的 60 年左右时间内，湘西土司地区是移民的沉寂期，工商移民迁入应该集中在咸丰十年（1860 年）以后至民国初年。

表 2–13　改土归流以后湘西土司地区人口统计表

单位：口

时间	永顺县	保靖县	龙山县	永绥厅	乾州厅	桑植县	古丈厅	凤凰厅
雍正七年			90171					
雍正八年		20349						
雍正十一年				23616		6149		
雍正十二年	44024							
乾隆七年	103683							
乾隆十六年				37437				
乾隆二十一年						72621		51383
乾隆二十五年	185021					96641		
乾隆二十六年			136192					
乾隆二十九年					38660			
乾隆四十六年					32717			63888
乾隆五十八年	306401							
嘉庆十六年					34587			74831
嘉庆十九年			141934					
嘉庆二十一年	302690	20476			25900			74669

时间	永顺县	保靖县	龙山县	永绥厅	乾州厅	桑植县	古丈厅	凤凰厅
嘉庆二十二年				75443				74780
道光元年					26010			74731
道光二十七年					28345			
咸丰二年					21130			
咸丰四年					26684			
咸丰十年		92284						
同治四年			146857					
同治八年					34445			
同治十年	141962							
同治十二年						180000		
光绪二十八年							26730	
宣统元年				67310				
民国三年	245312							
民国十二年	331324							

资料来源：(民国）胡履新修，鲁隆盎纂：《永顺县志》卷一二《户口》，民国十九年铅印本
(清）林继钦修，袁祖绶纂：《保靖县志》卷三《户口》，同治十年刻本。
(清）符为霖修，刘沛纂：《龙山县志》卷四《户口》，同治九年修，清光绪四年重刊本。
(清）董鸿勋纂修：《永绥厅志》卷一五《食货》，宣统元年铅印本。
(清）蒋琦溥修，林书勋续修：《乾州厅志》卷三《户口》，同治十一年修，清光绪三年续修本。
(清）周来贺修，卢元勋纂：《桑植县志》卷二《户口》，同治十一年刊本。
(清）董鸿勋纂修：《古丈坪厅志》卷一〇《户口》，光绪三十三年铅印本。
(清）黄应培修，孙均铨纂：《凤凰厅志》卷四《户口》，道光四年刻本。

清代乾隆以后，鄂西南土司地区的人口除来凤县、鹤峰县有比较明显的增长外，其他州县都基本持平或略有下降。据同治《酉阳州志》卷六《户口志》及光绪《秀山县志》卷五《户口》记载，两地的承粮花户在嘉庆十七年（1812年）以前都有较快增长，由于以后没有再行统计承粮花户数量，所以难以比较。不过，咸丰十一年（1861年），酉阳的户口达到327722口；光绪中期，秀山县的人口能达到284379口，说明这两地在清代后期迁来的工商移民较多。光绪《秀山县志》卷五《户口》也载，“县民男三女二，商

贾比农户率半之”[①]，足见其工商移民比例之高。道光《补辑石柱厅新志》据前志所录的乾隆时期的户口数据多为不实，据其记载，乾隆四十年（1775年）石柱厅的人口就近20万口，但嘉庆十一年（1806年）至道光十八年（1838年）基本上都维持在87000口到90000口之间。石柱厅人口在嘉庆以后没有明显增长，说明这也是一段移民沉寂期。

黔东北铜仁府在永乐十年（1412年）人口超过1万口，达到13310口，而到正统七年（1442年）下降到仅有4488口，景泰以后逐步回升到近9000口，但成化八年（1472年）又下降到5280口，弘治十五年（1502年）又增长到13520口，但嘉靖元年又下降到9975口。[②]铜仁府人口数量波浪式发展的过程，说明明代改土归流后，黔东北地区没有持续的移民潮，移民的数量也不多，其人口的增长和移民主要集中在清代。又据道光《松桃厅志》卷一二《户口》记载，道光十四年（1834年），松桃厅有汉民121788口，“归化苗民”21379口。这些汉民基本上都是各历史时期迁来的移民。

从总体上说，改土归流后的3到10年时间，土司地区招垦的农业移民进入迁入的高潮期，这个高潮期往往持续十年左右以后便逐渐退去。也就是这些移民主要集中在雍正七年（1729年）至乾隆二十年（1755年）之间迁入，不同的厅、州、县由于改土归流时间和所处的地理位置差异时间上也有所差异。在这次农业移民潮之后，土地地区经历一段移民迁入的沉寂期，大约在咸丰十年（1860年）左右才进入工商移民集中迁入的高潮期，这个移民潮持续到抗日战争爆发，国际商贸受阻以后才归于沉寂。从整个土司区域来看，雍正至乾隆时期，迁入的农业移民数量大约占总人口数量的十分之三到十分之四，但不同厅、州、县所处地理位置和土著民族结构不同，移民所占比例也有一定差异。清咸丰朝以后迁来的工商移民在促进土司地区经济发展上作出了重要贡献，但其数量并不是特别多。因此，这两次移民潮以后迁来的人口也不会超过改土归流以前的土著人口。将改土归流后的移民分成这

---

① （清）王寿松修，李稽勋纂：《秀山县志》卷五《赋役志》，光绪十八年刊本。

② （明）万士英纂修：《铜仁府志》卷三《食货志》，万历间刻本。

样两个阶段和两个类型，并不是说在这两类移民之外没有其他移民，诸如军事移民、官宦移民、僧道移民等仍然存在，只是相对这两类移民人数偏少，没有重点去研究。并且，这两类移民的迁徙时间也不是截然分开的，前一阶段也有工商移民，后一阶段也有农业移民，但两个阶段的主体移民具有明显区别。

三、改土归流后移民的来源与流向

方志和家谱中都有关于移民来源的材料。一般情况下，方志除《氏族志》之外的社会记录材料多来自编撰者对当时社会的观察，因此可信度比较高；《氏族志》的内容基本是摘抄的各个家族的家谱，因此，这些材料与家谱一样，都是各个家族立足于现实对过去的建构，是家族历史记忆的反映。

永顺府既有来自本省辰州、沅州、常德、宝庆、靖州等地的移民，也有来自江西、福建、广东、湖北、浙江等地的移民。据乾隆《永顺府志》卷一〇《风俗》记载，“客户多辰、沅民，江右、闽、广人贸易于此”；[1] 卷一一《檄示》也记载，“查土司地方，江西、辰州、沅、泸等处外来之人甚多。”民国《永顺县志》卷六《风俗》记载，“改土后，客民四至，在他省则江西为多，而湖北次之，福建、浙江又次之。在本省则沅陵为多，而芷江次之，常德、宝庆又次之”，“商曩时，土民不善贸易，列市廛、通货物者半属江右之民”；[2] 卷一二《会厂》也记载“自改流后，百务咸兴，于是攻石之人、攻金之人、砖植之人、设色之人皆自远来矣。且靖州冶氏、桃源木作有在此安居乐业以世其家者。”在这些不同来源的移民中，江西移民既有从事农业生产的移民也有从事商品贸易的移民，其数量在外省移民中最多；福建、广东、浙江等地的移民主要是从事商品贸易的移民，其数量较少。湖南省辰州、沅州、常德、靖州等地的移民主要是从事农业生产的移民，仅有少量从事手工业和商贸的移民，其数量在所有移民中应该是最多的。

---

① （清）张天如纂修：《永顺府志》卷一〇《风俗》，乾隆二十八年刻本。

② （民国）胡履新修，鲁隆盎纂：《永顺县志》卷六《风俗》，民国十九年铅印本。

乾隆《桑植县志》卷二《户口》载："客户则江西、广东及湖南、湖北各州之民，无不有其来者。"① 光绪《龙山县志》卷十一《风俗》也载："客民多长、衡、常、辰各府及江西、贵州各省者。"② 古丈县木工较少，"大兴作，必至辰、常一带觅木工方能有成。"③ 可见，永顺府属各县除有来自湖南省辰州、常德、衡阳等府的移民外，还有江西、广东、湖北、贵州等地的移民，江西移民在外省籍移民中仍然居于多数。

根据湖南西部地区736个移民家族样本统计，湘西州除泸溪县外，有22个移民家族的资料。在这些移民家族中，有7个家族是明代移民，8个家族是清代移民，还有7个家族不详移民时间。22个家族中有12个家族来自湖南本省的长沙、常德、沅陵、辰州、张家界以及本府的永顺、花垣等地，6个家族来自江西南昌、瑞州、抚州等地，2个家族来自四川，1个家族来自浙江。在这些家族中，明代移民家族占比太高，不能代表整体的移民情况，很多明代移民家族所记录的移民时间是他们从祖居地迁出的时间，有的家族从祖居地迁出后，在中途有过停留，其迁入湘西土司地区的时间或许已经到了清改土归流后。如始迁祖为符启胜的符氏家族，明隆庆五年（1571年）从江西南昌迁桂林，后迁湖南凤凰，因取苗女入苗籍，又迁龙山，或许他们迁湖南凤凰就已经到了清初，但在家谱中他们记载的移民时间仍然是明代。桑植县设县之时，既有卫所也有经制县拨归的土地和人口，因此移民也有卫所移民和元明以来迁到经制地区的移民，还有改土归流后迁来的移民。张家界市桑植县的29个移民家族中，宋、元时期的移民家族有2个，明代的有12个，清代的有11个，还有2个迁徙时间不详。其中，有6个家族在家谱中明确说明是卫所移民。在这些移民家族中，10个家族来自江西吉安府、南昌府，9个来自湖南常德、澧州、辰州、邵阳等地，3个来自湖北黄冈、安陆等地，2个来自江苏南京，广东、云南、浙江、四川、山西各有1个家族。

---

① （清）顾奎光纂修：《桑植县志》卷二《户口》，乾隆二十九年刻本。

② （清）符为霖修，刘沛纂：《龙山县志》卷一一《风俗》，同治九年修，清光绪四年重刊本。

③ （清）董鸿勋纂修：《古丈坪厅志》卷一一《生产志略》，光绪三十三年铅印本。

鄂西南除与湘西一样有江西、广东等地的移民之外，湖南省的移民最多，湖北本省及四川的移民占有一定比例。《宜昌府志》卷一一《风土志》记载，五峰县“惟渔洋关为一邑巨镇，百货丛集，十倍于城中，然贾客皆广东、江西及汉阳之人。”① 改土归流后，建始县也有“荆州、湖南、江西等处流民竞集。”② 咸丰县在“咸丰初年，四川彭邑人民始有迁移入咸者，近则愈迁愈甚，接踵而至者遍满乡邑，有‘非我族类’之感焉”③。恩施市的东乡土司地区还有“进山伐木支椽”“借粮作种”的“棚民”。④ 在恩施、宣恩、鹤峰交界的石窑、椿木营、中营一带还有头棚、老棚、幺棚、黄连棚、赶场棚等十个棚的地名，据传就是改土归流后移民搭棚居住过的地方。棚民之称，源起于江西、福建、浙江等省，清初“福建、广东流民入江西，就山结棚以居，艺靛叶、烟草，谓之‘棚民’。”⑤ 恩施的棚民也应来自这些地方。咸丰、宣恩等地的家谱资料也显示，咸丰县的移民家族来自湖南的最多，江西次之，贵州和四川再次；宣恩县也是来自湖南的移民家族最多，其次为贵州，再次为湖北本省和江西、四川；⑥ 咸丰县的湖南移民中常德府最多，澧州次之，靖州、辰州再次；宣恩县的湖南移民中沅州府最多，其次为常德府、长沙府、澧州、宝庆府、辰州府等；贵州移民中思州府玉屏县最多，其次为铜仁府，再次为思南府、石阡府、镇远府等地。

明清时期，四川长期招垦，其移民的来源较为复杂，据雍正《四川通志》卷首《序》记载，“其民则鲜土著，率多湖广、陕西、江西、广东等处外居之人。”⑦ 渝东南僻处深山，应与四川省其他地区有所差异，其土著成分

① （清）聂光銮修，王柏心、雷春沼纂：《宜昌府志》卷一一《风土志》，同治三年刊本。

② （清）袁景晖：《建始县志》卷三《户口志 · 风俗》，道光二十二年刻本。

③ （清）张梓：《咸丰县志》卷七《典礼志》，同治四年刻本。

④ （清）张家檙：《恩施县志》卷四《风俗》，嘉庆十三年刻本。

⑤ （清）赵尔巽等：《清史稿》卷二九二《列传》第七九《裴度传》，中华书局 1998 年版，第 10312 页。

⑥ 参见杨洪林：《明清移民与鄂西南少数民族地区乡村社会变迁研究》，中国社会科学出版社 2013 年版，第 94—103 页。

⑦ （清）黄廷桂纂修，张晋生编纂：《四川通志》卷首《序》，雍正十一年编修，文渊阁四库全书本。

比成都平原以及重庆等重点城市周边要多。据乾隆《酉阳州志》卷一《风俗》记载，酉阳“率皆黔、楚及江右流寓兹土，垦荒丘、刊深箐，附谷依山结茅庐、竖板屋。”① 乾隆年间，黔江县“黔楚流民踵至，错处相与。”② 改土归流设县以后，秀山县“吴、闽、秦、楚之民悦其风土，咸来受廛。”③ 可见，改土归流后，酉阳秀山等地的移民主要来自湖北、湖南、陕西、江西、广东、福建及江浙等地。

渝东南的石柱县紧邻长江这条东西大通道，因此，在“湖广填四川”移民大潮过程中迁来居住在周边地区的移民，改土归流后又迁入到了石柱土家族自治县。笔者依据蔡玉葵主编的《石柱土家族姓氏源流》（2013 年印刷的内部资料）选取石柱县 203 个移民家族作为分析样本，宋代的移民家族有 1 个，元代的 4 个，明代的 88 个，清代的 95 个，土著 3 个，另有 12 个不详。在这些移民中，从湖北迁来的移民家族最多，达到 128 个，其次为湖南 16 个，江西 12 个，再次为广东 6 个，贵州 5 个，山东、浙江各 4 个，福建、河南各 2 个，江西 1 个，此外是来自四川省内及不详者。在这些外省移民中，很多家族都有在石柱县周边的忠州、丰都，以及湖北利川停留居住的历史，而其家谱中记录的移民时间仍然是从原籍迁出的时间。

黔东北的移民中，四川、湖南、江西等省的移民占比较大，其次为福建及江浙一带的移民。据嘉靖《思南府志》卷一《风俗》记载：“至今居民皆流寓者，而陕西、江西为多，陕西皆宣慰氏之羽翼，各司正副官之里长也，多巨族，负地望，颇以富足夸诈相高；江西皆商贾宦游之裔，多读书，乐仕进，亦渐趋于浮薄。”④ 思南、思州土司田氏多认同祖居地是陕西，方志也照录，并将其归于流寓。但据雷翔先生考证，武陵民族地区的田氏自东汉以来就生活在这一区域，并且具有人口数量大、分布面广、历史地位显赫等

① （清）邵陆纂修：《酉阳州志》卷一《风俗》，乾隆三十九年刻本。

② （清）邵陆纂修：《酉阳州志》卷三《黔江县》，乾隆三十九年刻本。

③ （清）王寿松修，李稽勋等纂：《秀山县志》卷七《礼志》，光绪十八年刻本。

④ （明）洪价修，锺添纂：《思南府志》卷一《风俗》，明嘉靖刻本。

特点。[1] 因此，这些土司官员是土著无疑，余下的主要是江西籍移民。又据万历《铜仁府志》卷二《风俗》记载，府属各地“汉人皆中州人，或以仕宦或以商贾、流寓附籍，江西最众，蜀次之，楚又次之。”[2] 但是，民国《铜仁府志》在描述移民时不提江西移民，只说铜仁改土归流后“多吴、楚、闽、蜀之人”[3] 或许在清代后期的移民中，江西移民的比重下降，不及江浙、两湖及福建、四川的移民人口多。

武陵民族地区的土司区域分属四省市，受各自地缘关系和地理环境的影响，每个区域的移民来源有显著差别。湘西的移民主要来自临近的湖南辰州、沅州、常德等地，以及外省的江西、湖北、广东、福建等地。鄂西南的移民主要来自湖南辰州、沅州、常德、澧州，以及江西、四川和湖北荆州一带。渝东南的移民主要来自湖北、湖南、江西、广东、陕西、贵州等地。黔东北的移民主要来自湖南、江西、四川等地。广东、福建以及江浙迁来武陵民族地区的移民主要是从事商品贸易的移民，分布面较广，但人数不是特别多。江西移民既有农业移民也有商业移民，移民数量相对较多，移民持续的时间也特别长。

迁入土司地区的移民主体流向是自东向西，即由东中部的福建、江苏、浙江、江西以及湖北江汉平原地带和湖南的沅州、辰州、常德、澧州等地向西迁徙，但也有少量自西南向东北、西北向东南迁徙的多向移民，即自西南的黔东北地区向东北方迁徙、西北方的四川省境（含今重庆）向东南方迁徙的多向移民。这些移民迁徙的主要通道是长江及沅水、酉水、澧水、清江、乌江等河流及连接到武陵民族地区内部的官道和盐道。长江历来是东中部与西部经济文化交流和人口流动的大通道，元明清时期著名的“江西填湖广、湖广填四川”就是沿着这条主要的通道移动，迁到土司地区的移民很多也是

---

① 雷翔：《土家田氏考略——兼评“造谱”现象》，《湖北民族学院学报》（社会科学版）1994年第3期。

② （明）陈以跃纂修：《铜仁府志》卷二《风俗》，明万历间刻本。

③ （民国）喻勋、胡长松纂修：《铜仁府志》卷二《风俗》，贵州民族出版社1992年版，第26页。

沿着这条通道迁到周边经制地区居住一段时间以后再迁土司地区。这种现象在改土归流时间较迟、距离长江较近的石柱表现得较为明显。沅水、酉水、澧水、清江、乌江是“武陵民族走廊”的主要通道，[①]也是土司地区移民的主要通道。在这些水路交通要道之外，还有纵横分布的官道和盐道，也是移民的主要通道。如顾彩到容美土司游历时所行走的路线就是容美土司通往省城的官道，其在枝江上岸，经松滋官渡坪、薛家坪、三里坪，五峰渔阳关、鹤峰南府等地到达鹤峰。民国时期，四川省派出的调查员甘明蜀到酉阳、秀山黔江、彭水一带做调查，他在调查报告中清晰地记载了酉阳、秀山一带通往重庆的道路。他说，从重庆到渝东南必经涪陵，由涪陵到彭水，有水陆两线，水路逆黔江（乌江）而上，河面狭小，暗礁很多，极为艰险；从彭水到黔江、酉阳有大道，三年一修，沿路设有官站。[②]元明清时期虽然实行的是食盐专卖制度，但这一制度并未覆盖土司地区。改土归流以前，土司地区的人们食盐就近在各处盐场采买。由于淮盐价高，土司地区基本上都是食用川东云阳、彭水郁山的食盐。容美土司就主要在巴东万户沱口岸采买川盐，再通过陆路运送到境。从云阳盐场的食盐可以经恩施、宣恩，或者利川、咸丰、来凤运到湘西。郁山盐场食盐经利川、咸丰、来凤运到湘西或者经乌江运到黔东北、渝东南，在酉阳龚滩起岸后也可运到湘西。甘明蜀的调查报告也提到，酉阳龚滩“盐业在过去很景气，每年由涪陵输入，约计二十万包，畅销湘西各地。”[③]郁山盐还可依陆路经黔江达咸丰、湘西等地。恩施市黄芭蕉侗族乡黄泥塘杨氏家族保留的路引详细记载了他们从湖南沅州芷江迁来时的路途情况，其行走的路线是，由恩施出发，在大茶园入宣恩境，经庆阳坝，过宣恩城到李家河，入来凤县境，再过龙山县城，经咱果、里耶入保靖，经杨家坪入花垣，再经吉洞坪、龙潭、堡寨入凤凰，再经镇筸、凤凰城、石羊哨入麻阳，经齐天盖入芷江，再经崇溪铺、沅州城、江西桥、裴家

---

① 黄柏权：《武陵民族走廊及其主要通道》，《三峡大学学报》（人文社会科学版）2007 年第 6 期。

② 甘明蜀：《酉属视察记》，《四川月报》1933 年第 3 卷第 1 期，重庆中国银行出版。

③ 甘明蜀：《酉属视察记》，《四川月报》1933 年第 3 卷第 1 期，重庆中国银行出版。

店、下共溪就到了杨氏祖居地上共溪。① 杨氏移民所走的这条道路基本上就是川盐经鄂西南流入湘西的道路。

元明清时期是武陵民族地区历史上最为重要的移民时段，在这一时段中，有三次主要的移民潮。第一次是元末持续至清中期的“江西填湖广、湖广填四川”移民；第二次是明初设置卫所时的卫所移民；第三次是改土归流后的招垦移民。之所以说元明清时期是最重要的移民时段，就是因为这三次移民潮中的移民数量特别多，影响面特别广，改变了武陵民族地区的民族格局和文化发展方向。除这三次移民潮以外，也还有元代的屯戍移民、清同治以后持续到抗日战争以前的工商移民以及各时期的官宦移民和宗教移民也对区域社会也产生了一定影响。

由于处在川楚交界地带的特殊地理位置，武陵民族地区既是“江西填湖广、湖广填四川”移民的通道，也是目的地之一，并且江西、湖广移民在鄂西南至渝东南一带有明显的叠加现象。即在这一地带同时迁入了来自江西的移民和湖广的移民。这次移民潮中迁入的移民主要分布在武陵民族地区边缘地带的经制地区，移民的主要来源是江西吉安府、南昌府以及湖北荆州府、黄州府等地，还有少量江苏、浙江、福建、山东等地的移民。卫所移民是明初在设置卫所以及后来更戍和调任的过程迁来的卫所官兵及其家属。依据文献统计，武陵民族地区除土卫所外还有戍额 38635 名，可见他们是一个庞大的移民群体，如果算上与他们随迁的家属，卫所移民或许超过 19 万人。这些卫所移民来源比较复杂，总体上安徽、江苏、福建、浙江一带的占比较大，也有河北、河南、贵州、湖北等地的迁来者。武陵民族地区的非实土卫所居多，屯地和哨卡分布很广，特别是常德、辰州、沅州一带，不仅本府卫所的屯地分布在府内各县，还有他府卫所以及贵州的部分卫所屯地也交叉分布在各府，常德卫的更戍军还调往靖州、道州以及广西等地。因此，卫所移

① 参见杨洪林：《明清移民与鄂西南少数民族地区乡村社会变迁研究》，中国社会科学出版社 2013 年版，第 106 页。

民的分布也非常广泛。卫所的设置，使武陵民族地区形成了一套具有三个层次的圈层结构体系，每个层次的圈层各有其功能。

土司地区虽然在改土归流以前就有少量的移民，但是由于“蛮不出境、汉不入峒”的隔离政策，导致移民规模很小，主要的移民在改土归流以后。武陵民族地区的土司，虽然明代黔东北的思州、思南土司就已改土归流，但大规模改土归流集中在清雍正年间，除石柱宣慰司在乾隆二十五年（1760年）才罢革外，湘鄂渝的土司基本在乾隆元年（1736年）都完成改土。黔东北地区稍微特殊，尽管明永乐年间就设府，但其境内仍存在很多长官司，有的长官司在清末还在承袭。清改土归流后，新设州府县大力鼓励开垦荒地，并规定在限定期限内不能垦熟的土地，要由官府招民开垦，这成为移民迁入的直接诱因，使土司地区在3—10年内就进入移民的高潮期，并且高潮期能够持续10年左右。这次招垦移民的主要来源是湖南辰州、沅州、常德、澧州等地以及江西、福建、湖北、四川、贵州等地，区域内不同地带由于地缘因素的影响，移民来源也存在一定差异。到乾隆末期，这次移民大潮退去之时，迁入土司地区人口及其他们的后裔约占总人口的三到四成。在这次移民大潮之后，土司地区经历嘉庆初至同治十年（1860年）左右的移民沉寂期，其后工商移民逐渐增长，直至民国抗日战争爆发，通商受阻以后才减少。

武陵民族地区不同圈层结构中的人口跨圈层流动，逐步弥合圈层的结构性差异，为清代改土归流的顺利推进创造了条件。如土司时期周边的经制地区“民逃夷地”，卫所自明嘉靖时期破败以后军士脱籍逃入土司地区，增进了土著居民对外界的了解。特别是改土归流后，大量周边地带经制地区和卫所地区的人口迁入土司地区，由于他们已经具备在相似的生态环境中生存的技能，避免了社会动荡。

人口的高速增长或许有两个方面的原因：一是迁入移民；二是人口的自然增长。由于长期存在的女性占比太低，促进武陵民族地区人口高速增长的更多因素是移民。在跨圈层的人口流动分析中发现，改土归流后辰州、沅州、常德一带人口在向土司地区迁徙过程中并没有带来原居地人口减少，其原因或许是又有新迁入的移民补充进来。历史移民的迁徙过程就像潮水一样，后面的把前面的往前推，一步一步地向前推进。

家谱在移民研究的重要作用和问题都是显而易见的。如果完全依据家谱，武陵民族地区难觅宋代以前的土著家族和“蛮民”，几乎均是元明清以来的移民，仅凭基本常识判断都是有问题的。如湘黔一带如今还存在苗语、土家语等少数民族语言，武陵民族地区的绝大多数人日常交流使用的是西南官话，而湘方言、赣方言、荆州方言对他们的影响并不明显。家谱是家族化的重要过程和成果，所叙述的内容既有传承性的一面也有建构性的一面。本书是在分类汇总移民迁出地数据，建立比较关系的基础上分析移民来源。虽然影响移民对祖居地地域认同的因素是多方面的，但本书的基本预设是迁来人口越多的地方，其文化影响力越大，形成地域认同的可能性也越大。按照这个预设分析的结果与方志中对当时社会状况的描述是基本一致的。

第三章　明清时期移民社会的冲突与整合

由一定数量的移民在迁入地构建起来的移民社会是陌生人社会，脱离了熟人社会那张“复杂庞大的关系网”，社会的稳定性被打破，呈现出高流动性和不稳定性特征，整个社会进入阈限阶段。这个阶段的社会处在过渡状态，具有反结构的特征，在编织新的社会关系的过程中，必然对既有社会关系带来冲击和破坏，形成社会整合的压力乃至社会冲突。在阈限阶段，移民既是既有社会关系的破坏者，也是新的社会关系的积极建构者，经历这一破坏—建构的过程，将其整合到新的社会秩序体系和关系网络中，形成新的社会常态。

第一节　移民社会的冲突

我国古代对基层社会治理的方式通常是运用制度化手段建立家户之间的横向关系网络，以此控制人口的流动。如商鞅变法时推出的什伍连坐法以及唐宋以后相继推出的保甲法、里甲制，均试图将基层社会建成一个封闭的体系。他们明白，人口流动性增加将带来社会风险的提升。历史事实也证明，流民聚集的区域多为奸、盗、抢案发的重点区域。然而，对于既成事实的高流动性移民社会来说，由于这些制度所建构起来的基层社会秩序排斥移民之间以及移民与土著之间的整合，从而加剧了区域内部关系的紧张，酿成了社会冲突。移民难以被整合到既有的社会秩序中，进一步推高了他们的流动性和不稳定性。历史上，武陵民族地区爆发过多次移民社会的冲突事件，特别是清乾隆以后相继产生的匪乱和白莲教起义，对地域社会有深刻的影响。

一、啯匪：不被整合的无业游民

“匪”虽然本义是指盗取或抢劫财物的人，但在武陵民族地区还指具有经常性社会越轨行为的人。如人们常说顽皮、不听话，喜欢干坏事的小孩“匪得匪”；说性格张扬，不按常理行事的人“匪气重”。然而，被官府所关注，记入历史文献的“匪”通常是三五成群或结成更大群体的拦路抢劫、奸盗、诈骗、赌博的无业游民。匪有多种，清乾隆至道光年间，武陵民族地区受四川的影响，也将其呼为啯噜子、蝈噜或啯匪，咸丰、同治以后多将其呼为土匪。

啯噜匪患起于清乾隆初的四川省，主要集中在川楚陕交界地带流民聚集的山区，后来推及整个川东及陕西、湖北、湖南、贵州的部分地区。武陵民族地区也受其影响。早在乾隆四年（1739年）十月，官方就关注到了四川的啯噜子现象。四川巡抚、布政使方显在奏折中说道：“四川恶棍，名为啯噜子，结党成群，暗藏刀斧，白昼抢夺，夜间窃劫。”① 他认为解决这一问题要从两方面着手：一方面是设法对啯噜子进行打击；另一方面是稽查保甲，加强基层社会控制。啯噜是四川人对匪徒或者赌徒的称呼。如清高宗曾说：“川省呼匪徒为蝈噜，语涉詈骂”②；清代四川籍戏曲理论家、诗人李调元也说：“啯噜本音国鲁，蜀人呼赌钱者通曰啯噜，皆作平声，如曰辜奴。”③ 常

① 《清高宗纯皇帝实录》（二）卷一〇三《乾隆四年十月下》癸卯条，中华书局1985年影印本，第559页。

② 中国第一历史档案馆编：《乾隆朝上谕档》，乾隆五十六年三月廿六日，档案出版社1991年影印本，第16册，第222页。

③ （清）李调元：《童山诗集》卷一《啯噜曲并序》，商务印书馆中华民国二十五年版，第6页。

言道，十赌九骗，设局赌钱的实质就是骗钱，他们如果行骗不成，也可能公然抢劫，输钱的人也可能因为生活无资而走上犯罪道路。

乾隆四十六年（1781 年）闰五月初五日，一伙从四川太平县转移而来的啯匪在四川石柱与湖北利川交界的鱼筌口场被官府发现。湖北施南协千总李廷英带领官兵及地方乡勇去查拿。啯匪仗势持械反抗，县捕范成、约民石庭玉等七人被伤，啯匪亦被伤多人，生擒一人。据擒获的棚头蔡友应供述，他们同行的有百余人，原计划从四川经湖北去贵州。此事经湖广提督李国梁禀报以后，震惊朝野，认为啯匪纠众拒捕伤人，对官府的统治构成了一定威胁，因此乾隆皇帝多次谕令四川、湖北、湖南、贵州等地的总督、巡抚等地方大员严密把守关隘，缉拿漏网啯匪。乾隆皇帝还认为，四川啯匪逃往湖北是由于四川总督文绶惩治不力所致，严饬其亲赴川东处置，事后将文绶降为三品顶戴留用。经历此次事变之后，虽然啯匪的势头得到一定遏制，但武陵民族地区也还不时有啯匪出现。如民国《咸丰县志》卷三记载，“境与四川酉属接壤，径僻山深，啯匪不时拦人，诱结本地游民赌博窝藏，或于僻地掠夺人物，或于村集攫取人财互相瓜分。”① 严如熤在分析湖北施南府形式时也指出，“环其地数十郡县，客民徙入”，其“失业无赖之徒，亦往往逃窜其间，三五成群，有赀则私贩趋利，折本则伏路攫人”②，其地具有形成和窝藏啯匪的条件，必须严加防范。

啯噜主要是从外省迁来而又无法找到生存资本的游民，其中不乏农民、手工业者和破产的商人。如《清高宗纯皇帝实录》卷二〇三记载，乾隆八年（1743 年）十月己卯，四川巡抚纪山奏称：“川省数年来，有湖广、江西、陕西、广东等省外来无业之人，学习拳棒，并能符水驾刑，勾引本省不肖奸棍，三五成群，身配凶刀，肆行乡镇，号曰啯噜子。”明确将啯噜子与“外来无业之人”联系起来。直至清嘉庆、道光时期，四川总督仍坚持啯匪是外来无业游民的看法。嘉庆十年（1805 年）三月，四川总督勒保奏，“川

① （民国）徐大煜纂修：《咸丰县志》卷三，民国三年刻本。

② （清）严如熤著，黄守红标点，朱树人校订：《严如熤集》（第一册），岳麓书社 2013 年版，第 147 页。

省五方杂处，游手最多，往往结党成群，流荡滋事，日久即成啯匪”①；道光二十三年（1843 年），四川总督堡兴也奏，“四川田地膏腴，土著稀少，是以各省无业游民纷纷蚁聚，每遇岁歉，流为啯匪。”② 移民往往是增加社会风险的重要因素，如清乾隆年间，四川人民五方杂处，民风彪悍，“命案倍于他省”③。武陵民族地区的石柱县“土司时狱讼简少，改流以来案牍日繁”，④ 永顺府属四县“土苗驯良畏法者多，其作奸犯科者皆客户。”⑤ 但是否就可以由此认为移民中的不法奸徒是形成啯匪的主要因素呢？虽然，“无籍游民平日不务生计”，⑥ 啯匪多系“素无恒业”的“无籍游民”，⑦ 但是啯匪中也有很多在原籍为守法良民，到了迁入地以后才聚众成匪者。

或许，通过分析每个啯匪的身世背景和成为啯匪的具体过程，能够更加全面地呈现啯匪的来源和形成信息。湖北利川啯匪案后，官府相继在湖北宜都、巴东以及四川彭水、湖南桑植、贵州婺川等地查获啯匪多名。据湖北宜都查获的彭家桂供述，其名亦叫彭老三，原籍湖北监利县，在四川奉节县做卖酒的生意，后来折本歇业，乾隆四十六年（1781 年）开始沿川江推桡，三月行至四川梁山、垫江交界的小马溪，与故交黄大年相遇，被黄大年邀入罗一、陈升的伙内。另有湖北东湖县人傅开太，即傅老十，先在四川梁山县

① 中国人民大学清史研究所、档案系中国政治制度史教研室合编：《康雍乾时期城乡人民反抗斗争资料》（下册），《军机处录副奏折·嘉庆十年三月二十九日四川总督勒保奏》，中华书局 1979 年版，第 635 页。

② 四川大学历史系、四川省档案馆合编：《清代乾嘉道巴县档案选编》（下册），《道光二十三年川督宝兴奏折》，四川大学出版社 1996 年版，第 358 页。

③ 《清高宗纯皇帝实录》卷一千三百五十一，乾隆五十五年三月庚子，中华书局 1985 年版，第 81 页。

④ （清）王槐龄纂修：《补辑石柱厅新志》卷六《风俗》，道光二十三年刻本。

⑤ （清）张天如纂修：《永顺府志》卷四，乾隆二十八年刻本。

⑥ 中国第一历史档案馆：《乾隆四十六年清政府镇压啯噜史料选编》（上），乾隆四十六年七月十六日四川总督文绶为报前后拿获啯噜并仍四路缉捕事奏折，《历史档案》1991 年第 1 期，第 32 页。

⑦ 中国第一历史档案馆：《乾隆四十六年清政府镇压啯噜史料选编》（上），乾隆四十六年七月三十日四川提督成德为报赴川省搜缉邻水一带啯噜事奏折，《历史档案》1991 年第 1 期，第 28 页。

一带讨吃，乾隆四十六年（1781年）三月初被杨老大、赵满一、胡万年邀入伙内。[①] 巴东县查获的贵州婺川县人李添才也供述，乾隆四十六年（1781年）三月其与堂兄李添良一起到四川彭水县江口背盐，行至彭水合掌棚，从田洪凤店里出来一伙啯匪，持械抢劫他们，堂兄跑散，他被啯匪捉住，为啯匪背负行李，后来乘机逃脱，但之后又因不愿种田，主动投入啯匪群内。另有在巴东查获的四川綦江县人邹开太，小名庚娃子，乾隆四十六年（1781年）六月二十五日到青阳石卖糖，当晚歇杨姓饭店，次日将未售完的糖挑下乡去卖，路过树林的时候，有八名啯匪出来要糖吃，他不给，啯匪就拿刀恐吓他，并将他的辫子割去，令他入伙背包袱（行李）。[②] 还有巴东县民朱玉，乾隆四十六年（1781年）五月与孙达包子一起准备到四川开县做生意，二十日到分水场与故交王三豹、董老五相遇，被拉入伙。[③] 这些被捕的啯匪均是团伙中的一般人员，他们或者来自破产的商人，或者来自沿街乞讨的乞丐，均没有恒产，并且他们离开故土的时间都不长，大约都在一年以内。他们或被啯匪强拉入伙，或投靠故交自愿入伙。

外人加入啯匪团伙的过程叫作“入伙”，“入伙”没有严格的仪式和程序，只要相互认可就可入伙，有的会举行一些简单的仪式或者结成干亲。如傅开太入伙时，杨老大率众在垫江县皮家庙烧香结盟。又如同在朱玉一案奏折中提到的四川长寿县人刘添贵，在晏家场遇到啯匪萧均伦，被其拜做干儿子入伙，令他背包；四川邻水县人王文凤，在垫江县黄善岩遭遇啯匪王太正，被其拉做干儿子。这些被拉做干儿子的人，并未得到啯匪的特别关照，

① 中国第一历史档案馆：《乾隆四十六年清政府镇压啯噜史料选编》（下），乾隆四十六年八月十六日湖广总督舒常等为审拟拿获啯噜彭家桂等事奏折，《历史档案》1991年第2期，第32页。

② 中国第一历史档案馆：《乾隆四十六年清政府镇压啯噜史料选编》（下），乾隆四十六年八月十六日湖广总督舒常等为报续获啯噜李添才等奏片，《历史档案》1991年第2期，第33页。

③ 中国第一历史档案馆：《乾隆四十六年清政府镇压啯噜史料选编》（下），乾隆四十六年十一月二十六日湖广总督舒常等为审明定拟办理啯噜朱玉等奏折，《历史档案》1991年第2期，第39页。

因其年幼，往往被鸡奸。如杨老大将大竹县高滩的幼童王兴国认作干儿子拉入伙，其后“日则背包，夜则鸡奸”,① 又如王文凤因逃避王太正的奸污而逃往重庆。

啯噜内部并无严密的组织体系和管理制度，经常在一起活动的人就构成一伙，除由一个人领头指挥外，没有明确的分工。团伙的名称有的叫“棚”，有的叫“红钱”或者“黑钱”。红钱、黑钱是根据其活动规律来命名的，“昼曰红钱，如剪绺割包之类，夜曰黑钱，如穿墙凿壁之类。”② 湖北来凤、湖南龙山一带均有红钱、黑钱诸匪：“黑钱者换包设骗，行踪诡秘；红钱则白昼劫夺，横行街市。”③ 每伙为首的人又叫长年、老大、棚头、舆夫者。④ 长年俗称就是老大，一般由年长有能力之人充任，他们掌管“饭食、分赃等事”。⑤ 如蔡友应供述，其手下入伙的人都叫其为“棚头”。棚头一般都是“桀黠强悍者”，不仅“其下流民听其指使”⑥，在团伙内还拥有一定特权，出入可以“带顶坐轿乘马”。⑦ 严如熤在《平定教匪总论》中也提到，啯匪“头目必材技过人，众乃共推之”⑧。

啯匪每个团伙的人数或三五人，或数十人不等，变化无常，随着入伙

① 中国第一历史档案馆：《乾隆四十六年清政府镇压啯噜史料选编》（下），乾隆四十六年八月十六日湖广总督舒常等为审拟拿获啯噜彭家桂等事奏折，《历史档案》1991 年第 2 期，第 32 页。

② （清）李调元：《童山诗集》卷一《啯噜曲并序》，商务印书馆中华民国二十五年版，第 6 页。

③ （清）李勖修，何远鉴纂：《来凤县志》卷二八《风俗志》，同治五年刻本。

④ 中国第一历史档案馆：《乾隆四十六年清政府镇压啯噜史料选编》（上），乾隆四十六年六月初二日湖广提督李国梁为报利川县拿获啯噜蔡友应事奏折，《历史档案》1991 年第 1 期，第 23 页。

⑤ 中国第一历史档案馆：《乾隆四十六年清政府镇压啯噜史料选编》（下），乾隆四十六年八月初九日四川总督文绶为报实力搜捕啯噜务期无枉无纵事奏片，《历史档案》1991 年第 2 期，第 31 页。

⑥ 中国人民大学清史研究所、档案系中国政治制度史教研室合编：《康雍乾时期城乡人民反抗斗争资料》（下册），《军机处录副奏折》，中华书局 1979 年版，第 634 页。

⑦ （民国）王鉴清修，施纪云纂：《涪陵县续修涪州志》卷一一，民国十七年铅印本。

⑧ （清）严如熤著，黄守红标点，朱树人校订：《严如熤集》（第一册），岳麓书社 2013 年版，第 156 页。

人数的增减随时可能产生变化。即使有的团伙可能在某些时候达到百余人，但由于他们没有严格的内部管理措施，人员多了以后往往就分裂成几个团伙，并且仅仅依靠偷盗、抢夺也不可能供养起太多的人口，因此啯匪都没有形成能够与官府直接对抗的队伍。据乾隆四十六年（1781 年）各省抓获的啯匪供述各团伙的人数大多在三十余人到四十余人之间。如彭家桂所在的黄大年一伙有四十一人，杨老大一伙有三十余人，邹开太所遭遇的一伙仅有八人。啯匪团伙内没有严格的管理制度，仅仅事先约定遇到困难“不许散帮”，遇到官府追捕，经“公议”以后再分散各自逃生，如果未议而先逃者，“众共戮之”。① 他们不仅对内没有建立起有效的治理结构，对外也没有建立起有机联系，完全是乌合之众。如蔡应友供述，与他们一起到鱼筌口场准备去贵州的还有金小二、刘胡子、罗和尚、周驼子、老满、王小六、杨满儿、杨大、袁老八等人。这些人都是各个团伙的头目，“他们名下也亦各有附合之人”②，其随行的人员或是在官府搜拿的过程中“陆续会遇辏集”在一起者，或是“随路逼胁求乞之人，及诱裹幼童跟随行走，计以助势帮负行李者”，③ 并不统属。

啯匪平时或居洞穴，或依丛林，没有固定的居所。如彭家桂所在团伙的四十一人分住在两个岩洞里面。他们一般遇到官府查拿或者抢劫成功时都要转移地方，具有很强的流动性特征。在朱玉一案中，朱玉于乾隆四十六年（1781 年）五月二十日在开县分水场入伙，二十二日遇到开县兵役追捕，他与王三豹、董老五等人一起逃出，行至四川黔江双牛坝，抢得背钱客人三千二百钱，王三豹、董老五各分得一千，朱玉和孙达包子各分得六百。这

① （清）严如熤著，黄守红标点，朱树人校订：《严如熤集》（第一册），岳麓书社 2013 年版，第 156 页。

② 中国第一历史档案馆：《乾隆四十六年清政府镇压啯噜史料选编》（上），乾隆四十六年六月初二日湖广提督李国梁为报利川县拿获啯噜蔡友应事奏折，《历史档案》1991 年第 1 期，第 23 页。

③ 中国第一历史档案馆：《乾隆四十六年清政府镇压啯噜史料选编》（上），乾隆四十六年七月初五日四川总督文绶为报追捕啯噜并严办已获胡范年等事奏折，《历史档案》1991 年第 1 期，第 28 页。

次得手后，朱玉潜回原籍巴东被拿获。乾隆四十六年（1781 年）六月庚子，在贵州婺川县拿获的啯匪彭昌文供称，其原来在四川活动，因查拿，便“假装行旅，由四川彭水县入婺川境”①。啯匪行走的路线一般是统治力量比较薄弱的“在州县交界处”②和便于隐藏的深山丛莽，利用隐藏的办法来保全自己。虽然有的啯匪平时会“择长林深谷人迹不到之处，操习拳棒刀枪各艺”，③但对于绝大多数团伙来说是做不到的。乾隆四十六年（1781 年）查获的啯匪供述中，从没有提到组织训练的事情，很多啯匪头天入伙，第二天就随团伙去抢劫，不可能有时间训练武艺。他们可能首先训练的是胆量，新入伙的人在团伙抢劫的过程中，首先都是在一旁守包袱，观看其他成员抢劫。

啯匪出入常佩带短刀，其刀有两种，“短曰线鸡尾，长曰黄鳝尾，皆象形而名”④，“黄鳝尾，质小而锐”⑤。这些刀具是他们抢夺财物时使用的主要武器，在查获的啯匪案中，常有啯匪刺伤行旅和官兵事例。乾隆四十六年（1781 年）闰五月十六日，从四川彭水进入贵州思南府婺川县的多名啯匪持械抢夺，杀死盐贩吴大元，杀伤李士申。⑥湖南桑植查获的疑似啯匪袁积班，身上带的物品有“尖刀一把、抄经一页、草药”等物。⑦啯匪活动的主要目的是获取钱财，其获取的方式有骗、赌、抢、盗数种。湖南巡抚刘墉也

---

① 《清高宗纯皇帝实录》卷一千一百三十五，中华书局 1985 年版，第 171 页。

② 《清高宗纯皇帝实录》卷二〇三，中华书局 1985 年版，第 623 页。

③ （清）严如熤著，黄守红标点，朱树人校订：《严如熤集》（第一册），岳麓书社 2013 年版，第 156 页。

④ （清）李调元：《童山诗集》卷一《啯噜曲并序》，商务印书馆中华民国二十五年版，第 6 页。

⑤ （清）缴继祖修，洪际清纂：《龙山县志》卷七，嘉庆二十三年刻本。

⑥ 参见中国第一历史档案馆：《乾隆四十六年清政府镇压啯噜史料选编》（上），乾隆四十六年七月初三日湖南巡抚刘墉为啯噜进入贵州并湖南侦缉截拿事奏折，《历史档案》1991 年第 1 期，第 26 页。

⑦ 参见中国第一历史档案馆：《乾隆四十六年清政府镇压啯噜史料选编》（上），乾隆四十六年七月初三日湖南巡抚刘墉为报盘获可疑之人袁积班事奏片，《历史档案》1991 年第 1 期，第 27 页。

说道，啯匪在市场或山野抢劫的目的是“惟图财物”。[①] 蔡友应也供认，他们“原想在沿途遇有大客商抢夺些银两发财。”[②] 可见，“发财”是他们亡命天涯的原始动力。啯匪中呼为黑钱者就主要是设置骗局，骗取别人财物的人。在四川省，啯噜首先就是用来称呼赌徒的。严如熤在分析川陕边界地区的形式时也说，该地“赌局最多，于秋收之后，往往开场聚赌，赌输之后，流而为匪。”[③] 抢劫的方式有在路途的僻静处抢劫的，也有进入市场公开抢劫的。如龙山县的啯匪“夜穴壁偷窃，昼则闲游村市”，“或于无人烟处劫取孤客财物”，“或伏悬崖丛莽中，伺行旅，经迩出不意，推巨石堕行旅惊走弛负担于地，从而攫之。”[④] 利川啯匪案后，被抓获的人员供述的劣迹主要就是抢夺，他们除了在隐蔽处抢劫过客、商旅及乡间富户之外，也多次进入市场抢劫商户，其抢劫的主要物品是现金、布匹、棉花、衣服、粮食等。他们把抢夺叫作“打炮火”，[⑤] 抢得的物品由团伙中领头的人主持分配。

由此观之，啯匪主要是游走在社会边缘的无业游民在流入地结成的团伙。他们没有固定的居所、职业，更没有在流入地生存下来的资本，所以也就没有可能被整合到迁入地的社会秩序中，以致完全走向社会的对立面，百姓无不痛恨之。啯匪团伙既没有严格的内部治理结构，也没有形成外部秩序，完全是乌合之众，与后来试图建立以他们为主导的基层社会秩序的哥老会有显著的区别。官府试图通过加强保甲建构基层社会秩序，消弭匪盗，但

① 中国第一历史档案馆：《乾隆四十六年清政府镇压啯噜史料选编》（上），乾隆四十六年七月初九日湖南巡抚刘墉为复贵州拿获啯噜钟凤鸣并湖南虽无匪踪仍行严防事奏折，《历史档案》1991 年第 1 期，第 30 页。

② 中国第一历史档案馆：《乾隆四十六年清政府镇压啯噜史料选编》（上），乾隆四十六年六月初二日湖广提督李国梁为报利川县拿获啯噜蔡友应事奏折，《历史档案》1991 年第 1 期，第 23 页。

③ （清）严如熤著，黄守红标点，朱树人校订：《严如熤集》（第一册），岳麓书社 2013 年版，第 194 页。

④ （清）缴继祖修，洪际清纂：《龙山县志》卷七，嘉庆二十三年刻本。

⑤ （清）李勛修，何远鉴纂：《来凤县志》卷二八《风俗志》，同治五年刻本。

移民“本无定居，今年在此，明岁在彼，甚至一岁之中迁徙数处”[①]，并且山区的人户居处分散，保正、甲长相距数里，难于稽查，因此保甲“只能强加给定居的人口”，在“集镇和城市外，它实际上起不了作用。”[②] 因此，以保甲为主要手段来建构正常的社会秩序也不可能取得成功。

二、白莲教起义：以宗教进行社会整合的失败

白莲教是长期潜伏在我国民间秘密社会中的一个教派，其历史可以追溯到5世纪大乘佛教中一个苦行救世军式的派别，到了元代吸收了明教的二元论，加入了革命性教义和偶像崇拜的内容，成为整合社会力量的重要思想来源，为朱元璋夺取政权提供了帮助。但是，明朝廷建立以后，将白莲教连同其他异端组织一起加以禁止，迫使其放弃政治信仰转而作为一种个人修行方式转入地下秘密活动，直至乾隆四十年（1775年）白莲教支派混元教首领刘松在河南领导的起义爆发，再度公开了白莲教的政治特征。[③] 刘松领导的起义失败后，其弟子刘之协、宋之清等进入川楚陕交界地带传教，使这一区域成为白莲教活动的中心。武陵民族地区的白莲教活动就是在这一背景中扩展开来。

乾隆末期，白莲教从陕西安康及湖北房县等地传入武陵民族地区。乾隆四十一年（1776年），湖北襄阳人萧贵迁徙到陕西省安康县滔河，以种地为业。乾隆五十四年（1789年），其妻弟樊学鸣到滔河寻亲，遇到当地流行瘟疫，他就烧香拜佛，为人治病。樊学鸣是白莲教的分支西天大乘教的信徒，他在当地烧香拜佛的传教意图也非常明显，后来被官府察觉后，他被解送原籍。乾隆五十七年（1792年）六月，萧贵回到襄阳正式跟随樊学鸣学

---

① （清）严如熤著，黄守红标点，朱树人校订：《严如熤集》（第三册），岳麓书社2013年版，第1093页。

② ［美］孔飞力：《中华帝国晚期的叛乱及其敌人》，中国社会科学出版社1990年版，第40—41页。

③ ［美］孔飞力：《中华帝国晚期的叛乱及其敌人》，中国社会科学出版社1990年版，第39—40页。

习西天大乘教。乾隆五十八年（1793 年）三月，萧贵学成后返回滔河，意图自立一教，将萧正杰、张大用、孙赐俸（即孙老五）等人收为徒弟。后来，孙赐俸到四川达州太平县一带传教，在此遇到湖南迁来不久的移民韩陇，将韩陇收为徒弟。韩陇在返回湖南老家的途中将白莲教带入武陵民族地区，在湖北来凤县将谭玉逢等人收为徒弟。随后，谭玉逢发展了二百多名教徒，使白莲教在来凤、龙山等地传播开来。从乾隆五十八年（1793 年）三月萧贵在滔河立教，五十九年（1794 年）七月韩陇在咸丰白岩山被捕前后仅一年多时间，白莲教就从陕西安康经四川达州太平县传到了武陵民族地区的腹地，可见其传播速度非常快。据来凤小坳白莲教的主要领导者杨子敖供述，将白莲教传入小坳的是陈泰，但不知道陈泰的师傅是何人。陈泰在小坳除了收杨子敖为徒弟外，还有杨子林、子祥及杨瀣等人，这些人都是小坳起义的骨干。这些骨干又广收教徒，到嘉庆元年（1796 年）八月仅杨子敖一人就接收了四千余名教徒。小坳白莲教的另一头目胡正中供述，他是乾隆五十九年（1794 年）四月十八拜唐贵为师，学习白莲教的，但供词中没有唐贵的相关情况。[①] 乾隆五十八年（1793 年）十月，又有湖北咸丰县人舒老满乘农闲的时间到陕西安康县滔河百福沟拜访其迁居此地的叔叔舒之才，遇到婶母的弟弟周起文，周起文把他收为教徒，舒老满回到咸丰以后就在当地传教。

白莲教传入湖北长阳的时间稍晚于来凤、咸丰。乾隆五十九年（1794 年）四月，长阳人张正谟到湖北房县拜白培相为师，加入白莲教，在返回长阳传教过程中，他收张正荣、曾怀等人为徒弟；一年之后，张正谟又迁居湖北宜都，并在那里开展传教活动，收张宗文为徒弟，张宗文又收聂杰人、聂池等人为徒弟。另外，长阳白莲教的领导者林之华也是白培相的徒弟。白莲教从房县传播到长阳的过程中还有张驯龙一脉。张驯龙是寄居在房县的湖北荆门人，也就是从荆门迁到房县还没有入籍的移民，但是他已经拥有了一些

① 胡正中供述，引自中国社会科学院历史研究所清史室、资料室编：《清中期五省白莲教起义资料》（第五册），江苏人民出版社 1981 年版，第 32 页。

土地，长阳县民张正朝和父亲张国隆一起迁到房县的时候从张驯龙那里佃种土地，张驯龙就将张正朝吸收为白莲教徒。后来，由张正朝充当向导，带领张驯龙到长阳县传教，在这个过程中，并将覃加耀等人收为徒弟。

白莲教从陕西安康及湖北房县传到武陵民族地区的过程中，移民发挥了桥梁纽带作用。不管是白莲教从湖北襄阳传到陕西安康，还是从陕西安康传到湖北来凤、咸丰以及从湖北房县传到长阳、宜都等地，都是由于移民迁徙或者省亲得以实现的。由移民建立起来的迁出地和迁入地之间的信息沟通渠道构成了白莲教的传播路线。白莲教传播到一个地区之后，又通过传教人士的亲属或熟人关系迅速传播开来。如张正谟在长阳将自己的堂兄张正荣拉入伙。张正谟在宜都发展的教徒张宗文又将自己的亲家聂池及聂池的父亲聂杰人等发展为教徒。覃加耀将堂叔覃靖钟、堂哥覃加炳等人吸收为教徒，覃加炳又将居住在湖北巴东县野三关谭家村的舅子谭祖兰收为徒弟，谭祖兰又发展了堂叔谭林宗等。据覃加耀供称，他们在长阳榔坪和巴东野三关一带曾有教徒 7500 多人，与林子华部合并后一度达到 15000 多人。① 来凤小坳杨子敖的亲哥哥杨瀣以及叔伯兄弟杨子详、子林均是其骨干成员，小坳起事以后，不到四五天就聚集了三四万教徒。并且，白莲教徒聚集的地方一般选择在基层市场，这些地方是基层社区活动的中心和物资、信息流动的中枢，为传教活动提供了便利条件。如来凤县的小坳是仁育里的两个市场之一，旗鼓寨是亨康里唯一的一个市场，长阳榔坪也是施宜古道上的重要市场。

从白莲教起义的人数也可以判断其教徒的来源应该非常广泛，除了没有资产的佃户或游民之外，也不乏被体制所整合的乡约、客头、差役、书办等乡村社会的精英及拥有一定资产的人，“在某种程度上已变成超阶级的运动。”② 从领导长阳白莲教起义的覃氏、谭氏等姓氏判断，或许他们是当地的土著，但领导来凤小坳的杨氏则是改土归流之际迁来的移民。雍正九年

① 覃加耀供述，引自中国社会科学院历史研究所清史室、资料室编：《清中期五省白莲教起义资料》（第五册），江苏人民出版社 1981 年版，第 58—59 页。

② ［美］孔飞力：《中华帝国晚期的叛乱及其敌人》，中国社会科学出版社 1990 年版，第 41 页。

(1731 年)，杨倖才迁入小坳西北面不远处的坐线坪、后槽、石灰溪一带；雍正十三年（1735 年）散毛土司改土归流后，他买得小坳土地，迁入小坳，并将堂兄弟杨凤才、瀶才也招来小坳。杨凤才及妻陈氏，杨瀶才及妻胡氏在嘉庆元年（1796 年）白莲教起义爆发前皆亡故，凤才有子瑞、子玉、子敖及瀶四子，瀶才有子祥、子林二子。起义时，他们均已成家，子敖和子林已育有一子。[①] 并且，乾隆末期，小坳场（即小坳的基层市场）有瓦房、楼屋一二百间，草棚七八百间，瓦屋、楼屋居住的可能是土著或者已经定居一段时间的移民，草棚居住的可能主要是迁来不久佃种土地或小本经营的客户。可见，小坳场是改土归流后移民聚居的一个社区。嘉庆时期，全国白莲教徒的空间分布主要集中在移民迁入的地区，白莲教的传播也主要是移民在起作用。结合来凤小坳的情况来看，白莲教起义的主体应当是移民。在这些起义的白莲教徒中也不乏像杨子敖、杨禹九等“家私累万之人”[②]，但绝大多数实现了阶层跨越，已经被体制整合的人是不愿意加入起义的队伍的。小坳起义爆发后，来凤、龙山的绅士就组织乡勇把守关隘、保护城池，来凤县的地主滕爱成召集丁壮两百余人自保，并将米谷供给乡勇，长乐县（今五峰县）长乐坪的里正贾尊贤潜伏在白莲教徒家门外探听秘密，并向官府告发。显然，参加白莲教起义的移民与啯匪又有显著的区别，啯匪完全是在游动状态下的游民，是在流动过程中产生的；白莲教起义则发生在移民定居的过程中，是他们在向往过上定居者的生活、向往秩序而又被遗弃之后，借用宗教建构新秩序所做的努力。

白莲教在传播过程中首先建立起了超越血缘和宗族的“一家”观念，“凡同教者皆成了法眷，是一家”[③]。这种观念正好能够为宗族上处于劣势的移民或宗族建构尚不完善的土著建立超越血缘的共同体和建构新的社会秩序

---

① 江田祥：《客民、地方社会与白莲教空间扩散——以清乾嘉之际鄂西南来凤县为中心》，《江汉论坛》2007 年第 6 期。

② 中国人民大学历史系、中国第一历史档案馆合编：《清代农民战争史资料选编》（第五册），中国人民大学出版社 1983 年版，第 211—212 页。

③ （清）纪大奎修，林时春纂：《什邡县志》卷一八《风俗》，嘉庆十八年刻本。

提供思想引领。为配合“一家”观念，白莲教还建构了三教圣人、无生真父母、生身假父母等神圣与世俗相联系的等级秩序。他们认为三教圣人最大，每个人的生身父母都是假父母，在天上还有无生真父母，无生老祖妣，入了教将来就能够去真空家乡见到无生真父母，坐上九品莲花墩。白莲教否定生身父母的真实性实质是解构了传统以血缘来建构宗族，建构社会秩序的正当性，而其建构的“一家”就是以入教即成为“法眷”来建构彼此的关系网络。在这个理想的关系网络中，“法眷”不仅可以逃灾难，还可以得到教友的扶持。如传教的人宣称某年某月“定起黑风，死人无数”,① 只有习教的人才能免祸，并且他们还建构了一个“有患相救，有难相死，不持一钱，可以周行天下”② 的秩序模型。这个理想网络正好利用了处在定居过程中的移民对未来生活难以预期和对社会秩序非常向往的心理特点，满足了他们的心理需求。在实际的发展过程中，教徒之间也有相关的互助行动，“从教者先送米若干，入教之后，教中所获资物悉以均分。”③

西天大乘教、收元教、三元教是组成白莲教的三个教团，其中影响最大者是西天大乘教。西天大乘教所奉经典为《太阳经》，但目前没有得以完整地保存下来。白莲教信奉的主要神灵“无生老母”在《古佛天真考证龙华宝经》、《皇极金丹九莲正信皈真还乡宝卷》以及《销释接续莲宗宝卷》、《弘阳悟道明心经》等经典中对其形象有系统的建构，总体上说她既是一个创世神也是一个救赎神。她在混沌之中创造了世界，生了伏羲女娲，繁衍了人类，而人类又即将面临末世灾难，她派来弓长（或称弥陀）帮助人类脱去凡体，回归圣体，回到真的家乡，完成救济。据白莲教首领刘之协供述，他们平时也念一些论述天地和人伦的经文，认为“念了这些经文，死了不转四牲六道”④。据

① 聂人杰供述，引自中国社会科学院历史研究所清史室、资料室编：《清中期五省白莲教起义资料》（第五册），江苏人民出版社 1981 年版，第 2 页。

② （清）周凯：《内自讼斋文钞》卷一，《纪邪匪齐二寡妇之乱》，道光二十年爱吾庐刻本。

③ （清）严如熤著，黄守红标点，朱树人校订：《严如熤集》（第一册），岳麓书社 2013 年版，第 156 页。

④ 刘之协供述，引自中国社会科学院历史研究所清史室、资料室编：《清中期五省白莲教起义资料》（第五册），江苏人民出版社 1981 年版，第 106 页。

光绪《长乐县志》卷一三《人物志》记载，白莲教徒的宗教礼仪是“昼散夜聚，聚则念咒拜灯。灯初结花如豆，继如桃实，渐至如瓜，终则焰焰然火大如斗。钲鼓竞鸣，户牖间但设一箕，壁间人亦不能闻。”① 在武陵民族地区，人们通常认为灯花具有占卜功能，通过观察灯花的形状可以预测吉凶或者事情能否办成。簸箕在武陵民族地区除了是一件盛放东西的实用工具之外，还是隔绝神圣空间的工具。如小孩子夭折后首先要放到簸箕里面，老年人去世之后在堂屋里做仪式时要用簸箕把神龛挡住，以免“惊动了家先”。白莲教徒在窗户上挂一个簸箕，显然也是为仪式营造出神圣空间。白莲教还尚白，在起义打仗的过程中，指挥的人手执白旗，众人头裹白巾，② 作为区分敌我的标志。

在嘉庆元年的白莲教起义爆发之前，官府就曾察觉到来凤、咸丰的传教情况，乾隆五十九年（1794 年）七月受三省白莲教案的影响，来凤、咸丰抓捕了多名教徒，其中就包括来凤小坳杨子敖、杨子林的同胞兄弟杨瀣、杨子祥等。后来的起义就经过周密地谋划和准备，乾隆六十年（1795 年）十二月，陕西平利县白莲教总师傅孙仕禹派王子俊（外号王掌柜）经襄阳来到来凤，与小坳杨子敖、唐贵等接上头，通知他们嘉庆元年（1796 年）二月十五日起事。张正谟在长阳、宜都传教的过程中，也传递暗语“辰年辰月辰日定起黑风，死人无数”，也就是通知大家丙辰年壬辰月丙辰日（即嘉庆元年三月十日）起义。但是，嘉庆元年（1796 年）正月，长阳县知县在七丘、金子山等地大肆搜捕、惩治白莲教徒打乱了张正谟的计划，被迫将起义时间提前。嘉庆元年（1796 年）正月初八，张正谟将长阳的几百名教徒带到宜都洋郑畈聂杰人家，开启起义的序幕。随后，长阳的覃加耀、林之华、覃士辉分别在榔坪、九河州、宗溪等地举旗策应。来凤小坳的起义仍然是按照原计划进行。

白莲教在起义的过程中首先就树立了推翻清王朝的统治、建立新秩序

① （清）郭敦佑再续纂：《长乐县志》卷之一三《人物志》，光绪元年增刻本。

② （清）李勖修，何远鉴纂：《来凤县志》卷一八《武备志》，同治五年刻本。

的目标。乾隆六十年（1795年）七月，有教友向聂杰人宣传，李犬儿有同教人的保护，“将来在河南立业”，立业之后根据“纳银多少，分别封官。”① 聂杰人还为此捐了100两银子。长阳的起义队伍在榔坪“合营”以后，覃加耀颁行了“天运”年号，赐封张驯龙、张正朝为左右军师，建立由都督、总先锋、先锋分层管理的军事体制，并将起义队伍编为老、中、前、后、右五营，每营由起义的骨干统领。来凤县的起义队伍将县衙作为主要的攻击目标，起义开始的第三天就杀死来凤知县庄纫兰，典吏张宁；第四天就攻破来凤县城，杀死训导甘杜，后来又进攻龙山县城，在久攻不下的情况下又准备转战宣恩县城。

嘉庆元年（1796年）二月十五日，来凤小坳的教民在唐贵家祭刀，拉开来凤白莲教起义的序幕，旗鼓寨的田谷敦也迅速响应。小坳教民一部分由杨子敖、子林带领驻守小坳大本营；一部分由胡正中、谢伯荣及杨禹久、丁寅山等人带领外出征战，胡正中取得攻破来凤县城的战果后转移到旗鼓寨与田谷敦会合。三月十八日，四川总督孙士毅合兵攻破杨子敖驻守的小坳，但小坳教民大部分得以转移到旗鼓寨。四月初，又有龙山、桑植、宣恩等地的教民投奔旗鼓寨，壮大了起义队伍，其一度达到六七万人。五月十一日，孙士毅将大军开到距旗鼓寨不足十里地的红岩堡，准备一举拿下旗鼓寨，但是在五月二十八日一战中，官军失利，孙士毅也于六月十一日薨于红岩堡。六月十九日、七月十二日，胡正中、杨子敖相继被俘，使来凤起义队伍失去了两员大将，削弱了起义队伍的领导力量。七月十六日，旗鼓寨在川楚大军的合力围攻下被攻破，来凤白莲教起义被捕灭。

长阳教首覃加耀、林之华得知来凤起义失败之后，于嘉庆元年（1796年）八月八日作出兵分两路、转移阵地、互相策应的军事部署，随后林之华驻长阳资丘，覃加耀驻巴东谭家村。后来，由于起义队伍与官军的势力悬殊，两队人马又被迫合并到一起。嘉庆元年（1796年）十月十一日，起

---

① 聂杰人供述，引自中国社会科学院历史研究所清史室、资料室编：《清中期五省白莲教起义资料》（第五册），江苏人民出版社1981年版，第1页。

义队伍转移到资丘黄柏山，据险固守，湖广总督福宁久攻不下。嘉庆二年（1797年）三月十三日，威勇侯额勒登保担任指挥，对黄柏山发起总攻，部分起义军在覃加耀、林之华的带领下突出重围，向西转移。十月六日，林之华在建始红土溪一战中中枪，行至大茅田牺牲。唯覃家耀先后以五峰朱里寨，归州终报寨为据点，坚持斗争，直至十二月十七日被俘，随后押送北京，于次年正法。

来凤、长阳等地的白莲教起义是清代白莲教起义的重要组成部分，虽然持续时间不长，但引起了朝廷的巨大震动。朝廷在镇压这次起义的过程中也付出了沉重代价。白莲教起义在开始阶段参与人数多，战斗力强，但由于缺乏严密的组织体系和统一的行动纲领，各教团之间互不统属，当战事遇阻之后，就难以被再次组织起来，所以起义很快失败。白莲教起义失败标志着移民试图利用宗教思想来进行社会整合，建构超越血缘的共同体的失败。

移民社会是滋生社会冲突的温床，“流离之民，生活无资，则良亦从乱。”① 乾嘉时期，武陵民族地区相继发生的啯匪和白莲教起义都是发生在移民社会中的具有代表性的社会冲突事件。两次社会冲突所显示的社会意义是不一样的。啯匪是脱离原有社会秩序的游民，在迁入地又难以被新秩序所整合的情况下对既有社会秩序发起的冲击和破坏，不管是移民还是土著都对其痛恨之；白莲教起义是移民在定居的过程中，试图以宗教思想为引领，建构超越血缘宗族的共同体，使其融入新的社会结构中所做的努力。

第二节　移民社会的整合

社会整合既是移民社会尽快摆脱过渡状态，构建新的地域社会秩序的现实需求，也是移民将自身维系于稳定的社会关系中的必要过程。从武陵民

① （清）赵尔巽等：《清史稿》卷四一八《列传》第二〇五《严如熤传》，中华书局1998年版，第11391页。

族地区历史移民的社会整合过程来看，有两个方面的力量在起作用：一方面是官方行政系统，他们制定和实施的过渡性政策对社会整合过程施加外部干预；另一方面是移民，他们依托血缘和地缘关系建立起来的共同体组织是社会整合的内生动力。社会整合的目的是让移民社会从混沌走向有序，让移民从个体回归社会网络。

一、过渡性政策：移民社会整合的外部干预

我国古代的法律和政策体系总体上是围绕定居人口展开的，比如在商鞅变法过程中提出，并对后世产生重要影响的连坐法、户籍制度、人头税制都试图将定居人口结合成一个利益共同体，防止他们任意流动。但是，由于社会动荡或者调节人口地域分布格局而产生的移民潮之后，官府也会推出系列过渡性政策来促进社会整合。如永嘉之乱以后在移民迁入的地区设置侨州、郡、县以及宋代的主客户制度等都对移民社会的整合产生了重要影响。武陵民族地区是少数民族聚居区，虽然先秦时期巴楚就已在这一区域设立了郡县，但由于郡县的数量稀少，统治力量不济，难以对基层社会进行有效治理。这种状况在宋代以后有所改观，其主要的表现是在经制县下设砦堡，将统治力量进一步下移，并推行保甲，选用保甲长管理社区事务。因此，目前能够观察和研究的针对移民社会的过渡性政策也主要集中在宋代以后。这些过渡性政策主要围绕限制迁入人口数量和移民在迁入地的基本生存发展需要展开，包含赈济、土地、户籍、教育等方面。

由于迁出地和迁入地的信息不对称，各个历史时期的移民都难以依据自身掌握的信息将移民的数量控制在合理的范围内，移民潮形成以后，即使迁入地的人口承载力已经达到上限，移民的势头往往也难以消退。如清雍正年间，四川的移民已经成为困扰地方官员的一大社会问题，各地开始设法阻拦，但计划入川的人口仍然有坚定的决心。雍正十一年（1733 年），广东龙川县民在《往川人民告帖》中说道，他们前去四川的目的是耕种纳粮，成家立业，但是近来官府处处拦截，不许前去，认为官府这样做是绝了他们的生路，因此“我等进生退死，一出家门，一心只在四川”，“若到江西隔省拦阻

我们，我等要拼死齐拌一死。”① 过多的移民是社会不稳定的重要因素，历史上在移民聚集的地区曾经爆发过多次针对官府的起义。因此，当一个区域的移民达到一定数量之后，官府必然出手治理。其治理的手段通常包括增加手续限制移民流动，设置关卡将手续不齐的移民阻拦回去等。宋代在施州、黔州、涪州等地设置的封堠，以及元明清时期在交通要道上设置的关隘均有控制移民的作用。明清时期为流动人口发放的路引以及清代的印票也是限制移民的手段。

宋初，出现了田少的主户将田产变卖后依附到“有力之家”的现象，导致主户减少客户增多，但“客虽多而转徙不定，终不为官府之用”②。大中祥符二年（1009 年），朝廷颁行《幕职州县官招徕户口旌赏条制》，③ 鼓励县吏招徕人口，增户者县升等，吏加俸，但执行不到两年便废止，转而限制人口流动。宋神宗熙宁初年，朝廷采纳王安石变法的主张，推行保甲法，京畿地区以十家为一小保，其他地区以五家为一小保，五小保编为一大保，十大保编为一都保，有小保长、保长、都保正等负责人，起初这些负责人选用主户充任，后来由主户出资募民担任。虽然推行保甲的主要目的是维持社会治安，增加军事训练科目后又成为乡兵的一种，但是客观上限制了基层社会的人口流动。明代在里甲制基础上编审的黄册和鱼鳞册不仅是征发赋役的主要依据，也是“以限田裁异端之民”④ 的手段。元明时期，官方设置的基层社会组织虽然有所改变，但仍然在部分地区沿用保甲制。进入清代以后，康熙二十五年（1686 年）四月，清圣祖谕令在顺天等地编查保甲；雍正以后逐步推开，十三年（1735 年）三月，清世宗下诏在

① 雍正十一年九月初九日广东巡抚杨永斌折，见台北故宫博物院编：《宫中档雍正朝奏折》（第 22 辑），台北故宫博物院 1979 年版。

② （宋）吕大钧：《民议》，见吕祖谦编：《宋文鉴》卷一六〇《议》，中华书局 1992 年版，第 1477—1478 页。

③ （元）脱脱等撰：《宋史》卷一七四《志》第一二七《食货志》，中华书局 1977 年版，第 4205 页。

④ （清）张廷玉等撰：《明史》卷七二《志》第四八《职官志》，中华书局 1974 年版，第 1742 页。

全国推行，使保甲再次成为官方主导的基层社会组织。为了配合这些制度的实施，明清两代在移民达到一定程度之后，人口流动都需要持有路引才能成行。如明万历六年（1578 年），云南太和人赵重华外出寻父，先要到郡守那里请路引，途中，他的东西被盗，唯独保全了路引，找到父亲之后，他也以路引证明其身份，① 可见路引不仅是通关的凭证，还是个人的身份证明。清代进一步加强了对路引的管理，将“诈冒给路引”入刑，② 连青海的喇嘛入藏也需持有路引。清乾隆二十八年（1763 年），还推出“印票”，“各省棚民单身赁垦者，令于原籍州县领给印票，并有亲族保领，方准租种安插。”③

官府在限制移民迁入的同时，还要做好已经迁徙的移民的安置工作。自发迁徙的移民中，除工商移民有一定家资之外，一般都是比较贫苦的农民，衣食艰难。从隋代开始，历代朝廷都要求在州县一级设置社仓，以备凶荒和赈济灾民，移民也从中受益。如宋代，诸州遇到岁歉，必发常平、惠民等仓，“或平价以粜，或贷以种食，或直以振给之，无分于主客户”，④ 宋哲宗、徽宗时期都拿出大量钱粮赈恤流民。明代“饥民还籍，给以口粮”，并且“建官舍以处流民，给粮以收弃婴。”⑤ 在衣食资助之外，明清时期还在迁入移民较多的地区安排专官处理与移民相关的事务，虽然安排这些官员的目的是防止移民生乱，但客观上也起到了保障移民的权益作用。宋代虽然未设专官，但也注重移民权益的维护。开禧元年（1205 年）夔路转运判官范荪说：“本路施、黔等州荒远，绵亘山谷，地旷人稀，其占田多者须人耕垦，

---

① 参见（元）脱脱等撰：《宋史》卷二九七《列传》第一八五《赵重华传》，中华书局 1977 年版，第 7616 页。

② 参见（清）赵尔巽等：《清史稿》卷一四二《志》第一一七《刑法志》，中华书局 1998 年版，第 4188 页。

③ （清）赵尔巽等：《清史稿》卷一二〇《志》第九五《食货志》，中华书局 1998 年版，第 3483 页。

④ （元）脱脱等撰：《宋史》卷一七八《志》第一三一《食货志》，中华书局 1977 年版，第 4335 页。

⑤ （清）张廷玉等撰：《明史》卷七八《志》第五四《食货志》，中华书局 1974 年版，第 1909 页。

富豪之家诱客户举室迁去。”他请求朝廷对皇佑官庄客户逃移法进行校订，放松主户对客户及其家属的役使，提出“凡为客户者，许役其身，毋及其家属。凡典卖田宅，听其离业，毋就租以充客户。凡贷钱，止凭文约交还，毋抑勒以为地客。凡客户身故、其妻改嫁者，听其自便，女听其自嫁。庶使深山穷谷之民，得安生理。”①

武陵民族地区的历史移民总体上以农业移民为主，土地是最为重要的生存资源，他们往往通过垦荒、租佃、购置等多种方式获取土地。在各移民潮形成的初期，移民获取土地的主要方式是垦荒，当移民数量较多，荒地开垦殆尽之后就只能通过有偿的租佃、购置方式获取。垦荒就是相当于无偿获取土地，官府需要通过系列政策措施来保障移民无偿获取的合法性。那么，官府首先要做的是剥夺原主对荒地的所有权，通常所用的方式是给原主限定垦熟时间，如果到时没有垦熟便当作无主荒地，听移民垦种，其次用升科等方式确认移民对土地的所有权。南宋时期，移民垦荒田、逃田首先要向官府“请射”，三年垦熟之后再向官府纳税。如绍兴二十八年（1158 年）十月二十一日，知归州鲜于噩陈归州不通牛耕，逃田有请射者，到三年升科时又转移他地，致使赋税损失，请求朝廷改变逃田的纳税方式。后来，朝廷依鲜于噩的建议，在不增加请射者总体税负的情况下“次年起催”。② 嘉定七年（1214 年），西南溪峒山瑶、峒丁出现向汉族移民“私售田”的现象。③ 明洪武初也鼓励移民垦荒，洪武元年（1368 年）八月，明太祖规定，因兵乱逃往他地，田产已被他人耕垦成熟者，“听为已业”，遇原主还乡复业，在旁近荒田中如数给予耕种，不能复占其业，“其余荒田亦许民垦辟为已业，免得役三年。”④ 明初，还有规定：只有接受了官府所给牛及农具的垦荒者才收税，

① （元）脱脱等撰：《宋史》卷一七三《志》第一二六《食货志》，中华书局 1977 年版，第 4178 页。

② （清）徐松：《宋会要辑稿》（第一二六册），《食货》一〇，中华书局 1957 年影印本，第 4982 页。

③ 参见（元）脱脱等撰：《宋史》卷四九四《列传》第二五三《西南溪峒诸蛮传》，中华书局 1977 年版，第 14196 页。

④ 《太祖实录》卷三四，台湾“中央研究院”历史语言研究所 1962 年校印版，第 615 页。

"额外垦荒者永不起科。"[①] 嘉靖二十四年（1545年）二月，明世宗又诏令流民复业，给其牛、种，"开垦闲田者给复十年。"[②] 清世祖入关以后，即令州、县、卫的无主荒地分给官兵及流民垦种；顺治六年（1649年），又令各省募流民，"编甲给照，垦荒为业"，六年以后按成熟地征粮，十年（1653年），又定四川荒地任民开垦例；康熙年间，清圣祖将垦荒的范围扩展到湘、鄂、黔等省，其"空荒任民播种，限年垦齐。"[③] 改土归流以后，对土司地区的田地，各地方官员给了两到三年的垦熟时间，如果到期未垦者便失去土地所有权，由官府招民垦种。在武陵民族地区流传的"跑马占地"、"指山为界"传说就是改土归流后移民无偿获取土地资源的历史记忆。

官方组织的军屯、民屯移民由于其身份的特殊性，所需的土地及其他资源都是由官府提供和保障。宋代以前的屯田，每夫授田一百亩，宋代改为每夫授田五十亩，每人给一头耕牛，其置办农具，疏导沟渠，构筑防堰等所需之资也由官府提供。[④] 元明时期在武陵民族地区设置军屯时，其土地主要来源于民田"空隙之地"。[⑤] 军屯、民屯移民在享受更多优厚待遇的同时也要承担更多义务，如军屯的军人且耕且守，遇到战事还要奉调出征，民屯承担的赋税也比一般田地高得多。由于屯地及屯地上的人口与周边的土地和人口都是别为一套体系管理，所以在发展的过程中都面临在地化的问题。

在我国古代的户籍制度之下，只有在迁入地获得户籍的移民才能被官府认可，才有希望过上正常的生活。一般在大规模的移民现象产生之后，官府会对户籍登记的条件进行临时性修改，放宽要求，方便移民登入版籍。《唐律》就对犯罪的"流人"入籍作出过详细的规定。据《唐律疏议》卷三《名例律》记载，流人役满或者未满会赦，可以在配所从户口例入籍，与当

---

① （清）张廷玉等：《明史》卷七七《志》第五三《食货》，中华书局1974年版，第1882页。

② （清）张廷玉等：《明史》卷一八《本纪》第一八《世宗》，中华书局1974年版，第236页。

③ （清）赵尔巽等：《清史稿》卷一二〇《志》第九五《食货志》，中华书局1998年版，第3503页。

④ 参见（元）脱脱等撰：《宋史》卷一七六《志》第一二九《食货志》，中华书局1977年版，第4264页。

⑤ （清）张霖纂修，许涠续修：《石门县志》卷中，康熙二十二年刻本。

地百姓一样纳税，除犯反、逆等重罪的人外，其他流人满六年以后还可入仕；并且，已经附籍的人三年内还可以还原籍居住，“不愿还者听住”。① 明代形成了比较系统的移民入籍制度，对逃避徭役的逃户令其还本籍复业，对不愿归或老弱不能归者，令其在迁入地著籍，授田输赋；将流民编甲互保，由迁入地里长管辖，并设抚民佐贰官；因故出侨附籍的“老疾致仕事故官家属”离本籍千里者可以在迁入地入籍，不及千里者发还，另外，军、匠、灶籍人口不论远近均发还。② 地方官员在实际的操作过程中，为了增加赋税收入，“于客丁必责其附籍”③。清初，对迁入各省的移民一律按户编册入籍，乾隆二十八年（1763 年）以后再迁的移民需要原籍州县给的印票及亲族保领才能安插。改土归流后，由于地方官员的招垦积极性很高，迁来武陵民族地区的移民也能够与当地的土民“一例编甲”。④ 乾隆十七年（1752 年）十二月，湖广总督永常提出已经迁入施南府的移民户籍解决方案：“凡有夫妻子女者，无论流寓久暂，悉予编保。其单身游手之徒，限三月内查明，取具亲邻保结，方准编入”，由于改土归流以来“垦荒者接踵而往”案牍日繁，规定以后再行迁来的移民要按照入川给照之例“开造眷属清册，呈报本籍，给照前往，交与该地方官查验，收入保甲，一体编查”，“其老荒山场，概行封禁”⑤。

在实行科举的年代，参加科举考取功名是人们入仕，实现阶层跨越的主要途径。参加科举考试的前提是要得到学额，为了避免移民和土著之间因为学额发生纠纷，官府通常的处理方式是在迁入移民较多的地区将移民和土著的学额单列，以保障双发的权益。清嘉庆年间，曾一度在部分地区取消单列计划，导致土著和移民争讼不断，随后又被迫恢复。清代除“军流人等子

① （唐）长孙无忌等撰，刘俊文点校：《唐律疏议》卷三《名例律》，中华书局 1983 年版，第 68 页。

② （清）张廷玉等：《明史》卷七七《志》第五三《食货》，中华书局 1974 年版，第 1880 页。

③ （明）陈洪谟纂修：《常德府志》卷六，明嘉靖刻本。

④ （清）张天如纂修：《永顺府志》卷一一，乾隆二十八年刻本。

⑤ 《高宗纯皇帝实录》卷四二九，中华书局 1986 年版，第 615 页。

孙随配入籍者”未规定参加考试的居住时间要求外，其他“人户于寄居之地置有坟庐逾二十年者”方可。[①] 雍正年间，因福建、湖广、广东等省迁入艺麻种靛的棚民较多，朝廷采纳查弼纳的建议，将棚民编入保甲，并取消参加考试的限制条件，“其读书向学及有膂力者，得入籍应试。”[②] 改土归流后，迁到土司地区的移民也可以参加考试。乾隆三十七年（1772 年）以前，来凤县未设学官，附于恩施县学，“其成名者土童十之八九，客籍十或一二焉”，三十七年设县学后“土籍、客籍各居其半”，同治初年则“客籍且十之八九矣。”[③] 可见，在未分土客学额的地区，土著居民能够进入县学、府学参加科举考试的人越来越少。但永顺府在设学开考时就规定“每县额进土童六名，客童两名”。乾隆二十六年（1761 年）知府张天如还查出桑植县“多有外出民人买得土人地土，年例不符即称土籍”参加考试，为防止冒籍参考而颁布《桑植县客童应考详》，对客童参加考试作出明确规定。[④] 清代后期，为了保护土著的学额，对客民入籍应试要求更严：“安福客民须住居满六十年，通道、泸溪、古丈坪均三十年，慈利、永顺则须居住三代以上……乾州非均户子弟不得占籍。”[⑤]

之所以将这些政策叫作过渡政策：一方面是因为这些政策执行的时间不长，只在特殊时段的特殊情况下适用；另一方面是因为这些政策出台的主要目的是帮助移民渡过过渡状态，也就是为他们从移民到定居提供政策保障。无疑，移民作为迁入地的边缘群体，在依靠自身的力量无法享受平等权利的情况下有必要出台这些政策进行特别保障，但是当移民已经实现定居之后，如果一些政策不能随之改变，也可能成为移民发展的障碍，甚至成为撕裂移

---

① （清）赵尔巽等：《清史稿》卷一二〇《志》第九五《食货志》，中华书局 1998 年版，第 3480 页。

② （清）赵尔巽等：《清史稿》卷二九八《列传》第八五《查弼纳传》，中华书局 1998 年版，第 10411 页。

③ （清）李勖修，何远鉴纂：《来凤县志》卷二八《风俗志》，同治五年刻本。

④ （清）张天如纂修：《永顺府志》卷一一，乾隆二十八年刻本。

⑤ （民国）湖南法制院编印，劳柏林校点：《湖南民情风俗报告书》，湖南教育出版社 2010 年版，第 3 页。

民与土著社会关系的导火索。如改土归流后部分地区分别土童、客童学额，或许最初的目的是为移民的权益提供保障，但是执行的时间过长之后，反而成为保护土著、限制移民的政策。民国时期，湖南法制院在进行湖南民情风俗调查的时候就注意到“湘省主客之见甚深”，他们分析其原因就是“恐学额被人侵占”对户籍“限制甚严”。①

二、地缘与血缘共同体：移民社会整合的内生动力

移民从移动到定居是以他们所编织的社会关系作为基础构建地域社会秩序展开的。他们能够利用的社会关系包括地缘、血缘和业缘等关系，其中起主导作用的是地缘和血缘关系。虽然清末至民国初年随着商业移民增多，业缘关系具有一定影响，但当时的业缘关系也是建立在地缘和血缘关系之上的，每家大的商号基本都是雇佣原籍的人做帮工和学徒，不同籍贯的商业移民有各自的经营特色和重点领域，组建的商帮也以地缘为纽带。

改土归流后，随着迁入移民增多，武陵民族地区新的村落也不断诞生。这些村落是由后来者不断依附于先来者，以同乡聚集的地缘共同体形式形成的。拥有共同语言和风俗习惯以及文化体系的同乡是移民在迁入地最方便接触的社会关系，他们或邀约同乡一起迁徙，或在迁入地投靠同乡逐步定居下来，试图利用迁出地的文化体系构筑起移民社会的最初秩序。

在通信方式比较单一的古代社会，有移民计划的人主要通过同乡来获取迁入地的相关信息，因此，很多移民在迁徙阶段就得到同乡移民的指引或者与同乡一起迁徙，到达目的地以后与他们生活在同一个村落中。如清咸丰年间，湖南长沙府茶陵县人杨炳致、杨迪云等数人结伴到重庆谋生，该年七月二十六日他们从茶陵起身，八月十七日走到重庆黔江县县坝被拿获。② 虽然这些人员由于官府拦截，未能达到目的地，但是可以看出他们迁徙的策略是与同乡一起迁徙。重庆石柱县的《黄氏族谱》记载，其祖籍江西吉水县六

① （民国）湖南法制院编印，劳柏林校点：《湖南民情风俗报告书》，湖南教育出版社 2010 年版，第 3 页。

② 四川省档案馆藏：巴县档案，6–4–303–13。

里一甲，始迁湖北江夏，康熙年间其先祖有三妻二十一子，奉圣诏填蜀，全家大小及周、李、王、包等四邻友好一起入川，落业石柱厅洞源里四甲黄鹤坝一带。①湖北省宣恩县高罗乡龙潭河村小坝的李氏也有传说，乾隆初年，他们的祖先李文见从湖南沅州府泸溪县三圹溢泡木岭迁来宣恩时，还有周、张、王、杨四姓同乡随行。宣恩县晓关侗族乡蚂蚁洞村田氏家族的《田氏族谱》记载，其启祖田九万从湖南沅州麻阳县高村迁来蚂蚁洞小河堰时，有张唐陆钟田五姓麻阳人一起。宣恩晓关乡锣鼓坪村的《龙氏族谱》也记载，康熙四十八年（1709年），龙再林、再福、再朝三兄弟从贵州思州青溪县后山洞雁沟寨迁来宣恩晓关时，同行的还有吴、姚、杨、谢等七姓二十余口。宣恩县还有“泸溪苗乡十三姓”之说，指的是乾隆十四年（1749年），湖南辰州泸溪县磨子沟、桃子岔、桃冲溪等地迁来宣恩的苏氏、李氏、牛氏、邓氏、向氏、张氏、侯氏、胡氏、周氏、杨氏、吴氏、谢氏等十三个家族。

通常情况下，单独迁徙的移民在迁入地遇到困难后都会选择投靠同乡，或者在同乡那里租佃土地，导致同乡村落的形成和扩大。清嘉庆初年，湖南省花垣县董马库乡的龙、石苗族移民迁到宣恩县高罗乡小茅坡营村。同治初年，龙正万到宣恩长潭河乡的东乡集镇赶场，在街上遇到讲苗语的冯启学。冯启学刚从花垣县迁来长潭河烂泥坝，在那里受到李姓财主欺压，有谋夫夺妻之恨。龙正万就出面将李财主告到县衙，县令受贿玩法，未能伸张正义，后来又告到州府才得以平冤，李财主畏罪自杀。龙正万为了避免冯启学再受欺压，就把他们从烂泥坝接到小茅坡营居住，并把自家的土地和山林赠送给冯启学。冯启学去世的时候说，“日后如冯姓势强，永不得欺压龙姓子孙。”②这三姓苗族人迁到小茅坡营后就形成了苗寨，是目前湖北苗族中唯一在日常生活中还在使用苗语的村寨。湖北省咸丰县高乐山镇官坝村滕氏的《滕氏族谱》记载，滕氏先祖居住在湖南省麻阳县高村，后来迁到沅州芷江县便水猪楼冲，滕善元携两子运亨、运兴复迁四川焕香寺白泥田，运亨入赘向门。康

---

① 石柱县志编纂委员会：《石柱县志》，四川辞书出版社1994年版，第110—111页。

② 郭祖铭：《宣恩县民族志》（重修本），长江人民出版社2011年版，第31页。

熙末年，善元携运兴又迁到咸丰县太和里龙坪官坝（即今高乐山镇官坝村）落业。雍正三年（1725 年），已由湖南省麻阳县迁居宣恩县晓关乡蚂蚁洞居住一段时间的陆至贵的儿子陆永麟又迁居咸丰龙坪官坝，形成滕氏与陆氏共同居住的自然村落官坝院子。

从乾隆中后期开始，新移民就不能像先迁来的移民那样“跑马占地”，只能从田主那里租佃。光绪《长乐县志》卷一六《杂记志》记载，改土归流以前土司地区土地多荒芜，田主对租佃辞佃的人皆设筵席款待，改土归流后“辞佃者十千，承佃者十千”，土地成为稀缺资源，出现“一味苛索佃户”现象。① 为了减少“苛索”的风险，移民通常依附同乡，从先至的同乡移民那里租佃土地。严如熤在《棚民叹》中说道，棚民“远从楚黔蜀，来垦老林荒。葭莩认亲友，音口寻乡帮。先来佃招佃，籽种借杂粮。”② 他在《三省边防备览》卷一一《策略》中也说道，“遇有乡贯便寄往，租地开荒，伐木支椽，上覆茅草，仅避风雨。借杂粮数石作种，数年有收，典当山地，渐次筑土屋数版。”③ 严如熤的这些文字清晰地展示了移民从迁居到定居的整个过程，即首先寻找同乡移民，然后从他们那里租佃土地，如果农耕生活进行得顺利，就能够典当或者购买土地，过上定居生活。在乾隆后期的刑部题本中也有后至的移民从先至者那里佃种土地的实例。乾隆四十一年（1776 年）六月十二日湖北省恩施县赵登荣伤害赵秉虔一案题本中记载，乾隆三十五年（1770 年），赵秉虔和父亲赵祖一以及妻陈氏从湖南澧州迁到恩施东乡龙洞湾，三十六年（1771 年），赵登荣把他佃种的黄茂才的土地分一半给赵秉虔佃种，每年收租银三钱五分。赵登荣也是从澧州慈利县迁来的移民，与赵秉虔同姓不同宗。三十八年（1773 年）十月，赵秉虔搬到赵登荣住地，在其屋旁边搭盖偏屋作为卧室，同屋同爨。三十九年（1774 年）五月，黄茂

---

① （清）郭敦佑续纂：《长乐县志》卷一六《杂记志》，光绪元年增刻本。

② （清）严如熤著，黄守红标点，朱树人校订：《严如熤集》（第一册），岳麓书社 2013 年版，第 228 页。

③ （清）严如熤著，黄守红标点，朱树人校订：《严如熤集》（第三册），岳麓书社 2013 年版，第 1089 页。

才要赵登荣退地，但赵秉虔迟迟不肯退，并要赵登荣给他补偿，导致九月二十九日酿成血案。①

这些或投靠或租佃聚集起来的村落是以同乡关系为纽带，聚合了多个姓氏移民的地缘共同体。这些村落中的同乡往往限定在县、州、厅、府等较小的地域范围内。同乡的地缘关系是移民在迁入地首先萌芽的社会关系，通过他们共享的语言、习俗以及整个文化体系来构筑移民社会的秩序。生活在这些村落中的移民经历了三代到四代人的耕耘，人口和经济实力都有所增长，对迁入地的生态环境适应之后，将逐步走向分化和重组，向血缘共同体的单一姓氏的“同姓村落”发展。

从“合家坪”到单姓居住的“院子”就是地缘性的同乡村落分化为血缘性的同姓村落的历程。前述从湖南沅州麻阳县高村迁到宣恩蚂蚁洞小河堰的田九万、陆至贵等张、唐、陆、钟、田五姓人，在最初落脚的小河堰结拜为兄弟，并把居住的地方叫作合家坪。后来，陆至贵娶谭家寡妇金氏为妻。金氏嫁过来时，带来在谭家出生的小儿子，改姓陆，名永秀，成为陆家的大房，她在陆家又生五个儿子永武、永祥、永新、永麟等。陆永秀一直居住在蚂蚁洞，其他五子均迁到咸丰县龙坪附近居住。龙坪在改土归流前是大田千户所管辖下的龙坪屯，地势平坦，水源丰富，但是这一地带在明末清初已经被土司侵占。投奔龙坪官坝滕氏的陆永麟生陆琦、陆英、陆行、陆番四子后家族势力不断壮大，形成官坝陆家大院。陆家大院的周边，还有夏家院子、滕家院子、钟家院子、朱家院子，这些院子都是同姓居住的自然村落。直至如今，除个别院子有少量入赘的其他姓氏家庭外，仍然维持着具有血缘关系的同姓村落形态。乾隆年间，从湖南澧州安福县畲溪村鲁田堡板栗堰迁到宣恩县高罗乡向家坪陈家垭居住的江以道，在高罗娶妻田氏，生江启龙、启凤、启凰、启鹏、启元五子。乾隆五十四年（1789 年），江以道去世，嘉庆年间，他的妻子带着五个儿子迁到宣恩长潭河乡锣鼓洞一带居住，随着家族

① 第一历史档案馆、中国社会科学院历史研究所合编：《清代地租剥削形态》（上册），中华书局 1982 年版，第 314 页。

人口增多，居住地被人们称为江家湾，目前家族人口已经有1600多人。[①]

同乡村落分化为同姓村落的原因，从客观条件来说是人口增长，能够形成同姓村落至少需要十余户几十名后裔；从主观条件来说血缘共同体比地缘共同体的向心力更强，更容易形成和维系良好的社会秩序。生活在同乡村落中的移民虽然能够克服迁徙初期的诸多困难，但是各个家族都不免打着各自的算盘。如重庆石柱西界沱的人们传说，哈、潘、郭三姓一起从湖广迁来西界沱，刚到的第一天，三姓商量土地以插标为界，约定第二天早晨出门，谁先插标地就归谁。没想到潘姓半夜起来把竹标插在了潘家湾，郭姓五更起来把竹标插在郭家岭，哈姓天亮了起来，已经没有好的地方，只能选择水草丛生的哈家坝。于是，人们把潘姓、郭姓始祖戏称为潘半夜、郭五更。[②]

成功的移民在同姓村落形成后，便试图构建更大范围的血缘和地缘共同体，那就是形成宗族和建设移民会馆。从中国传统的宗族观念来说，宗族是父系血缘的连续和扩大。通过宗族构建可以形成超越村落的血缘共同体认同。构建宗族一般要经历订立派序、编修家谱、议定家规、修建祠堂、置办祠田、选举族长、举行祭祀等过程。对于武陵民族地区的大多数移民家族来说，直至民国末年都没能积累起修建祠堂和置办祠田的财力，仅完成了订立派序，编修家谱，议定家规等程序。建构宗族不仅能够将生活在不同村落中的移民后裔聚合起来，甚至能够建立起移民与原籍之间的联系。编修家谱时的“清谱”是对宗族成员进行辨识，一般会安排专人清理相关线索，并到移民的原籍踏看，形成联系渠道。在聚合之外，建构宗族的过程也是对区域社会的重新整合。经过联宗合谱，尽管可能并不具有血缘关系的家族，也通过构建共同的历史记忆，拟构出了名义上的血缘关系，形成拟血缘共同体，实现群体的认同与区分。

宣恩县的《吴氏族谱》记载，康熙五十四年（1715年），吴氏三兄弟再祖、再贵、再齐及吴秀汝、姜昌元、姚昌武等一起从贵州玉屏县迁到宣

---

① 江春成：《宣恩江氏之源考》，见《宣恩文史资料》（第13辑），2009年印刷内部资料，第276页。

② 蔡玉葵：《石柱土家族姓氏源流》，2013年编印内部资料，第212页。

恩。姚氏家族原来用“世文思志子，天永必通维，正大贤明启，荣华复良宗”二十字老派。吴氏、姚氏的后裔吴世万、姚君赞，与同从贵州玉屏迁来的移民后裔杨天应、龙地盛、谢天飞五人结拜为兄弟后，这五个姓的字派都改为“再正通光昌胜秀”①。此后，五个姓氏的人见面按派行以兄弟、叔伯相称。在武陵民族地区广泛流传的八砚台、八耳锅等类似传说，为大范围的联宗合谱创造了条件。如江口县莲花乡花桥村王家山王氏传说，他们的祖先八井公，原居四川自贡，元末明初，八井公兄弟八人被官府赶出自贡，为了后代团圆有凭证，他们就把一个砚台打烂成八块，每个人拿一块，约定以后见面就以砚台相认。从此以后，兄弟各走一方，八井公就到了江口县怒溪乡河口村大湾王家统子居住，后来分居莲花乡王家山、怒溪乡班家寨等地。直至定居王家山时，王氏还没有族谱和字派，大约又过了三代人以后才修族谱。② 向氏家族的八耳锅传说也与此类似。还有一些家族传说自己家有祖传诗，只要背得那些诗的人“就是一家”。这些传说将宗族认同的基础由父系血缘转换成了符号象征，摆脱血缘对宗族建构范围的束缚，扩大了宗族认同的边界。1938 年，湘西陈氏在修谱的过程中出现凤凰、麻阳、沅陵、泸溪、辰溪、永顺、保靖、龙山、桑植、古丈、吉首、永绥、桃源、芷江、黔阳、大庸、慈利及湘东攸县 18 个县的陈氏通谱的现象。

宗族建构起来之后，每个成员按照派序在宗族的结构体系中都有对应的位置，形成了宗族内部的等级秩序，家规族约不仅是对这个等级秩序的深化和补充，还是在宗族成员日常生活领域秩序的延展。宗族周期性的祭祀仪式和宗族长的执法活动是保障这些秩序在时空中得以延续的有效手段。同时，宗族对其成员的帮扶和资助以及公共设施的建设能够加强彼此间的认同，促进团结。

迁入武陵民族地区的移民由于自身的生活需要和剩余产品转换为剩余价值的需要而参与到经济活动中。经济活动的活跃度随着迁入移民增多而增

① 《吴氏族谱》，参见姚祖瑞：《姓氏考》，宣恩县国营印刷厂 1993 年印刷，第 54 页。

② 杨胜刚：《江口县莲花土家族乡花桥村王家山调查》，见陈国安编：《民族志资料汇编》（第九集），《土家族》，贵阳实验小学印刷厂 1989 年印刷，第 224 页。

加，特别是改土归流后迁来的移民，其农耕生活以种植苞谷（玉米）为主，兼带养猪，然后将生猪贩卖，形成种养结合的生活模式，促进了区域经济发展。如道光年间，鹤峰州人“贩猪他邑，可市布、棉、杂货，以有易无。”① 同治初年，建始县“时复履丰，余粮栖亩，用以饲豕，百十为群，驱贩荆宜，获利数蓰。”② 人口数量、村落数量增加和交易量增长是基层市场分裂出新的基层市场的主要因素。道光十七年（1837年）至同治初年，湖北省施南府所辖六县的基层市场由133个增加到193个，近三十年时间内增加了45%。③ 光绪《利川县志》卷七《户役志》记载，利川县有基层市场50个，在明确设置时间的19个基层市场中，清初设置的有2个、乾隆年间13个、道光年间2个、同治年间2个。道光二十一年（1841年），贵州省思南府的基层市场有36个，安化县38个，印江县20个，婺川县25个。④ 同治三年（1864年），酉阳州的基层市场有70个，秀山28个，黔江17个，彭水47个，并且酉阳州和彭水县还分别拥有2个具有中间市场雏形的镇，彭水县还形成了较多三日场（三天一集的场）。⑤ 清乾隆以后形成和发育的市场移民在其中具有关键性作用。

施坚雅认为中国农村的基层市场由于农民周期性赴会形成了稳定的关系网络，是一个文化单位和自给自足的区域社会。⑥ 对于移民社会来说，或许这个网络还在形成过程中，但他具有区域社会连接点和公共空间的功能是不可否认的。移民在这个连接点上可以去网络更大范围的同乡，形成更大范围的地缘共同体。这里的地缘共同体往往以省为组合单位，如江西、湖广、福建、四川等同乡的组合，其形成的标志是同乡会馆的建立。江西移民会馆

---

① （清）吉钟颖：《鹤峰州志》卷六《风俗志》，道光二年刻本。

② （清）熊启咏：《建始县志》卷三《典礼志》，同治五年刻本。

③ 杨洪林：《明清移民与鄂西南少数民族地区乡村社会变迁研究》，中国社会科学出版社2013年版，第183页。

④ （清）萧管纂：《思南府续志》卷一，道光二十一年刻本。

⑤ （清）王鳞飞修，冉崇文纂：《增修酉阳直隶州总志》卷四，同治三年刻本。

⑥ ［美］施坚雅著，史建云、徐秀丽译：《中国农村的市场和社会结构》，中国社会科学出版社1998年版。

叫万寿宫或许真君庙，湖广移民会馆称禹王宫，福建移民会馆称天后宫，四川移民会馆称川主庙。这些移民会馆基本在各省移民集中分布的地区皆有建设。如道光《思南府续志》卷二记载，“郡属各场市均有禹王宫，皆湖商公建”，“郡属各场市各有万寿宫，均江商公建”，“郡属各场市间有天后宫，皆闽商公建”。① 商人在建设基层市场中的移民会馆过程中发挥了主导作用，但不局限于商人，如同治年间湖北省宣恩县晓关集镇在建设禹王宫的时候，除了有集镇上的陈、杨、李、乾、张等商户集资外，已经从晓关蚂蚁洞迁到咸丰县官坝的陆氏也参与了集资。

移民会馆修建起来后，一般还奉祀与原籍有关的神灵，并举行周期性的祭祀和酬神活动，成为同省籍移民的公共文化空间。清朝末年，江西移民捐款购买了几百担租课的土地和20多栋房产作为恩施城区万寿宫的公产。每年清明节期间，江西移民在万寿宫举行祭祀活动之后，还在宫内举办酒会，邀请戏班演戏。② 通过这些活动，不仅加强了同乡之间的团结，也能够展开与不同省籍移民及土著之间的竞争。清乾隆以后，武陵民族地区的基层市场基本上被移民把持。据《恩施县志》记载，嘉庆年间，恩施县“客民赶场作市，设有场头、客总，土著只有十之二、三，余俱外省人。”③ 从武陵民族地区的总体情况来说，江西移民的影响最大，他们不仅人数多，经济实力强，修的会馆也多，人们常说“无江西不成市场”、“无江西不成口岸”。1928年，恩施组建官商合营的“益施银号”，各商帮按照经营商品的市场占有率配股，江西商帮配股40%，汉阳商帮、四川商帮、本地商帮仅各配得20%。④ 并且，江西商帮主要经营药材、生漆、桐油等利润丰厚的大宗产品经营；其他的，如：四川商帮主要经营盐巴、糖和白纸；汉口、汉阳、黄陂、

---

① （清）萧管纂：《思南府续志》卷二，道光二十一年刻本。

② 袁简之：《恩施城商业市场演变史略》，见政协恩施州委员会文史资料委员会：《鄂西文史资料》（第九辑），1991年印刷，第123页。

③ （清）张家檙修，罗凌汉纂：《恩施县志》卷四《风俗志》，嘉庆十三年刻本。

④ 袁简之：《恩施“福顺祥”、“益施”兴衰始末记》，见政协恩施市文史资料工作委员会：《恩施文史资料》（第二辑），1988年印刷，第81页。

孝感、荆州等地移民组成的汉阳商帮主要经营棉花、棉纱、布匹；安徽商帮主要经营制墨的“烟号”；广东商帮主要经营针、线等日常生活用品。但是，商人“西瓜不能丢，芝麻也要捡”的经营理念，不免让相互之间产生竞争。各会馆的活动也是他们展开角力的一个场域，背后离不开同乡移民的支持。同样，基础市场上地缘共同体的地位、权势也会成为生活在村落中的移民的权威来源。

在历史移民中，官方组织的军屯、民屯移民虽然不存在定居问题，但存在在地化的问题。因为官方已经对这些移民定居所需的物质条件、经济条件以及发展空间给予了充分保障。但是，又由于管理体制形成的壁垒，他们的社会关系是一个封闭的体系，只能在相同类型的移民内部发生，因此不能完全融入地域社会，也不能在地域社会中建立融洽的社会秩序。比如卫所指挥使以下的官员皆为世袭，军人有军籍，世代为军，固化了移民的社会身份，形成了地域社会不同群体间的身份鸿沟，为相互沟通交流带来障碍。并且，为了塑造和维持卫所移民作为朝廷在地域社会中的代理人角色，官府禁止卫所官军与土著居民通婚。嘉靖九年（1530 年），湖广都御史朱廷声对禁止通婚的原因和通婚以后的后果做了充分的阐述，他说：“正别夷夏，以正婚姻，各边军职与土官有统属防御之责，乃交构姻联，不惟紊夷夏之体，一或争竞作耗，或泄漏事情，或互相容忍，贻患将来，实非细故，宜严加禁约，不分官军、土民，俱照例充发。”①

卫所移民的在地化是从卫所管理的弱化开始的。明景泰六年（1455 年）二月，湖广监察御史叶峦奏报湖广都司所辖卫所时提到“卫官军，见在者少，事故者多，较其原额十无二、三。”② 可见，至迟在景泰间由湖广都司所辖的武陵民族地区的卫所也出现了员额不足现象，其不足的原因主要是卫所官军大量逃亡。康熙《石门县志》卷中也记载，九溪卫、永定卫“成化、弘

① 《世宗实录》卷一一五，嘉靖九年七月庚戌条，台湾“中央研究院”历史语言研究所 1962 年校印版，第 2739 页。

② 《英宗实录》卷二五〇，景泰六年二月戊戌条，台湾“中央研究院”历史语言研究所 1962 年校印版，第 5419 页。

治以后，军多逃亡，多削弱，官豪舍余投隙占种”①。钦差巡抚都御史刘大谟在陈施州卫和鄂西南土司的积弊时也说道，自从正德年间调土兵至川征剿蓝廷瑞、鄢本恕叛乱之后，土兵“不时出没为害，流劫地方，杀掳人财，奸人妻女，遂将所劫子女财帛分送施州卫官”，卫官也与“土官习为表里，违制结姻，深为缔好”，致使卫官与土官“名虽本管，实同窝主，及至事发，上司委官提勘，该卫官员非惟占护不发，且又力为党蔽，捏文回护。”②隆庆五年（1571年）正月，湖广巡抚刘悫在分析覃璧叛乱的原因时也说到，施州卫官员“朘削不少，致民逃匿诸土司为乱。”③到了明代末期，卫所管理进一步松懈，致使卫所屯地被大量侵占。施州卫大田所被散毛土司霸占的有清水堡、蒋家坝、滴水关、屯堡等地，被施南土司霸占的有龙坪堡、白沙溪、小关、大岩坝、石虎关、张角铺、土鱼塘、三佛坝等处，被腊壁土司霸占的有小车沟、唐家沟、万家屯等，总数“不下百余处。”④九溪卫、永定卫军民杂处，也有“民强必占军田，军强必夺民业”⑤的现象。

清初，仍然保留了卫所的建置，虽然有如大田千户所掌印千户钮正己等试图利用政权更迭的机会，要求土司退断侵占的卫所屯地，试图重振卫所，但是卫所屯田“额重多逃亡”⑥的状况没能得到扭转。康熙四年（1665年），施州卫在不改变土地权属的情况下，规定“民种军田纳军粮，当民差，军种民田纳民粮，当军差。”⑦清朝廷对卫所的改革始于顺治间，至雍正末基本完成裁革。顺治七年（1650年）八月，朝廷规定没有运粮任务的屯田按照坐落州县民田一体起科，康熙二十七年（1688年）将卫所屯饷归并到州县管辖，雍正三年（1725年）裁革湖广等省都司，卫所钱粮归布政司管辖，

① （清）张霖纂修，许湄续修：《石门县志》卷中，康熙二十二年刻本。
② （明）刘大谟：《四川总志》卷一六，嘉靖二十四年刻本。
③ （清）多寿等：《恩施县志》卷一一《艺文》，同治三年修，民国二十年铅字重印本。
④ （民国）陈侃：《咸丰县志》卷一〇《土司志》，民国三年刻本。
⑤ （清）张霖纂修，许湄续修：《石门县志》卷中，康熙二十二年刻本。
⑥ （清）赵尔巽等：《清史稿》卷二七四《列传》第六一《朱弘祚传》，中华书局1998年版，第10050页。
⑦ （清）多寿等：《恩施县志》卷一一《艺文》，同治三年修，民国二十年铅字重印本。

为卫所在地化做好了制度准备。武陵民族地区的卫所，基本上是在雍正年间改土归流的前后完成裁革的。卫所裁革以后对屯田及屯军的处置按照屯田“照民田一例起科，屯军之人愿入籍本县者收入各村一体当差”① 的原则进行。卫所移民的在地化也是在以血缘为纽带建立同姓村落和社区的过程中完成的。在卫所管理弱化的过程中，兴起了一批以卫所移民姓氏命名的村落和街巷，“昔日屯戍地大多以卫所官的姓氏命名了”②。如施州卫辖地的童家庄，大田千户所辖地的梅坪、张家坝、冉家院子、丁寨、杨洞，九溪卫九溪营的安家巷、龙家巷、俞家巷、严家巷、鄢家巷、阮家巷、熊家巷、祝家巷、马家巷、吴家巷、宗家巷、郎家巷等都是以卫所军官姓氏命名。这些同姓村落和社区的出现是卫所移民血缘共同体形成的标志，同时也是卫所移民在地化，建构起地域社会秩序的标志。

随着历史移民的推进，尽管武陵民族地区距离中心的距离也在越来越近，但是直至清雍正年间绝大多数土司在改土归流后才纳入中央朝廷的直接治理下。官僚政治虽然随着厅、州、县的建立而进入这一区域，但是仍然没有改变它的边缘属性，在县以下移民日常生活的村落及基层市场更是如此。所以，过渡性政策在移民社会整合过程中仅仅起辅助作用，移民自身探索形成的血缘共同体及其地缘共同体才是推动社会整合的主要动力。

处在阈限阶段的移民社会通过什么途径和机制生成地域社会秩序，将流动性的移民维系于稳定的社会关系中，完成社会整合，是本章解决的重点问题。从古代基层社会治理的制度设计来说，是围绕定居人口来展开的，试图用一个封闭的社会体系将他们牢固地控制在一个面积狭小的地域社会中，对移民社会的治理缺乏成熟的制度准备，移民潮形成之后难以有效应对，使得社会关系的紧张程度加剧，导致社会冲突。清乾隆以后，武陵民族地区相继产生的匪乱和白莲教起义与历史上的“蛮乱”从发起的主体来说，有显著

① （清）应先烈修，陈楷礼纂：《常德府志》卷一六《武备考》，嘉庆十八年刻本。

② 范植清：《试析明代施州卫所世袭建制及其制约机制之演变》，《中南民族学院学报》（哲学社会科学版）1990 年第 3 期。

的差异。这两次社会冲突主要是由迁入的移民发起，而“蛮乱”多由土著发起。社会冲突是社会整合的激烈表现形式，在给社会秩序带来巨大破坏的同时，也给移民群体的整合和新秩序的生成带来一定契机。

“匪”的称呼有多种，但主要指的都是盗抢财物的人，清乾隆以后，首先出现在四川省的啯匪（或称啯噜、啯噜子、帼噜），以设局赌博、盗抢财物而著称。武陵民族地区的啯匪虽然是从四川输入，但这一区域也不乏啯匪生存的土壤，不仅有林密山深、路途艰险等便于隐蔽的自然条件，还有移民众多、人口流动频繁的社会条件。啯匪团伙或三五人、或数十人不等，内部没有形成严密的组织体系和管理制度，入伙也没有严格的程序和要求，或被胁迫，或自愿入伙，每伙有一位当头的老大，各伙之间互不统属。加入啯匪的人主要是未能定居的游民，包括失去土地的农民、失业的手工业者和破产的商人。他们入伙图谋不轨的目的是获取钱财，并无政治上的追求。啯匪对地域社会秩序的破坏不仅给官府，也给生活在这一区域的人们带来了巨大困扰，促使官府加强保甲，通过行政手段参与地域社会秩序的建构；促使乡村社会编练地方武装，加强自保。

乾隆末期，白莲教由移民从陕西安康和湖北房县等地带入武陵民族地区，并形成湖北来凤和长阳两个中心。其信奉的主要神灵是“无生老母”，认为每个人的生身父母是假父母，在上天有天生真父母。白莲教的宗教思想在解构传统宗族思想、否定以血缘来建构宗族、建构社会秩序的正当性以后，自身建构了超越血缘和宗族的同教者是“一家”的观念，走出了用宗教思想来建构社会秩序的第一步。虽然参加白莲教的人不乏乡约、客头、差役等乡村社会精英，但主体是移民。这些移民与完全在游动中的啯匪不同，他们已经在定居过程中向往过上定居者的生活，向往秩序，但既有秩序又难以将他们整合，转而试图利用宗教来建构新的秩序。从来凤、长阳等地的白莲教起义过程来看，参加白莲教起义的人从一开始就树立了推翻朝廷统治，建立新秩序的目标，但是起义队伍缺乏严密的组织体系和行动纲领，各教团之间也互不统属，导致队伍难以形成持久的战斗力。白莲教起义失败也是移民试图利用宗教思想来建构社会秩序，进行社会整合的失败。

官府对某些政策进行调整，制定过渡性政策，是积极参与移民社会整合的方式。首先，他们希望将移民的数量控制在合理的范围内，在实施积极的移民政策一段时间后，都会转为消极的移民政策，避免移民过多，增大迁入地的压力。其次，对尚在迁徙流动过程中的移民给予赈济或其他形式的帮扶。再次，开放土地、户籍、教育等方面的政策，为移民在迁入地过上定居生活，提供制度保障。在尚未完全定居的阶段，移民是迁入地的边缘人群，无法享受与土著平等权利，执行这些过渡性政策对促进社会整合是有积极意义的。但是，当移民成功定居之后，仍然坚持这些区别对待土著、移民的政策则会撕裂社会团结，成为不同群体间纠纷的导火索。

移民社会整合虽然有官府的外部干预，但整合的动力主要来自移民所依托的地缘共同体或血缘共同体。移民在迁入地首先依托府、州、厅、县等较小范围的移民组成的地缘共同体，生活在由他们所组成的同乡村落中，以克服移民初期的困难，实现定居。在积累了一定资本、人口也有一定增长之后，同乡的多姓氏村落逐渐分化，形成向心力更强的同姓村落。生活在同姓村落中的移民一般都具有血缘关系，是血缘共同体。一些成功的移民，在同姓村落形成之后，开始走向宗族建构，去构建更大范围的血缘共同体；参与基层市场上的会馆建设，去网络以省为组合单位的地缘共同体。经过这一系列过程，移民社会基本上能够形成社会秩序，完成社会整合。

移民社会并非超然于土著社会之外，他们在迁入地建构社会秩序的过程中，也积极地与土著互动。常见的互动有通婚、结拜、通谱等多种形式。通过互动，土著与移民得以相互认同，进而将移民社会和土著社会整合成具有紧密联系的地域社会。移民在建构社会秩序的过程中也给土著社会带来冲击和变化。

第四章　明清时期土著社会的调适

与移民社会相对应的是土著社会（native society）。移民在迁入地并非超然于土著之外，而是与他们发生密切地接触。随着移民数量增加，特别是在某些历史时段由数量较多的移民形成移民群体之后，必然对土著社会的结构带来冲击和改变。同时，在经济文化互动能力有限，互动方式比较单一的古代社会，移民是重要的互动载体，他们在促进土著社会经济文化变迁中也发挥了重要作用。

第一节　乡村权力结构变迁与社会动荡

乡村权力结构是指乡村各权力主体之间模式化的互动关系。[①] 目前，学界对乡村社会权力结构研究主要从两个视角展开：一是从乡村社会内部视角，研究各权力主体的互动关系；另一个是从外部视角，研究其他权力主体特别是国家对乡村社会的影响。从内部视角来研究的有费孝通、张仲礼、黄宗智、王铭铭、仝志辉等人。费孝通认为传统乡土中国的乡村权力构成因素有同意权力、横暴权力和教化权力等。[②] 张仲礼认为士绅在乡村权力结构中

---

① 金太军：《村庄治理中三重权互动的政治社会学分析》，《战略与管理》2002 年第 2 期。

② 费孝通：《乡土中国》，三联书店 1985 年版。

占据重要的位置。① 黄宗智认为土地占有形态、家族力量和结构影响乡村权力结构的类型，他还对华北和长江三角洲两种乡村权力结构类型进行了分析。② 王铭铭关注到改革开放以后乡村民间权威的崛起。③ 仝志辉、贺雪峰构建了村庄权力结构分析的工具，即"体制精英—非体制精英—普通村民"三层次分析法，并重点关注了非体制精英在不同类型村庄权力运行中的作用。④ 从外部视角研究的有费孝通、张静、杜赞奇、樊平、周大鸣等。费孝通认为在中国传统权力体系中存在上层的中央政府和下层以士绅作为管事的自治团体两个层次，士绅管理的地方事务一般不受中央权威的干扰，但士绅可以自下而上传递影响。⑤ 张静认为传统中国存在两个互不干扰的秩序中心，一个是对具体社会仅具文化象征意义，并以国家为权威中心的官制领域，另一个是承担实际管理权力的地方体中的权威。⑥ 杜赞奇认为 20 世纪上半叶，华北乡村权力依托的"文化网络"在国家政权建设过程中遭到破坏，保护型经纪被赢利型经纪取代，乡村稳定的权力结构也受到破坏。⑦ 樊平认为在当代乡村的权力结构中有内生性和体制性两种权力存在。⑧ 周大鸣、杨小柳认为党的十一届三中全会以来，乡村权力结构中形成了国家、基层政府、社区组织、乡镇企业、村民等具有不同利益需求和交换关系的主体。⑨

这些研究或着眼于历史，或着眼于当下，对乡村的权力结构做或静态

---

① 张仲礼：《中国绅士》，上海社会科学院出版社 1990 年版。

② ［美］黄宗智：《华北的小农经济与社会变迁》，中华书局 2000 年版；《长江三角洲的小农家庭与经济发展》，中华书局 2000 年版。

③ 王铭铭：《社区的历程》，天津人民出版社 1997 年版。

④ 仝志辉、贺雪峰：《村庄权力结构的三层分析——兼论选举后村级权力的合法性》，《中国社会科学》2002 年第 1 期。

⑤ 费孝通：《中国士绅》，三联书店 2009 年版，第 68—69 页。

⑥ 张静：《基层政权——乡村制度诸问题》，上海人民出版社 2000 年版，第 19 页。

⑦ ［美］杜赞奇著，王福明译：《文化、权力与国家——1900—1942 年的华北农村》，江苏人民出版社 1996 年版。

⑧ 参见樊平：《村落公共权力：农村经济和社会协调发展的关键》，见韩明谟等：《社会学家的视野：中国社会与现代化》，中国社会出版社 1998 年版，第 233—282 页。

⑨ 周大鸣、杨小柳：《社会转型与中国乡村权力结构研究——传统文化、乡镇企业和乡镇村治》，《思想战线》2004 年第 1 期。

的构成要素研究，或动态的变迁研究，其研究有一个共同的倾向是不关注生活在乡村中的人口变化，均把他们视为一个自在的实体，即使是一些研究乡村权力结构变迁的成果也如此，研究者只关注不同层次的权力主体的权力此消彼长的关系。人口是乡村权力结构变迁的主要变量之一。这里的人口既指人口的数量，也指人口的构成。历史移民是改变土著社会人口构成的主要因素，当他们的数量积累达到一定程度之后必然要求土著让渡乡村社会的权力，引起权力结构变迁。历史上的移民潮过后，一般紧接着的就是乡村权力结构的急剧变迁时期。在缺乏有效的权力制衡机制情况下，极力维持原有结构的土著和力图改变结构的移民构成紧张关系。在这组紧张关系中，土著尤其是"不服王化"即历史上所称的"蛮夷"所能够利用的外部资源有限，难以得到来自国家权威的支持，往往就诉诸武力来维持既有的权力结构，结果酿成社会冲突。如武陵民族地区的"蛮乱"都较为集中地发生在移民大潮后的东汉、魏晋、两宋以及明清时期。清代乾隆、嘉庆之际发生在湖南、贵州、四川交界地带的"苗民起义"，是典型的由土著苗民为恢复原有的权力结构而引起的社会动荡。朝廷在处理这一事件的过程中留下了大量上谕、奏章、笔录等档案，为深入研究苗民与移民即他们所称呼的"客民"的权力结构变迁以及这种变迁与社会动荡的关系提供了较为丰富的资料。

一、从一元主体到二元主体

虽然历史文献表明苗族先民在不断地迁徙移动，但至迟在宋元之际，就已在今湘黔交界地带形成以单一民族为主体的民族聚居区，其乡村权力结构也是以苗民为一元主体。进入明代以后，随着移民不断迁入，以苗族为单一民族聚居的空间被不断压缩，形成以客民和苗民杂居的"熟苗"区和苗族聚居的"生苗"区。由于"生苗"受汉文化影响较小，其文化的民族性非常突出，被统治者认为"自古不通声教"①。明嘉靖以后，"生苗"区以苗民为一元主体的权力结构也受到客民的冲击，导致苗民和客民之间的冲突不断发

① （清）郎廷榧修，张佳晟纂：《沅陵县志》卷八《边防》，康熙四十四年刻本。

生，如嘉靖十五年（1536年）贵州铜仁逞寨苗民吴朗拱因“纵酒缚佃户”，被铜仁府知府魏文“丈毙”，其子吴柳苟为报父仇，“纠党攻劫乡郇”。嘉靖十八年（1539年）至三十一年（1552年），相继有湖南筸子坪乌牌寨龙母叟，五寨苗民矦荅保以及龙求儿、龙子贤、吴黑苗等人领导苗民攻打客民及官府。龙求儿还自称苗王，“南结贵州土傜，西诱四川诸蛮，连延三省，数反，官兵不能制。”① 魏源曾说：“历代以来皆有蛮患，而明始有苗患也。”② 作为“苗乱”以后的善后措施和治理“苗患”的策略，明朝廷一方面加强军事控御，另一方面进行民族隔离，维持“生苗”区的一元主体权力结构。嘉靖事变之后，明朝廷即开府沅州，并环腊尔山设置乾州、强虎、筸子、洞口、清溪、五寨、永安、石羊、铜信、小坡、水塘凹、水田营十二哨，与原设镇溪千户所连成一片，形成对“生苗”的半包围圈，每哨招募土兵、仡蛮、打手数百人戍守。③ 明万历四十三年（1615年），湖北参政、辰沅兵备道蔡复一着手在湖南凤凰县境修筑边墙，加强对“生苗”的弹压和隔离。该边墙从凤凰县渡头坑起，经毛都塘、两头羊、红严井、毛谷屯、大田，止于泡水，全长一百二十余里。由于这段边墙采用泥土夯筑，墙体不够坚固；并将部分民田围在墙外，随之被废弃，朝廷后又委托保靖都司周履督工重修。这次重修选用坚固的岩石作为建筑材料，修筑的“墙高八尺，下起脚五尺，上收顶三尺”，起于凤凰和铜仁交界地带的黄会营，止于镇溪千户所，全长三百余里。④ 边墙修筑好以后，设游兵头目十名，巡墙队长一名负责管理，游兵头目带领哨兵三十名“不分雨夜”沿墙轮番巡查，防止边墙内外的人越界，巡墙队长主要负责稽查墙体坍塌渗漏情况。明天启年间，辰沅兵备道副使胡一鸿又委托游击邓祖禹增修镇溪千户所至今湖南古丈县喜鹊营段六十余里边墙。边墙建成以后，“生苗”区和“熟苗”区的边界固定下来，墙外居住的是“生苗”，墙内居住的是“熟苗”。“熟苗”“供赋当差，与内地人民无

① （清）翁元圻修，黄本骥纂：《湖南通志》卷六三，清嘉庆二十五年刻本。

② （清）魏源：《魏源集》（下册），《湖南苗防录叙》，中华书局1976年版，第495页。

③ 参见（清）王玮纂修：《乾州志》卷四，乾隆刻本。

④ 参见（清）黄应培修，孙均铨纂：《凤凰厅志》卷一一，道光四年刻本。

异”①，“生苗”则与汉人言语不通，“常以野人相摈”②。

“生苗”聚居区以腊尔山为中心，其山介于贵州和湖南之间，自贵州松桃正大营起，向北分老凤、芭茅、猴子等山，东接栗林、天星、鸭保、岑头等坡，处在清时贵州松桃，湖南永绥、乾州、凤凰四厅之间。“生苗”以寨为居，“有部落无酋长”，“不籍有司，且无土司管辖”，“不隶版图，不奉约束”③，官方文献也把他们生活的区域称为“苗疆”。“边墙”修筑以后，不仅苗民不能迁出来，客民也不能迁进去，固化了“生苗”区一元主体的乡村权力结构。清初，虽然边墙有所毁坏，但朝廷仍然对“生苗”区实行严格的封禁政策，试图维持既有的乡村权力结构。雍正五年（1727 年），湖广总督傅敏提出的《奏苗疆要务五款》被皇帝允行，其第一款便是“禁民苗婚姻”，“凡已经婚配者，姑免杂异，其聘定未成者，自本年为始，不许违例嫁娶，犯者从重治罪。已经婚娶者，兵则远移别汛，民则着保甲取结，汛守员弁稽其出入。”④

在一元主体的乡村权力结构中，家庭是苗民最基本的社会组织，其上一层次的社会组织是寨。苗民传统的家庭模式是核心家庭，“父子兄弟无共处一室者，子长分爨，架数椽为屋即另一户矣”⑤。清初，虽然苗族的“氏族组织不发达”⑥，尚未形成完备的家族组织体系，但内部仍然存在以血缘为纽带的社会组织。从空间关系上说，寨是地缘性社会组织，但苗民聚族成寨，每个寨中生活的基本都是同一家族的成员，因此，寨也是以血缘为纽带的社会组织。苗民生活的地区“窟宅之地皆呼为寨，或二三百家为一寨，

---

① （清）严如熤著，黄守红标点，朱树人校订：《严如熤集》（第二册），岳麓书社 2013 年版，第 558 页。

② （清）严如熤著，黄守红标点，朱树人校订：《严如熤集》（第二册），岳麓书社 2013 年版，第 430 页。

③ （清）方显：《平苗纪略》，同治癸酉刻本。

④ （清）翁元圻修，黄本骥纂：《湖南通志》卷六四，清嘉庆二十五年刻本。

⑤ （清）严如熤著，黄守红标点，朱树人校订：《严如熤集》（第二册），岳麓书社 2013 年版，第 423 页。

⑥ 凌纯声、芮逸夫：《湘西苗族调查报告》，民族出版社 2003 年版，第 56 页。

或百数十家为一寨”①。寨是在家庭的裂变过程中产生和发展的，“旧时一寨，数十年辄分成数寨，沿本名而别之曰老、曰新、曰上、曰下、曰中，或即所处地形别自呼其寨曰某某”②。寨长、鼓公、大理头以及神明拥有乡村社会的主要权力：寨长亦称“勾往”或寨老，主要负责维持村寨内部的秩序；“鼓公”亦称“娄方”，主要负责处理一个或者几个同宗村寨的重大事务；“大理头”亦称“勾加”，由寨长或者群众在较大范围内选举产生，负责协调各寨之间的关系和处理区域的重大纠纷。③苗族崇巫信鬼，遇事如果寨长、鼓公、大理头都不能判明时，最终就请神判。神判的形式有多种，在白帝天王庙“吃血”是最为神圣的一种。“偶遇冤忿不能白，必告诸天王庙（即白帝天王庙），设誓刺猫血滴酒中，饮以盟心，谓之吃血。既三日，必宰牲酬愿，谓之悔罪做鬼。其入庙，则膝行股栗，莫敢仰视。理屈者，逡巡不敢饮，悔罪而罢。其誓词曰：‘汝若冤我，我大发大旺；我若冤汝，我九死九绝。’犹云祸及子孙也。事无大小，吃血后则必无悔。有司不能直者，命以吃血则惧。盖苗人畏鬼甚于法也。”④可见，苗民乡村社会的权力主要来源于人们的习惯和神圣不可侵犯的传统，其社会组织以传统型权威为基础。

随着周边土司改土归流，清廷便着手治理“苗疆”，由于其对苗族的了解不够，认识不足，推出的治理政策也出现多次反复，直至乾隆二十九年（1764年）才基本形成“渐受化导”的策略，“弛苗、民结亲之禁，客土二民得与苗民互为姻娅”，⑤并能迁入“生苗”区居住。雍正十一年（1733年），永绥厅有苗民5228户，23660口，至乾隆十六年（1751年）增苗民1208户，

① （清）徐家干著，吴一文校注：《苗疆闻见录》，贵州人民出版社1997年版，第162页。
② （清）严如熤著，黄守红标点，朱树人校订：《严如熤集》（第二册），岳麓书社2013年版，第423页。
③ 参见龙生庭、石维海、龙兴武等：《中国苗族民间制度文化》，湖南人民出版社2004年版，第70—74页。
④ （清）严如熤著，黄守红标点，朱树人校订：《严如熤集》（第二册），岳麓书社2013年版，第569—570页。
⑤ （清）鄂辉等撰：《钦定平苗纪略》卷三〇，嘉庆武英殿刻活字印本。

增内地迁入客民 1914 户，① 客民户占到 22.13%。乾隆二十三年（1758 年），凤凰厅有苗民 6585 户，31221 口，编甲汉民 51382 口，② 汉民数量已经远超苗民。康熙四十三年（1704 年），乾州设厅，有编民 2557 户，苗民 1900 户、4116 口；乾隆二十九年（1764 年）有编民 5110 户、24554 口，苗民 2594 户、14106 口③：编民户的增长速度明显高于苗民。道光十六年（1836 年），松桃厅有汉民 38110 户、121788 口，归化苗民 4448 户、21379 口，“苗民除归化外钦奉上谕免其编审。”④ 在以上四厅中，除永绥厅辖境几乎全在上六里“生苗”区外，其他三厅既有“生苗”区的辖地，也有“熟苗”区的辖地，所以这些地方在设厅之前就居住着一定数量的汉民。凤凰、乾州、松桃设厅之后，汉民的增长速度明显高于苗民，其原因主要是汉民迁入了“生苗”区。永绥厅刚设置时，“悬苗巢中，环城外寸地皆苗，不数十年尽占为民地”⑤，其户口数据也显示，雍正十一年（1733 年）以后的近二十年时间内，迁入客民的数量已超苗民的五分之一。因为客民大量迁入，使“生苗”区的人口构成由单一的苗族人口，转变为苗民和客民杂居，乡村权力结构也由苗民一元主体变为苗民、客民二元主体。

二、经济社会分化与权力结构失衡

在一元主体向二元主体转变的过程中，不仅“生苗”区的权力主体变得更复杂，决定权力结构的经济结构也发生了变迁，苗民从掌握全部经济资源的主体转变为受客民掠夺的客体。康熙五十年（1711 年），湖广总督傅敏巡视湖南“苗疆”后，决定在“民苗出入适中之地”设立市场，每月初十、二十五两日举行集会贸易，每日“集于辰时，散于午时”，开启了苗民与客

---

① 参见（清）黄鸿勋纂修：《永绥厅志》卷一五，宣统元年铅印本。

② 参见（清）潘曙修，杨盛芳纂：《凤凰厅志》卷一一，乾隆二十三年刻本。

③ 参见（清）蒋琦溥修，林书勋续修：《乾州厅志》卷三，光绪三年续修本。

④ （清）萧管纂：《松桃厅志》卷一二，道光十六年刻本。

⑤ （清）魏源撰，韩锡铎、孙文良校：《圣武记·乾隆湖贵征苗记》，中华书局 1984 年版，第 314 页。

民贸易的窗口。[①] 此后，随着“改土归流”不断推进，苗民与客民的接触机会越来越多，经济活动也愈加频繁。在他们的经济交往过程中，客民通过高利贷等形式对苗民展开经济上的掠夺。常见的高利贷方式有借贷现金和实物两种。借贷现金者，根据放贷主体差异又分为“营账”和“客账”，“营账为汛兵所放，客账多衡、宝、江右客民住市场者放之”，其利息“至三月不完，辄归息作本，周岁息凡四转，息过本数倍。”借贷实物者，有放新谷、放货谷等名，“放新谷则当青黄不接之时，计货钱若干，秋后还谷若干，货谷则赊以货盐杂物，计货若干，秋后还谷若干。”[②] 由于资源的稀缺性，实物借贷的租金甚至超过现金借贷，苗民“每岁青黄不接，向汉民借谷一石，一月之内，偿至三五石不等。”[③] 利息如此之高，对于依靠农业生存的苗民来说是难以承受的。客民的重利剥削使原本还能够依靠自己辛勤劳动勉强度日的苗民生存更加困难，在乡村权力结构中也越来越成为边缘群体。

客民在向苗民放贷的过程中，苗民没有与客民平等对话协商的权利，只能被动接受客民的借贷条件，时常被客民“设计盘剥”，以致家庭财产被掠夺。苗民以耕种为业，贫穷者多，客民“知其困乏，或以米谷，或以银钱重利放债”，更有甚者“希图附近苗产，先以借贷诱之，辗转盘算，知其力不能还，然后准其产业。”[④] 云南巡抚江兰在奏章中也说道：“有江西等处无业游民，始贸易往来，久则寄居苗境，为之客家，每每贱货贵卖，重利盘剥，准折苗人产业，实为积习。”[⑤] 客民在放贷的过程中，要求借贷者必须找苗民中的富裕人家作担保，如果借贷者不能偿还，就由作保人代赔，迫使苗民有债必还。又有的客民趁苗民空乏时催讨债务，以便将他们的田地折银抵债，

① （清）鄂海：《抚苗录》，康熙五十二年刻本。

② （清）严如熤著，黄守红标点，朱树人校订：《严如熤集》（第二册），岳麓书社2013年版，第827页。

③ （清）黄钧宰：《金壶七墨·浪墨》卷五《苗寨》，民国十八年石印本。

④ （清）张天如纂修，魏式曾增修：《永顺府志》卷一一《檄示》，同治十二年刻本。

⑤ 《江兰奏密饬地方官查案汉民于苗疆重利盘剥等情片》，乾隆六十年六月二十日；见中国第一历史档案馆、中国人民大学清史研究所、贵州省档案馆编：《清代前期苗民起义档案史料》（中册），光明日报出版社1987年版（以下引文出自同一版本），第564页。

据为己有，长此以往，“苗疆”田地逐渐被客民占据。乾隆六十年（1795 年）闰二月十八日，乾隆帝在上谕中也说道：“有客民等平日任意欺凌，或将盐包布匹给与苗民，暗行盘剥，令将地亩准折，肆行侵占耕种”，以致“苗子地方多被汉人占去耕种。”① “乾嘉苗民起义”的领导者吴半天、石三保、吴八月、吴廷义等均在供述中说到客民盘剥占据苗民田地的情形。苗民的田地被汉民占据之后，便失去了生存的资本，“是以苗众转致失业，贫难度日者日多。”② 有的苗民“收获甫毕，盎无余粒，此债未清，又欠彼债，盘剥既久，田地罄尽。”③ 还有的苗民虽然将田产卖给了汉民，但差徭仍然归原户，导致“秋冬催比之际，有自掘祖坟银饰变价缴官者。良苗至食草实树根，终岁无粟米入口。”④ 苗民不仅在经济上要承受客民的掠夺，一些不能及时偿还债务的人还承受着来自客民的精神和肉体上的“追迫凌辱”⑤。客民在展开经济掠夺的过程中，苗民积累的财富和土地等生存资源转移到客民手中，使他们成为资产雄厚的资本家或者地主，“苗疆”经济结构的重心向客民偏移。不仅如此，客民相较于苗民更懂“种植居积之道”，“日久相沿，未免汉富苗贫”，⑥ 使两者在经济上的分化成为族群性印记。

在客民向苗民展开经济掠夺的过程中，本应维持正常社会秩序和公平交易环境的地方官僚，不仅没有履行应尽职能，反而加入构陷苗民的队伍，使“苗疆”社会进一步分化。《清高宗实录》卷一四七〇，乾隆六十年（1975 年）二月丙辰及丁巳条提到，乾隆帝在上谕中曾说：湖南、贵州等处的苗民，“地方官吏暨该处土著及客民等见其柔弱易欺，恣行鱼肉”，并且，

① 《谕福安康等事定后严查客民扰累苗民诸情》，见《清代前期苗民起义档案史料》（中册），第 322 页。

② （清）鄂辉等撰：《钦定平苗纪略》卷三〇，嘉庆武英殿刻活字印本。

③ （清）严如熤著，黄守红标点，朱树人校订：《严如熤集》（第二册），岳麓书社 2013 年版，第 828 页。

④ （清）黄钧宰：《金壶七墨 · 浪墨》卷五《苗寨》，民国十八年石印本。

⑤ （清）张天如纂修，魏式曾增修：《永顺府志》卷一一《檄示》，同治十二年刻本。

⑥ 《鄂辉等奏苗疆善后事宜折》，嘉庆二年三月二十三日，见《清代前期苗民起义档案史料》（下册），第 428 页。

“客民欺虐苗民”“胥役等藉端扰累，自由历任大小官员漫无觉察，一任客民肆意欺凌，置之不问。”嘉庆元年（1796 年）二月二十一日，嘉庆帝在给云贵总督福康安等人的谕旨中也提到，原任湖广总督舒常曾向其报告，“该处遇有过往差役，俱系百姓与苗民充当夫役。百姓皆系地方官出钱雇募，而苗民往往不给工食。”① 这里的“百姓”主要指的是客民。客民与苗民受雇地方官做同样的事情，客民能够得到工钱而苗民没有，必然使其“心怀愤恨”。基层官员对国家权力的不当使用，将客民的权力增长建立在压制苗民权力的基础上，加速将苗民推向社会底层，使原本就已倾斜的“苗疆”社会权力结构加速失衡，倒向客民。

在经济社会分化的同时，“苗疆”社会的传统权力也受到客民的侵蚀。苗寨的百户、寨长等掌握传统权力的人员，在一元主体的社会中完全由苗民担任，成为二元主体后“客民亦准承当”。并且，湖南凤凰、乾州、永绥三厅原额百户仅有 36 名，嘉庆初已“渐滥渐多”，甚至“无所考其为谁所点放”，在客民充当的百户、寨长中，不乏“奸蠹无籍之徒”，苗民“无事专意欺凌，有事则完全控驭”。② 严如熤在《苗防备览》卷二十二中也说道：“往时百户与办苗外委，多外间奸民承充，遇苗户事件，敲骨吸髓，无所不至，甚至一苗在案，合寨被害。”③

“苗疆”社会在从一元主体向二元主体的转变过程中，经济结构也出现分化，由苗民掌握全部经济资源，到苗民、客民共同分享经济资源。并且，在经济资源的分享过程中，客民利用高利贷等非正常手段迅速转移了苗民积累的财富，使苗民生活更加困难，在经济结构中所占有的经济资源不断下降。客民完成资本积累以后，所占有的人均经济资源普遍超过苗民，不仅给

① 《谕福康安等事竣后将鱼肉苗民之地方官查明革职》，嘉庆元年二月二十一日，见《清代前期苗民起义档案史料》（下册），光明日报出版社 1987 年版，第 178 页。

② 《和琳奏陈酌拟苗疆紧要善后章程折》，嘉庆元年七月二十六日，见《清代前期苗民起义档案史料》（下册），第 263 页。

③ （清）严如熤著，黄守红标点，朱树人校订：《严如熤集》（第二册），岳麓书社 2013 年版，第 827 页。

苗民带来心理上的压力，也引起了社会分化，使苗民逐渐成为边缘群体，乡村权力结构失衡。客民在掌控经济权力之后，进一步侵蚀“苗疆”社会的传统权力，争相充当百户、寨长等能够支配传统权力的人员。国家权力在“苗疆”社会权力结构失衡的过程中，没有营造出公平的竞争环境和给予弱势群体应有的扶持，加大了权力分配的不平衡。

三、国家权力不当使用与权力结构瓦解

国家权力在进入“苗疆”的初期，地方官员积极寻求与苗民合作，选用掌握传统权力的百户、寨长等担任国家在乡村社会中的经纪人。苗寨百户、寨长的职能如同内地的保甲长，主要负责“催苗纳粮，办理苗事，查拿苗犯”等事务。① 清初设置乾州、凤凰二厅之后，便任命了 30 名百户，每名分管二三十寨不等。雍正元年（1723 年），增设永绥厅以后，又设百户 6 名。寨长一般在苗民居住的自然寨落中设置，一寨一长。开设永绥厅时，在厅内任命了寨长 543 名。起初，百户不支俸禄“自出盘费当差”，也“无官品荣身”，实与“平民相同”，导致他们“不能尽心”。康熙末年，湖广总督鄂海上奏皇帝，请求给百户“九品顶戴”，并每名给步粮一分。② 道光年间，贵州松桃厅各汛设有百户 28 名，寨长 44 名，“土百户、土寨长每名按季请领工食银八钱五分二厘七毫七丝五忽”③，表明鄂海的建议得到了部分采纳。地方官员在苗民中选任的百户、寨长一般兼通苗汉双语，能够充当苗民与汉官沟通的桥梁，如果遇到“惧见长官”的苗民，还能够代替他们向官府表达诉求。官府也给他们授权，苗民“如偶犯细故，令百户为之处分，如必须勾摄到官，亦必令百户传唤。”④ 在苗民中选任的这些百户、寨长具有杜赞奇所述的保护型经纪特征，他们不仅保护苗民的权益，对朝廷也有很强的认

---

① （清）鄂海：《抚苗录》，康熙五十二年刻本。

② （清）鄂海：《抚苗录》，康熙五十二年刻本。

③ （清）萧管纂：《松桃厅志》卷一三，道光十六年刻本。

④ 《和琳奏陈酌拟苗疆紧要善后章程折》，嘉庆元年七月二十六日，见《清代前期苗民起义档案史料》（下册），第 263 页。

同，是一股重要的向心力。在清代，剃发是人们表达对满清朝廷认同的一种方式，苗民中“惟寨长剃发，其余皆裹头椎髻，去髭须如妇人。”① 但是，随着二元主体结构的形成，迁入“苗疆”的客民也可充任百户、寨长。并且，在掌握国家权力的地方官员的扶持下，由客民担任的百户、寨长不仅数量日渐增多，职能和作用也发生了转变。他们“无事则专意欺凌，有事则全无控驭”②，使“苗疆”百户、寨长由保护型经纪转变为盈利型经纪。这种转变不是“苗疆”社会的自然变迁，也不是原有的乡村精英逃离了村庄，而是国家权力在深入的过程中，苗民的权力受到压制，客民的权力得到扶持，利用外部权力改变乡村社会权力结构的结果。

国家权力进入“苗疆”社会以后，还对苗民实行残酷的统治，使苗民“畏吏如官、畏官如神”③。康熙间，湖广提督俞益谟在平定湘西苗乱的过程中，相继发布《晓谕苗人告示》和《戒苗条约》，其措辞之严厉虽有恐吓苗民之嫌，但也不乏依此执行的事例。他说，如果苗民不真心向化，纳粮当差，“或拿一人入内，或毁近边民房一间，及窃取牲畜、财物者”，就将“寨党尽诛，子女尽缚，庐舍尽毁，牲畜尽戮，必不使尔苗寨之上一人逃死脱有漏网。必将尔耕种田禾尽行芟刈，在仓粮粟，尽行烧毁。”④ 他甚至还规定：苗民杀内地一人，要两苗偿命，抢内地一人，要苗民全家偿还；苗人虽然自己没有出去“拿人”，但有别寨的苗民“拿人”经过他们的地方，如果“不夺回首报，纵其拿去者，即系通同”，在大兵进剿时就将他们的寨子“先行屠戮”⑤。

---

① （清）王玮纂修：《乾州志》卷四，乾隆刻本。

② 《和琳奏陈酌拟苗疆紧要善后章程折》，嘉庆元年七月二十六日，见《清代前期苗民起义档案史料》（下册），第263页。

③ （清）魏源撰，韩锡铎、孙文良校：《圣武记 · 乾隆湖贵征苗记》，中华书局1984年版，第314页。

④ （清）俞益谟：《晓谕苗人告示》，见（清）严如熤著，黄守红标点，朱树人校订：《严如熤集》（第二册），岳麓书社2013年版，第808—809页。

⑤ （清）俞益谟：《戒苗条约》，见（清）严如熤著，黄守红标点，朱树人校订：《严如熤集》（第二册），岳麓书社2013年版，第810页。

乾隆五十二年（1787 年）正月，湖南省凤凰厅栗林汛勾补寨人石满宜纠集石隆后等 8 人，“会饮血酒”，共推石满宜为首，结伙抢劫过客财物。当年正月十五日，该团伙便开始抢劫，石老黑、石老贵、石老那纠集龙老炎、石老波将永绥厅客民张永仕捉拿回寨，勒索钱财十四千文后放还。此后，他们又分别于二月初二、二月初八、三月初八、三月十五、三月十六抢劫与捉枷客民 8 次，所得银钱按股均分。[①] 三月十五、十六日，获赎放回的事主张永仕找到百户傅有德，将事情禀报给栗林汛把总刘成玉及凤凰司巡检李之萼，导致事发。刘玉成随即令兵役四名协同百户前往勾补寨处理。他们到达后，石满宜虽令石隆后等阻止百户、兵役入寨，并将其赶回，但将捉枷人口和夺获牛只放还。随后，游击林大茂及凤凰厅通判曝椿又带兵入寨查拘，石满宜等高距山梁，以武力对抗。四月二十七日湖南镇筸镇总兵尹德禧、分巡辰沅永靖兵备道员王家宾亲自领兵剿捕，石满宜等组织同伙据守抗敌，事态进一步扩大。

勾补寨距离凤凰厅城八十余里，分上中下三个自然寨落，原有苗民二百余户，石、龙二姓居多。尹德禧、王家宾抵寨以后与石满宜等拉开战线。在敌我兵力有巨大悬殊的情况下，苗民的据点很快被攻破，官兵以伤毙兵丁 7 名的代价伤毙苗民 45 口，擒获 84 口。官兵还趁夜放火焚毁了苗民寨舍。此后，官兵还不断进入勾补寨搜捕缉拿嫌犯，至五月二十一日，又相继擒获苗民 49 名，通计擒获 133 名。五月二十七日，外委杨秀富带领的兵丁击将石满宜之子石老二毙以后，官方才停止对苗寨的搜捕弹压。事定之后，清廷按谋反罪对勾补寨苗民进行处置，“本犯之祖父、父、子、孙、兄、弟及正犯之妻亲伯叔父兄弟之子，年十六以上皆斩，十五以下及正犯之母女妻妾姊妹，若子之妻妾，给予功臣之家奴，财产入官。知而不首者，流三千里。谋而未行，为首者绞候，为从这杖一百，流三千里”，再次对苗民展开杀戮。[②]

① 《浦霖奏审办石满宜等折》，乾隆五十二年六月初三日，见《清代前期苗民起义档案史料》（中册），第 153 页。

② 《浦霖奏审办石满宜等折》，乾隆五十二年六月初三日，见《清代前期苗民起义档案史料》（中册），第 155 页。

据道光《凤凰厅志》卷一九记载，“王命将为首之石满宜凌迟处死，同歃血结盟之陇官音等二十余人皆斩决，其余各犯与重犯家属分别情罪绞决、充配、安插各有差。”[①]

普通的社会治安事件，何以演变成苗民与官府的大规模对抗？一方面与地方官员对事件的处置技巧有关，更为重要的一方面是国家权力在“苗疆”长期不当使用甚至滥用。在事件的处置过程中，勾补寨及周边村寨的百户也不时出现，但其职能仅仅是带领官兵的向导和辨认嫌犯的工具，未起到沟通官民的作用，标志着国家权力作用于乡村社会的中介完全失效。地方官员在将国家权力直接作用于乡村社会的过程中，不顾苗民的感受，一味地压制苗民权力，致使权力结构瓦解，激起事端。

四、权力争夺与秩序重建

自明宣德、嘉靖以来，在环腊尔山一带“苗乱”便时有发生，入清以后，其产生的频率不断提升，破坏性和影响也越来越大，并在乾嘉交替之际形成高潮。乾隆六十年（1795 年）正月至嘉庆元年（1797 年）十二月，石柳邓、石三保、吴八月等领导的“乾嘉苗民起义”给清廷带来巨大震动。中外学者均对苗民起义的原因有过分析和探讨。美国芝加哥大学历史学者琼斯和库恩在坚持他们的人口压力说——即寻找土地的客民大量涌入带来人口压力的同时，也注意到了少数民族强烈的共同体心理意识以及地方高度军事化组织的影响。[②] 吴一文认为是苗汉之间的文化差异和冲突导致了苗民起义。[③] 孙秋云从文明冲突论出发，认为苗民起义是苗民对汉文明的强烈传播和文明整合所做的拒斥性回应。[④] 谭必友认为乾嘉苗民起义缘起于数百年来的“苗

① （清）黄应培修，孙均铨纂：《凤凰厅志》卷一九，道光四年刻本。

② ［美］费正清编，中国社会科学院历史研究所编译室译：《剑桥中国晚清史——1800—1911 年》（上卷），中国社会科学出版社 1985 年版，第 140—141 页。

③ 吴一文：《文化冲突与张秀眉起义之关系》，《贵州民族研究》1999 年第 4 期。

④ 孙秋云：《文明传播视野下的雍乾、乾嘉苗民起义》，《中南民族大学学报》（人文社会科学版）2007 年第 3 期。

疆”积怨。[①] 袁铁峰认为苗民起义既是社会变迁的结果，也是重整社会秩序的开始。[②] 孔飞力、裴宜理虽然没有专门研究苗民起义，但在研究晚清的叛乱中也对其原因进行了探讨，对认识苗民起义有一定启示。孔飞力认为，可以将一个没有足够储备，在生存边缘上过活的社会中的腐败看作是一种自然灾害，即使贪污稍微厉害一点就能够把农民从起码的生活底线推向饿死的边缘，苗民起义就源于官员的普遍腐败。[③] 裴宜理特别关注了叛乱发生地的生态因素，发现生态不稳定地区最有可能产生农民反抗斗争。[④] 这些研究都是在一定的理论预设之下，用客位研究法对“苗疆”社会所做的多维考察，虽然有一定的解释力，但不足以解释为何在明中期以后，生活在相似生态环境中的土著“蛮民”的叛乱几乎消失，而“苗乱”兴起。

乾嘉苗民起义以后，官方留下了很多起义领导者的审讯笔录，为时隔二百余年后用主位研究方法对起义原因分析提供了可能性。石三保被擒以后，四川总督和琳与权臣和珅均对其进行过审问。他在被和琳提审时说：苗民的土地都不完钱粮，也不当差使，地方官对他们没有“克剥”，起义“实在为的是客家们渐渐把田地诓买去了，这是大家心里不服的。”[⑤] 在被和珅审讯时，他把起义的原因和事件发展的心路历程说得更清楚，他说：“只因苗众田地，积年被客民盘算，各寨渐多失业，越觉穷苦，大家心里不服，所以发起癫来，焚抢客民，冀图泄忿。后来因抗拒官兵，戕害官吏，事情闹得大了，大家害怕，只图救死，又怕要洗苗子，所以越聚越多。”[⑥] 吴半天说：“起

---

① 参见谭必友：《清代湘西苗疆多民族社区的近代重构》，民族出版社2007年版，第98页。

② 参见袁铁峰：《二十年来清代苗民起义研究的回顾与展望》，《贵州大学学报》（社会科学版）2013年第2期。

③ 参见［美］孔飞力著，谢亮生等译：《中华帝国晚期的叛乱及其敌人》，中国社会科学出版社1990年版，第126页。

④ 参见［美］裴宜理著，池子华、刘平译：《华北的叛乱者与革命者——1845—1945》，商务印书馆2007年版。

⑤《石三保供词笔录》，嘉庆元年六月初四日，见《清代前期苗民起义档案史料》（下册），第234页。

⑥《石三保供词笔录》，嘉庆元年六月初四日，见《清代前期苗民起义档案史料》（下册），第257页。

事时，原是忿恨客民，只图夺回田地，抢些粮食。”① 吴八月说：起义前，石三保派人来平陇告诉他“如今苗子的田地多被客家盘剥占据了，所以要杀客家，夺回田土。”② 石三保的供词否定了地方官员贪腐对苗民的影响，将起义的原因归咎于客民侵占了苗民的田地。从吴半天、吴八月的供词也可发现，这些原因分析得到了随从者的认同。这种归因，比较符合人口压力说的分析，即客民迁入以后人口压力增大，各自动用力量来争夺有限的土地资源。不过，也应当看到，“苗疆”人口压力产生的原因与其他地区因人口自然增长而带来的压力有所不同，这里的压力是因为客民迁入而产生。客民在侵占苗地的过程中，苗民的财富发生了转移，社会地位下降，权力受损，因而通过极端的社会暴动来重建社会秩序和社会结构。

苗民在起义的过程中，不仅将矛头对准客民，也对准了官兵。陇久生供述，石柳邓到他们的寨子里来联络时说：“从前勾补寨苗人石满宜们造反，官兵杀得我们的苗子太多，如今要报仇。”③ 刘得农也供称，石三保在他们的寨上也说过：“(乾隆）五十二年（1787 年)，我们勾补寨的人被官兵杀的不少，要报仇。”④ 这些话语既显示了苗民对国家权力的不当使用有深刻的历史记忆，也表明他们试图利用暴力来阻止国家权力向“苗疆”渗透，以维持乡村社会原有的社会结构。

苗民起义过程中，主要的活动是驱赶、烧杀客民，围攻厅县城镇。起义的领导者组织、指挥苗民的权力主要来自包含在传统惯例中的传统权力。

首先，从起义领导者的身份来说，他们都是掌握较高传统权力的人员。吴陇登是强虎哨鸭保寨的副百户，石三保是黄瓜寨寨长，石柳邓是贵州大寨

① 《军机大臣奏复审吴半天讯取供词片》，乾隆六十年十二月初六日，见《清代前期苗民起义档案史料》(下册)，第 123 页。

② 《吴八月供词笔录》，乾隆六十年十二月二十二日，见《清代前期苗民起义档案史料》(下册)，第 141 页。

③ 《陇久生等供词笔录》，乾隆六十年闰二月二十三日，见《清代前期苗民起义档案史料》(中册)，第 338 页。

④ 《陇久生等供词笔录》，乾隆六十年闰二月二十三日，见《清代前期苗民起义档案史料》(中册)，第 339 页。

营寨长，吴八月虽然没有职务，但他是乡村的精英，不仅家里有每年可以收四百多挑谷子的田地，还是苗民中少有的读过书、会写字的人。并且，这些领导者之间还有错综复杂的亲属关系，石三保的妻子是吴陇登的侄女，吴八月的母亲是石三保的远房姑姑，石三保是石柳邓的族弟。

其次，在起义的宣传、组织阶段，起义领导者假托疯癫、吃血结盟，形成凝聚力。石三保曾说，乾隆五十九年（1794 年）十二月，他的侄子石由保和本家石老审、石老岩、石老养等忽然一起发癫，说苗子们要做官，口里喊着要杀客家，"后来各处寨子里的苗子也都癫了"，石由保还说他们"寨里要出苗王"，并说苗王就是石三保。他还说，乾隆六十年（1795 年）正月，自己也忽然发起癫来，"口里不知不觉就说是天上降下来的"，"我就是苗王"。[①] 吴八月、杨天才等也提到过各寨苗人都出了癫子，发癫的时候就要耍刀弄枪，口里喊着要杀客家的情况。刘德农在供述中还说道，石三保曾说他们是吴三桂的后人，要复祖为王。苗民起义的领导者中，除石三保曾称苗王外，还有吴半天、吴八月、吴廷礼、吴廷义等都曾称王。吴半天年仅 23 岁，虽娶妻但还无子，也未充当百户或寨长，因此起初并未掌握多少传统权力，但他在西梁一带抗拒官兵的战斗中战功较为突出，石三保就说他是吴三桂转世，成为起义军中的一位精神领袖。后来，由于石三保、吴半天领导的战事不利，石三保所居的黄瓜寨被官兵攻破，被迫投奔到平陇的吴八月处，吴半天也屡被官兵打败，吴八月认为石三保"未必能做苗王"，并认为如果再说吴半天是吴王转世"苗子们也不信了"，自己便做起了吴王。[②] 吴八月被官军捉拿以后，石柳邓让他的儿子吴廷礼继称吴王，但时过不久吴廷礼也去世，其弟吴廷义又称吴王。"王"既是苗民超越社区的精神领袖，也是指挥起义的权力来源，吴廷礼、吴廷义称吴王期间，尽管他们并不具备指挥的才能，一切调动均是石柳邓的主意，但还是必须有他们作为精神象征，

① 《石三保供词笔录》，嘉庆元年六月初四日，见《清代前期苗民起义档案史料》（下册），第 230—231 页。

② 《吴八月供词笔录》，乾隆六十年十二月二十二日，见《清代前期苗民起义档案史料》（下册），第 142 页。

才能指挥得动起义队伍。苗民素有歃血为盟的习俗，“吃血”成为参加起义的一种必要仪式。据白仁得供述，乾隆五十九年（1794 年）十二月十七日，他与杨国安一起来到吴陇登家，看见吴陇登父子与吴、麻、田等姓二十余人商量“谋反”；十八日，他们又同吴老良、吴老管等在鸭保寨的土地庙内吃血；后来，他又听吴陇登的侄儿吴老月说，二十六日，杨国安、吴陇登“同许多苗子在强虎哨大王庙内吃血”①。石兴保也供称，乾隆六十年（1795年）正月十二日，吴陇登邀约三汊坪、地木村、瞿家村、鳌里坡、寨阳等地苗人“歃血”。② 汉民刘得农说，他在投奔石柳邓时吃过鸡血酒；韩仲连也说，他投奔吴陇登时“吃血就算立誓”。③

再次，在起义进行过程中，起义领导者依托各寨头人带领军队，并借用巫术提升军队战斗力。孙士毅在审问石柳邓胞侄石老唐后说道，乾隆六十年（1795 年）正月十一，“有楚省各苗寨长一百余人，赴石柳邓家密商谋逆。”④ 当然，参加会议的主要是苗民寨长，他们既是起义的骨干力量，也是领兵打仗时的基层指挥人员。吴半天也说：“苗子不过是哪一寨的人来，就是哪一寨的百户、寨长为首。”⑤ 杨天才也供称：“苗子们打仗原没有一定的头人，总是各寨的头人帮他。”⑥ 虽然随着战事的进展，一些有军功的人员升任基层指挥人员，军队也进行过组织化的尝试，但军队基层指挥的主体仍然是各寨以百户、寨长等为代表的头人。如石三保手下有十个大头人，每个大

① 《审问白仁得等供词笔录》，乾隆六十年闰二月二十九日，见《清代前期苗民起义档案史料》（中册），第 361 页。

② 《石兴保供词笔录》，乾隆六十年二月十三日，见《清代前期苗民起义档案史料》（中册），第 185—186 页。

③ 《陇久生等供词笔录》，乾隆六十年闰二月二十三日，见《清代前期苗民起义档案史料》（中册），第 339 页。

④ 《孙士毅奏拿获苗首石老唐等人折》，乾隆六十年二月二十八日，见《清代前期苗民起义档案史料》（中册），第 313 页。

⑤ 《吴半天供词笔录》，乾隆六十年十二月初四，见《清代前期苗民起义档案史料》（下册），第 121 页。

⑥ 《陇老章等供词笔录》，乾隆六十年四月二十八日，见《清代前期苗民起义档案史料》（中册），第 508 页。

头人下有若干小头人，小头人分红旗一杆，招兵 100 名。石三保的大头人之一麻三谷手下有五个小头人，管领 500 多人。石三保领导的军队一度达到三四万人，石柳邓也有二万来人，吴八月的儿子吴廷礼手下亲近的人有数百名，“有三四万苗子随他打仗”①。但是，这些人一般都居住在各寨，仍然由各寨的头人管理，打仗的时候，叫人在山顶摇旗吹号，将他们召集到山顶。② 石老乔曾说，吴八月所在的平陇的苗民出来打仗的时候穿红色或黄色衣服，③ 福康、和琳在奏章中也说道，石三保手下的头目陇莽牛打仗时骑马，并“用红布裹头，往来指挥。”④ 苗民打仗的队伍中一般都有一名举旗的人和一名苗巫。旗子有可能是小头目举着，也有可能是临时派人拿着，举旗的人走在队伍的前面。旗子的颜色各种俱有，上面画白帝天王、飞山公主等苗民所敬的神，造旗的时候，也要先敬神。打仗的时候，如果举旗的人被打死，是苗民最忌讳的。吴半天说，“苗人家家供鬼，都有一杆旗帜”，打仗时用的旗子都是各家拿出来的。⑤ 在行军的过程中，苗民不仅要用呜呜的声音呼喊神灵，还要配一个戴面具的苗巫助阵。苗人一般称苗巫为老师傅，相信他能够请来神灵帮苗人打仗。他上阵时口念咒语，意即请神。湖广总督毕沅等在抓住吴八月手下的石老四以后，在他身上发现蟒袍、帽盔等物。据石老四称，这些物品来自三王神祠，他“意欲动众惊人，即褫夺神之帽，于打仗时穿用，自认不讳”⑥。

① 《石三保供词笔录》，嘉庆元年六月初四日，见《清代前期苗民起义档案史料》（下册），第 255 页。

② 《张士发供词》，乾隆六十年三月初九，见《清代前期苗民起义档案史料》（中册），第 405 页。

③ 《石老乔等人供词笔录》，嘉庆元年十二月十七日，见《清代前期苗民起义档案史料》（下册），第 361 页。

④ 《福康等奏官兵夺占金岭冲山梁擒获苗首陇莽牛折》，嘉庆元年正月十三日，见《清代前期苗民起义档案史料》（下册），第 155 页。

⑤ 《吴半天供词笔录》，乾隆六十年十二月初四，见《清代前期苗民起义档案史料》（下册），第 123 页。

⑥ 《毕沅等奏降苗缚献石老四折》，乾隆六十年十二月十一日，见《清代前期苗民起义档案史料》（下册），第 129 页。

苗民将他们共享的乡村文化经验运用到战场上，虽然看似滑稽，但是对提升苗民的凝聚力和战斗力是有帮助的。他使指挥者与一般士兵之间的关系更为稳固，也使军队中的权力结构得以稳定且高效地运行。吴陇登、石柳邓、石三保等原计划于乾隆六十年（1795 年）正月十八日同时在湖南和贵州发起起义，但贵州方面的起义消息不幸走漏，正月十六日，贵州松桃都司孙清元和同知沈丙就领兵攻打石柳邓所在的大寨寅。石柳邓猝不及防，被迫转移至大塘汛，并以此为根据地，兵分三路向秀山、松桃和永绥方向攻打。石三保按照预定时间在黄瓜寨起事，十九日凤凰鸭保寨的吴陇登、苏麻寨的吴半天、乾州平隆的吴八月也响应。南路进军的石柳邓部，先后于二月初五、二月十五包围了正大营和松桃城，包围松桃城后，经三昼夜激战未克，后又于闰二月初三再围之，并一度攻入城内。湘西义军在起义初期就取得重大战果，正月二十一日，义军在鸦西大败清军，歼敌一千四百余人，镇筸总兵明安图，永绥副将伊隆纳、同知彭凤尧均被俘处死；二十三日又围永绥、镇筸城；二十四日攻下乾州，杀同知宋如椿。清廷先后派贵州巡抚冯光熊、总兵珠隆阿、提督彭廷栋，湖南巡抚姜晟、提督刘君辅，云贵总督福康安、提督花连布，四川总督和琳，原任湖广总督福宁，新任湖广总督毕沅，以及名将额勒登保、德楞泰督等参与处置，并为此付出沉重代价，福康安、和琳积劳而死，花连布战死。义军在大军压境的情况下坚持战斗两年之久，直至嘉庆元年十二月，石柳邓在平隆战中牺牲后，起义才告一段落。

虽然苗民以暴力方式来驱赶客民，争夺乡村社会的权力，试图恢复一元主体的权力结构，重建乡村社会秩序的努力未获成功，但也给清廷很大的震动和刺激。事变以后，以清廷为主导对苗民的乡村权力结构和社会秩序进行了重构。一是按照苗民的预想，恢复一元主体的权力结构，推出“苗地归苗、民地归民”政策，[①] 划清民、苗之间的界址，将客民侵占的苗地全部退还，并撤出居住在苗民中的客民。二是推出“屯田养勇，设卡防苗”制度，一方面在苗地均田设屯，另一方面加强军事设施建设和边境管理。设屯

① （清）李瀚章修，曾国荃纂：《湖南通志》卷八五，光绪十一年刻本。

时，乾州苗民的田地均三留七，凤凰均七留三，永绥寸土归公。防苗的边墙、土堡、哨台、碉卡、炮台等军事设施主要修建在凤凰、乾州、永绥、古丈坪、保靖等厅县的沿边地带。凤凰厅同知傅鼐在整个苗疆主持修建的碉堡有千余座，永绥厅境内所设堡卡碉台也有132座。[①]三是设置阶层流动的通道，开学堂、取苗官。嘉庆十三年（1808年）至十五年，清廷在凤凰、乾州、永绥、古丈坪、保靖等地设屯义学50馆，苗义学70馆，并规定在乾凤永保四厅县乡试中额取举人一名外，还额外取苗生举人一名。[②]清廷还在以上五厅县设苗官486名，给予守备、千总、把总等职衔。[③]“苗官以一武官而兼理刑名钱粮，其权力实等于土司，所不同者不得世袭而已。”[④]这些措施虽然使“苗疆”的社会结构得以暂时改善，秩序得以恢复，但仍然没有解决根本问题。特别是均田设屯，使大量苗民再次失去土地成为佃户，在“寸土归公”的永绥厅“苗寨各户非食粮之土兵，即佃种官田、官土之佃户”[⑤]，为社会失序埋下隐患。官方任命的苗官后来也成为盈利型经纪，成为直接殃苗的人员。如光绪《凤凰厅志》卷五记载：“苗官之刻薄，屯长之侵欺，窃恐苗疆之患。”[⑥]宣统《永绥厅志》卷二六也载：“殃苗者谁？苗官也。苗本不敢叛，有殃之者，以激其愤而乃启其叛之情矣。抚殃苗者谁？汉官也。苗官敢殃苗，有抚之者以假其权，而乃纵其殃之势矣。”[⑦]似乎古代朝廷对“苗疆”的治理陷入了无限循环之中，无怪乎严如熤说：“苗地宁谧，无过六十年者。”[⑧]

乾嘉苗民起义是“苗疆”社会在从一元主体转变为二元主体的过程中，

① 参见（清）赵尔巽等：《清史稿》卷一三七《志》第一一二《兵志》，中华书局1998年版，第4093页。

② 参见（清）黄应培修，孙均铨纂：《凤凰厅志》卷一四，道光四年刻本。

③ 参见（清）侯晟修，黄河清纂：《凤凰厅续志》卷五，光绪十八年刻本。

④ 凌纯声、芮逸夫：《湘西苗族调查报告》，民族出版社2003年版，第70页。

⑤ （清）黄鸿勋纂修：《永绥厅志》卷一五，宣统元年铅印本。

⑥ （清）侯晟修，黄河清纂：《凤凰厅续志》卷五，光绪十八年刻本。

⑦ （清）黄鸿勋纂修：《永绥厅志》卷二六，宣统元年铅印本。

⑧ （清）严如熤著，黄守红标点，朱树人校订：《严如熤集》（第二册），岳麓书社2013年版，第814页。

因权力结构失衡和国家权力的不当使用而导致的社会动荡。在新主体加入后的权力再分配过程中，客民掠夺了苗民的大量经济资源，致使他们的经济基础和社会声望都受到很大损失，社会结构也严重失衡。在苗民更需要国家权力支持，维护正常的权力结构和社会秩序的时候，他却选择了支持客民一方，使得社会结构彻底瓦解，社会完全失序。苗民起义的目的就是希望实现权力的再分配，构建符合他们自身利益的社会结构和社会秩序。虽然清廷在善后措施中注意到了苗民的权力结构问题，但又将其恢复为一元主体，使“苗疆”治理陷入历史怪圈。国家权力应当作用的方向：一方面对迁入“苗疆”的客民适时进行数量调控，不致在短期内对乡村权力结构造成太大冲击；另一方面构建公平的权力竞争场域，并给予弱势一方必要的扶持，以达到权力结构的平衡。客民迁入后形成的苗、客互嵌式居住格局是促进“苗疆”社会变迁的有利条件，当调控不当时也极易引起社会动荡。

第二节　物种传播与日常生活变迁

古代社会中物种的长距离传播大都是依靠人口的流动实现的。不管是原产西域还是美洲以及其他地区的物种引进国内以后，传播到武陵民族地区都是依靠历史移民实现的。根据传入物种的特点，可以将武陵民族地区的物种传播划分为两个时段：一是明清以前，传入的主要是蔬菜、瓜果类物种，如黄瓜、菠菜、西瓜、石榴、核桃、胡萝卜、瓮菜、茄子、大蒜等；二是明清以来，传入的主要是主粮和经济作物类物种，如玉米、马铃薯、番薯、烟叶、罂粟等。明清以前传入的物种仅仅是丰富了人们的饮食文化生活，对社会没有产生结构性的影响；明清以来传入的物种，不仅使饮食发生了结构性的变迁，还对人们日常生活的其他领域也产生了深远影响。

一、物种传播与饮食结构变迁

玉米、马铃薯、番薯三种原产美洲的粮食作物都是在明清时期传入国内，传入武陵民族地区的时间也几乎前后相继。郗玉松[①]、莫代山[②]曾关注过玉米在武陵民族地区的传播过程和传播后的社会影响，但单独讨论玉米一个物种，似乎还不能完全看清这段历史变迁的规律。王希辉曾在讨论土家族饮食结构变迁的过程中，关注过玉米、马铃薯、番薯在饮食结构中的构成情况，但并非该文的论述重点。[③]在武陵民族地区，人们俗称玉米为苞谷或玉蜀黍，称马铃薯为洋芋，称番薯为红苕或甘薯。因为这三个物种对全球的经济文化发挥了重要影响，阿图洛·瓦尔曼曾将它们列入世界重要的三十种作物之中。[④]

1. 物种传播的路线和时间

何炳棣、陈树平、曹树基都曾著文讨论过玉米和番薯传入我国的时间和路径问题。曹树基在逐一批驳了何、陈二人的观点后提出“玉米、番薯是十六世纪分别从西北及东南沿海传入中国”，且“不存在其他的传入途径”。[⑤]一般研究古代物种传播所依据的主要史料是方志和文集，武陵民族地区各厅州县的方志编撰时间都比较晚，多在入清以后；巴东县虽有明代方志，但没有玉米、马铃薯、番薯的记载。清前期以前的湖广、四川、贵州省志也不载相关情况。文献未载，不能证明其无。何炳棣将难以从文献追溯番薯在西南地区早期的传播情况归咎于明清《四川总志》中在物产部分只关注非食物特产，不谈粮食，并引起了他志效仿。他还根据二十余年前翻阅《清代笔记丛刊》的记忆，说到明亡以前，玉蜀黍在石柱（今重庆市石柱土家族自治县境）土司已经成为一种主要新的粮食作物。[⑥]虽不怀疑何先生的记

① 郗玉松：《清代土家族地区的移民与玉米引种》，《农业考古》2014 年第 4 期。

② 莫代山：《清代改土归流后武陵民族地区的玉米种植及其社会影响》，《青海民族研究》2016 年第 1 期。

③ 王希辉：《土家族饮食文化变迁的历史考察》，《西南民族大学学报》（人文社会科学版）2013 年第 3 期。

④ ［墨］阿图洛·瓦尔曼著，古晓静译：《玉米与资本主义——一个实现了全球霸权的植物杂种的故事》，华东师范大学出版社 2005 年版，第 9 页。

⑤ 曹树基：《玉米和番薯传入中国路线新探》，《中国社会经济史研究》1988 年第 4 期。

⑥ 参见［美］何炳棣：《美洲作物的引进、传播及其对中国粮食生产的影响》（二），《世界农业》1979 年第 5 期。

忆是否准确，但他是否如曹树基先生所说将麦之一种的“玉麦”当作“玉米”即玉蜀黍，不得而知。现在发现的史料中，（道光）《遵义府志》卷一六所录的《明绥阳知县毋扬祖利民条例》是能够直接证明玉米在明代崇祯年间已传入四川地区（明洪武后期，绥阳县随播州划归四川布政司后清雍正年间才改隶贵州布政司）的证据。其记载：“县中平地居民只知种稻，山间民只种秋禾、玉米、粱、稗、孩豆、大麦等物。”①毋扬祖，天津人，明崇祯二年（1629年）前后任绥阳知县。根据玉米在武陵民族地区以及周边地带的别名玉蜀黍推断，玉米是从四川传播到这些地区的。乾隆五年（1740年）的《枝江县志》卷一《物产》也记载：“玉米，即蜀黍也，种出四川，故名蜀黍，今俗名玉米”，“有粳、糯之别”。②由此看来，玉米在16世纪传入西北地区后经四川传入武陵民族地区的传播路线是比较可靠的。

虽然成臻铭先生曾说武陵民族地区的土司在明嘉靖年间到福建、广东一带抗倭时就将玉米、薯类、烟草、花生等物种引种过来，③但缺乏必要的文献和事实证据。就目前所见的文献而言，武陵民族地区最早记载玉米的是乾隆六年（1741年）的《鹤峰州志》，④至少能证明在此之前玉米已经传入了这一地区。乾隆二十年（1755年）以后编撰的方志已经比较普遍地记载玉米的情况。如乾隆二十年（1755年）的《泸溪县志》⑤、乾隆二十一年（1756年）的《来凤县志》⑥、乾隆二十三年（1758年）的《凤凰厅志》⑦等都有记载。乾隆二十二年（1757年）的《湖南通志》卷五十也记载：玉米“宝庆岳澧间多种之，用以佐食。”⑧这些文献表明，至迟在乾隆二十年（1755年）左

① （清）黄乐之修，郑珍纂：《遵义府志》卷一六，道光二十一年刻本。
② （清）王世爵修，锺彝纂：《枝江县志》卷一《物产》，乾隆五年刻本。
③ 成臻铭：《清代土司研究——一种政治文化的历史人类学观察》，中国社会科学出版社2008年版，第275页。
④ （清）毛峻德纂修：《鹤峰州志》卷下，乾隆六年刻本。
⑤ （清）顾奎光修，李涌纂：《泸溪县志》卷七《物产》，乾隆二十年刻本。
⑥ （清）林翼池修，蒲又洪纂：《来凤县志》卷四《物产》，乾隆二十一年刻本。
⑦ （清）潘曙修，杨盛芳纂：《凤凰厅志》卷一二，乾隆二十三年刻本。
⑧ （清）陈宏谋修，欧阳正焕纂：《湖南通志》卷五〇，乾隆二十二年刻本。

右，玉米在武陵民族地区已经得到比较广泛的种植。

番薯传入武陵民族地区的时间在乾隆二十二年（1757年）以前。乾隆二十二年（1757年）的《玉屏县志》有“甘薯”的记载。[①] 又据《(光绪)黔江县志》卷三记载，乾隆三十五年（1770年），就任黔江县令的福建闽县进士翁若梅，在收到陈世元寄来的《金薯传习录》后，当即“爰进里老于庭，出是书示之，告以种植之法与种植之利。”[②] 这些文献表明番薯传入贵州玉屏以后，没有迅速往武陵民族地区东北方向传播到更为宽广的地域，重庆黔江等地的番薯仍然依靠的是福建人来推广和传播。乾隆二十三年（1758年）的《辰州府志》记载了“番薯”，并说“三邑间有种者”[③]。乾隆二十八年（1763年），江昱在《潇湘听雨录》中说道：“甘薯有番薯、山薯两种，初来自两粤，近湘楚遍种，易生多获，市价极贱。”[④] 刊刻此书时，江昱任湖南衡阳石鼓书院主教，“湘楚遍种”应是他亲眼所见。然而，同期成书的《衡阳县志》等志书却不记载番薯的种植情况，或许是由于其“市价极贱”，编撰者才将其忽视。乾隆四十九年（1784年），曾在其他地区推广番薯种植并撰《甘薯录》的陆耀调任湖南巡抚，也是番薯在湖南传播和推广的契机，但缺乏相关文献反映当时的情况。嘉庆二十二年（1817年）的《慈利县志》是较早记载武陵民族地区东北境种植番薯的方志。[⑤] 武陵民族地区的番薯传播，或许也如江昱所说，是从两粤传来，先传到东南境，然后继续向东北、西北方向发展。

马铃薯曾在历史上遭到欧亚人民的长期歧视，[⑥] 所以文献对其传播历史的记载也不甚清晰。武陵民族地区马铃薯的传播历史也同样比较模糊。在乾隆末年，靠近武陵民族地区的鄂西北一带就已经开始种植马铃薯：乾隆

① （清）赵沁修，田榕纂：《玉屏县志》卷五，乾隆二十二年刻本。

② （清）张九章修，陈藩垣纂：《黔江县志》卷三，光绪二十年刻本。

③ （清）瑭珠修，朱景英纂：《辰州府志》卷二四，乾隆二十三年刻本。

④ （清）江昱：《潇湘听雨录》卷八，乾隆二十八年春草轩刻本。

⑤ （清）李约修，皇甫如森纂：《重修慈利县志》卷二，嘉庆二十二年刻本。

⑥ ［美］何炳棣：《美洲作物的引进、传播及其对中国粮食生产的影响》（三），《世界农业》1979年第6期。

四十二年（1777年）的《郧西县志》记载了“土豆”；[①] 乾隆五十三年（1788年）的《房县志》也记载了“洋芋”。[②] “土豆”、“洋芋”都是马铃薯的别称。鄂西南武陵民族地区与鄂西北的人口流动较为频繁，两地的生态环境也相似，其传入的时间应该不会相差太多，但是，直至道光年间，马铃薯才在鄂西南的方志中出现。道光二年（1822年）的《鹤峰州志》记载：“洋芋，似芋，紫色，邑高荒土瘠，民人多远徙，近十余年来得此。”[③] 道光二年（1822年）前的十余年即嘉庆十五年（1810年）左右。道光二十一年（1841年），建始县民之所食有“洋芋”。[④] 道光二十三年（1843年）的《石柱厅志》也记载了“洋芋”。[⑤]

2. 饮食结构变迁的历程

武陵民族地区既有旱作农业也有稻作农业，在玉米、番薯、马铃薯传入之前，其主要的粮食有粟、麦、稻米、苦荞等，辅之以豆类及采集得来的蕨粉、葛粉等食物。据《宋史》记载，宋代，施州产粟和麦等粮食作物，其中粟的产量较大。太平兴国九年（984年）五月，施州“麦并秀，两歧”[⑥]，表明该地麦子的种植面积比较大，种植技术较高。又据《宋史》卷二八三《丁谓传》记载，施、黔、高、溪等州“蛮地饶粟而常乏盐，谓听以粟易盐，蛮人大悦。先时，屯兵施州而馈以夔、万州粟。”[⑦] 施州之粟能够兼济夔州、万州，也说明其产量不小。土司时期，民间食粟仍然占有较大分量。如《(乾隆）永顺府志》引《永顺土司志》记载：“永邑山多田少，刀耕火种，食以小米、糁子为主。稻谷多仰永定卫、大庸所两处。”[⑧] 小米、糁子都是粟

---

① （清）张道南纂修：《郧西县志》卷四，乾隆四十二年刻本。
② （清）张敔修，汪魁儒纂：《房县志钞·物产》，乾隆五十三年钞本。
③ （清）吉锺颖修，洪先焘纂：《鹤峰州志》卷七《物产》，道光二年刻本。
④ （清）袁景晖：《建始县志》卷三《物产》，道光二十一年刻本。
⑤ （清）王槐龄纂修：《补辑石柱厅志》卷九《物产志》，道光二十三年刻本。
⑥ （元）脱脱等撰：《宋史》卷六四《志》第一七《五行志》，中华书局1977年版，第1400页。
⑦ （元）脱脱等撰：《宋史》卷二八三《列传》第四二《丁谓传》，中华书局1977年版，第9566页。
⑧ （清）张天如修，顾奎光纂：《永顺府志》卷一〇《物产》，乾隆二十八年抄刻本。

的别称，这里将其并列，或许是有不同的品种。不仅永顺土司辖地的稻谷稀少，民食依靠外地供应，鄂西南容美土司地区也一样，土民之家“虽有大米，留以待客，不敢食也”①。土民所食“苦荞居多”，甜荞虽有，但主要“供官用”，荒年还辅以蕨粉和葛粉等。②应招到土司衙门当差的土民常“以葛粉、蕨粉和以盐豆，贮袋中”，食用时“以水溲之”③。在玉米、马铃薯、红薯传入之前，虽然粟、麦、荞及水稻等作物的产量有限，但生活在武陵民族地区的人们能够依靠其他采集加工的食物来补充。因此，从食物的品种构成上看，人们的饮食结构是复杂的。④

武陵民族地区旱地多，水田少，常有“六山一水三分田”之说，玉米、番薯、马铃薯三种作物都是旱地作物，虽然这些作物主要种植在移民新开辟的土地上，但在土著原有的土地上也有种植，形成了新物种与原物种争地的局面。严如熤曾说：“数十年前，山内秋收以粟谷为大庄，粟利不及苞谷，近日遍山漫谷皆苞谷。”⑤表明种植粟的土地被玉米严重挤压，粟在饮食结构中的地位也将被玉米所取代。

玉米在武陵民族地区取代粟的过程应该非常迅速，从乾隆六年（1741年）见于方志记载，到乾隆二十年（1755年）得到比较广泛的种植，中间仅十余年时间。乾隆《沅州府志》卷二十四《物产》“玉蜀黍”条下记载：“凡土司之新辟者，省民率挈孥入居，垦山为陇，列植相望，岁收子捣米而炊，以充常食。”⑥这些移民以玉米“充常食”，想必山居的土著也应知其利，多种玉米。乾隆二十八年（1763年）的《永顺府志》也记载：“玉米，杂粮中所产最广。”⑦乾隆三十年（1765年），鹤峰知州吴世贤也有诗曰：“田中青

① （清）顾彩著，高润生注释：《容美纪游》，天津古籍出版社1991年版，第55页。
② （清）顾彩著，高润生注释：《容美纪游》，天津古籍出版社1991年版，第90页。
③ （清）顾彩著，高润生注释：《容美纪游》，天津古籍出版社1991年版，第55页。
④ 杨洪林：《土家族古代饮食文化体系与阶层性特征》，《江西社会科学》2015年第5期。
⑤ （清）严如熤著，黄守红标点，朱树人校订：《严如熤集》（第三册），岳麓书社2013年版，第1090页。
⑥ （清）瑭珠修，朱景英纂：《沅州府志》卷二四，乾隆二十三年刻本。
⑦ （清）张天如纂修：《永顺府志》卷一〇，乾隆二十八年刻本。

青惟苞谷，粒粒圆匀珠十斛。”[①] 虽不能把诗歌当作写实作品，但其用“惟”字也足以说明当时玉米的种植面积已经远超其他作物。嘉庆时，鹤峰训导萧琴所作的《苞谷吟》也说：苞谷“种植满陵阜，山农无他粮，惟借此糊口。”进入道光以后，玉米的产量在鹤峰所产粮食作物中“十居其八”[②]，大多数人“以此为正粮”[③]。鄂西南其他县市也与鹤峰类似，玉米成为绝大多数人的主食。如咸丰年间，五峰玉米产量占粮食产量的十分之九；[④] 同治年间，恩施“以苞谷为正粮，间有稻田，收获恒迟”。[⑤] 同治年间，就施南府整体而言，食稻米的人占十分之三，食玉米等杂粮者占十分之七。[⑥] 民国时期，咸丰县玉米产量占粮食产量的十分之六，稻谷占十分之四，民间以稻谷为主粮的人仅占十分之三四，食玉米等杂粮者占十分之六七。[⑦] 并且，同治年间，鄂西南一带已有黄、白、黑、赤、花不同颜色，早、晚不同成熟时间的多个玉米品种。[⑧]

乾隆三十九年（1774 年），酉阳州及其所辖的秀山、彭水、黔江一带，虽然民间种植的荞比较多，菽麦、高粱、水稻等作物间有种植，但均不及玉米的种植面积宽广。如《(乾隆）酉阳州志》记载：“种止宜菽麦、高粱，稻则间资堰沟水溉之，有籼、有糯，早、晚不同，麦亦罕植，荞居多，芝麻、苏麻偶于隙地栽之，惟苞谷则普种。”[⑨] 据《(道光）石柱厅志》引乾隆时旧志记载，改土归流前石柱“土人惟食稻，且惟知艺水稻”，但到了乾隆四十年（1775 年）左右，玉米在山地中也逐渐发展起来，“山地最多者苞谷”；其又引嘉庆十六年（1811 年）厅同知李埙所修厅志，说道：“南境深山，惟玉蜀

---

① （清）吉锺颖修，洪先焘纂：《鹤峰州志》卷一三，道光二年刻本。

② （清）吉锺颖修，洪先焘纂：《鹤峰州志》卷六，道光二年刻本。

③ （清）吉锺颖修，洪先焘纂：《鹤峰州志》卷七，道光二年刻本。

④ （清）李焕春、龚兆霖：《长乐县志》卷一六《杂记志》，咸丰二年刻本。

⑤ （清）罗凌汉纂修：《恩施县志》卷七《风俗》，同治三年修民国二十年铅字重印本。

⑥ （清）松林修，何远鉴纂：《施南府志》卷一〇《典礼》，清同治十年刊本。

⑦ （民国）陈侃纂修：《咸丰县志》卷四《财赋志》，民国三年刻本。

⑧ （清）李勖修，何远鉴纂：《来凤县志》卷二九《物产》，同治五年刻本。

⑨ （清）邵陆纂修：《酉阳州志》卷一，乾隆三十九年刻本。

黍可种，贫民资以为粮，罕食稻米也。”① 该志所引文献也说得非常明确，玉米主要种植在“深山”，甚至有地方官员要求将水田改为旱地，“劝之去围，以艺他谷或旱稻”，土著的居民也“不信也”②。可见，玉米不存在与水稻争地的情况。

由于苗族、侗族有发达的稻作文化，玉米在这两个民族聚居的县市所占粮食作物的比重不及土家族聚居区高。《楚南苗志》在描述湘西种植玉米的情况时说道：“永顺、龙山、桑植、永定一带，播种尤广。”③ 提及的这四县都是土家族聚居的县。虽然玉米传入凤凰厅的时间较早，但直至道光年间也只有“山家岁倚之”，且仅“供半年之粮”。④ 道光年间，松桃厅的民食仍然以稻米为主，玉米虽有，但仅是“山人赖以接秋”⑤。

粟在饮食结构中的地位虽然在乾隆年间就被玉米所取代，但仍占有一定比例，粟、荞等旱地作物也没有完全退出这一区域。如《(同治）酉阳州志》记载彭水县的饮食情况：“民间饔飧每用玉蜀黍及荞、粟。”⑥ 并且，人们还将食物作为社会分层的标志，认为玉米是“穷民”所食，粟是富贵之家的食物。《(同治）龙山县志》记载，“玉蜀黍俗名苞谷”，“此山居穷民赖以济食”。⑦ 《(同治）酉阳州志》也记载：“山谷贫民半皆以苞谷、荞麦为饔飧。”⑧ 《(道光）思南府志》把“城市家”、“农家”、“山农”、“硗瘠之户”的社会分层结构与食物的对应关系说得更清楚：“城市家常脱粟，农家稻居其七、麦居其三，山农则全资苞谷，济以番薯，硗瘠之户或荞或稗，有终年未尝食稻者。”⑨ 因为人们对食物有这样的分层结构认识，所以一时间玉米难以

① （清）王槐龄纂修：《补辑石柱厅志》卷六《风俗志》，道光二十三年刻本。
② （清）王槐龄纂修：《补辑石柱厅志》卷六《风俗志》，道光二十三年刻本。
③ （清）段汝霖撰，伍新福校：《楚南苗志》，岳麓书社 2008 年版，第 47 页。
④ （清）黄应培修，孙均铨纂：《凤凰厅志》卷一八，道光四年刻本。
⑤ （清）萧管纂：《松桃厅志》卷一，道光十六刻本。
⑥ （清）王鳞飞修，冉崇文纂：《增修酉阳直隶州总志》卷一九，同治三年刻本。
⑦ （清）符为霖修，刘沛纂：《龙山县志》卷一二，同治九年修，清光绪四年重刊本。
⑧ （清）王鳞飞修，冉崇文纂：《增修酉阳直隶州总志》卷一九，同治三年刻本。
⑨ （清）萧管纂：《思南府续志》卷二，道光二十一年刻本。

完全取代粟，甚至还影响到番薯和马铃薯的传播和推广。

历史上，人们认为番薯和马铃薯是比玉米更贫贱的食物，以致传入之初民间多不愿意种植。清乾隆年间，很多高官和社会名流著文介绍番薯，推广其种植技术，提高人们的积极性。乾隆五十一年（1786年），皇帝下谕旨在直隶栽种番薯，并将陆耀所著《甘薯录》颁行州县，有力推动了番薯在全国的传播和种植。马铃薯的社会地位比番薯更为低下，以致地方文献对这种作物很少记载。番薯的产量极高，“一亩可收数十石，数口之家便足一年之食”，并且“一岁两熟”①，是地方官员提高备荒能力的有效抓手。嘉庆、道光间，番薯应该已经成为武陵民族地区的主要农作物之一，其播种的面积仅次于玉米。嘉庆二十三年（1818年），《龙山县志》介绍其地“多种”番薯。②道光间，贵州思南府山地“杂种苞谷、高粱、粟谷、毛稗，尤恃番薯”，并且番薯有了红、白两个品种；③松桃厅“山之陂陀处多种苞谷，山之平衍处广栽红薯，贫民资以佐食”④。

道光以前传入武陵民族地区的洋芋品种是红洋芋，因其“只宜高荒，平地种者味麻，不堪入口”，所以种植的人并不多；咸丰年间传入乌洋芋之后，“高荒、平地遍种之”。⑤同治年间，因为番薯、马铃薯在人们的饮食结构中已经占有较大比例，所以部分地区将其视为“接济正粮”。如《（同治）施南府志》卷十《典礼》载：“乡民居高者，恃苞谷为正粮，居下者，恃甘薯为接济正粮”；⑥《（同治）宣恩县志》卷十也载：“宣民居低山者，除稻穀外以甘薯为接济正粮，居高山者，除苞谷外以洋芋为接济正粮，遇岁荒则挖蕨度日。”⑦由此可见，这些地方出现了因居住海拔高度不同而产生的饮食结构分化，居低山者以稻谷和番薯搭配作主粮，居高山者以玉米和马铃薯相搭

① （清）陆耀：《甘薯录》，乾隆四十一年刻本。
② （清）缴继祖修，洪际清纂：《龙山县志》卷八，嘉庆二十三年刻本。
③ （清）萧管纂：《思南府续志》卷二，道光二十一年刻本。
④ （清）萧管纂：《松桃厅志》卷一，道光十六年刻本。
⑤ （清）李焕春、龚兆霖：《长乐县志》卷一六《杂记志》，咸丰二年刻本。
⑥ （清）松林修，何远鉴纂：《施南府志》卷一〇《典礼》，清同治十年刊本。
⑦ （清）张金澜修，张金圻纂：《宣恩县志》卷一〇，同治二年刻本。

配作主粮。这种分化又进一步强化了人们将食物作为社会分层的指标。不过，由于玉米、番薯、马铃薯三者并无严格的生态条件限制，其在高山和平地是“宜”与“不宜”的问题，不是“能”与“不能”的问题，所以很多地方高低皆种，其差异仅仅是种植的面积有多有少。由此，咸丰年间以后，武陵民族地区的人们除了生活在低山的人口，稻米在主食结构中占有较大比例外，绝大多数人口形成了以玉米、番薯、马铃薯相结合的主食结构，辅以荞麦、豆类及其他杂粮和采集食物。如咸丰年间，湖北五峰“稻麦稀少，苞谷以外，近来惟种洋芋与薯，以为佐粮”①。光绪年间，黔江县“民食稻米而外，苞谷为大宗”，“山野居民多种番薯、洋芋或掘蕨粉，以备食用之不足。”② 民国年间，张家界、桑植等地“山居之民，以玉蜀黍为正粮，常终年不炊稻米，岁歉，则恃洋芋、甘薯为活。贫者，虽常岁亦然也”③。

二、农耕生活的变迁

由于新物种的大面积推广导致人们劳动对象发生了改变，与此有关的农耕生活也必然变迁。其变迁最突出的表现在两个方面：一是农业生产技术的变迁；二是农业生产组织方式和农耕文化的变迁。这两个方面的变迁，在土著族群的发展史上具有划时代的意义。

在玉米、番薯、马铃薯没有传入之前，武陵民族地区的土著族群从事的都是粗放型农业，居山下者“火耕水耨”，居山上者“刀耕火种”，实行的是“游耕”。唐代诗人刘禹锡在他的《畬田行》中描绘了一幅武陵民族地区的人们游耕劳作的景象：

> 何处好畬田，团团缦山腹。钻龟得雨卦，上山烧卧木。惊麏走且顾，群雉声咿喔。红焰远成霞，轻煤飞入郭。风引上高岭，猎猎度青林。青林望靡靡，赤光低复起。照潭出老蛟，爆竹惊山鬼。夜色不见

① （清）李焕春、龚兆霖：《长乐县志》卷一六《杂记志》，咸丰二年刻本。
② （清）张九章修，陈藩垣纂：《黔江县志》卷五，光绪二十年刻本。
③ 陈宗灜纂：《九溪卫志》卷二《土官世系》，民国二十四年抄本。

山，孤明星汉间。如星复如月，俱逐晓风灭。本从敲石光，遂至烘天热。下种暖灰中，乘阳圻牙蘖。苍苍一雨后，苕颖如云发。巴人拱手吟，耕耨不关心。由来得地势，径寸有余金。①

这段文字把游耕的过程和技术特点都讲得非常清晰：首先“烧卧木”，即放火烧掉山林已经倒下来的朽木和枯枝败叶，然后迅速在暖灰中下种，之后就等着收割，不用“耕耨”。刘禹锡虽把这种耕作方式叫作畲田，但他所描述的耕作方式与汉族地区的“畲田”有显著的区别。汉族地区的“畲田”一般要将山林砍伐殆尽，并将树根挖走，翻地以后耕种，还要在禾苗起来以后中耕除草。武陵民族地区的游耕只用刀把林下的杂木和树枝进行清理，不把树木全部砍倒，也不翻地，地表过火以后，乘火灰未冷便下种。民谚说“暖灰下种苗压草，冷灰下种草压苗”，火灰未冷时下的种长出来的苗长势会比杂草好，所以不用薅草。在这种耕作模式之下，也没有深耕翻地的需求，因此“山岗砂石不通牛犁”②也很正常。宋神宗时（1068—1085年），施州通判李周“为辟田数千亩，选谪戍知田者，市牛使耕，军食赖以足”③，将牛耕技术引入了湖北恩施。但是，“州界群僚，不习服牛之利”，其技术应用的范围是有限的，或许主要是在官办的屯田上使用。直至改土归流初期，这一带仍然使用这种耕作技术。如《（乾隆）永顺府志》记载：“山农耕种杂粮，于二三月间剃草，伐木纵火焚之，冒雨锄土、撒种，熟时摘穗而归。”④

武陵民族地区农业生产技术的根本改变是在清雍正年间改土归流以后。改变的原因也来自两个方面：一是土地制度的改变，改土归流以后“报认升科”，确定了土地的私有权属，土民再也不能如土司时代那样任意开垦、抛

① （唐）刘禹锡：《刘梦得文集》卷九《畲田行》，四部丛刊景宋本。

② （宋）祝穆：《方舆胜览》卷六〇，文渊阁四库全书本。

③ （元）脱脱等：《宋史》卷三四四《列传》第一三〇《李周传》，中华书局1977年版，第10934页。

④ （清）张天如纂修：《永顺府志》卷一〇，乾隆二十八年刻本。

荒土地；二是劳动的对象——农作物发生了变化，玉米根系发达，番薯、马铃薯的块根、块茎都生长在地下，种植这些作物都需要深耕翻地，并且需要充足的阳光。因此，土著居民的生产方式逐渐由游耕向畲田转变，在“可垦处伐木烧畲”[①]，也就是首先砍伐森林，然后将树蔸挖走，再种植庄稼。深耕土地带来的畜力需求，促进了牛耕技术推广。同治年间，湖北施南府的近城沃野“高低田地皆用牛耕”，只有“至远乡之绝壑危坳”，才“耕以人力”，牛耕技术已经比较普及。光绪年间，湘西古丈坪厅“民间全恃牛力，故牛为民之生命，所持农具铁器同内地各处。”[②]民国时期，咸丰县“一切耕作皆用牛犁，大抵高原宜黄牛，平地宜水牛，至远乡绝崖危坳，耕以人力”[③]。牛耕普及以后降低了人的劳动强度，提高了劳动生产效率。

玉米、番薯、马铃薯都是高产的作物：玉米“一株常二三包，上收之岁，一包结实千粒；中岁，每包亦五六百粒，种一收千”[④]；番薯“亩可得数千斤，胜种五谷几倍”[⑤]；马铃薯“根下生芋，根长如线，累累结实数十、十数颗……山沟地块，挖芋常十数石。”[⑥]高产作物必然对土壤肥力有更高消耗，“老林初开”时“不粪而获”，而耕种日久便“不能多获”[⑦]。游耕时代，地力下降之后便将其抛荒，另行开辟新的土地，但改土归流改变了土地所有制，失去了游耕的经济基础，只有通过技术手段来恢复地力。恢复地力的方法：一方面是施肥，或搜集枯枝杂草烧成火灰，或积蓄农家肥以后还地；另一方面是施放石灰，防止土壤酸化。如《（同治）保靖县志》卷二《风俗》记载，保靖“向来刀耕火种，不用灰粪”，自“嘉庆十七八年始”，“而地瘠

---

① （清）松林修，何远鉴纂：《施南府志》卷一〇《典礼》，清同治十年刻本。

② （清）董鸿勋纂修：《古丈坪厅志》卷一一，光绪三十三年铅印本。

③ （民国）徐大煜纂修：《咸丰县志》卷三，民国三年刻本。

④ （清）严如熤著，黄守红标点，朱树人校订：《严如熤集》（第三册），岳麓书社 2013 年版，第 1090 页。

⑤ （清）陆耀：《甘薯录》，乾隆四十一年刻本。

⑥ （清）严如熤著，黄守红标点，朱树人校订：《严如熤集》（第三册），岳麓书社 2013 年版，第 1031 页。

⑦ （清）吉锺颖修，洪先焘纂：《鹤峰州志》卷一四，道光二年刻本。

薄，田土种植俱不可少灰粪”①。蓄粪施肥，石灰暖地既是新的农业条件下技术革新的必然要求，也是流官们重点推动的“政绩工程”。如乾隆初年，鹤峰州首任知州毛俊德到任以后便发布了《劝民蓄粪》、《劝民告条》等文告，要求土民开挖粪池，捡拾积蓄人畜粪便，以备沃土，并且对粪池的大小、施肥的方法等都进行了细致的介绍。他还要求土民培塍蓄水，开塘引流，石灰暖地，对农业进行精细化管理。改土归流以后，石灰暖地的技术使用很广，以至烧石灰成为一个重要的产业。直到民国初年，慈利等地在农业生产中“石灰为粪田惟一肥料”，“田一亩产谷五石，入石灰一石，亩可增收谷量一石或一石五斗”②。

农业技术的变迁还表现在中耕除草和作物轮作、套种等方面。如《(嘉庆）恩施县志》卷四记载：“凡谷栽必成行列，苞谷初多丛生，必薅至再三而行列始成。”③来凤知县丁周在该县推出的“区田法”甚至要求人们锄草“锄至八遍”。其“区田法”中还介绍了作物轮作技术，“当于闲时，旋旋掘下，春种大麦、宛豆，夏种粟米、黑豆、高粱、糜、黍，秋种小麦，随天时早晚，地气寒暖，物土之宜节次为之。”④《(民国）咸丰县志》也介绍了豆类作物和玉米套种的事例，“菽豆种田畔及苞谷土中，向年出产颇丰。”⑤从这些农业技术的发展情况来看，清代末期，武陵民族地区已经呈现出人口压力，并且农业也开始内卷化。一般情况下，一斗谷可得米七升，同治年间，来凤县人为了“每谷一斗得米八升”而不惜“锄至八遍”⑥。他们以增加七倍的人力投入来争取一成增收，是农业内卷化的表现。

玉米、番薯、马铃薯等原产美洲的作物传入武陵民族地区以后，不仅使增长的人口有机会投入生产，还在一定程度上改变了人们的生产组织模式

① （清）林继钦修，袁祖绶纂：《保靖县志》卷二，同治十年刻本。
② （民国）田兴奎修，吴恭亨纂：《慈利县志》卷六，民国十二年铅印本。
③ （清）张家檙修，罗凌汉纂：《恩施县志》卷四，嘉庆十三年刻本。
④ （清）李勖修，何远鉴纂：《来凤县志》卷三〇，同治五年刻本。
⑤ （民国）徐大煜纂修：《咸丰县志》卷四，民国三年刻本。
⑥ （清）李勖修，何远鉴纂：《来凤县志》卷三〇，同治五年刻本。

以及农耕文化。在游耕时期，土民为了适应生产的需要，是“游动性的生活习俗和生活方式”①；这些物种传入之后，精耕细作的农业生产过程促进人们过上定居生活。并且，这些作物单位面积的产量相较于传统的粟、麦、荞等有了明显提高，减少了养活一口人所需的土地面积，使区域能够容纳人口的密度得以提高。同时，这些作物“高下皆宜”，在以前一些不能出产粮食作物的高寒地带也能种植玉米、马铃薯等物种，促使人们去开发不同生态位的土地资源，为村落分裂，减缓局部地区的人口压力提供了有力帮助。农业生产都是季节性的劳动，而这些作物又在不同的季节播种和收获，如马铃薯正月种四五月收；玉米三四月种七八月收；红薯四五月种八九月收。每个家庭种植的作物品种以及同一品种的数量不一样，导致各个家庭在不同季节需要的用工量也不一样。每个家庭季节性的用工差异，能够促使人们相互换工，增加集体劳动的机会，拉近彼此的心理距离，产生大家共享的文化和公共事务。武陵民族地区流传范围非常广泛的薅草锣鼓歌就是在玉米传入以后，不同家庭之间经常换工，很多人在一起从事薅草劳动的过程中产生的一种农耕文化艺术形式。如《（光绪）黔江县志》卷五记载：四月“相约薅草，鸣钲鼓，更唱迭，和以趣工，曰打锣鼓”②。《（光绪）长乐县志》卷十二也记载：“每夏耘时，择善讴者一人击鼓而歌，锣钹应之，谓为薅草鼓，盖欲耘者乐，而忘疲也。”③集体劳作也推动了山歌、歇后语等民间文学、艺术的发展。如秋天收获玉米的时候，主家“约相邻夜剥其壳，谓剥夜包子，或唱山歌，或说哑谜，以警其眠”④。此外，与农业相关的节日也随着新物种传入而发生了变迁。如酉阳等地的吃新节原来在七月，“家选吉辰以荐新于田祖及祖考”，在玉米传入以后，因为五月就可得到新玉米便“有以五月荐新者”⑤。

① 雷翔：《游耕制度：土家族古代的生产方式》，《贵州民族研究》2005年第2期。

② （清）张九章修，陈藩垣纂：《黔江县志》卷五，光绪二十年刻本。

③ （清）郭敦佑续纂：《长乐县志》卷一二，光绪元年增刻本。

④ （清）郭敦佑续纂：《长乐县志》卷一二，光绪元年增刻本。

⑤ （清）王鳞飞修，冉崇文纂：《增修酉阳直隶州总志》卷一九，同治三年刻本。

三、经济生活的形成和展开

虽然玉米、番薯、马铃薯三种作物的亩产都很高，但收获以后得到的食物不仅有严格的保存条件限制，而且能够保存的时间也比较短，所以必须将其迅速地转化为其他产品才能实现其价值。如番薯的保存要“穿土窖欲其不露风”；玉米的保存“高悬屋角，或编竹为囷，欲其露风”；① 马铃薯的保存也要避光和保温。并且，在传统保存技术条件下，这些食物保存的时间都不能超过第二年春夏，马铃薯到了春季便会发芽并产生毒素，玉米到了夏天就会生虫，番薯也会腐烂。人们为了充分利用这些食物，除了将少部分用于提取淀粉，煮熟晒干保存备用以外，最为主要的就是用来养猪和酿酒。土著居民通过养猪、酿酒这两项活动，进入了帝国的经济体系之中。

1. 经济生活的形成

“喂猪糜谷最甚”②，也是民间最为常见的利用余粮的方式。乾隆二十年以后，武陵民族地区的人们就已开始使用玉米饲猪，后来番薯、马铃薯发展起来以后，也成为喂猪的主要饲料。如乾隆二十三年（1758 年）的《沅州府志》记载，新开辟的土司地区的人们已知玉米“米汁浓厚，饲豕易肥，近水者舟运出粜市，酤者争购以酿酒。”③《(道光）补辑石柱厅志》卷六《风俗》也引乾隆时的旧志说：“苞谷根大易长，人食有余即以酿酒、饲豚。”④《(同治）巴东县志》卷十一《物产》也载：“玉蜀黍，释名玉高粱，土名苞谷，山中种此者甚多，即以作饭，兼可酿酒。”⑤ 养猪、酿酒的成果除了满足自己的食用之外，主要用来售卖。如《(道光）鹤峰州志》卷六记载：“贩猪他邑，可市布、棉、杂货，以有易无，于山氓较便。”⑥《(咸丰）长乐县志》

---

① （清）松林修，何远鉴纂：《施南府志》卷一〇《典礼》，清同治十年刊本。
② （清）吉锺颖修，洪先焘纂：《鹤峰州志》卷六《风俗志》，道光二年刻本。
③ （清）瑭珠修，朱景英纂：《沅州府志》卷二四，乾隆二十三年刻本。
④ （清）王槐龄纂修：《补辑石柱厅志》卷六《风俗》，道光二十三年刻本。
⑤ （清）廖恩树修，萧佩声纂：《巴东县志》卷一一《物产》，同治修光绪重刊本。
⑥ （清）吉锺颖修，洪先焘纂：《鹤峰州志》卷六，道光二年刻本。

也载："邑人多以苞谷酿酒、喂猪，洋芋打粉市布、棉、杂货，以有易无，于民较便。"[①]《(同治）桑植县志》卷二也载：山农将玉米资以为食，"兼以作酒，能贩给他境。"[②]虽然每户家庭饲养生猪的数量有限，每年可能也就一到两头，但不能低估养猪对一个家庭以及区域经济发展的贡献。清道光年间，施南府一带"有百十为群"的生猪"驱贩荆宜"。[③]荆州、宜昌在当时已经成为区域的中心市场。通过生猪的流动，武陵民族地区的土著之家被带入了一个超越生活社区的更大的市场体系之中。

武陵民族地区有悠久的酿酒历史，据《宋史》记载，宋开宝二年（969年）川陕地区因"卖曲价重"，诏减供应酒曲，继而"颇兴榷酤"；太平兴国七年（982年）又因"非便"，复归卖曲，施州、黔州、辰州等地酿酒业又得以恢复发展。[④]但是，此时的寻常百姓之家所酿的酒主要是未经蒸馏的"砸酒"。如《(光绪）长乐县志》卷十二记载："土户张、唐、田、向四姓家酿咂酒，其酿法于腊月取稻谷、苞谷并各种谷配合均匀，照寻常酿酒法酿之。酿成搀烧酒数斤，置大瓮内封紧，俟来年暑月开瓮取糟，置壶中冲以白沸汤，用细竿吸之，味甚醇厚，可以解暑。"[⑤]这种酒主要供应家庭日常生活所需，作为商品售卖的主要是玉米、番薯传来以后的蒸馏酒，特别是用玉米酿造的"堆花烧"被视为上品。光绪年间，重庆秀山县，"煮苞谷实为酒，所在为恒业，岁利可数千金"[⑥]。玉米酿酒后的酒糟还能饲猪，所以酿酒业的兴起，不仅促进了玉米的流通，还推动了养殖业的发展。

2. 经济生活方式的转型

武陵民族地区的人们在宋代就有了一定程度的经济生活。宋真宗咸平

---

① （清）李焕春、龚兆霖：《长乐县志》卷一六《杂记志》，咸丰二年刻本。

② （清）周来贺修，卢元勋纂：《桑植县志》卷二，同治十一年刊本。

③ （清）罗德昆：《施南府志》卷一〇《风俗》，道光十七年刻本。

④ （元）脱脱等撰：《宋史》卷一八五《志》第一三八《食货志》，中华书局1977年版，第4514页。

⑤ （清）郭敦佑纂：《长乐县志》卷一二，光绪元年增刻本。

⑥ （清）王寿松修，李稽勋纂：《秀山县志》卷一二，光绪十八年刻本。

五年（1002年），官府允许“溪蛮入粟实边易盐”①，开启了农产品对外交易的窗口。又据《宋会要辑稿·蕃夷五》记载，咸平六年（1003年）二月，宋朝廷在黔州（治彭水）设馆收“善马”，使当地的大型牲畜也有了交易的渠道。但是，官府同时又禁止了“蛮人”购买代表当时先进生产力的耕牛，限制了当地的经济社会发展。熙宁六年（1073年），官府在沅州、锦州、黔州等交通便利的“江口”设置商品交换的场所——“博易场”，并由官方监督交易。②并且，官府还在施州等地提供质押服务，土著居民可以将金银质押于官府，以换取粮米，限七年内赎回，如不赎则变易。③淳熙二年（1175年），“博易场”进一步推进到“溪峒沿边州县”一带，④为土著居民直接参与商品交易提供了便利条件。但是，当时设置的博易场均远离土著居民生活的社区，能够提供交换的商品也非常有限，交易量小，所以他们的经济生活参与程度低。直至改土归流前夕，这种状况都没有得到彻底改变，土司的食盐要到各地自行采买，未纳入朝廷的供应体系，土民及苗民更难得到食盐的供应，所以才会视食盐为珍品。康熙年间，即使在宋代就已设置博易场并早已纳入朝廷经制之下的重庆彭水，仍然“百货之产无所出，四言大贾不至”，“四乡无比屋之村，亦无集场交易之所”⑤，其他区域也就更甚。

改土归流以后，迁入武陵民族地区的移民中商人占据了较大部分，他们直接推动了这一区域商品经济的发展。如湖北长阳县“制器作室，多属流寓。商贾行货，下至沙市，上至宜昌而止”⑥。湖南石门县的“城市肆店贸易多江右人”⑦。这些移民商人在贸易的过程中主要经销家乡带来的产品，如广

① （清）段汝霖撰，伍新福校：《楚南苗志》，岳麓书社2008年版，第75页。
② （元）脱脱等撰：《宋史》卷一八六《志》第一三九《食货志》，中华书局1977年版，第4564页。
③ （宋）李焘：《续资治通鉴长编》卷二四八，文渊阁四库全书本。
④ （元）脱脱等撰：《宋史》卷一八六《志》第一三九《食货志》，中华书局1977年版，第4565页。
⑤ （清）陶文彬纂：《彭水县志》卷三《风俗志》，康熙四十九年刻本。
⑥ （清）朱庭棻纂修：《长阳县志》卷三《土俗》，道光二年刻本。
⑦ （清）苏益馨修，梅峄纂：《石门县志》卷一八《风俗》，嘉庆二十三年刻本。

东的移民主要经营“广货”，即日常生活所需的针、线、扣等物品；江汉平原一带的移民主要经营棉花、布匹等；四川的移民主要经营食盐。由于土著居民不掌握商品资源，所以他们在这些商业活动中仅仅充当了消费者，没有机会成为经营者。如《(民国）永顺县志》卷六记载：“商襄时，土民不善贸易，列市衢通货物者半属江右之民。”① 其实非土民不善贸易，而是那样的商品经济结构决定了他们没有机会从事贸易。移民商人所带来的商品虽然满足了人们的日常生活所需，但由于这是输入型商品经济，土著居民生活在商品向下输入的末端，经济生活是单向度的，难以推动商品经济走向繁荣。

土著居民从单向度的经济生活方式转型为双向经济生活方式是在生猪贸易兴起以后实现的。生猪贸易不仅给土著居民提供了从事商品贸易的机会，也使土著之家由纯粹的商品消费者转变为兼具生产者和消费者的双重角色，他们的产品也可以实现向上的流动。《(嘉庆）建始县志》记载：“秋成后，流寓之民始行滕而回籍，土著之家贩猪只而贸易。”②《(道光）思南府志》卷二《风俗》也说道，其他商品贸易均由外地商人把持，“惟米、豆、猪、牛小负贩俟农隙时村民多为之。”③ 生产的产品能够向上流动，土著居民才能积累起来财富，也才有机会实现区域经济的繁荣。同时，土著居民有机会参与到商品贸易的流通环节中来，是土著和移民之间形成较为合理的商业秩序的起点。

3. 经济生活的发展

玉米、番薯、马铃薯等高产作物传入以后，面积很小的土地上的产出就能满足家庭一年的饮食所需，留下了更多的空间给人们发展多种经营，促进经济生活发展。“垦种玉米、番薯的地方，往往是经济作物发展的地方”④，武陵民族地区也是如此。清乾隆以后，这一区域的桐油、生漆、烟叶、苎麻、蓝靛等农产品相继发展起来。

① （民国）胡履新修，鲁隆盎纂：《永顺县志》卷六，民国十九年铅印本。

② （清）佚名纂：《建始县志》卷下，嘉庆十七年增修钞本。

③ （清）萧管纂：《思南府志》卷二，道光二十一年刻本。

④ 陈树平：《玉米和番薯在中国传播情况研究》，《中国社会科学》1980年第3期。

桐油和生漆是清代后期至民国年间武陵民族地区的大宗出口物资。通过这些物资的流动，把武陵民族地区的人们拉入了世界经济体系和工业体系中，使这里成为工业原料供应的起点。一般情况下，桐油、生漆在农民家庭生产出来以后，通过小贩汇集于酉水、乌江等长江支流的码头，再用船运销到武汉交给中间商人（也有武汉等地的中间商人直接到武陵民族地区设庄收购的情况），中间商人再将其运销到日本、欧洲等资本主义国家。道光、咸丰年间，辰州泸溪等县岁出桐油达二十余万石，进入光绪年间以后年产量仍然保持增长势头，每年仅此一项所收关税即可达七万石之多，所产桐油全部“运往外洋，亦系兑作洋漆之用。”[①] 清末民初，鄂西南一带有“家有千株桐，子孙不受穷”之谣，湖北来凤酉水码头小镇百福司也有“万担桐油下洞庭，十万杉木达九州”之称，足见其价值之高和产量之巨。清光绪年间，湖南古丈坪厅以油商的资本最为雄厚，他们“岁入数万金，占古丈坪商业之十八。”[②] 民国二十二年（1933年）前后，重庆黔江每年产桐油一千万斤，生漆十万斤，其中桐油十分之八，生漆十分之九拿来出口。[③] 民国《慈利县志》卷六《实业》也载：“闻之父老，清咸丰、同治世，桐油市价，斤百缗钱三千或四千而止。自后，海通输出额逐岁增高，县人植桐，去草松土岁有常程，故地力彭亨油质更佳，每百斤售钱六十缗或八十缗，是二十倍矣。”[④] 并且，桐子栽种以后三年即可结实，民间有“栽桐子三年还本”之说，因此人们的种植积极性也很高。鄂西南利川、巴东一带的生漆也常年出口日本，鹤峰、五峰等地的红茶出口英国。但是，这些风光无限的产业在第二次世界大战爆发以后，由于通商受阻，产品滞销，受到致命打击。

烟叶、苎麻、蓝靛、蚕丝等物品虽然很少出口，但也是民间增收的重要渠道。光绪年间，辰州每年产烟叶四万多捆（每捆100余斤），产靛

---

① （清）觉罗清泰纂：《辰州府乡土志》卷一一《物产》，光绪三十三年刻本。

② （清）董鸿勋纂修：《古丈坪厅志》卷一一，光绪三十三年铅印本。

③ 甘明蜀：《酉属视察记》，见四川省黔江地区民族事务委员会编：《川东南少数民族史料辑》，四川民族出版社1996年版，第455页。

④ （民国）田兴奎修，吴恭亨纂：《慈利县志》卷六，民国十二年铅印本。

三四万石，与永定交界地带高寒山区的居民“倚靛为日用”。[1] 重庆黔江县在道光初年以后，城乡多植桑树，养蚕茧成，“取生丝自织出售”，[2] 民国年间，该县的熟田有十分之三用来种烟。[3] 光绪年间，重庆彭水“山地有种膏、桐、漆、枲者，获利稍厚”，“舟楫往来，商贾辐辏，百货云集，盐、茶、油、漆、苎麻诸物转运各处。”[4] 一般情况下，种植经济作物的获利都比粮食作物高，受利益的驱使，人们会尽量压缩粮食作物的种植面积，而扩大经济作物的种植，以获取现金收入。民间常说“种蓝十亩，敌谷田一顷”[5]，种植蓝靛获利是种谷的十倍。恩施等地种植的苎麻不仅每年可收获三季，而且品质上佳，所以民间种植颇广，清光绪中叶年产量达 100 万斤以上，清末时经营苎麻的商家有 18 家之多。[6] 通过这些经济作物的总量发现，清代后期至民国初年，武陵民族地区的经济活动非常活跃，人们的经济生活也非常丰富。随着经济活跃程度的提高，必然促进基层市场的兴起和场期更加密集，为区域社会的整合提供了契机。

玉米、番薯、马铃薯传入武陵民族地区时，恰逢清改土归流后移民也大规模迁入这一区域，这些作物不仅改变了土著的日常生活，推动土著社会发生结构性变迁，也在移民社会产生深远影响。这三种作物能够适应不同海拔高度的生态位，使移民能够在土著的空隙中找到生存空间，避免因过度的资源竞争而引发两者的激烈对抗。并且，种植这些作物所形成的农耕生活方式、经济生活方式，都有利于促进土著与移民之间的合作，为土著与移民在居住互嵌格局上形成经济互惠、文化互通、思想互认格局提供了前提和基础。

---

① （清）觉罗清泰纂：《辰州府乡土志》卷一一《物产》，光绪三十三年刻本。

② （清）张绍龄修：《黔江县志》卷二《风俗志》，咸丰元年刻本。

③ 甘明蜀：《西属视察记》，见四川省黔江地区民族事务委员会编：《川东南少数民族史料辑》，四川民族出版社 1996 年版，第 459 页。

④ （清）庄定域修，支承祜纂：《彭水县志》卷三，光绪元年刻本。

⑤ （清）李勖：《来凤县志》卷二九《物产》，同治五年刻本。

⑥ 曹泽恩：《恩施苎麻产销简述》，见政协恩施州委员会文史资料委员会：《鄂西文史资料》（第十五辑），1994 年印刷，第 119 页。

第三节　历史记忆的重构及其意义

田野调查资料显示，武陵民族地区的每个家族都有一段关于祖先迁徙移民的历史记忆，但对作为“蛮民”的历史完全失忆，所建构的社会图景与官方历史叙事建构的图景形成了巨大反差。蛮之为汉姓并一以贯之者有冉氏、向氏、田氏等。他们至迟在魏晋南北朝时期就已经是峡江一带的豪族大姓，“有冉氏、向氏、田氏者，陬落尤盛，余则大者万家，小者千户。更相崇树，僭称王侯，屯据三峡，断遏水路。”① 进入羁縻、土司时期之后，担任这一区域蛮酋首领的往往也是这些姓氏的人员。如今，渝东南酉阳、黔江、彭水以及万州、涪陵等地的冉氏，鄂西南、湘西北的恩施、宜昌、张家界、常德等地的向氏，以及遍及整个武陵民族地区的田氏所占的人口比例都非常高，仍然是这个区域的巨姓。虽然不可否认在历代移民中也有相关姓氏的人迁入武陵民族地区，但是历史不可能巧合到魏晋南北朝兴起的蛮民大姓完全被移民所替代，其中必然有涉及记忆重构的问题。也就是蛮民后裔重构了家族的历史记忆，形成了新的认同。历史记忆的重构也是区域社会凝聚共识，进行社会整合，形成新的秩序的过程。

蛮民后裔的历史记忆重构是复杂的社会过程，或许由来已久，但以历史文献为文本呈现方式的重构是在唐宋以后，特别是元明清时期，土司阶层因为承袭的需要而编撰的宗支图谱以及相配合的家谱是重构之后的历史记忆的载体。改土归流之后，土民阶层又开始对土司及自己家族的历史记忆进行重构。

一、土司对家族历史记忆的重构

元明清时期，武陵民族地区的土司主要有田、覃、彭、冉、向、马、

① （唐）令狐德棻等撰：《周书》卷四九《列传》第四一《蛮传》，中华书局 1971 年版，第 887 页。

杨、张等姓氏。在重构家族历史记忆的过程中，除覃姓整合了较大范围的土司家族外，其他土司基本上都是各自进行，即使同姓也认为不同宗，没有共同的祖先记忆。

容美土司是鄂西南最为强盛的土司，也是田氏中的领袖，能反映其家族历史记忆的文献有容阳堂《田氏族谱》《容美纪游》《鹤峰州志》《世述录》等。道光《鹤峰州志》已对材料的来源有所交代，那就是取自《世述录》，容阳堂《田氏族谱》的内容也几乎与《世述录》一致，即其先世为“唐田行皋，元和元年（806年）从高崇文讨平刘辟，授施溱溶万招讨把截使，后加兵部尚书，金紫光禄大夫，施州刺史，仍知溱万溪溶四州诸军事。”① 唯有《容美纪游》的记载与其他文献有一定差异。《容美纪游》在田氏始祖田行皋的世系前面加了“先世田弘正，唐魏博节度使”② 一句，使其世系多出一代。《容美纪游》是顾彩在游历容美的过程中撰写的，他的信息来源应该是时任土司田舜年。田弘正在《旧唐书》《新唐书》中有传，其长庆元年（821年）七月二十八日死于镇州兵变，与武陵无涉，其孙田在宥虽然“为安南都护，颇立边功”③，但已是大和年间（847—859年）的事情，均比元和时代要晚。或许，田舜年也觉得田弘正为其先不足信，只是在口头上向顾彩说，而没有收入他转写的《世述录》。据《旧唐书》卷一五记载，高崇文的确于元和元年（806年）九月辛亥，“擒刘辟以献”，④ 但《旧唐书》《新唐书》均未载田行皋的事迹。田行皋为施州刺史的事迹见于宋人司马光所撰的《资治通鉴》和清人吴任臣所撰的《十国春秋》。广政九年（946年）十一月，“施州刺史田行皋叛，遣供奉官耿彦珣将兵讨之”，⑤ 其后，田行皋又投奔荆南，高保融将其执归于蜀，“伏诛”。施州刺史田行皋出现的时代比高崇文晚140年，其从

① （清）吉锺颖修，洪先焘纂：《鹤峰州志》卷一，道光二年刻本。

② （清）顾彩著，高润身校注：《容美纪游》，天津古籍出版社1991年版，第3页。

③ （后晋）刘昫等撰：《旧唐书》卷一四一《列传》第九一《田弘正传》，中华书局1975年版，第3854页。

④ （后晋）刘昫等撰：《旧唐书》卷一五《本纪》第一五《宪宗上》，中华书局1975年版，第418页。

⑤ （清）吴任臣：《十国春秋》卷四九《后蜀二》，文渊阁四库全书本。

征的历史肯定是虚构的，加在其上的招讨把截使、兵部尚书、金紫光禄大夫等光环自然也就是容美田氏构建出来的历史记忆。施州刺史田行皋或许也不是什么“中朝流寓”，而是施州土著。《清史稿》在介绍容美土司时说到“容美土司，唐元和元年，田行皋从高崇文讨平刘辟，授施溱溶万招讨把截使，仍知四州事。”① 这句话显然是抄录的《鹤峰州志》，不能以其来证明历史的真实性。据雷翔先生考证，容美土司始祖应为宋元间的北江诸蛮之裔的田思政。②

在容美田氏所整齐的世系中，也不见《元史》、《明实录》等文献记载的四川行省绍庆路容米洞墨施什用、容米洞蛮田先什用、答谷什用等能够跟容美土司直接联系的先祖。“什用”是土家语的记音，他们弃而不用是一种文化态度的体现，也就是取向“去蛮夷化”。并且，他们还把去蛮夷化当作一种特权，排斥别的家族与之有共同认同。尽管忠峒、忠孝等宣抚司也早已形成了移民认同，但田舜年认为他们“皆土人”，唯有他们的“先世系中朝流寓，不与诸田合族。”③

贵州思南、思州土司最有名望者为田佑恭，宋宝祐五年（1257 年）的《仙溪志》对其有所介绍：“思州纳土夷官田佑恭与弟佑祥为怨家，告密宪台，欲置极刑，谳奏朝廷，命公直其狱。”④ 这里明确说到，田佑恭是纳土的“土夷”，也就是当地土著。又据弘治《贵州图经新志》卷四记载：“大观丁亥（1107 年），蕃部长田佑恭愿为王民，始建思州即今思南。”⑤ 政和五年（1115 年），有田佑恭随赵遹征晏州夷酋卜漏。⑥ 虽然《宋史》并未言明随赵

① （清）赵尔巽等：《清史稿》卷五一二《列传》第二九九《土司》，中华书局 1998 年版，第 14212 页。

② 雷翔：《土家田氏考略——兼评“造谱”现象》，《湖北民族学院学报》（社会科学版）1994 年第 3 期。

③ （清）顾彩著，高润身校注：《容美纪游》，天津古籍出版社 1991 年版，第 3 页。

④ （宋）赵与泌修，黄岩孙纂：《仙溪志》卷四，（宝祐五年纂）清瞿氏铁琴铜剑楼钞本。

⑤ （明）沈庠修，赵瓒纂：《贵州图经新志》卷四，弘治间刻本。

⑥ （元）脱脱等撰：《宋史》卷三四八《列传》第一〇七《赵遹传》，中华书局 1977 年版，第 11044 页。

遹征晏州的田佑恭来自哪里，但结合赵遹所带领的军队由陕西军、义军、土军、保甲三万人组成，其出征的时间也在思州田佑恭归附朝廷 7 年后等历史信息，表明此田佑恭就应该是思州“土军”田佑恭。可见，田佑恭是思州、思南土司历史上的真实人物，但是其事迹和先世的历史或许有重构的成分。

绍兴二十六年（1156 年），黔州通判于观在给田佑恭所撰的墓志铭中说道：“田氏，田妫姓，世为京兆……时唐有天下，始祖克昌，方陟巴峡，绝志宦游，从事商贾，侨寄日久，遂卜筑于思州，安土占籍。”① 于观与田佑恭素未谋面，其铭文信息是佑恭子田汝端通过其门人李庄告诉他的，可以把他视为田氏家族自身关于家族历史的记忆。可见，在宋绍兴年间，田氏已经形成了京兆移民的移民认同，但其先世田克昌的人物形象还不够清晰。进入明清以后，田氏的后裔又在田克昌的前面增加了世代，人物也变得更加显赫。在署名为万历监授湖广同知田应运所撰的《七王考略》中，将田克昌前面增加了始祖田玉才及其下的田辟疆、田表及田宗显等世代，并称自二世田辟疆就被封为子孙世袭宣慰，所生七子“俱为驸马，敕封七省”，长房田表坐镇陕西，田表子田宗显由陕入黔。②《朗溪司正长官考略》进一步说到，田宗显入黔的时间是隋开皇二年（582 年），原因是被苏威举荐为黔中太守，其四世孙田克昌“卜筑思州，唐授以义军兵马使。”③ 康熙六十年（1721 年），贵州督学张大受在给田氏所撰的谱序中说到，他“依谱而参之”，田氏“自隋唐间宗显、惟康父子奉敕南来”。④ 在田宗显的后面又增加了一个世代田惟康，迁来的原因也变成了“奉敕”。撰于清初的《贵州思南府朗溪长官司应袭田应朝顶代宗枝图册》将田宗显、田谷等先祖的名声塑造得更加显赫，“始祖田宗显于隋时开辟黔南有功，封定蛮威武将军；至远祖田佑恭于宋时有功，封少师国公；至祖田谷于元时有功，封抚彝节武将军。”⑤ 田氏对家族

① （明）洪价修，锺添纂：《思南府志》卷一，嘉靖刻本。

② 陈国安：《民族志资料汇编・土家族》（第九集），1989 年内部印刷资料，第 352 页。

③ 陈国安：《民族志资料汇编・土家族》（第九集），1989 年内部印刷资料，第 352 页。

④ 陈国安：《民族志资料汇编・土家族》（第九集），1989 年内部印刷资料，第 346 页。

⑤ 陈国安：《民族志资料汇编・土家族》（第九集），1989 年内部印刷资料，第 346 页。

的历史记忆在不断的重构，其世系追溯得越来越久远，世系中的人物也越来越显赫。或许，显赫的世系仍然不足以匹配他们在区域社会权力结构中的位置，所以塑造出祖先是马援化身的神话。弘治《贵州图经新志》卷四在介绍马援祠时说道："时土人田佑恭之母，梦援来居其宅，及生佑恭，祠不复灵，及佑恭卒，有见其归于马援祠者，自后灵应如初，而田氏之后代有异才。"①

如果说思州、思南田氏土司因为姓氏的差异需要塑造一个神话与马援产生联系，那么石柱马氏土司就完全没有必要绕弯了。乾隆《石柱厅志》记载，石柱土司马氏，其先为陕西扶风县人，始祖马定虎是汉新息侯、伏波将军马援三十九代孙，宋高宗时"朝命领兵进剿"五溪蛮，打败当地土著之后置石柱安抚司，由马氏世袭。② 在武陵民族地区，人们对伏波将军马援有非常广泛的信仰，很多家族将其奉为家神。③ 厅志的内容也显然是取自《马氏家乘》。《马氏家乘》除了前面与厅志有相似的叙述之外，还把先世事迹和入川的过程说得更为详细。其说，马定虎在靖康之乱后入京师擒王，编为禁卫军，高宗南渡后领兵由建始入川，驻南宾县水车坝，"传檄南路土司七覃八田，宣扬威德，克期会兵施州"，后合土司兵攻破施州，朝廷封其为石柱安抚司，"世袭九溪十八峒"。这些说法毫不含糊，仿佛证据确凿，但在家乘的末尾又说道："累经兵燹，文献阙如，世难祥。父老相传，定虎公之后自宋及元一十四传……无年代事迹可证……至明初克用公之后，始有瓜瓞可绵也。"④ 也就是说，马氏的世系在马克用之后才是可考的，之前的世系均是"父老相传"。马克用是明初的石柱土司，因洪武七年（1374 年）遣其子付德入朝而见于《明史》记载。

石柱土司的先世，在明嘉靖和清嘉庆《四川总志》中有不同的世系。据嘉靖《四川总志》卷一四记载："宋时，蛮酋大虫虎什用授镇国上将军铜

① （明）沈庠修，赵瓒纂：《贵州图经新志》卷四，弘治间刻本。

② 参见（清）王萦绪纂修：《石柱厅志》不分卷，乾隆四十年刻本。

③ 参见杨洪林：《从国神到家神：武陵民族地区伏波信仰变迁研究》，《广西民族研究》2012 年第 3 期。

④ 《马氏家乘》，清代道光年间木刻本，现藏于石柱县图书馆。

牌铁印，石柱安抚司大使，元改石柱军民府，寻升石柱军民安抚使司。后以土夷作耗，为定虎什用获受，当改升石柱军民宣抚使司。”[①] 如按此说，石柱土司的第一世为虎什用，其“后以土夷作耗，为定虎什用获受”之句，没有明确说明定虎什用与虎什用之间有无血缘上的关系，有可能是在家族内另立土司，也有可能是被他姓所夺占。嘉庆《四川总志》卷九三所记载的石柱土司事迹基本脉络与嘉靖本基本一致，但将第一世改为“酋大虫马什用”，直接指向了后来的马氏，并加上了授封镇国大将军的原因，“同向士壁率师大败元兵，继平九溪洞夷”，还把“改升石柱军民宣抚使司”改为“改升石柱安抚使司”。[②] 从这些土家语的名字也不难判断石柱马氏的先世是当地的土著，其马援祖先不过是重构的历史记忆。

酉阳土司冉氏家族的历史记忆重构主要围绕冉仁才和冉守忠展开。酉阳州知州邵陆在给冉氏所作的《冉氏族谱序》中说到，冉氏“迁徙无常，数传失序，至守忠，而世次、官爵、名讳始可得而详。”[③] 也就是说，在修谱的过程中，冉守忠以下的世系比较清晰，或许有史可考。据其称冉守忠原居夔州府，建炎三年（1129 年）因“叛苗流劫思南、涪、渝等地，守忠率诸洞僚夷助剿有功，册为宣慰司，是为迁酉之始祖。”夔州治所在今重庆奉节，距离酉阳仅两百余公里。在其他历史文献中，冉守忠出现的时间和主要的事迹基本没有变化，变化较大者是其先世冉仁才。邵陆也提到，冉仁才为冉守忠十七世祖，其子实尚，为国宾，再传至显宗，“拜驸马都尉，授夔州都督”，是入夔州的第一代。

乾隆《酉阳州志》卷一《沿革》又引《旧志》说到，在唐末黄巢之乱中，酉阳蛮叛，驸马冉人（仁）才征之，便留守其地。这种说法或许与建构的其他东西无法接上，冉氏在后来撰谱的过程中否定了此说。《冉氏族谱》又载，冉氏始自河南内黄及于陕西京兆，唐武德中，冉仁才以驸马持节夔

---

① （明）刘大谟、杨慎纂修：《四川总志》卷一四，明嘉靖刻本。

② （清）常明修，杨芳灿纂：《四川通志》卷九三，嘉庆二十一年刻本。

③ （清）邵陆纂修：《酉阳州志》卷一，乾隆三十九年刻本。

万。① 同治《酉阳州志》卷三所录的《冉仁才墓志铭》又说道：冉仁才“大业末，以功授通议大夫。义宁二年（618年），平绿郎有功，秩金紫光禄大夫、泾州刺史，封巫山公。武德二年（619年），诏加前开国食邑、持节浦州刺史。贞观六年，迁澧州。永徽二年（651年），入朝，优诏迁使，持节永州刺史。三年九月，卒于任所，年五十六。”② 该志还说到，冉仁才永徽三年（652年）九月死于永州任上以后，五年才归葬万州万辅山，墓志也是嘉靖二十年（1541年）酉阳宣抚司嗣孙元奉诏重修。即使真有冉仁才其人，重修墓志时已距他去世800余年，在没有确凿历史证据的情况下只可能是家族重构的历史记忆。墓志铭所录的内容虽然被《冉氏族谱》收录，并在其前面还增加了一些世代，但邵陆在写“序”的时候却不提冉仁才的封号和显赫的事迹，或许他也认为这些事迹不可靠。

从以上四个土司家族重构的历史记忆可以发现几个共同的特点：一是几乎每个家族都有一位英雄祖先，并且这位英雄祖先不但有英勇事迹，还有高贵的血统；二是这些土司家族都是移民，形成了移民认同；三是每一个家族的祖先都是征蛮而来。

二、土民对土司历史记忆的重构

改土归流是武陵民族地区社会历史发展中的重大历史事件，其意义不仅改变了政治制度，对经济文化生活、社会发展走向都产生了深远影响。社会的重大变革往往都被认为是因原有社会组织方式不合理，阻碍了社会发展而展开的，改土归流也同样如此。但是，在社会重大变革的过程中，人们的日常生活是连续的，人们对变革所带来的影响不一定马上就能体会得到，也并不会对新生的组织及组织方式形成当然的认同。因此，新的组织形成之后必然会推动历史记忆的重构，让人们形成对以往的“苦难记忆”，以促进对新组织的认同。

① 参见（清）冉崇文总纂：《冉氏族谱》，清抄本，现藏于酉阳县图书馆。

② （清）王鳞飞修，冉崇文纂：《增修酉阳直隶州总志》卷一，同治三年刻本。

改土归流的重要一步是革除土司，并将具有一定实力的土司迁徙外地，割裂他们与土民的联系，使其失去历史叙事的权力，为流官政权进行新的历史叙事排除干扰。流官开展新的历史叙事的目的就是要影响土民的历史记忆，推动他们的历史记忆的重构。在这个过程中，他们首先从否定土民的文化开始。因为土民的文化是从土司时期传承下来，并成为社会秩序的组成部分，否定这些也就否定了土司的正当性，否定了土司所建构的社会秩序。如容美土司改土归流后，虽然最后一任宣慰使田旻如已经自杀身亡，但他的嫡系宗亲还是被发往陕西安插，土司衙门中的高级官员向氏也被发往广东。清政府在容美土司的故地建立了鹤峰州，第一任知州毛俊德到任以后，发布了系列文告，对土民的文化进行"改造"。如他发布的《晓谕婚姻礼节事》对土民的婚姻礼俗大加批判，"本州土俗不知家礼，娶妻不论同姓，又异姓姑舅姊妹，罔顾服制，否则指云让亲，更有不凭媒妁，止以曾经一言议及即称曰放话"，要求土民以后不娶同姓为妻，即使异姓也要符合亲属服制，并把婚姻的缔结过程和婚礼仪式都规定得非常详细，认为"此地迎娶令人背负而行，殊属鄙陋"，他自捐银两打造花轿供民取用。他还发布《禁乘丧讹诈》对土民的丧礼进行改革，规定舅舅家族不得干涉父母婚丧；发布的《禁轻生》对民间纠纷的处理方式进行改革，要求一切案件"惟律是遵"；发布的《禁肃内外》对人们的日常交往礼仪进行改革，要求男子十岁以上不许擅自进入中门，女子十岁以上不许擅自走出中门，并且规定亲内往来非主人邀请不能擅自入内，疏亲外戚及客商行旅只能在中堂交接；发布的《禁端公邪术》对民间的传统医疗方式和文化生活进行改革。此外，还规定土民不准与父母"分火"另居，不准过继异姓子女，不准招赘女婿养老，不准随意解除婚姻，背夫逃跑，不准子女学戏等。甚至还规定，女孩不能私订终身，选婿要在祖父母、父母主持之下进行，"不必问女子之愿否，或女子无耻口称不愿，不妨依法决罚。"① 从这些文告作出的规定可以发现，流官不仅要改造土民的文化，更要改变这些文化所建构起来的家庭内部秩序，以及亲属之间、

① （清）毛峻德纂修：《鹤峰州志》卷下《文告》，乾隆六年刻本。

陌生人之间的秩序。文告是面向公众传递信息的一种媒介，不仅本身是历史记忆的组成部分，也是参与社会过程，影响他人历史记忆的工具。这些文告的叙事方式基本都是沿用“禁止—主张”模式，即禁止原来的行为方式，主张新的行为方式。这种叙述方式所产生的张力，能够促使人们加深记忆。

其次，他们对土司进行污名化处理，促使土民对土司的形象和作为的历史记忆进行重构。如雍正四年（1726年）云贵总督鄂尔泰说：土司“一年四小派，三年一大派，小派计钱，大派计两。土司娶子妇，土民三载不敢婚。土民被杀，亲族尚出垫刀数十金，终身不见天日。”[①] 雍正六年（1728年）的上谕也说道：“桑植土司向国栋，保靖土司彭御彬，暴虐不仁，动辄杀戮，且骨肉相残，土民如在水火。”[②] 地方官员也说道：土司“赋敛无名，刑杀任意，抄没鬻卖，听其所为。每出则仪卫颇盛，土民见之皆夹道而伏，俗言土司杀人不请旨，亲死不丁忧，故畏之。”[③] 这些文字所建构起来的图景就是统治者希望土民重构的关于土司的历史记忆。在这幅图景中，土司完全是十恶不赦的形象，土民在他们的统治之下生活在水深火热之中，不仅要承受残酷的压榨，而且人身安全也得不到保障，土司对他们可以任意杀戮。从土司制度的制度设计来说，土司在财政、税收、军事以及刑法上有高度的自治权，土司在进行内部治理的过程中原本就没有“请旨”的制度设计。从顾彩的亲身经历和亲眼所见，并在《容美纪游》中反映出来的情况看，土司的刑法确实严酷，但也没有到“动辄杀戮”、“刑杀任意”的地步。土司也并非山野莽夫，明清时期承袭的土司都要求接受儒学教育，很多土司还有很高的文学、史学等方面的修养。如容美土司就有家族的诗集和史学著作面世，他们也理应懂得治理之道。如果真是官方所建构的土司形象，那么就不至于在土司时期还有民逃夷地的现象。

此外，他们还对土司的治理方式进行批判，加深土民对土司时期的

---

① （清）赵尔巽等：《清史稿》卷二八八《列传》第七五《鄂尔泰传》，中华书局1998年版，第10230页。

② （清）张天如纂修：《永顺府志》卷首《上谕》，乾隆二十八年刻本。

③ （清）张天如纂修：《永顺府志》卷一二《杂记》，乾隆二十八年刻本。

“苦难记忆”。雍正八年（1730 年）永顺知府袁承宠发布《详革土司积弊略》，对土司的施政手法进行批判。土司征纳秋粮俱用老戥称收，征解赋税按火坑不按田亩面积，向养蜂之家征收蜂蜜黄腊，土民向土司及其官员派送礼物，这些活动或者规则在流官的眼中都是积弊，是土司压迫土民的手段，因此需要革除，并把不好的一面凸显出来，促进土民形成历史记忆。然而，不管老戥还是新称，都是量度工具，民间自有其换算法则。流官说“老戥一分竟有汉平三四分”，[①] 仿佛是要土民形成土司用老戥称收就对他们的剥削增加了三四倍的历史记忆。土民在土司时期的生产方式是游耕制度，没有固定的耕地，因此土司收税也就无法按照田亩面积进行，并不会因为按照火坑征收而加重土民的负担。

流官对土司的污名化处理，引导土民重构土司的历史记忆，在土民中产生了广泛影响，并形成了流官所希望的记忆。比如，在以民间传说为文本呈现方式的历史记忆中，土司往往都是以恶人形象出现。在武陵民族地区流传较广的土司“初夜权”传说、“吃毛奶”传说等，都是“流官治理初期中央和地方政府在意识形态领域肃清土司影响这一‘历史真实’而保留至今的一种社会记忆。”[②] 各地的“初夜权”传说，虽然在细节上有一定差异，但故事的核心都是说以前土民结婚的时候土司要跟新娘先睡三夜。“吃毛奶”的核心是说土民家里生了小孩，土司要先吃三天初乳。还有“土司出丧”传说的故事梗概是：土司去世以后为了避免别人知道他安葬的地方，出丧的时候用了 48 口棺材抬出去，各走一方，抬丧的人回来把帮忙做饭的人打死了，做饭的人又在饭菜里面下了毒，抬丧的人吃了饭又被毒死了，所以后来就没有人知道土司安葬在哪里。这些传说是土民对于土司时期的“苦难记忆”，但是这些记忆不是历史事实的反映，而是被流官所建构出来的。

---

① （清）张天如纂修：《永顺府志》卷一二《檄示》，乾隆二十八年刻本。

② 田清旺：《“初夜权”：一项污名化的所谓土家族土司特权》，《中央民族大学学报》（哲学社会科学版）2015 年第 4 期。

三、土民对家族历史记忆的重构

土民在改土归流以后至民国年间的家族化过程中也对家族的历史记忆进行了重构，形成了移民家族的历史记忆，对土司时期以前作为“蛮族”的历史选择了集体性失忆。在武陵民族地区进行田野调查的过程中，不管是口头访谈还是查看各个家族编修的家谱，他们基本上都认为自己的家族是迁徙而来的移民。其迁徙的时间，除一些人口较多的巨族大姓能推及元明时代以外，绝大多数认为在改土归流以后。

向氏在武陵民族地区人口多，分布面广，在历史上也曾有显赫功绩及担任过土司的人物，但如今生活在这一带的向氏基本都认为是元代以来的移民后裔。如湖北恩施市滚龙坝村的向氏，其先祖在崇祯七年（1634年）就有军功见于方志记载，但该家族认为他们是崇祯九年（1636年）才落籍滚龙坝。在湖北鹤峰、湖南桑植等地的田野调查中也发现，“八耳锅”传说在向氏家族中流传较广，主要讲的是在元末明初的战乱过程中，兄弟八人要分头去找出路，但是又怕将来大家的后代见面时不认识，他们就把一口锅砸破，分成八块，每个兄弟各拿一块，作为以后见面的凭证。实质上“八耳锅”只不过是凝集家族集体记忆的一个象征符号，他们能够利用这个符号去整合更大范围的向氏，形成家族认同。早在嘉庆年间，湖北恩施的向氏就有类似传说，嘉庆《恩施县志》在介绍向王庙时说到，向氏的祖先向述是河内郡人，汉景帝时的驸马，“因巴蛮攻劫，使镇秭归”，生了十六个儿子，分十个入衡阳，六个入川，“聚桥头分遣，破釜各给一片，世守为信”。① 虽然向氏将移民的时间推及西汉时期，但仍然认同的是移民，而没有认同历史更为久远的巴人相氏。潘光旦②、谭其骧③ 均认为相与向同音，武陵民族地区的向

① （清）张家榾修，罗凌汉纂：《恩施县志》卷二，嘉庆十三年刻本。

② 参见潘光旦：《湘西北的“土家”与古代的巴人》，见彭继宽编：《湖南土家族社会历史调查资料精选》，岳麓书社2002年版，第158页。

③ 参见谭其骧：《近代湖南人中之蛮族血统》，见《长水集》，人民出版社1987年版，第364页。

氏是巴人五姓中的相氏变化而来。相氏是巴人的重要一脉，东汉时有武陵蛮精夫相单程因反叛受到马援的攻打，后晋天福中又有酋长向存佑受溪州刺史彭士愁派遣向刘勍纳款，宋熙宁时有誓下州峒蛮向永胜，明清时期的桑植土司、卯洞土司均为向氏。可见，向氏在武陵民族地区的活动从未间断过，但如今的向氏均只有元明以来的移民历史记忆。

土民对家族历史记忆的重构主要是在家族化的过程中通过联宗合谱来实现的。不可否认，在历史移民中也有与武陵民族地区相同姓氏的移民迁入，但各个家族历史记忆所构建起来的整体图景，也就是所有家族都是移民的后裔是不符合历史事实的。构成这幅图景的重要一步就是土民与客民合谱，构建起了移民的历史记忆。如重庆石柱县洋洞、临溪一带的冉氏，以前被人们称为“土蛮子”，据传在“赶苗夺业”时被赶到洋洞的深山里居住，后来和夔州迁来的冉氏合族以后才搬回临溪一带。① 石柱县石家乡小寨杨氏，据传也为土著，后来同外来落业的杨氏合族。② 这些家族选择了与姓氏相同的外来移民家族合族，还有一些家族通过更改姓氏来达到合族的目的。如重庆石柱黎家坝、石溪场一带的谭氏，其一支谭氏的祖先谭人广从石溪场迁到黎家坝居住，后来有当地的杜氏与其合族，杜改姓谭，其祖先的名字改为谭人歉。谭人广、谭人歉后来又给石溪场的谭氏宗祠捐款，加入这个宗祠。再有从万县（今万州）斜石板迁来黎家坝的谭人和一支，以及临溪、河嘴等地迁来的谭氏共六支谭氏在石溪场合族，构建共同的历史记忆，形成一个庞大的家族。③ 石柱县大歇秦家坝的土著郝氏，在邓氏迁入以后怕被邓氏赶走，就与邓氏合族，改姓邓。④ 除两个姓氏合族之外，还有多姓氏合族的现象。石柱县的钟年实、钟有昆、钟有发原来都是“住岩洞的土著人”，年实本姓江，有昆本姓韩，有发本姓尹，后来与外来的钟氏合族，都改为姓钟。⑤ 在

---

① 参见蔡玉葵编：《石柱土家族姓氏源流》，2013 年编印内部资料，第 44 页。

② 参见蔡玉葵编：《石柱土家族姓氏源流》，2013 年编印内部资料，第 175 页。

③ 参见蔡玉葵编：《石柱土家族姓氏源流》，2013 年编印内部资料，第 57 页。

④ 参见蔡玉葵编：《石柱土家族姓氏源流》，2013 年编印内部资料，第 208 页。

⑤ 蔡玉葵编：《石柱土家族姓氏源流》，2013 年编印内部资料，第 224 页。

联宗合谱的过程中，基本上都是土著改为移民的姓氏，加入移民家族，同时也将移民家族的历史记忆也移植到了自己的家族中，重构了家族的历史记忆。

除了通过更改姓氏进行联宗合谱的之外，也有不更改姓氏，而通过结干亲，拜兄弟，以及在修家谱的时候采用相同的派序等形式进行。通过这些形式，在各个家族构之间形成了“拟血缘”的关系。形成这些关系之后，各个家族有共同的心理认同，尽管他们姓氏不同，但是不能“开亲”，即不能发生姻亲关系。

这些家族建构起来的历史记忆也会随着情景的变化而发生变迁。如湖北省长阳县西湾的吕氏家族，在族谱开篇就介绍了自己家族迁徙的历史：明朝时，炳忠公从江西南昌府南昌县北门外朱氏巷大栗树迁到长阳西湾定居，生有四子。但是，紧接着他们又说到，“谱系无由查造”，且不知道炳忠公以上的世系。嘉庆十六年（1811 年），该族开展首次修谱建祠活动，活动的资金主要来自祖上遗留下来的公山、渡口充公的收益，以及本族章公捐献的房产，另外还有吕玥、吕梅、吕万大等支系后人捐献的田产等。该年冬月九日，他们在祠堂修好以后立了一块《吕氏建祠碑志》，碑文说到，该族仅有四房。但一个月后，他们又刻立了一块《收族碑铭》，碑文说到吕玥公即海春公，是五房之祖，并把吕梅、吕万大等支系的人名也纳入了收族的名册。增加这块碑的原因，或许是吕玥支系的后人吕潮捐献了 2 分地的田产作为祠田，并且吕潮也是当地的殷实之家。道光二十五年（1845 年），吕氏增修族谱，并对家族的历史记忆进行了重构。虽然他们仍然认同是江西迁来的移民，但在迁到长阳定居以前，多了一段在湖北省五峰县细沙溪居住的历史。并且，在炳忠公的世代增加了一个兄弟炳信公。炳信公一支的后人主要居住在枝江羊角州一带。在这次修谱过程中，他们还认为吕梅、吕万大两支“因地异派疏，亲疏莫考”，而将他们的家谱各列一编，排除在了家族认同之外。从《收族碑记》以及后来增加的炳信公一支的情况来看，“亲疏莫考”显然不是家族仍同的核心要素，其核心要素应该是通过金钱、声望等建构起来的权力结构。比如吕玥一支，因为他的后代吕潮家境殷实，并且在修建祠堂过程中捐献大笔资产，所以为其铭刻碑文，收为一族。吕梅、吕万大两支的后裔虽然在建祠时捐献了一定资产，但数量不多，或许这些后裔的家境也一般，把他们纳入家族不会增加家族的荣耀，所以后来被排斥到家族认同之外。

土民在联宗合谱的过程中，既有同姓合谱，也有异姓合谱，以及多个姓氏共同合谱的现象。合谱就是重构家族历史记忆，形成共同认同的过程。从这些过程中可以发现，历史记忆的重构都是基于现实社会的需要，基于现实社会的权力结构进行的，与历史事实的关联性不强。但是，历史记忆被建构起来以后，又会被人们当作“事实”而产生跨越时空的影响。

四、历史记忆重构的意义

“宗族历史叙述中，无论是真实记录也好，附会虚饰也好，都是后来被刻意记录下来的，因而是人们一种有意义的集体记忆。”① 武陵民族地区各阶层的历史记忆最为显著的意义就是参与了区域社会的整合过程，不同阶层的记忆整合不同维度的权力和秩序，促进了新的秩序结构的形成。

土司阶层重构家族历史记忆的意义主要体现在三个方面：一是体现他们对中华文明和中华民族的认同。每个土司家族在重构移民历史记忆的过程中，都把自己成功塑造成一个“中朝流寓”家族的形象，从而把自己家族文明的源头建立在“中朝”，也就是“华夏”或者说“中华”，是他们舍弃了作为“蛮夷”的代表性来拥抱中华文明的体现，表达了他们对中华文化及中华民族的认同。二是对统治合法性进行说明。土司社会时期，土司统治的合法性主要来自朝廷的委任，这对土司来说也是深入人心的，所以一方面，他们的作为都是“奉敕”，得到了朝廷的授权，并且他们还要尽量地与朝廷攀附上关系，不管是驸马也好，还是功臣也好，都是希望通过这些记忆来表达他们希望与朝廷建立密切的联系。另一方面，他们又是“征蛮”而来，似乎又

① 刘志伟：《附会、传说与历史真实——珠江三角洲族谱中宗族历史的叙事结构及其意义》，见王鹤鸣等编：《中国谱牒研究——全国谱牒开发与利用学术研讨会论文集》，上海古籍出版社1999年版，第156页。

隐含着“成王败寇”的统治合法性思想。毕竟土司还有一定割据性质，当他们的行动与朝廷不一致的时候，尤其在朝代更迭期间，统治的合法性可能就来自土民对他的臣服。三是增加权力的来源。土司面对的是双重权力结构，在管辖区域内部构成的是土司与下属官员及土民的权力结构，在区域外部构成的是土司与其他土司和流官以及朝廷的权力结构。在这双重权力结构中土司的权力地位是不一样的，虽然在内部土司是中心，但是在外部土司只能是边缘。一个显赫的家族史不管在哪个权力结构中都可以为土司增添权力，增加荣耀感。

从土民对土司的历史记忆重构中可以发现，记忆的重构并不一定依赖历史事实，他可以在一些象征性实践活动过程中或者权力干预下形成。流官利用手中的权力对土民的历史记忆进行重构的目的，一方面是希望土民建立起对政治制度变革合理性的认识，自愿的接受流官的治理；另一方面是为建构新的社会秩序减小阻力。结合改土归流后的社会整合过程和民间传说来看，流官对土民历史记忆的重构是有效的，土民在日常生活领域基本上排斥了土司认同，甚至对自己传统文化的认同也产生了动摇。改土归流以后，世居武陵民族地区的土家族文化的巨大变迁，甚至是发展方向的改变也能说明这一点。社会的变迁有缓慢的渐进式变迁和瞬间的激烈变迁两种。缓慢的渐进式变迁多是由内而外的自然生成，更注重社会的连续性；瞬间的激烈变迁多由于外力的作用，前后两种社会状态往往具有极大差异。改土归流属于瞬间的激烈变迁，新的流官政权必然面临构建新的社会秩序与人们日常生活连续的矛盾问题。流官主导土民重构历史记忆就是要求他们以牺牲日常生活的连续性来为新的社会秩序构建让路。

通过土民家族历史记忆的重构过程可以发现，在改土归流以后的权力结构中，土民家族处在边缘，他们不得不通过投靠移民家族，构建移民历史记忆来提升在权力结构中的地位，博取生存的资本。从另一层面来说，土民重构家族历史记忆，形成移民认同，弥合了土著与移民之间的紧张关系，使土著社会和移民社会形成结合点，为展开深层次的社会整合奠定了基础。移民认同的形成是土民由“蛮”，变为“中华民族”的第一步。但是，尽管土民自我形成了移民认同，但是仍然没有彻底改变他们在权力结构中的地位，仍然受到来自客民的歧视。比如，《酉阳州志》在介绍重庆秀山平茶一带土著时说道："伍、龙、舒、向等姓，言语侏离，盖蛮人遗种。"① 重庆石柱一带的土著蹇氏被客民称为"蹇蛮子"，洋洞、临溪的土著冉氏也被客民称为"土蛮"，并说他们多是实心脚板，石家乡的土著杨氏也被客民认为是住岩洞，吃生食，喝鲜血的人。客民将土民的部分生活习俗标签化，并在言语中对他们充满歧视，表明客民对土民的认同度不高。

虽然武陵民族地区的土著不管是土司还是土民在元明清以来都从多个层面重构了历史记忆，整体认同发生了转向，但是在某些方面，特别是神圣空间中仍然保留了根基性记忆。如土民"供已故土司神位于屋正面，荐以酒醴鱼肉，其本家祖先设主门后"；摆手堂供土司牌位，男女鸣钲击鼓跳舞祭奠，"屡出示禁之，不能止。"② 在土家族梯玛"玩菩萨"仪式中也有专门祭奠"土王"的仪式，并且，在梯玛的神图上也有土王的神像和宫殿。这些情况表明，历史记忆在不同的领域所展现出来的建构性和根基性是不一样的，在日常生活领域的建构性更多，而在神圣空间的根基性也更多。同时，也说明尽管在整体认同发生转向的情况下，土著仍然保留了根基性的认同。"民族的出现既依赖于共同拥有丰富的记忆遗产，也依赖于共同记忆缺失、集体健忘。"③ 这也是后来生活在武陵民族地区的土著还能被识别为少数民族的原因。

本章主要以土著社会为观察视角，研究移民迁入武陵民族地区以后所引起的土著社会变迁情况和变迁规律。社会变迁所包含的内容十分广泛，几乎一切社会现象的变化过程和结果都可以纳入进来讨论，但本章仅选取了权力结构变迁、日常生活变迁、历史记忆变迁三个与移民密切相关的变迁领域

---

① （清）王鳞飞等修，冯世瀛、冉文崇纂：《增修酉阳直隶州总志》卷三，同治三年刻本。

② （清）缴继祖修，洪际清纂：《龙山县志》卷七，嘉庆二十三年刻本。

③ [以色列] 耶尔·塔米尔著，陶东风译：《自由主义的民族主义》，上海世纪出版集团2005年版，第67页。

进行探讨。这三个方面既是变化最为显著，也是影响最为深远的变迁领域，涉及政治、经济、文化等多个方面。

移民对土著社会带来的最为直接的改变是人口构成，在土著人口的基础上增加了移民人口。人是社会性的动物，需要生活在各种层次和类型的群体中。不管移民在迁徙的过程中是单个的个体还是群体，他们在迁入地都会以一定方式结合成群体。每个群体都有自己的权力机构。这些权力机构既对内也对外，对内是做好权力的分配，加强群体的凝聚力，对外是为群体争取权力。所以，移民必然带来土著社会权力结构的改变。群体活动的一般规律是：一个群体与周围其他群体具有差别的方面越多，差别程度越大，他所具有的独立的群体意识也就越强；反之，差别越小越不明显，自身的群体意识也就越淡薄，越容易与周围的群体形成认同。[①] 同样，土著如果与移民之间的差别的方面越多，差别程度越大，他们独立的群体意识就越强；差别越小、越不明显，自身的群体意识就越淡薄，越容易形成认同。这个规律能够解释为什么武陵民族地区“历代以来皆有蛮患，而明始有苗患”[②]。明代以前，土家族先民武陵蛮、施州蛮、溇水蛮等在移民活跃的时段基本上都有反叛活动，但明中期以后就明显减少，其原因就在于土家族与汉族移民在长期接触过程中，两者的差别在减小，而环腊尔山一带的苗族一直保留了独特的民族特征，与移民差别程度大。但是，群体间的差别面广，差异程度深，是冲突的可能性因素，而非必然性因素。

明代以后，因为移民带来的“苗疆”权力结构变迁，是“苗乱”产生的一个重要因素。在“苗疆”的权力结构中，长期以苗民为一元主体，客民迁入以后，因为他们与苗民的差别程度大，难以与其有效整合，而独自结合成一个权力主体，导致权力结构中有了相互角力的二元主体。在随后的经济社会分化中，对权力结构具有决定性影响的经济结构发生了变迁，苗民从掌握全部经济资源的主体转变为受客民掠夺的客体。客民通过高利贷等形式疯

① 马戎：《试论“族群”意识》，《西北民族研究》2003 年第 3 期。
② （清）魏源：《魏源集》（下册），《湖南苗防录叙》，中华书局 1976 年版，第 495 页。

狂掠夺苗民积累的财富和土地资源，并在获得经济上的主导权以后，又展开对苗民传统权力的侵蚀，争相充当百户、寨长等，致使苗民从权力结构的中心逐渐滑向边缘。在这个过程中，掌握国家权力的地方官僚对权力的不当使用，又加速了“苗疆”权力结构失衡。随着客民担任百户、寨长的人数增多，这些掌握传统权力的人员也由保护型经纪转变为盈利型经纪，苗民的权益失去了应有的保障。乾隆五十二年（1787 年），在处理湖南省凤凰厅栗林汛勾补寨石满宜事件中，地方官员对国家权力滥用，对事件的处置失当，致使“苗疆”的权力结构瓦解，成为爆发更大规模社会冲突的诱因。乾嘉苗民起义中，苗民借以暴力驱赶客民，力图恢复“苗疆”社会一元主体的权力结构，重建乡村社会秩序。虽然他们的暴力革命在清朝廷的强力镇压下归于失败，但朝廷在善后处理过程中，推行“苗地归苗，民地归民”政策，使“苗疆”社会又恢复为一元主体，再次陷入历史的循环之中。

玉米、番薯、马铃薯三种作物是移民在迁徙过程中带入武陵民族地区的物种，其传入的时间几乎与改土归流以后移民大规模迁入的时间一致。至迟在乾隆六年（1741 年），武陵民族地区已经开始种植玉米，乾隆二十年（1755 年）左右玉米已经得到比较广泛的种植。番薯传入的时间稍迟，乾隆二十二年（1757 年）才见于方志记载，马铃薯的传入时间更晚，大概在乾隆末期至嘉庆初年。玉米传入以后迅速在旱地农业区取代粟，成为人们饮食结构中的主粮，但由于人们认为番薯、马铃薯是比玉米更贫贱的食物，所以在传入的初期推广困难，直至嘉庆、道光年间番薯才得以大规模种植，马铃薯还推迟到了咸丰以后。不过，到了同治年间，人们也把这两种食物作为“接济正粮”。由于这三种作物都是需要深耕种植的农作物，他们传入以后不仅促进了农业技术的变迁，也促进了农耕生活的变迁。种植这些作物使土著的生产方式由粗放型的游耕向畲田以及更加精细化的农业发展，也使牛耕、中耕除草、轮作、套种等耕作技术得以推广使用。由于这些作物“高下皆宜”，能够适应不同的生态位，为村落分裂、减缓局部人口压力创造了条件。并且，这三种作物的播种和收获时间有一定差异，不同家庭之间可以通过换工来弥补季节性用工不足，使农业生产的组织方式由单个家庭的劳动，向集体劳动发展。人们在集体劳动过程中，不仅社会的秩序得到重新整合，而且也创造出了诸如薅草锣鼓、吃新等农耕文化艺术，增添了农耕生活的趣味。玉米、番薯、马铃薯还改变了人们的经济生活方式。因为这三种食物在传统的保存条件下都不能长期存储，促使人们用其饲猪或者酿酒，土著的经济生活也由此得以展开，通过生猪的流动，将他们带入了超越社区的市场经济体系之中。并且，在生猪成为商品之后，土著也成为商品生产者，使武陵民族地区由纯粹的输入型商品经济，向输入和输出两个方面发展，土著的经济生活方式也由单向转变为双向。生猪贸易兴起之后，土著居民也具有了参与商品贸易的机会，为形成更加合理的商业秩序奠定了基础。同时，因为这三种高产作物减少了养活每口人所需的土地面积，腾出了更多空间给人们种植经济作物，开展多种经营，为桐油、生漆、烟草、苎麻、蓝靛等产业的兴起和武陵民族地区的经济繁荣作出很大贡献。

元明清以来，武陵民族地区无论土司家族还是土民家族都在不断地进行历史记忆的重构。因为土司首先接触到汉文化，并且朝廷也需要他们提供宗支图册作为承袭的依据，所以他们率先重构家族的历史记忆。他们在重构的过程中，都建构了一个具有丰功伟绩或高贵血统的英雄祖先，并且这些祖先都是因为奉朝命征蛮而来到武陵民族地区。改土归流以后，流官积极展开对土司的污名化，土民也受到他们的影响而对土司阶段的历史和土司的形象进行了重构，形成了对土司时期的“苦难记忆”。土民在改土归流后的家族化过程中，通过联宗合谱活动，建构了移民历史记忆，形成了普遍的移民认同。这些认同的形成，使得土著社会和移民社会有了结合点，为深层次的社会整合奠定了基础。虽然土民具有普遍性的移民认同，但在他们的神圣空间中仍然保留了一些对土司时期生活的根基性历史记忆。由此观之，群体认同的根基性和情境性是并行不悖的。

结语　凝聚核心与边缘群体的互动与整合

虽然从地理上看武陵民族地区处在中国的中西结合部和南北交汇点，但历史上这一地带都是帝国政治、经济、文化的边缘。在历史发展过程中，华夏的边界在不断地接近武陵民族地区，隋唐时期随着江淮江沔一带的蛮族融入华夏，其边界就推移到了武陵民族地区的北端，宋代开梅山以后，武陵民族地区的东端也成了华夏的边界。这两条边界一直维持到清改土归流以后。这些边界之所以长期维持，与帝国的政治有一定关联，但最为重要的还是生态因素，山地生态中的高山峡谷阻止了华夏的进一步扩张。但是，在这里形成的华夏西南边界与西北以及西部边界又有一定差异，其差异主要体现在生态系统的差异程度上。西北与西部的边界是由农田生态系统与草原生态系统构成的农耕与游牧的边界，两者的差异程度大；西南边界是平原生态系统与山地生态系统构成的精耕农业和游耕农业的边界，差异程度相对较小。这些因素可能决定了各地历史移民的不同动向和边缘人群融入华夏的不同机理。

西北游牧民族受气候波动的影响与华夏之间的关系也呈现周期性波动，尤其是在极寒气候期，游牧民族往往大规模由北向南迁徙，主动接近中华文明。因为西南山地生态的多样性非常突出，暴发大面积区域性自然灾害的机会相对较少，人为的兵灾影响范围也是局部性的，因此武陵民族地区的历史移民以迁入移民为主体。在迁入移民中，除了先秦移民的民族背景比较复杂外，秦汉以后基本都以汉族为主体，元明清时期加入了少量蒙古族、侗族、苗族等少数民族移民。秦汉以来，汉族是中华民族的凝聚核心，他不仅“吸收其他民族的成分日益壮大，而且渗入其他民族聚居区，构成起着凝聚和联系作用用的网络，奠定了以这个疆域内部多民族联合成的不可分割的统一体的基础，形成了自在的民族实体”即中华民族。[①] 汉族渗入其他民族聚居区的途径是移民，但他如何构成凝聚和联系的网络，以及这张网络的作用机理是值得探讨的学术问题。

虽然“中华民族作为一种国族的想象，只是‘倒放电影’式的今人对古代的理解框架”[②]，其概念也在晚清才出现，但并不影响其作为一个自在的民族实体早已存在的历史事实，概念出现仅是其作为自觉的民族实体形成的标志。作为自在的中华民族的形成应该是过程论而非结果论，在汉族形成以前的华夏民族形成以后他就在不断地丰富和发展过程中，各少数民族融入这一民族实体的时间有先有后。从历史移民与社会变迁的互动关系来看，居住在武陵民族地区的少数民族融入中华民族的时间非常晚近，在清改土归流以后才逐步完成。虽然历代均有汉族移民迁入武陵民族地区，让生活在这里的少数民族较早接触到了中华文明，但是，改土归流以前迁来的汉族移民没能形成凝聚和联系的网络，他们自己也被当地的少数民族所同化，融于少数民族中。改土归流以后，主要有三个方面的因素导致凝聚和联系的网络形成：一是废除土司制度，将武陵民族地区纳入了一体化的政治制度体系中；二是新的物种播所带来的生态变迁，为汉族与少数民族之间突出了共生互补性创造了条件；三是在短期内迁入数量较多的汉族移民。

古代民族治理思想中“夷夏大防”常常占据主导，朝廷不仅在少数民族地区实行另外一套政治制度，还设置人为的边界限制双方交流。如宋代在武陵民族地区的沿边地带设置禁山封堠，元明清时期在土司地区推出的“蛮不出境，汉不入峒”政策，都是“夷夏大防”治理思想的体现。清雍正年间，在“华夷一家”思想指导下大规模推行改土归流，武陵民族地区除了

① 费孝通：《中华民族的多元一体格局》，《北京大学学报》（哲学社会科学版）1984 年第 4 期。
② 许纪霖：《作为国族的中华民族何时形成》，《文史哲》2013 年第 3 期。

“苗疆”以外基本上都纳入了朝廷的经制之下，人为的边界也得以破除，生活在这里的边缘群体也被整合到统一的帝国秩序中，为汉族移民以及中华文明的传播创造了条件。玉米、番薯、马铃薯三种美洲作物“高下皆宜”，能在不同的生态位生长，这促进了移民在武陵民族地区呈网状分布，而不是如清代以前的屯垦、卫所移民一样呈点状分布。改土归流后的几十年内，迁入的汉族移民也达到了形成网络所需要的人口数量。这些条件的综合作用使凝聚和联系的网络得以形成，为武陵民族地区的边缘群体整合进入中华民族奠定了基础。

移民网络的展开基本是沿着从同乡村落到同姓村落，再到市场空间的路径展开的。移民在迁入时都选择投靠来自同一个县或府、厅的同乡，或从同乡那里租佃土地，或寻求他们在经济或者道义上的支持，随着聚集的同乡移民越来越多，就形成了同乡村落。再随着同乡村落中人口的增长，生活在同一生态位中的同乡将面临资源竞争，从而使同乡村落产生分化，比地缘关系联系更为紧密的具有血缘关系的同姓移民便分化出来形成同姓村落。同姓村落就是如今常见的以姓氏命名的院子或者寨落，如杨家院子、陆家大院、游家湾、叶家寨、贾家坝等。基层市场不仅是区域社会经济活动的空间，也是社会活动的空间和权力展演的场域，一些成功的移民家族，在寻求超越村落的权力时，便在市场上修建会馆，举行周期性的祭祀仪式，形成以迁出省为单位的同乡网络。并且，由于人们周期性的赴会，使得同一市场空间中的移民和土著也得以形成稳定的关系网络。

居住在武陵民族地区西北部的土家族在古代社会中主要利用山顶或者山腰地带的生态资源，从事旱地游耕。早期在建立军屯或者民屯的过程中，屯地要么是从土著居民没有利用的土地中开辟出来，要么是占用的官庄田，而没有与土著居民形成资源竞争。清代改土归流初期从长江中下游地区迁来的汉族移民，以及从武陵民族地区东南向西北迁徙的苗族、侗族移民都主要从事稻作农业，有比较丰富的沼泽地或小流域治理经验，因此他们迁来以后主要开发山间盆地或溪流周边的生态资源，不与土家族居民在同一生态位展开资源竞争。然而，居住在武陵民族地区东南部的苗族、侗族与汉族移民在同样的生态位生存，他们之间的资源竞争关系非常明显，比如乾嘉苗民起义中，苗民的主要诉求之一就是“还苗地”，导致汉族移民难以深入苗族、侗族聚居地区。

随着玉米、番薯、马铃薯在土家族聚居地区的传播和推广，不仅扩大了区域能够承载的人口限度，还促进了不同海拔高度的生态位开发，形成互惠的生态位，使土家族与汉族移民维持在最低限度的竞争，促进双方的认同。增加生态位的利用就是扩大了人们的生存空间，为人口过多的村落分裂出新的村落创造了条件，避免村落中的人口在同一生态位的过度竞争。山地生态中气候随海拔高度的变化垂直差异明显，因此，即使在同一个区域也可以划分出多个生态位。在不同生态位种植同一种作物，其播种和收获的时间就会有一定差异。农业生产活动具有季节性用工差异，分农忙和农闲，农忙就是要集中在某段时间从事某项农业生产活动。生态位的差异将农忙的时间错开，大家有了互惠合作，交换劳动力的条件。人们为了提高防灾能力和充分利用家庭劳动力，通常都会种植几种农作物，但每个家庭种植的同一种作物面积不一样，导致同一生态位中不同家庭之间季节性用工需求的差异，所以这些物种也促进了人们的互惠合作。

生态条件的变化，除了促进人们在劳动力方面的互惠合作之外，为经济方面的互惠合作也创造了条件。玉米、番薯、马铃薯的推广，使人们发展起来种养结合的混合农业，饲养的生猪除了满足自身需求外，很大一部分作为商品出售，使土著居民也成为商品生产者。生猪从农民家庭向上流动，将土著居民带入了更大的市场体系中，并且改变了以往仅仅由移民将产品带来向下流动的不合理经济结构。生猪贸易，也使得土著有了参与商品贸易环节活动的机会，避免完全由移民把持市场经济。人们利用种植这些高产作物以后节约出来的土地种植经济作物，开展多种经营，促进了经济的繁荣。并且，在清末至民国年间的桐油、生漆、烟叶等农产品生产、加工、贸易链中形成了土著和移民分工协作的局面。通过这些互惠性的活动，移民与土著之间形成了共生互补的关系。

生产活动、经济活动中的互惠和互动往往是不考虑民族身份的互动，能够分享彼此的文化和创造共同的文化，形成移民与土著整合过程中的连接点。比如人们在集体劳动过程中创造的薅草锣鼓、劳动号子等，既缓解了疲劳，又增进了彼此的感情。文化上的认同是移民与土著整合过程中非常重要的一步，其形成的标志就是大家具有共同的文化。构建共同的历史记忆，进行联宗合谱活动，形成血缘上的认同可以作为移民与土著达到初步整合目的的标志。在中华民族认同中，除了文化上的认同之外，血缘上的认同是非常重要的一个方面。人们通常说中华民族是炎黄子孙，就是构建了一个共同的血缘认同基础。不仅中华民族如此，中国境内的各少数民族也如此，在20世纪后半叶开展的民族识别工作中，非常注重民族的族源，把它作为被认定为单一的少数民族的依据之一。族源即包含了文化的渊源，也包含了血缘。现实的民族身份就是根据血缘来认定的。武陵民族地区的土著居民，通过同姓合谱，异姓合谱等多种形式，构建了家族的移民历史记忆，与汉族移民建构了同样的祖先世系，并将家族的历史与中华民族早期历史联系起来，形成了中华民族认同。

尽管移民与土著在互动与融合的过程中有明显的文化变迁，但主要的文化差异却仍然被保留了下来。在民族识别的过程中，民族文化的差异，代表性的文化事象也是识别的主要依据之一。土家族在改土归流两百余年以后还能够被识别为单一的少数民族，也能说明这一点。并且，各少数民族也并未因为形成中华民族认同而放弃少数民族的认同。

参考文献

一、正史、政书

（汉）司马迁：《史记》，中华书局 1959 年版。

（汉）班固撰：《汉书》，中华书局 1962 年版。

（刘宋）范晔撰，（唐）李贤等注：《后汉书》，中华书局 1965 年版。

（晋）陈寿撰，（宋）裴松之注：《三国志》，中华书局 1959 年版。

（唐）房玄龄等撰：《晋书》，中华书局 1974 年版。

（梁）沈约撰：《宋书》，中华书局 1974 年版。

（梁）萧子显撰：《南齐书》，中华书局 1974 年版。

（北齐）魏收撰：《魏书》，中华书局 1974 年版。

（唐）令狐德棻等撰：《周书》，中华书局 1971 年版。

（唐）魏徵、令狐德棻撰：《隋书》，中华书局 1973 年版。

（唐）李延寿撰：《南史》，中华书局 1975 年版。

（唐）李延寿撰：《北史》，中华书局 1974 年版。

（后晋）刘昫等撰：《旧唐书》，中华书局 1975 年版。

（宋）欧阳修、宋祁撰：《新唐书》，中华书局 1975 年版。

（宋）薛居正等撰：《旧五代史》，中华书局 1976 年版。

（元）脱脱等撰：《宋史》，中华书局 1977 年版。

（明）宋濂等：《元史》，中华书局 1976 年版。

（清）张廷玉等撰：《明史》，中华书局1974年版。
（清）赵尔巽等：《清史稿》，中华书局1998年版。
（汉）卫宏：《汉旧仪》，商务印书馆中华民国二十八年版。
（唐）李隆基撰，（唐）李林甫注：《大唐六典》，明正德十年重刊本。
（唐）长孙无忌等撰，刘俊文点校：《唐律疏议》，中华书局1983年版。
（宋）王溥撰：《唐会要》，中华书局1955年版。
（宋）郑樵：《通志二十略》，中华书局1995年版。
《明实录》，台湾"中央研究院"历史语言研究所1962年校印版。
《清实录》，中华书局1985年至1987年影印本。
（清）徐松辑：《宋会要辑稿》，中华书局1957年版。
（清）阎镇珩：《六典通考》，清光绪刻本。
（清）昆冈、李鸿章等：《大清会典事例》，光绪二十五年八月石印本。
（清）张廷玉等：《清朝文献通考》，商务印书馆民国二十五年版。

二、方志

（明）薛纲纂修，吴廷举续修：《湖广图经志书》，明嘉靖元年刻本。
（明）徐学谟：《湖广总志》，万历十九年刻本。
（清）陈宏谋修：《湖南通志》，乾隆二十二年刻本。
（清）翁元圻修，黄本骥纂：《湖南通志》，嘉庆二十五年刻本。
（清）翁元圻修：《湖南通志》，光绪十一年刻本。
（明）刘大谟：《四川总志》，嘉靖二十四年刻本。
（清）张德地：《四川总志》，康熙十二年刻本。
（清）黄廷桂修，张晋生纂：《四川通志》，雍正十一年修清文渊阁四库全书本。
（清）常明：《四川通志》，嘉庆二十年刻本。
（明）沈痒修，赵瓒纂：《贵州图经新志》，弘治间刻本。
（明）王耒贤修，许一德纂：《贵州通志》，明万历二十五年刻本。
（民国）刘显世修，杨恩元纂：《贵州通志》，民国三十七年铅印本。
（清）聂光銮修，王柏心、雷春沼纂：《宜昌府志》，同治三年刊本。

（清）罗德昆：《施南府志》，道光十七年刻本。

（清）松林修，何远鉴纂：《施南府志》，清同治十年刊本。

（明）陈洪谟纂修：《常德府志》卷一，嘉靖时期年刻本。

（清）应先烈修：《常德府志》，嘉庆十八年刻本。

（明）锺崇文纂修：《岳州府志》，隆庆刻本。

（清）席绍落、谢鸣谦等修纂：《辰州府志》，乾隆三十年刻本。

（清）瑭珠修，朱景英纂：《沅州府志》，乾隆二十三年刻本。

（清）张官五纂修，吴嗣仲续修：《沅州府志》，同治十二年增刻乾隆本。

（清）张天如纂修：《永顺府志》，乾隆二十八年刻本。

（清）张天如纂修，魏式曾增修：《永顺府志》，同治十二年刻本。

（清）邵陆纂修：《酉阳州志》，乾隆三十九年刻本。

（清）王鳞飞修，冉崇文纂：《增修酉阳直隶州总志》，同治三年刻本。

（明）万士英纂修：《铜仁府志》，明万历间刻本。

（民国）喻勋、胡长松纂修：《铜仁府志》，贵州民族出版社1992年版。

（明）洪价修，钟添纂：《思南府志》，明嘉靖刻本。

（清）萧管纂：《思南府续志》，道光二十一年刻本。

（清）黄乐之修，郑珍纂：《遵义府志》，道光二十一年刻本。

（明）彭泽修，汪舜民纂：《徽州府志》，弘治刻本。

（清）王世爵修，锺彝纂：《枝江县志》，乾隆五年刻本。

（清）张道南纂修：《郧西县志》乾隆四十二年刻本。

（清）张敔修，汪魁儒纂：《房县志钞》，乾隆五十三年钞本。

（清）田恩远修，石高嵩纂：《长阳县志》，康熙十二年刻本。

（清）李拔：《长阳县志》，乾隆十九年抄本。

（清）朱庭棻纂修：《长阳县志》，道光壬午年刻本。

（民国）陈丕显修：《长阳县志》，民国二十五年纂修，陈金祥校勘，方志出版社2005年版。

长阳土家族自治县地方志编纂委员会：《长阳县志》，中国城市出版社1992年版。

（清）毛俊德：《鹤峰州志》，乾隆六年刻本。

（清）吉钟颖修，洪先寿纂：《鹤峰州志》，道光二年刻本。

（清）李焕春、龚兆霖：《长乐县志》，咸丰二年刻本。

（清）郭敦佑再续纂：《长乐县志》，光绪元年增刻本。

（清）张家檙：《恩施县志》，嘉庆十三年刻本。

（清）罗凌汉纂修：《恩施县志》，同治三年修民国二十年铅字重印本。

（清）廖恩树等：《巴东县志》，同治五年修清光绪六年重刊本。

（清）佚名纂：《建始县志》，嘉庆十七年增修钞本。

（清）袁景晖：《建始县志》，道光二十一年刻本。

（清）熊启咏：《建始县志》，同治五年刊本。

（清）何蕙馨：《利川县志》，同治四年刻本。

（清）林翼池修，蒲又洪纂：《来凤县志》，乾隆二十一年刻本。

（清）李勖修，何远鉴纂：《来凤县志》，同治五年刻本。

（清）张梓：《咸丰县志》，同治四年刻本。

（民国）徐大煜纂修：《咸丰县志》，民国三年刻本。

（清）张金澜修，张金圻纂：《宣恩县志》，同治二年刻本。

郭祖铭：《宣恩县民族志》（重修本），长江人民出版社 2011 年版。

（清）董鸿勋纂修：《永绥厅志》，宣统元年铅印本。

（清）王玮纂修：《乾州志》，乾隆刻本。

（清）蒋琦溥修，林书勋续修：《乾州厅志》，同治十一年修清光绪三年续修本。

（清）潘曙修，杨盛芳纂：《凤凰厅志》，乾隆二十三年刻本。

（清）黄应培修，孙均铨纂：《凤凰厅志》，道光四年刻本。

（清）侯晟修，黄河清纂：《凤凰厅续志》，光绪十八年刻本。

（清）董鸿勋纂修：《古丈坪厅志》，光绪三十三年铅印本。

（清）郎廷棟修，张佳晟纂：《沅陵县志》，康熙四十四年刻本。

（清）刘曾等纂修：《沅陵县志》，同治十二年刻本。

许显、修承浩等修纂：《沅陵县志》，民国二十年稿本。

（清）觉罗清泰纂：《辰州府乡土志》，光绪三十三年刻本。

（明）陈光前纂修：《慈利县志》，万历元年刻本。

（清）叶琼纂修：《慈利县志》，康熙二十四年刻本。

（清）皇甫如森纂修：《慈利县志》，嘉庆二十二年刻本。

（民国）田兴奎修，吴恭亨纂：《慈利县志》，民国十二年铅印本。

（清）张霖纂修，许湄续修：《石门县志》，康熙二十二年刻本。

（清）苏益馨修，梅峄纂：《石门县志》，嘉庆二十三年刻本。

（清）黄志璋纂修：《麻阳县志》，康熙二十四年刻本。

（清）潘义修，杨显德纂：《永定卫志》，康熙二十四年刻本。

（清）万修廉修，张序枝纂：《续修永定县志》，同治八年刻本。

（清）王树人修，侯昌铭纂：《永定县乡土志》，光绪三十三年刻本。

（清）董儒修纂辑：《九溪卫志》，康熙二十四年抄本。

陈宗瀛纂：《九溪卫志》，民国二十四年抄本。

（清）恽世临修，陈启迈纂：《武陵县志》，同治二年刻本。

（清）顾奎光修，李涌纂：《泸溪县志》，乾隆二十年刻本。

（清）顾奎光纂修：《桑植县志》，乾隆二十九年抄本。

（清）周来贺修，卢元勋纂：《桑植县志》，同治十一年刊本。

（清）缴继祖修，洪际清纂：《龙山县志》，嘉庆二十三年刻本。

（清）符为霖修，刘沛纂：《龙山县志》，同治九年刻本。

（清）林继钦修，袁祖绶纂：《保靖县志》，同治十年刻本。

（清）黄德基修，关天申纂：《永顺县志》，乾隆五十八年刻本。

（民国）胡履新修，鲁隆盎纂：《永顺县志》，民国十九年铅印本。

（清）纪大奎修，林时春纂：《什邡县志》，嘉庆十八年刻本。

（民国）王鉴清修，施纪云纂：《涪陵县续修涪州志》，民国十七年铅印本。

（清）陶文彬纂：《彭水县志》，康熙四十九年刻本。

（清）庄定域修：《彭水县志》，光绪元年刻本。

（清）张绍龄修：《黔江县志》，咸丰元年刻本。

（清）张九章修，陈藩垣纂：《黔江县志》，光绪二十年刻本。

（清）王萦绪纂修：《石柱厅志》，乾隆四十年刻本。

（清）王槐龄纂修：《补辑石柱厅新志》，道光二十三年刻本。

石柱县志编纂委员会：《石柱县志》，四川辞书出版社 1994 年版。

（清）王寿松修，李稽勋纂：《秀山县志》，光绪十八年刊本。

（宋）赵与泌修，黄岩孙纂：《仙溪志》，（宝祐五年纂）清瞿氏铁琴铜剑楼钞本。

（清）萧管纂：《松桃厅志》，道光十六年刻本。

（清）王复宗纂：《天柱县志》，康熙二十二年刻本。

（清）赵沁修，田榕纂：《玉屏县志》，乾隆二十二年刻本。

印江土家族苗族自治县志编纂委员会：《印江土家族苗族自治县志》，贵州人民出版社 1992 年版。

（明）郭棐：《粤大记》，万历刻本。

三、档案及其他资料

中国第一历史档案馆藏：《张广泗奏折》，乾隆八年六月二十一日。

中国第一历史档案馆：《乾隆四十六年清政府镇压啯噜史料选编》（上），《历史档案》1991 年第 1 期。

中国第一历史档案馆：《乾隆四十六年清政府镇压啯噜史料选编》（下），《历史档案》1991 年第 2 期。

中国第一历史档案馆、中国人民大学清史研究所、贵州省档案馆编：《清代前期苗民起义档案史料》，光明日报出版社 1987 年版。

中国第一历史档案馆、中国社会科学院历史研究所合编：《清代地租剥削形态》，中华书局 1982 年版。

中国第一历史档案馆编：《乾隆朝上谕档》，档案出版社 1991 年影印本。

中国人民大学历史系、中国第一历史档案馆合编：《清代农民战争史资料选编》，中国人民大学出版社 1983 年版。

中国社会科学院历史研究所清史室、资料室编：《清中期五省白莲教起义资料》，江苏人民出版社 1981 年版。

中国人民大学清史研究所、档案系中国政治制度史教研室合编：《康雍乾时期城乡人民反抗斗争资料》，中华书局 1979 年版。

台北故宫博物院编：《宫中档雍正朝奏折》，台北故宫博物院 1979 年版。

（明）黄淮、杨奇士等编：《历代名臣奏议》，台湾学生书局 1965 年影印本。

国立中央研究院历史语言研究所编：《明清史料》，商务印书馆民国二十五年版。

睡虎地秦墓竹简整理小组：《睡虎地秦墓竹简》，文物出版社 1978 年版。

四川大学历史系、四川省档案馆合编：《清代乾嘉道巴县档案选编》，四川大学出版社 1996 年版。

四川省档案馆藏：巴县档案，6–4–303–13。

（清）何馥堂：《何氏族谱》，光绪十六年抄本，现藏于彭水县龙溪。

《皇清待赠大户侯刘甫廷府君墓志》，嘉庆二十四年刻，现存于重庆市酉阳县铜鼓乡红砂。

（清）甑学贤：《甑氏族谱》，乾隆五十九年。

《马氏家乘》，清代道光年间木刻本，现藏于石柱县图书馆。

（清）冉崇文总纂：《冉氏族谱》，清抄本，现藏于酉阳县图书馆。

四川省黔江地区民族事务委员会编：《川东南少数民族史料辑》，四川民族出版社 1996 年版。

鄂西土家族苗族自治州民族事务委员会：《鄂西少数民族史料辑录》，鹤峰县国营印刷厂 1986 年印刷。

王晓宁：《恩施自治州碑刻大观》，新华出版社 2004 年版。

陈国安编：《民族志资料汇编》（第九集），《土家族》，贵阳实验小学印刷厂 1989 年 4 月印刷。

蔡玉葵：《石柱土家族姓氏源流》，2013 年编印。

傅一中：《建始晚清至民国志略》，湖北省仙桃市报社印刷厂 2002 年印刷。

姚祖瑞：《姓氏考》，宣恩县国营印刷厂 1993 年印刷。

政协恩施市文史资料工作委员会：《恩施文史资料》（第二辑），1988 年印刷。

政协恩施州委员会文史资料委员会：《鄂西文史资料》（第九辑），1991 年印刷。

政协恩施州委员会文史资料委员会：《鄂西文史资料》（第十五辑），1994 年印刷。

政协宣恩县文史委：《宣恩文史资料》（第十三辑），2009 年印刷。

四、古人著述

《国语》，上海古籍出版社 1978 年版。

（汉）韩婴撰，许维遹校释：《韩诗外传集释》，中华书局 1980 年版。

（汉）孔安国传，（唐）孔颖达正义：《尚书正义》，上海古籍出版社 2007 年版。

（汉）刘向：《战国策》，上海古籍出版社 1978 年版。

（汉）刘安等编著，（东汉）高诱注：《淮南子》，上海古籍出版社 1989 年版。

（汉）郑玄注：《周礼》卷九，四部丛刊本。

（北魏）郦道元著，陈桥驿校证：《水经注校证》，中华书局 2007 年版。

（晋）常璩撰，刘琳校注：《华阳国志校注》，巴蜀书社 1984 年版。

（晋）干宝撰，汪绍楹校注：《搜神记》，中华书局 1985 年版。

（晋）王嘉撰，（梁）萧绮录，齐治平校注：《拾遗记》，中华书局 1981 年版。

（唐）刘禹锡：《刘宾客文集》，文渊阁四库全书本。

（唐）刘禹锡：《刘梦得文集》，四部丛刊景宋本。

（唐）李吉甫撰，贺次君点校：《元和郡县图志》，中华书局 1983 年版。

（宋）范成大原著，胡起望、覃光广校注：《桂海虞衡志辑佚校注》，四川民族出版社 1986 年版。

（宋）黄庭坚撰：《山谷集》，文渊阁四库全书本。

（宋）洪迈：《夷坚志》，中华书局 1981 年版。

（宋）乐史撰：《太平寰宇记》，中华书局 2000 年影印本。

（宋）陆游撰：《渭南文集》，日本京都大学图书馆藏汲古阁刊本。

（宋）罗泌：《路史》，四库全书本。

（宋）李昉等撰，夏剑钦等点校：《太平御览》，河北教育出版社 2000 年版。

（宋）李昉等编：《太平广记》，中华书局 1961 年版。

（宋）李焘撰：《续资治通鉴长编》，中华书局 1979 年版。

（宋）李纲：《梁溪集》，文渊阁四库本。

（宋）李心传撰：《建炎以来系年要录》，中华书局 1956 年版。

（宋）李心传撰，徐规点校：《建炎以来朝野杂记》，中华书局 2000 年版。

（宋）吕祖谦编：《宋文鉴》，中华书局 1992 年版。

（宋）欧阳守道：《巽斋文集》，文渊阁四库全书本。

（宋）司马光：《资治通鉴》，中华书局 1956 年版。

（宋）王象之撰：《舆地纪胜》，中华书局 1992 年影印本。

（宋）徐梦莘撰：《三朝北盟会编》，上海古籍出版社 1987 年影印本。

（宋）岳珂编，王曾瑜校注：《鄂国金佗粹编续编校注》，中华书局 1989 年版。

（宋）曾公亮撰：《武经总要》，文渊阁四库全书本。

（宋）祝穆撰：《方舆胜览》，中华书局 2003 年版。

（宋）庄绰撰：《鸡肋编》，中华书局 1983 年版。

（元）欧阳玄：《圭斋文集》，四库全书本。

（元）虞集：《道园学古录》，台湾华文书局影印民国元年刻本。

（明）瞿九思：《万历武功录》，明万历刻本。

（明）邱浚撰，林冠群、周济夫校点：《大学衍义补》，京华出版社 1999 年版。

（明）沈德符：《万历野获编》，道光七年姚氏刻同治八年补修本。

（清）毕沅：《续资治通鉴》，中华书局 1958 年版。

（清）段汝霖撰，伍新福校：《楚南苗志》，岳麓书社 2008 年版。

（清）董诰等编：《全唐文》，中华书局 1983 年版。

（清）鄂辉等撰：《钦定平苗纪略》，嘉庆武英殿刻活字印本。

（清）鄂海：《抚苗录》，康熙五十二年刻本。

（清）方显：《平苗纪略》，同治癸酉刻本。

（清）顾炎武：《肇域志》，清钞本。

（清）顾彩著，高润身注释：《容美纪游注释》，天津古籍出版社 1991 年版。

（清）黄钧宰：《金壶七墨》，民国十八年石印本。

（清）江昱：《潇湘听雨录》，乾隆二十八年春草轩刻本。

（清）李调元：《童山诗集》，商务印书馆中华民国二十五年版。

（清）陆耀：《甘薯录》，乾隆四十一年刻本。

（清）毛奇龄：《蛮司合志》，上海古籍出版社 2002 年版。

（清）缪荃孙辑：《元和郡县缺卷逸文》，清光绪刻本。

（清）魏源：《魏源集》，中华书局 1976 年版。

（清）魏源撰，韩锡铎、孙文良校：《圣武记》，中华书局 1984 年版。

（清）吴任臣：《十国春秋》，文渊阁四库全书本。

（清）徐家干著，吴一文校注：《苗疆闻见录》，贵州人民出版社 1997 年版。

（清）严如熤著，黄守红标点，朱树人校订：《严如熤集》，岳麓书社 2013 年版。

（清）严如熤撰：《苗防备览》，道光二十三年绍义堂重刻本。

（清）周凯：《内自讼斋文钞》，道光二十年爱吾庐刻本。

梁启超：《饮冰室合集》，中华书局有限公司民国二十五年版。

五、近人论著

1. 著作

辞海编辑委员会编：《辞海》，上海辞书出版社 1980 年版。

陈心林：《南部方言区土家族组群性研究——武水流域一个土家族社会的实证研究》，民族出版社 2010 年版。

成臻铭：《清代土司研究——一种政治文化的历史人类学观察》，中国社会科学出版社 2008 年版。

段超：《土家族文化史》，民族出版社 2000 年版。

邓辉：《土家族区域的考古文化》，中央民族大学出版社 1999 年版。

冻国栋：《中国人口史》，复旦大学出版社 2005 年版。

费孝通：《乡土中国》，三联书店 1985 年版。

费孝通：《中国士绅》，三联书店 2009 年版。

范玉春：《移民与中国文化》，广西师范大学出版社 2005 年版。

葛剑雄：《中国人口发展史》，福建人民出版社 1991 年版。

葛剑雄、曹树基、吴松弟：《移民与中国》，中华书局香港有限公司 1992 年版。

葛剑雄、曹树基、吴松弟：《简明中国移民史》，福建人民出版社 1993 年版。

葛剑雄、曹树基、吴松弟：《中国移民史》，福建人民出版社 1997 年版。

葛剑雄、安介生：《四海同根：移民与中国传统文化》，山西人民出版社 2004 年版。

葛剑雄：《中国人口史》，复旦大学出版社 2005 年版。

贵州省民族事务委员会：《土家族文化大观》，贵州民族出版社 2014 年版。

湖南图书馆编：《湖南氏族迁徙源流》，岳麓书社 2010 年版。

（民国）湖南法制院编印，劳柏林校点：《湖南民情风俗报告书》，湖南教育出版社 2010 年版。

何炳棣著，葛剑雄译：《明初以降人口及其相关问题（1368—1953）》，生活·读书·新知三联书店 2000 年版。

韩明谟等：《社会学家的视野：中国社会与现代化》，中国社会出版社 1998 年版。

黄怀信、张懋镕、田旭东撰，李学勤审订：《逸周书汇校集注》，上海古籍出版社 1995 年版。

胡启望、李廷贵编：《苗族研究论丛》，贵州民族出版社 1988 年版。

翦伯赞：《中国史纲要》，人民出版社 1979 年版。

凌纯声、芮逸夫：《湘西苗族调查报告》，民族出版社 2003 年版。

梁方仲：《中国历代户口、田地、田赋统计》，上海人民出版社 1980 年版。

龙生庭、石维海、龙兴武等：《中国苗族民间制度文化》，湖南人民出版社 2004 年版。

龙子建、田万振等：《湖北苗族》，民族出版社 1999 年版。

李天元：《古人类研究》，武汉大学出版社 1990 年版。

李禹阶：《重庆移民史》，中国社会科学出版社 2013 年版。

彭继宽选编：《湖南土家族社会历史调查资料精选》，岳麓书社 2002 年版。

石方：《中国人口迁移史稿》，人民出版社 1990 年版。

谭其骧：《长水集》，黑龙江人民出版社 1987 年版。

谭必友：《清代湘西苗疆多民族社区的近代重构》，民族出版社 2007 年版。

谭庆虎、田赤：《〈卯洞集〉校注》，湖北人民出版社 2011 年版。

田敏：《土家族土司兴亡史》，民族出版社 2000 年版。

王铭铭：《社区的历程》，天津人民出版社 1997 年版。

王钟翰：《中国民族史》，中国社会科学出版社 1994 年版。

王鹤鸣等编：《中国谱牒研究——全国谱牒开发与利用学术研讨会论文集》，上海古籍出版社 1999 年版。

徐旭生：《中国古史的传说时代》，文物出版社 1985 年版。

袁珂校注：《山海经校注》，上海古籍出版社 1980 年版。

杨洪林：《明清移民与鄂西南少数民族地区乡村社会变迁研究》，中国社会科学出版社 2013 年版。

张仲礼：《中国绅士》，上海社会科学院出版社 1990 年版。

张静：《基层政权——乡村制度诸问题》，上海人民出版社 2000 年版。

张国雄：《明清时期的两湖移民》，陕西人民教育出版社 1995 年版。

张世友：《变迁与交融：乌江流域历代移民与民族关系研究》，中国社会科学出版社 2012 年版。

张兴文、牟廉玖注释：《卯峒土司志校注》，民族出版社 2001 年版。

朱世学：《三峡考古与巴文化研究》，科学出版社 2009 年版。

中国大百科全书总编委会：《中国大百科全书 · 地理学》，中国大百科全书出版社 1990 年版。

中国大百科全书总编委会：《中国大百科全书 · 社会学》，中国大百科全书出版社 1999 年版。

[墨] 阿图洛 · 瓦尔曼著，古晓静译：《玉米与资本主义——一个实现了全球霸权的植物杂种的故事》，华东师范大学出版社 2005 年版。

[美] 杜赞奇著，王福明译：《文化、权力与国家——1900—1942 年的华北农村》，江苏人民出版社 1996 年版。

[美] 费正清编，中国社会科学院历史研究所编译室译：《剑桥中国清清史——1800—1911 年》（上卷），中国社会科学出版社 1985 年版。

[美] 黄宗智：《华北的小农经济与社会变迁》，中华书局 2000 年版。

[美] 黄宗智：《长江三角洲的小农家庭与经济发展》，中华书局 2000 年版。

[美] 孔飞力：《中华帝国晚期的叛乱及其敌人》，中国社会科学出版社 1990 年版。

[美] 裴宜理著，池子华、刘平译：《华北的叛乱者与革命者——1845—1945》，商务印书馆 2007 年版。

[美] 施坚雅著，史建云、徐秀丽译：《中国农村的市场和社会结构》，中国社会科学出版社 1998 年版。

[以色列] 耶尔·塔米尔著，陶东风译：《自由主义的民族主义》，上海世纪出版集团 2005 年版。

[日] 山田贤著，曲建文译：《移民的秩序——清代四转地域社会史研究》，中央编译出版社 2011 年版。

Noah Webster，*Webester's New Universal Unabridged Dictionary*，New York：Dorset & Baber，1983.

Encyclopedia American，New York：Grolier，1980.

Encyclopedia Britannica，Chicago：Encyclopedia Britannica Educational Corp，1984.

2. 论文

保定地区文物管理所等：《河北徐水县南庄头遗址试掘简报》，《考古》1992 年第 11 期。

白俊奎、毛远明：《"螺丝揭顶"坟墓葬俗的民俗研究——以武陵文化区渝东南酉水流域瓦乡话、土家语、苗语地区为例》，《重庆大学学报》（社会科学版）2011 年第 3 期。

曹树基：《湖南人由来新考》，《历史地理》第九辑，上海人民出版社 1991 年版。

蔡靖泉：《巴人的流徙与文明的传播》，《华中师范大学学报》（人文社会科学版）2005 年第 4 期。

陈济涛：《酉阳苗族调查》，《川边季刊》1935 年 5 月第 1 卷第 2 期。

陈湘锋：《湖北苗族移民族群的心理嬗变》，《中南民族学院学报》（人文社会科学版）2002 年第 1 期。

陈树平：《玉米和番薯在中国传播情况研究》，《中国社会科学》1980 年第 3 期。

陈世松：《"湖广填四川"研究平议》，《天府新论》2005 年第 3 期。

陈心林：《先秦至唐宋时期武陵民族地区民族关系简论》，《贵州民族研究》2012 年第 3 期。

陈心林：《元明清时期武陵民族地区民族关系简论》，《湖北民族学院学报》（哲学社会科学版）2013 年第 4 期。

陈文元：《民间信仰的地方化与苗族移民家族社会构建的关系——基于鄂西南官坝苗寨的历史人类学考察》，《黔南民族师范学院学报》2015 年第 6 期。

曹树基：《玉米和番薯传入中国路线新探》，《中国社会经济史研究》1988 年第 4 期。

曹大明：《从“蛮左 / 夏人”、“土家 / 客家”到“土家族 / 汉族”——长阳族群关系变迁研究》（上），《铜仁学院学报》2015 年第 5 期。

曹大明：《从“蛮左 / 夏人”、“土家 / 客家”到“土家族 / 汉族”——长阳族群关系变迁研究》（下），《铜仁学院学报》2015 年第 6 期。

董珞：《巴人族源辨——人类学与考古学的审视》，《中南民族学院学报》（哲学社会科学版）1997 年第 2 期。

段超：《元至清初汉族与土家族文化互动探析》，《民族研究》2004 年第 6 期。

段超：《改土归流后汉文化在土家族地区的传播及其影响》，《中南民族大学学报》（人文社会科学版）2004 年第 6 期。

段渝：《巴人来源的传说与史实》，《历史研究》2006 年第 6 期。

邓和平：《湘鄂边一支蒙古族人的来源与迁徙》，《内蒙古大学学报》（人文社会科学版）1999 年第 5 期。

费孝通：《中华民族的多元一体格局》，《北京大学学报》（哲学社会科学版）1984 年第 4 期。

范植清：《明代施州卫的设立与汉族、土家族的融合》，《华中师范大学学报》（哲学社会科学版）1991 年第 5 期。

范植清：《试析明代施州卫所世袭建制及其制约机制之演变》，《中南民族学院学报》（哲学社会科学版）1990 年第 3 期。

甘明蜀：《酉属视察记》，《四川月报》1933 年第三卷第一期，重庆中国银行出版。

葛剑雄：《宋代人口新证》，《历史研究》1993 年第 6 期。

葛剑雄：《中国历史上的移民发源地之一——麻城孝感乡》，《寻根》1997 年第 1 期。

葛政委、黄柏权：《清代迁鄂侗族的生计变迁与文化适应》，《三峡大学学报》（人文社会科学版）2009 年第 4 期。

葛政委、黄柏权：《鄂西南侗族社会人口和生计的人类学考察》，《怀化学院学报》2009 年第 7 期。

湖南省文物考古研究所、湘西土家族苗族自治州文物处：《湘西里耶秦代简牍选释》，《中国历史文物》2003 年第 1 期。

黄柏权：《关于土家族形成时间问题的讨论》，《湖北民族学院学报》（哲学社会科学版）2002 年第 2 期。

黄柏权：《论武陵文化》，《广西民族研究》2002 年第 4 期。

黄柏权：《武陵民族走廊及其主要通道》，《三峡大学学报》（人文社会科学版）2007 年第 6 期。

黄柏权：《秦汉至唐宋时期“武陵民族走廊”的民族格局》，《中南民族大学学报》（人文社会科学版）2008 年第 2 期。

黄柏权：《先秦时期“武陵民族走廊”的民族格局》，《思想战线》2008 年第 3 期。

黄柏权、葛政委：《散杂居民族的文化适应和文化变迁——湖北恩施市芭蕉乡侗族调查》，《贵州民族研究》2008 年第 6 期。

黄柏权：《元明清时期武陵民族走廊的民族格局》，《三峡大学学报》（人文社会科学版）2009 年第 1 期。

黄柏权、葛政委：《论文化互动的类型——兼论“武陵民族走廊”多元文化互动》，《中南民族大学学报》（人文社会科学版）2009 年第 2 期。

黄词：《历史记忆与族群认同：以湖北鹤峰三家台蒙古族村为例》，《民族论坛》2012 年第 2 期。

黄权生：《重庆移民地名与“湖广填四川”》，《重庆师范大学学报》（哲学社会科学版）2004 年第 6 期。

何智亚：《重庆清代移民会馆、移民宗族祠堂建筑历史与形态述论》，《中国名城》2010 年第 3 期。

金太军：《村庄治理中三重权互动的政治社会学分析》，《战略与管理》2002 年第 2 期。

江田祥：《客民、地方社会与白莲教空间扩散——以清乾嘉之际鄂西南来凤县为中心》，《江汉论坛》2007 年第 6 期。

李绍明：《川东南土家与巴国南境问题》，《思想战线》1985 年第 6 期。

李绍明：《从川黔边杨氏来源看侗族与土家族的历史关系》，《贵州民族研究》1990 年第 4 期。

李绍明：《论武陵民族区与民族走廊研究》，《湖北民族学院学报》（哲学社会科学版）2007 年第 3 期。

李世愉：《土司制度基本概念辨析》，《云南师范大学学报》（哲学社会科学版）2014

年第 1 期。

李怀荪：《古代移民与湘西开发》，《民族论坛》1995 年第 1 期。

李伟：《冉氏土官土司移民与酉阳民族关系》，《中南民族大学学报》（人文社会科学版）2009 年第 2 期。

李储林：《明清贵州江西会馆地域分布及形成机制探析》，《晋中学院学报》2015 年第 2 期。

雷翔：《魏晋南北朝“蛮民”的来源》，《湖北民族学院学报》（社会科学版）1990 年第 1 期。

雷翔：《土家田氏考略——兼评“造谱”现象》，《湖北民族学院学报》（社会科学版）1994 年第 3 期。

雷翔：《游耕制度：土家族古代的生产方式》，《贵州民族研究》2005 年第 2 期。

罗康隆：《明清两代贵州汉族移民特点的对比研究》，《贵州社会科学》1993 年第 3 期。

罗运胜：《明清移民对湖南沅水中上游人口发展的影响》，《船山学刊》2008 年第 4 期。

罗维庆、罗中：《明代土家族地区羁縻卫所研究》，《中国边疆民族研究》（第三辑），中央民族大学出版社 2010 年版。

罗秋雨：《关于土家族形成源流的再思考——论古代江西移民对土家族形成的影响》，《江西教育学院学报》（社会科学版）2014 年第 2 期。

罗秋雨：《移民与现代重庆方言的形成》，《重庆文理学院学报》（社会科学版）2014 年第 4 期。

龙仕平、王嘉荣：《江西移民的经商之道及对凤凰早期民族经济文化的影响》，《吉首大学学报》（社会科学版）2011 年第 6 期。

林文勋：《宋代西南地区的少数民族义军》，《思想战线》1990 年第 1 期。

刘志伟：《地域社会与文化的结构过程——珠江三角洲研究的历史学与人类学对话》，《历史研究》2003 年第 1 期。

马戎：《试论“族群”意识》，《西北民族研究》2003 年第 3 期。

莫代山：《清代改土归流后武陵民族地区的玉米种植及其社会影响》，《青海民族研究》2016 年第 1 期。

潘乃谷：《费先生讲“武陵行”的研究思路》，《北京大学学报》2008 年第 5 期。

彭英明：《试论土家族形成和稳定的历史过程》，《广西民族学院学报》（哲学社会科学版）2004 年第 4 期。

钱穆：《古三苗疆域考》，《燕京学报》1932 年第 12 期。

瞿州莲：《改土归流后移民家族的建构及其意义——以湖南永顺县青龙村林氏为例》，《广西民族大学学报》（哲学社会科学版）2011 年第 2 期。

孙秋云：《文明传播视野下的雍乾、乾嘉苗民起义》，《中南民族大学学报》（人文社会科学版）2007 年第 3 期。

史继忠：《贵州汉族移民考》，《贵州文史丛刊》1990 年第 1 期。

田敏：《廪君巴与汉上巴之关系探略》，《中南民族学院学报》（哲学社会科学版）1995 年第 2 期。

田敏：《"楚子灭巴，巴子五人流入黔中"考——楚巴关系及廪君巴迁徒走向新认识》，《湖北民族学院学报》（社会科学版）1997 年第 1 期。

田敏：《〈山海经〉巴人世系考》，《四川文物》1998 年第 5 期。

田敏：《论思州田氏与元明思州宣慰司》，《民族研究》2001 年第 5 期。

田敏：《明初土家族地区卫所设置考》，《吉首大学学报》（社会科学版）2004 年第 4 期。

田清旺：《"初夜权"：一项污名化的所谓土家族土司特权》，《中央民族大学学报》（哲学社会科学版）2015 年第 4 期。

唐庆红、张玉莲：《明清江西萧公、宴公信仰入黔考》，《宗教学研究》2013 年第 4 期。

谭志满：《苗族历史移民族群性表述方式的变迁——以鄂西南官坝苗寨为例》，《中南民族大学学报》（人文社会科学版）2015 年第 3 期。

谭清宣：《清代改土归流后土家族地区的移民及其社会影响》，《重庆社会科学》2009 年第 5 期。

仝志辉、贺雪峰：《村庄权力结构的三层分析——兼论选举后村级权力的合法性》，《中国社会科学》2002 年第 1 期。

吴永章：《盘瓠考述》，《思想战线》1986 年第 2 期。

吴松弟：《南宋人口的发展过程》，《中国史研究》2001 年第 4 期。

吴一文：《文化冲突与张秀眉起义之关系》，《贵州民族研究》1999 年第 4 期。

韦东超：《移民与族际冲突——东汉时期武陵、长沙、零陵三郡"蛮变"动因浅论》，

《中南民族大学学报》（人文社会科学版）2003 年第 1 期。

翁家烈：《明代汉民族对贵州社会历史发展的贡献》，《贵州民族研究》1993 年第 4 期。

王炎：《“湖广填四川”的移民浪潮与清政府的行政调控》，《社会学研究》1998 年第 6 期。

王晓天、黎小龙：《板楯蛮（賨人）源流考略——廪君之后还是“百濮”先民?》，《中国历史地理论丛》2012 年第 2 期。

王平：《鄂西南族群流动研究》，《中南民族大学学报》（人文社会科学版）2004 年第 1 期。

王希辉：《承传与遗忘——湖北苗族移民特征的文化人类学分析》，《铜仁职业技术学院学报》（社会科学版）2007 年第 2 期。

王希辉：《重庆蒙古族来源及其社会文化》，《西南民族大学学报》（人文社会科学版）2011 年第 3 期。

王希辉：《武陵民族地区散杂居蒙古族的分布及来源》，《黑龙江民族丛刊》2012 年第 1 期。

王希辉：《土家族饮食文化变迁的历史考察》，《西南民族大学学报》（人文社会科学版）2013 年第 3 期。

许纪霖：《作为国族的中华民族何时形成》，《文史哲》2013 年第 3 期。

薛政超：《唐宋时期湖南的少数民族移民及其影响》，《邵阳学院学报》（社会科学版）2009 年第 2 期。

郗玉松：《清代土家族地区的移民与玉米引种》，《农业考古》2014 年第 4 期。

杨铭：《巴人源出东夷考》，《历史研究》1999 年第 6 期。

杨国安：《明清鄂西山区的移民与土地垦殖》，《中国农史》1999 年第 1 期。

杨洪林：《土司、土民视角下的容美改土归流》，《前沿》2008 年第 12 期。

杨洪林：《从国神到家神：武陵民族地区伏波信仰变迁研究》，《广西民族研究》2012 年第 3 期。

杨洪林：《土家族古代饮食文化体系与阶层性特征》，《江西社会科学》2015 年第 5 期。

闫德亮：《从九黎到三苗再到苗族——兼论蚩尤神话与文化》，《贵州社会科学》2015 年第 5 期。

尤中：《苗、瑶族古代史叙略》，《云南社会科学》1988年第5期。

袁轶峰：《清代贵州的客民研究》，《西南民族大学学报》（人文社会科学版）2012年第7期。

袁轶峰：《二十年来清代苗民起义研究的回顾与展望》，《贵州大学学报》（社会科学版）2013年第2期。

俞伟超：《先楚与三苗文化的考古学推测》，《文物》1980年第10期。

周大鸣、詹虚致：《人类学区域研究的脉络与反思》，《民族研究》2015年第1期。

周大鸣、杨小柳：《社会转型与中国乡村权力结构研究——传统文化、乡镇企业和乡镇村治》，《思想战线》2004年第1期。

钟江华：《湖南白族汉语方言的语音底层问题》，《湘潭大学学报》（哲学社会科学版）2014年第2期。

张正明：《巴人起源地综考》，《华中师范大学学报》（哲学社会科学版）2004年第6期。

张丽剑：《鄂西鹤峰白族的来源及其文化》，《湖北民族学院学报》（哲学社会科学版）2007年第4期。

曾超：《黔江墓志所见移民姓族录考》，《长江师范学院学报》2012年第1期。

曾超：《黔江移民姓族孙氏考略》，《三峡大学学报》（人文社会科学版）2012年第3期。

赵炳清：《“巴人起源”问题的检讨》，《江汉考古》2012年第4期。

赵世瑜：《卫所军户制度与明代中国社会——社会史的视角》，《清华大学学报》（哲学社会科学版）2015年第3期。

赵世瑜：《从移民传说到地域认同：明清国家的形成》，《华东师范大学学报》（哲学社会科学版）2015年第4期。

［美］何炳棣：《美洲作物的引进、传播及其对中国粮食生产的影响》（二），《世界农业》1979年第5期。

［美］何炳棣：《美洲作物的引进、传播及其对中国粮食生产的影响》（三），《世界农业》1979年第6期。

敖慧敏：《一个移民社区的土家化过程及其影响——对湖北恩施市盛家坝乡安乐屯村的研究》，湖北民族学院硕士学位论文，2009年。

龚义龙：《人口迁入与经济变迁——以近代川东鄂西山区为中心的考察》，四川大学硕士学位论文，2007 年。

雷翔：《南北朝蛮民问题》，华中师范大学硕士学位论文，1989 年。

李滨利：《卫所移民群体本土化过程研究——以鄂西南朱砂屯为例》，湖北民族学院硕士学位论文，2010 年。

吴正东：《明清时期湖南人口与社会变迁》，华中师范大学博士学位论文，2012 年。

薛政超：《湖南移民史研究（618—1279）》，南京大学博士学位论文，2006 年。

周上海：《明清时期湘西的移民与社会变迁》，浙江大学硕士学位论文，2014 年。

张萧尹：《基于移民影响的巴渝传统民居形态演进研究》，重庆大学硕士学位论文，2015 年。

后　记

2005年，我工作的单位湖北民族学院民族研究所推出“土家族研究学者访谈计划”，计划对从事土家族研究的知名学者进行一次视频访谈，这让我有机会去接触一些学术名家。2006年夏天，我联系到了北京大学社会学系邱泽奇教授，他虽然很少做土家族研究，但曾经陪同费孝通先生来土家族聚居的武陵民族地区做过学术考察，我请求他对费先生这次考察的过程和学术目的做一次回顾访谈。我和他在国家图书馆旁边的一个咖啡厅见面后畅谈了一个多小时，他介绍了自己参加这次调研的过程、调研之后的学术思考以及费先生学术考察的目的。当他谈到1991年费先生的这次学术之旅的目的之一是“考察历史上是否有汉族进入武陵民族地区，以及他们进来之后与土家族、苗族的关系”时引起了我极大兴趣。因为我们以前主要研究少数民族，很少考虑汉族在少数民族地区的活动和影响。

我到华中师范大学攻读历史学博士学位之后，在与导师姚伟钧教授，以及湖北民族学院的雷翔教授、谭志满教授商讨我的毕业论文选题时，我又想到了费先生的这个学术命题，他们也觉得这是一个值得研究的选题，这增强了我的信心。我后来把这一研究分为两步走：首先是着眼于一小块区域、一个时间段研究；然后再拓展开来。非常幸运的是，我这两步分别得到了教育部人文社科项目和国家社科基金的支持，并在读博期间完成了第一步研究工作。

博士毕业后，我在继续第二步研究工作的过程中深感自己理论欠缺，希望有机会继续充电。我有幸得到北京大学社会学系高丙中教授的支持，他接纳我去做博士后研究。在此期间，我主要跟随高老师做文化生态保护区以及公共文化的相关研究，但也延续自己的研究兴趣做历史移民以及土家族民间医疗的研究。高老师深邃的理论洞察能力、忘我的工作精神、严谨的工作作风以及对学生无微不至的关爱使我受益良多。我曾试图把这些精神追求体现在我的学术作品中，但由于生性愚钝，似难实现自我的跨越。

感谢在田野调查中接受访谈以及无私提供研究资料的每一位对象，是你们的帮助成就了我的这一研究。感谢各位同门兄弟姐妹，在每一次敞开心扉的学术讨论中都让我获得新知。感谢匿名评审专家在结题评审过程中对我主持的国家社科基金项目“历史移民与武陵民族地区社会变迁研究”结题成果的褒奖、厚爱以及提出细致入微的修改建议。感谢加州大学洛杉矶分校阎云翔教授接收我做访问学者，让我有机会在了解学界前沿的同时能够抛开杂念，静心做一段时间学习和研究。

本人虽然在高校工作十年有余，但由于能力所限，书中的错误之处在所难免，还请方家批评指正。

杨洪林

2018 年 10 月于洛杉矶

责任编辑:夏　青

图书在版编目(CIP)数据

历史移民与武陵民族地区社会变迁研究/杨洪林 著. —北京:人民出版社,
2019.3

ISBN 978-7-01-020365-2

Ⅰ.①历… Ⅱ.①杨… Ⅲ.①民族地区-移民-历史-研究-西南地区②民族地区-社会变迁-研究-西南地区 Ⅳ.①D69②K297

中国版本图书馆 CIP 数据核字(2019)第 023724 号

历史移民与武陵民族地区社会变迁研究

LISHI YIMIN YU WULING MINZU DIQU SHEHUI BIANQIAN YANJIU

杨洪林　著

人民出版社 出版发行
(100706　北京市东城区隆福寺街 99 号)

北京市通州兴龙印刷厂印刷　新华书店经销

2019 年 3 月第 1 版　2019 年 3 月北京第 1 次印刷
开本:710 毫米×1000 毫米 1/16　印张:20
字数:290 千字

ISBN 978-7-01-020365-2　定价:60.00 元

邮购地址 100706　北京市东城区隆福寺街 99 号
人民东方图书销售中心　电话 (010)65250042　65289539